北京市社会科学基金成果文库
ACHIEVEMENTS LIBRARY OF BEIJING SOCIAL SCIENCE FUND

北京社区公共服务建设研究

A Research on the Construction of Community Public Services in Beijing

黄恒学　梁鸿飞　管仲军　徐淑华 等　著

中国人民大学出版社
· 北京 ·

北京市哲学社会科学规划重大项目
“北京社区公共服务建设研究”课题组
主要研究人员名单

首席专家：

黄恒学

课题组成员（排名不分先后）：

梁鸿飞　高　红　管仲军　徐淑华　吴先琴　白　彦
常志霄　苗庆红　宋贵伦　周开让　岳金柱　王想平
张　强　孙志祥　卢　建　宋　珊　张　勇　李晓林
胡象明　刘银喜　刘亚娜　刘　星　许英明　雷玉琼
刘优良　陈　伟　刘玉铭　郑晓阳　陈　伟（女）
马文静　盖佳萌　李　鑫　马瑞辰　周　适　郭佳良
孔雪琳　卢文超　刘　艳　吴　迪　刘江远　周武良
汪远航　栾　吉　蔡　平　路　娜　王玉潇　曹博忠
雷震宇　罗　希　黎　桢　张　谡　乔世政　吕立邦
刘泰森　王昌文　姜　峰　何小刚　刘建兴　黄　宸
苗　杨　付睿琦　于福生　王　伟　郭秀云　刘艳芳
周隆武　汪星宇　李　敏　虎彬彬　杨　倩　伍芷蕾
董　杨　方　怡

北京市社会科学基金成果文库

出版说明

为扩大北京市社会科学基金项目的影响力和示范作用，推动首都社会科学学科建设健康发展，北京市哲学社会科学规划办公室于2015年启动“北京市社会科学基金成果文库”出版工作。按照“打造精品力作，占领社会科学研究学术前沿，代表北京市社会科学基金项目成果最高学术水平”的定位，面向各类北京市社会科学基金项目成果，采取同行专家评审的方式，择优推出具有较高学术水平和出版价值的研究成果，按照“统一标识、统一规格、统一版式、统一印刷”的总体要求策划出版。

北京市哲学社会科学规划办公室

2016年5月

摘要

北京市是我国较早开展社区服务的城市之一，在社区建设和公共服务方面一直走在全国前列。本课题在深入调研的基础上，针对目前学术界在北京社区公共服务建设研究中的不足，围绕社区公共服务建设“北京模式”进行重点研究，取得了一系列重要的研究成果。

社区公共服务“北京模式”是在全面推进首都现代化建设、构建社会主义和谐社会首善之区和建设中国特色世界城市的时代背景下，在北京市政府统一规划、部署、实施社会建设系统工程和全面推进社区规范化建设过程中构建起来的。“北京模式”是以社区这一社会基本单元为依托，以社区居民服务需求为导向，以合理界分社区各方面利益关系为切入点，以政府主导、多方参与、规范运作、协同提供、共建共享为主要特征的公共服务模式，是一个具有时代特征、中国特色和首都特点的现代化新型社区公共服务模式。

本课题首次系统揭示了“北京模式”的基本内涵和主要特征，提出社区服务“三分”理论和社区公共服务二元结构理论，提出全方位、智慧型社区居民服务需求—回应机制基本框架，揭示了社区基本公共服务财政投入的内在机制，在全面总结北京社区服务创新实践的基础上，对北京社区非基本公共服务创新进行了系统的理论总结和提升。这些研究在学术上具有重大的理论创新意义，对于进一步加强北京社区公共服务建设具有重要的决策参考价值。

目　录

第一章

导　论

北京市是我国较早开展社区服务的城市之一，在社区建设和公共服务方面一直走在全国前列。本课题是在北京市加强以改善民生为重点的社会建设取得重大成就，具有时代特征、中国特色、首都特点的社会建设新格局基本框架初步形成，全面推进社区规范化建设取得重大进展，社区公共服务建设“北京模式”已然成型的背景下开展的。本课题重点围绕“北京模式”的基本内涵和主要特征进行了深入探讨，在科学界分社区公共服务内在属性的基础上，对分类构建社区公共服务体系、加强社区公共服务规范化标准化建设、加大社区基本公共服务财政投入、促进社区非基本公共服务机制创新、推进社区公共服务民营化改革、加强社区公共服务设施规划和建设、科学构建社区公共服务绩效评价和监督问责体系等重大理论和实践问题分别进行研究，对进一步加强社区公共服务建设提出了政策建议。本课题所取得的一系列重要研究成果可为北京市政府有关部门提供决策参考。

一、研究背景和意义

社区是现代社会的基本单元，是社会成员获得公共服务的重要场所。社区建设是社会建设的重要基础和主要任务之一，对于加强社会管理、提升城市管理水平发挥着举足轻重的作用。在社区建设中，公共服务建设是核心内容。

社区公共服务是在社区服务的基础上发展起来的。2006 年，国务院发布《关于加强和改进社区服务工作的意见》（国发〔2006〕14 号），提出“大力推进公共服务体系建设，使政府公共服务覆盖到社区”的要求，并就推进社区就业服务、社区社会保障服务、社区救助服务、社区卫生和计划生育服务、社区文化教育体育服务、社区流动人口管理和服务、社区安全服务等做出了一系列重要的政策部署。这是我国政府首次就社区公共服务建设问题提出的最权威、最全面的政策主张。

2012 年 7 月，国务院发布《国家基本公共服务体系“十二五”规划》，对构建国家基本公共服务体系做出了战略部署，要求把基本公共服务制度作为公共产品向全民提供，同时，要把更多的财力、物力投向基层，把更多的人才、技术引向基层，切实加强基层公共服务机构设施和能力建设，促进资源共建共享，全面提高基本公共服务水平。中共十八大报告对加强社会建设和完善覆盖城乡居民的基本公共服务体系提出了更高要求，同时，从完善基层民主制度的战略高度为加强社区治理指明了方向，指出：“在城乡社区治理、基层公共事务和公益事业中实行群众自我管理、自我服务、自我教育、自我监督，是人民依法直接行使民主权利的重要方式。要健全基层党组织领导的充满活力的基层群众自治机制，以扩大有序参与、推进信息公开、加强议事协商、强化权力监督为重点，拓宽范围和途径，丰富内容和形式，保障人民享有更多更切实的民主权利。”

（一）北京社区公共服务建设对全国现代城市社区建设具有重要的示范意义

北京作为全国的政治、经济和文化中心，中央党政军单位众多，高等院校和外国使馆聚集，“四个服务”① 要求高、任务重，社区建设和公共服务只能做好，不能做差。改革开放 30 多年来，北京市在探索社区建设和社区服务过程中不断改革创新，取得了显著成效，形成了符合时代发展要

① 具体指为中央党政军领导机关服务，为日益扩大的国际交往服务，为国家教育、科技、文化和卫生事业的发展服务，为市民的工作和生活服务。

求、具有中国特色和首都特点的社区公共服务建设模式。近年来，北京市围绕改善民生、构建和谐、创新体制，在更宽视野、更高层次上推进和提升社会公共建设质量和水平，在社区公共建设方面取得了明显成效，为推动全国社区公共服务建设发挥了重要的示范作用。“北京模式”并不是一个空洞的口号，也不是一个简单的地理意义上的标签，而是在北京社区建设和社区公共服务发展的长期实践中，在总结北京社区管理经验、探索社区发展规律的基础上，逐步形成的系统化、科学化的工作方法和工作机制，是北京社区公共服务建设规范化和制度化的重要标志。为了进一步推动我国城市社区公共服务建设事业健康发展，亟须加强具有中国特色的社区公共服务相关理论研究。

在这一时代背景下，以社区公共服务建设“北京模式”作为中国城市社区公共服务建设的一个典型和样板，基于北京市社区公共服务的基本实践研究中国特色城市社区公共服务建设的模式特点、内在规律和发展趋势，以更高标准、更高要求进一步完善社区公共服务体系，对于搞好北京市社区公共服务建设，提高北京市社区公共服务效率和水平，对于加强社会建设，完善覆盖城乡居民的基本公共服务体系，构建繁荣、文明、和谐、宜居的首善之区，对于进一步总结和探索建设具有中国特色的城市社区公共服务体系，都具有重大的理论和实践意义。

（二）北京市在社区公共服务建设中积累的丰富经验需要不断在实践中加以总结提升

奥运会的申办成功和成功举办极大地提升了北京市的现代化国际大都市城市形象，人文北京、科技北京、绿色北京的“新北京”展现在世人面前。在新的历史起点上推进首都发展，加强首都社会建设是必然选择。

为了切实解决好社会建设管理相对滞后、社区公共服务相对薄弱这个“短板”，近年来，在中央的大力支持下，北京市采取一系列重大举措，在社会建设和社区公共服务改革创新方面迈出了坚实步伐。2007 年 12 月，北京市在全国率先成立市委社会工委、市社会办，作为市级社会建设工作机构，负责统筹协调全市社会建设工作。2008 年 9 月，在成功举办奥运会之际，市委、市政府成立由主要领导同志牵头，市委、市政府 38 个部门为成员单位的“北京市社会建设工作领导小组”，加强对全市社会建设工作的组织领导。此后，这项工作继续向区县层面推进和深化，形成了市区（县）统一协调、相互配合的工作机制。同时，北京市面向社区、社会组织和新经济组织建立了社会建设信息直报点，为加强工作平台和工作网络建设提供了组织保障。2008 年 9 月，北京市委、市政府发布了社会建设“1＋4”系列文件，即《北京市加强社会建设实施纲要》以及《北京市社区管理办法（试行）》《北京市社区工作者管理办法（试行）》《关于加快推进社会组织改革与发展的意见》《关于进一步加强和改进社会领域党建工作的意见》，明确提出加快社会建设的基本思路、工作目标和主要任务，力争今后 3～5 年时间初步建立起具有时代特征、中国特色、首都特点的社会建设新格局的基本框架。特别是在社区建设方面，从构建新型社区管理体系和规范社区工作者待遇、招录和管理入手，提出了加强社区规范化建设和社区工作者专业化、职业化的一系列新举措。总之，北京市社区建设目标明确、决策正确、组织得力、工作务实，特别是在社区公共服务建设方面，从创新社区治理模式入手，在明确街道和社区的功能定位、运作方式和政策支持的基础上，把规范社区治理作为社区建设的重点，紧紧围绕维护居民合法权益和社区共同利益开展工作，坚持“贴近服务、融入服务、主动服务”，使社区公共服务建设走在了全国前列。

在这种情况下，总结北京市社区公共服务实践经验，使之上升为具有普遍指导意义的中国特色城市社区公共服务理论，同时，结合社区公共服务建设发展的国际趋势和研究热点，开展前瞻性研究，对于提高北京市社区建设和社区公共服务经验的实际应用价值和理论水平，对于提高北京市社区公共服务的国际化水平，具有十分重要的意义。

（三）“十二五”期间，北京社区公共服务建设面临许多新情况和新问题，需要有针对性地开展研究工作

在新的历史时期，国家发展战略的调整、北京城区规模的扩大和城市功能的提升，给社区公共服务建设带来了新的机遇和挑战。中共十八大报告突出强调了在改善民生和创新社会管理中加强社会建设的重要性，指出：“加强社会建设，是社会和谐稳定的重要保证。必须从维护广大人民

根本利益的高度，加快健全基本公共服务体系，加强和创新社会管理，推动社会主义和谐社会建设。加强社会建设，必须以保障和改善民生为重点。提高人民物质文化生活水平，是改革开放和社会主义现代化建设的根本目的。要多谋民生之利，多解民生之忧，解决好人民最关心最直接最现实的利益问题，在学有所教、劳有所得、病有所医、老有所养、住有所居上持续取得新进展，努力让人民过上更好生活。加强社会建设，必须加快推进社会体制改革。要围绕构建中国特色社会主义管理体系，加快形成党委领导、政府负责、社会协同、公众参与、法治保障的社会管理体制，加快形成政府主导、覆盖城乡、可持续的基本公共服务体系，加快形成政社分开、权责明确、依法自治的现代社会组织体制，加快形成源头治理、动态管理、应急处置相结合的社会管理机制。”中共十八大报告精神为总结提升北京社区公共服务建设模式指明了正确方向，也为北京社区公共服务建设提供了重大战略机遇。

另一方面，随着经济快速发展和人民生活水平的提高，广大群众对就业、教育、住房、医疗、社会保障等方面的需求不断提高，对公共服务均等化的要求更加迫切，对社会公平感和生活满意度的追求不断提升。这些都对社会建设和社区公共服务建设提出了更高的标准和要求。北京作为国际大都市和首都，国际和国内广泛而深刻的变革都将对其产生影响。这些都对北京社区公共服务建设提出了严峻挑战。因此，需要从国家大局出发，从战略高度和长远角度，进一步创新社区治理模式，加强社区服务定位、公共服务模式和公共服务供给机制等研究。此外，针对社区公共服务资金短缺和公共服务供给不足等问题，需要从公共服务供给的长期可持续性出发，在社区公共服务的财政投入、筹资和资金运用的经济性和有效性等方面加强研究；针对城区区划调整、旧城改造和新区建设等新问题，需要从社区公共服务资源的合理配置出发，在社区公共服务设施规划和建设方面加强研究；针对城乡人口分布状况、收入水平和公共服务需求情况，需要从公共服务规范化和标准化出发，在明确划分基本公共服务和非基本公共服务以及各类公共服务的主要内容的基础上，在社区公共服务提供的类型、数量、质量、时段等方面加强研究；针对社区公共服务提供与消费之间的回应性滞后问题，需要从“以人为本”的基本理念出发，加强社区公共服务绩效评估研究；针对社区公共服务效能低下和服务不到位等问题，需要从完善公共服务责任体制和构建权责对等的责任机制出发，加强社区公共服务问责制和监管体制建设研究。

总之，新的社会历史条件赋予了北京社区公共服务建设研究更加丰富的内涵，也凸显了这项研究的重大现实意义。

二、国内外研究现状和文献综述

社区在我国城市公共事务治理中发挥着日益广泛而重要的作用，逐步成为城市居民所需各项公共服务最直接、最基础、最前沿的供给平台。近年来，国内外学术界对社区建设、社区服务、社区公共服务等相关问题进行了广泛的探讨，取得了丰硕成果。从现有文献看，多数研究聚焦于以下几个方面：社区服务定位和社区公共服务性质；社区公共服务模式和公共服务供给机制；社区公共服务财政投入与筹资问题；社区公共服务设施规划与建设；社区公共服务标准化建设；社区公共服务绩效评估体系建设；社区公共服务问责机制和监管体系建设等。这些研究以一般理论探讨者居多，结合地方实际进行案例剖析者较少。特别是，对于北京社区公共服务建设取得的成就，社区公共服务建设“北京模式”的典型意义，学术界关注得并不多，对于“北京模式”基本内涵和主要特征的理论概括在学术上更是一个空白。目前，学术界关于北京社区公共服务建设方面研究的不足正是本课题研究需要重点加以突破的努力方向。

（一）社区服务定位和社区公共服务性质研究

社区是一个区域概念，可分为城市社区和农村社区两种类型，且这两类社区对公共服务的需求有较大差异（温来成，2009）。围绕公共服务如何提供的问题首先需要正确解决社区公共服务定位问题，这关系到社区服务发展方向乃至前途和命运（周五一，2010）。对此，学术界和实际部门都做了大量研究和探索。

在发达国家，社区公共服务是社会福利制度的一种补充或一种特殊形式，它是在政府部门与社区组织广泛合作基础上实现的。国际通行的社会服务概念一般由福利服务、公共服务和具有社会导向的公民个人服务或称社会化的私人服务三部分组成。其中，福利服务一般是指以服务形态提供的社会福利；公共服务一般是指依托社会公共设施或公共部门、公共资源的服务；具有社会导向的公民个人服务，是指为满足公民个人带有普遍性需求的且可能以社会化方式提供的服务，例如心理治疗、职业咨询、家务服务、身心保健等。福利服务和社会化的私人服务的服务对象都是个人，而公共服务的对象则是有着公共需求或者共同偏好的消费者群体（杨团，2001）。

在我国工业化、城市化和现代化的进程中，社区公共服务是社区建设的重要内容之一，它是在社区服务的基础上发展而来的。当前对社区服务的界定主要有狭义和广义两大类。周五一（2010）将狭义社区服务研究归纳为“自助互助说”（认为社区服务是居民自助或互助互惠性的服务）、“社会保障说”（将社区服务视为社会保障的一种形式或社会保障制度的组成部分）、“单一属性说”（认为社区服务只具有福利、公益等非营利属性，而不具有营利或商业属性）和“社区公共服务说”（主要基于埃莉诺·奥斯特罗姆的公共服务制度结构理论，将其中的多中心秩序理论运用于我国社区研究，认为社区公共服务是现代社会为了社区的需要而提供的社会公共服务，以及社区本身为满足自己的需求自行安排的共有服务）等四种，同时，认为广义的社区服务既包含狭义概念中的福利、公益等非营利性服务，也包含以盈利为目的的营利性或商业性服务，并将广义社区服务归纳为“双重属性说”（社区服务作为一个整体，具有福利性、公益性和营利性双重属性，且两者之间存在某种联系）、“总称说”（将社区服务做最广义的界定，但主张在实际操作中将不同性质的服务纳入各自的系统）和“大社区服务概念说”（以2006年国务院发布的《关于加强和改进社区服务工作的意见》为依据，认为社区服务包括政府提供的社区公共服务，社区组织开展的互助性服务、志愿服务，社会力量兴办的微利性商业服务，社区营利性商业服务四个方面。其中社区公共服务包括：社区就业服务，社区社会保障服务，社区救助服务，社区卫生和计划生育服务，社区文化、教育、体育服务，社区流动人口管理和服务，社区安全服务）。刘玉芝、王春城（2009）主张从中国城市社区公共服务的现实状况考虑，将社区公共服务界定为在社区范围内以服务形式存在的公共产品和准公共产品，包括社区卫生、绿化、治安、消防、设施建设、物业、文体、教育、扶老助幼、社区热线、社区广场、非营利性便民利民服务项目等等。

社区服务定位涉及三个层面：城市区政府、作为区政府派出机构的街道办事处所辖区域以及居民委员会所辖区域，这决定了社区公共服务由谁提供、提供的具体项目以及提供的方式，关系到服务型政府基层体系的构建，关系到社区公共服务供给的效率，更关系到广大社区居民的利益，关系到他们对政府公共服务的满意度（黄恒学，2010）。

2000年11月《中共中央办公厅、国务院办公厅关于转发〈民政部关于在全国推进城市社区建设的意见〉的通知》把城市社区的范围明确为“经过社区体制改革后作了规模调整的居民委员会辖区”。但社区服务定位于居民委员会在实际工作中遇到了许多问题，主要是在居民委员会辖区内，不可能普遍地建立较为健全的公共服务设施和服务机构（董欢，2009）。而且，定位于居民委员会似乎也无助于解决社区服务面临的主要难题，即没有固定的政府财政拨款，需要靠自身经营维持，难以提供福利性或公益性服务。至今不少社区居民委员会还存在着组织不健全、工作关系不顺、工作人员素质偏低、服务设施薄弱、工作经费难以落实等问题，影响了社区居民委员会功能作用的发挥，影响了城市社区建设的整体推进（民政部，2010）。

随着城市社区建设的不断推进，把城市社区服务定位于区政府层面的观点已被人们所抛弃（董欢，2009）。于是，更多的研究者将目光集中在街道办事处这一层面。民政部2006年发布的《“十一五”社区服务体系发展规划》提出“到2010年，在全国城镇逐步建成与社会主义市场经济体制相适应，符合我国基本国情，与当地经济社会发展水平相协调，立足街道、社区，以社区综合服务设施为主体、各类专项服务设施相配套的社区服务设施网络，形成多方参与、责权明晰、配置合理、和谐有序、可持续发展的运行机制，初步建立起覆盖社区全体成员、服务主体多元、服务功能完善、服务质量和管理水平较高的社区服务体系”的发展目标，明确社区服务以“街道、社区”为立足点的发展思路。杨寅、罗文廷（2008）认为，在中国特大型城市，社区的地域范围同街道办事处应当是一致的，理由是街道办事处是城市政府管理与服务的最基层单位，是区级人民政府的派出机关，而社区则应当是由街道管辖地域范围内的居民、业主和组织、单位所构成的一种自治联合体。

社区服务定位的确定还需要从正确认识社区公共服务的性质入手。社区公共服务的根本性质就在于其“公共性”，即社区公共服务属于“公共产品”。其中，又分为在消费过程中具有非竞争性和非排他性的纯公共产品、具有严格的非排他性而非竞争性不充分的准公共产品和具有严格的非竞争性而非排他性不充分的准公共产品等不同类型（Paul Anthony Samuelson，1954；Mancur Olson，1965；James M. Buchanan，1967；Harvey S. Rosen，2002）。

北京不是一般的特大型城市，而是中国13亿人民的首都和现代国际化大都市。北京的社区公共服务建设一要从社区公共服务性质出发，遵循城市社区公共服务建设一般规律，避免主观盲目性；二要认真借鉴发达国家在现代国际化大都市发展中的社区建设经验，同时注意发挥好自身优势和特色，取长补短；三要本着科学规划、适度超前的原则，在充分调研基础上搞好社区公共服务科学规划和标准化建设，树立全国城市社区公共服务建设的典范（黄恒学，2010）。

具体而言，北京社区公共服务建设需要有一定权威的部门去领导、规划和协调。在城区，街道办事处可以承担这一职能。第一，街道办事处不但具备了这样的能力，而且也能使街道工作方向更明确、任务更突出。第二，街道办事处所辖面积和人口，一般在1.5平方公里，5万人左右，这是提供基层公共服务较为合适的规模，不但可以使城区工作能落实到街道，充分发挥街道独立工作的能力，也能使许多居委会不易办、不容易协调的工作，得以妥善解决。第三，将社区服务定位在街道，实际是包含了街道和居委会两个层次，这样能够使城市社区建设统筹安排、上下配套、互补遗缺，从而可以更好地加强城市社区硬件设施建设，满足社区居民不同层次的需求。在城郊农村，乡镇政府也可以承担这一职能。

（二）社区公共服务模式和公共服务供给机制研究

1. 国外代表性社区公共服务模式

（1）北欧福利国家模式。

基于“市场失灵”理论，福利经济学家论证了公共服务由政府供给的必要性，认为由于公共服务具有区别于私人物品的非排他性和非竞争性，政府供给可以达到社会资源配置“帕累托最优”（Paul Anthony Samuelson，1954）。在此理论和实践框架下形成了公共服务单一中心供给模式。

北欧国家实行社区政府自治，社区服务与其国家福利体制融为一体，其服务组织具有高度的制度化特征。据考察，在北欧国家，家政服务早已成为一种由市政府当局组织的法定服务。在瑞典，这一服务已被写进了社会服务法案，而在芬兰和挪威，公民也具有获得家政服务的权利。关于老人照顾，在北欧国家中，地方政府在组织对老人的福利服务方面起着主导作用。一些养老院大多是由市政府出资建造和管理的，或受到政府的资助，而纯粹的私营机构在全社会养老机构的总数中只占很小的比重（杨叙，2008；董欢，2009）。

单一供给模式也鼓励居民参与。北欧的城市自治制度从法律上保证了社区居民民主参与的可实现性。在北欧社区发展中，社区政府采取多种措施鼓励居民参与到社区建设中来。

单一供给模式虽然在理论上具有一定解释力，在北欧地区行之有效，但事实上，由于政府的自利性，其高度垄断的供给行为会破坏稀缺资源趋于最优配置的过程，增加交易成本，产生“政府失灵”现象（周燕、梁栋，2005；田华、陈静波，2007）。

（2）美国民营化模式。

美国是西方国家中比较早地开展社区工作的国家，城市社区没有政府基层组织或派出机构，实行高度民主自治，依靠社区自治组织来履行社区管理职能。社区里的事务通常由社区的最高权力机构——社区董事会（社区委员会）来进行自我管理。根据 Robert Stein（1990），现代美国城市公共服务供给机制的建立，在很大程度上取决于现代公私合作关系（即公共部门、私营部门和其他利益相关者之间共担风险、分享利益，共同实现公共服务的供给）的演变与发展。其运作程序包括三个基本环节：计划（planning）、融资（financing）和监控（monitoring）。整体看来，美国城市公共服务供给机制改革的基本思路，就是引入市场竞争机制，将政府承担的部分公共职能推向市场，政府“掌舵”、市场“划桨”，建立以市场具体运作为依托、以政府宏观管理为保障的公共服务运行机制（孙春霞，2010）。美国非政府组织大规模地参与社区服务和社区建设，能更好地满足社区居民的多种需求，改善社区服务质量。目前，已有 200 多种服务项目纳入国家社会服务购买体系中。据估算，纽约市每年在社区服务上花费的 10 亿美元中，有 80%属于非政府组织的合同范围。

（3）日本社区自治模式。

日本社区管理以自治为主，政府的首要职能是规划、指导并提供经费支持，行政色彩和社会自治特点在社区管理的许多方面交织在一起。据考察，在日本，一般市政府会设立专门的社区服务部门，全面负责社区服务工作。“町内会”是日本居民自治组织，在实现社区自治中起到了重要作用。“町内会”主要负责社区的各项具体工作，如维护社区内各种设施，以及街道景观保护、绿化等活动；举办各种运动会和公民馆的各种文化、学习活动；举办交通安全、防灾讲座和训练，以及做好社区治安、青少年教育、社会福利等工作。其次是地域整合功能。包括开展居民交流活动；协调“町内会”内部各种团体活动，协助各种团体共同举办文化活动；调节各种利益冲突，达成共识；听取居民意见并准确地反映给行政机构。日本社区服务的对象广泛，包括老年人、残疾人、妇女和儿童以及老年人家庭、残疾人家庭、单亲家庭和低收入家庭等。社区服务方式大体有两种，一种方式是服务人员到服务对象家中进行单独服务；另一方式是将服务对象集中到某一地点进行集中的服务。日本社区的服务费由有关机构统一收取，服务人员不能收取现金，而衡量其服务质量则主要看服务对象的投诉以及同行的监督。日本的社区服务不论是法律、法规的制定，还是各组织机构的建立以及具体的工作实施，已形成了一套完整的体系，而且服务内容细致而全面，在发达国家中具有很强的代表性（张暄，2007）。

（4）新加坡城市政府主导模式。

新加坡在社区建设中推行政府指导下的居民自治，统一指导与民主自治并行，政府行为与社区行为紧密结合。据考察，在新加坡，政府对社区的干预较为直接和具体，并在社区中设有各种形式的派出机构。社区内主要有三个组织：公民咨询委员会、居民联络所和居民委员会，其中公民咨询委员会地位最高，主要负责社区内的公共福利服务，协调另外两个委员会（居民联络所、居民委员会）和其他社区内组织的工作。新加坡政府行政部门、社区管理机构、基层自治组织及社会团体之间职责分明，上下贯通，形成了科学、合理、灵活的社区建设和服务模式。

2. 我国城市社区公共服务改革和公共服务供给机制创新

（1）多中心供给模式的探索。

20世纪90年代以来，美国公共经济学家埃莉诺·奥斯特罗姆关于“公共事务的治理之道”的开拓性研究提出了公共服务提供者与生产者分解的新理论，认为在认识公共事务的政府提供责任时，需要明确区分公共产品“政府提供”与“政府生产”两个概念。这为社区公共服务实现“管办分离”提供了重要的理论依据。多中心在提供公益物品和服务的成本绩效，对公民需求的敏感性、回应性、责任性方面优于单极秩序安排，公民对公益物品需求偏好的差异性以及在实现这种差异性的需求方面，多中心秩序安排优于单中心体制（张洪武，2008）。

杨团（2001）批判了我国社区服务改革中普遍存在的商业化倾向，借鉴多中心供给理论提出“社区公共服务”概念，并以上海浦东罗山市民会馆模式和广州文昌地区慈善会模式论证了导入异质性制度因素培育社区非营利组织的可行性。以上海市罗山市民会馆、广州文昌慈善会为代表的社区民间组织管理制度创新，实行“公办民营”或“民营公助”，采用“政府主导、各方协作、市民参与、非政府机构管理”的服务管理运营模式，在社区公共服务方面建立平等合作的伙伴关系，为社区提供社会服务及公共服务。这是社区服务“理性社会化”的创新之举（陈晖，2009）。

（2）转变政府职能，实行“管办分离”和“居社分离”。

“管办分离”和“居社分离”有利于转变政府职能、发挥民间组织作用做好社区公共服务工作。近年来，北京市在探索“管办分离”、发展社区公共服务多中心供给模式方面进行了大量创造性工作，有的城区通过专门立法规范了社区民间组织提供社区公共服务的运作，如西城区《关于积极培育民间组织参与和谐社区建设若干意见（试行）》（2005），在将生产服务与提供服务角色分开的基础上，强调社区政府（以街道办事处为核心的参与社区治理的各类政府机构及政府的下延机构）要由原来公共服务的唯一提供者兼生产者转变为主要承担组织安排角色，生产者和直接提供者则成为次要角色（黄恒学，2010）。

深圳盐田区根据“居社分离”的理念，把街道的社区服务中心和社区服务站作为民办非企业单位登记，其业务范围包括文体、家政、维修、文化、培训服务等。这些民办非企业单位由社区居委会来举办，由区民政局作为其业务主管部门。政府采取一些扶持政策和措施，促使它们走规模化、产业化的道路。

(3) 政府购买公共服务，推动社区服务民营化。

受美国民营化模式的启发和影响，近年来，许多城市在探索政府购买公共服务、推动社区服务民营化方面做了有益的尝试。政府购买公共服务的范围包括购买居家养老服务、购买民间组织服务、购买社工岗位服务等。根据矫伶（2008）对上海政府购买民间组织服务的考察，上海各区县政府和市级机关各部门每年用于购买民间组织服务的资金从几百万元至数亿元不等。政府购买民间组织服务的方式，大致可以分为三种：一是“费随事转”形式，二是项目发包形式，三是公开招标形式。购买民间组织服务的资金来源，主要有三种渠道：一是专项业务基金，二是预算外资金，三是财政预算。据有关方面考察，政府购买公共服务这种公共服务供给模式在全国许多城市已经逐步推广，如 2005 年无锡市就出台了《关于政府购买公共服务的指导意见（试行）》，广东汕头市也出台了《汕头市居家养老服务实施办法》。

此外，一些地方还积极探索多种形式的民营化模式。比如，在特许经营方面，上海市的太平桥绿地就是采用 BOT（即建设—经营—转移）模式的一个典型。在政府补贴和凭单方面，上海贫困人群每月享有政府的米券、油券补贴。随着政府在社区非公共服务某些领域的撤资和淡出，私人社区服务业迅速兴起。如天津市私人在社区建立服务实体，目前已占天津全市社区服务业的近 1/3。

杨蓓蕾等（2008）认为，社区服务民营化的可行性取决于市场发育程度和政府对社区服务民营化过程的规制。社区服务民营化若要可行，必须处理好效率、公平、竞争、质量等多方面的问题，亦即社区服务只有在满足一定的标准和条件时，其民营化才具有可行性。

（三）社区公共服务财政投入与筹资问题研究

许多社区公共服务项目具有“公共产品”属性，由于“市场失灵”导致投入不足和产品短缺，特别是社区公共卫生服务短缺，因而大多数学者主张通过增加财政投入来解决社区公共服务资金问题（WHO，2000；Robert and Mario，2003）。

新公共管理理论倡导将市场机制引入公共服务供给领域，利用市场机制满足公众需求，构建政府和私营部门合作的公共服务联合供给机制。政府依据私营部门的服务供给质量支付费用，同时以“合同约束机制”督促私营部门按照规定标准进行公共物品生产（R. Batley，1996），而私营部门参与公共项目可以保证企业预期收益，从而实现了公共服务供给过程公私合作“双赢”。基于公共服务供给所有权责任、融资、运营及维护特征，公共服务公私合作可分为公办公营、公办私营、私办私营、社区或用户提供及混合提供五种模式。政府与第三部门联合是指在公共服务供给过程中公共部门与非营利组织的互动合作。第三部门的出现是公共服务市场供给失灵和政府供给不足的结果（R M. Kirwan，1989）。

在采取单一供给模式的北欧国家，公共财政是社区公共服务资金的主要来源（杨叙，2008）；在公共服务民营化和实行社区自治的发达国家，社区公共服务也离不开公共财政的投入（孙春霞，2010；张暄，2007）。

受城乡二元体制影响，我国城市社区和农村社区公共服务需求和内容存在较大差异，但资金短缺是共同特点，这也是制约社区公共服务发展的主要因素（高鉴国，2003；杨蓓蕾等，2008；张琳娜、刘广生，2007）。我国城市和农村都存在社区公共服务财政投入不足与现行财政管理体制有很大关系。在城区，社区收支大都纳入街道办事处收支范围，在体制安排上未将社区作为一个独立提供公共服务的平台对待，社区投资主体不明确，服务责任不清晰，公共服务总量不足，结构不合理，效益不高；在农村，农村社区的各项收支纳入乡财政管理范围，社区的各项支出由乡预算安排，由于乡财力普遍较弱，农村社区公共服务投入严重不足（温来成，2009）。

刘玉芝、王春城（2009）将社区公共服务划分为纯公共产品和准公共产品两大类，并根据需求导向和石家庄市社区公共服务实践经验，提出分类治理、分别筹资、分类供给的发展思路。其分类方法是，把社区公共服务分为六类来处理，分别是社区行政服务、社区互助服务、社区志愿服务、社区微利性商业服务、社区营利性商业服务、社区统筹服务等，对六类服务的供给分别采取行政机制、互助机制、志愿机制、类（半）市场机制、市场机制、社区自治机制，供给主体分别为政府部门、社区各类民间组织及其成员、志愿者组织及其志愿者、特殊人群（如残疾人、下岗职工等）、社区企业、社区自治组织。由于明确了社区公共服务供给主体，投入和筹资问题也就得到了合理解决。

（四）社区公共服务设施规划建设研究

公共服务设施作为公共产品在空间布局上要体现公共资源分配的社会公平和公正，这是反映城市居民生活质量的重要标志（A. C. Michalos，1999；S. L. Macintyre and A. MacDonald，2008）。空间公平目标应该包括公共服务设施可达性公平、利用公平及（满意度）结果公平（R. C. Rich，1979）。

我国社区公共服务设施规划研究深受国外规划理念影响，同时也比较注意结合本国本地区实际提出解决对策（张大维，2008）。应联行（2004）结合我国城市社区公共服务设施的配置现状和居民的公共需求现状问题，倡导以实际需求来规划居住区或社区公共服务设施的对策建议；苏乾（2002）分析了我国居住小区规模的变化，尤其指出户均人口减少的实际，随之以北京市为例予以验证，提出应随之调整小区配套生活服务设施和适应需要增加居住区配套设施的建议。

根据我国《城乡规划法》的相关规定，街道办事处应当适当担负起编制街道社区总体规划的职责。社区公共服务设施规划作为社区规划的强制性内容，应当具备20年总体规划和5年近期建设规划两套方案。社区公共服务设施规划是控制性详细规划的重要内容，也是实施城市网格化管理、推进社区建设、构建和谐社区的前提和依据之一（杨寅、罗文廷，2008）。

在实际规划和建设中，实际部门和研究者开始注意到国家标准《城市居住区规划设计规范》（GB 50180—93（修改本））的不足，寻求探索按照现行实际配置居住区或社区公共服务设施的一般理论和建议。赵明、林华（2002）指出，我国城市社区空间分层日益明显，由于经济收入的差异、文化价值取向的差异、年龄结构的差异等导致了需求的分化，在计划经济条件下形成的居住区公建配套指标体系已很不适应城市发展的现状需求，因而需要调整居住区公共服务设施配置指标的思路，使之适应市场经济的发展条件，兼顾效率和公平；根据服务对象，“量体裁衣”区别对待；处理好区域统筹和社区内平衡的关系。刘冰、张晋庆（2002）根据对城市居住空间分异现象的分析，建议从住区建设与管理模式上进行改进，提出应加大住区周边的城市公共设施的投入，缩小住区外部环境的差异，强化住区多层次的综合服务功能等。

社区规划中的社区服务设施规划与城市规划中的居住区公共建筑规划之间的双向互动、兼容融合是完善社区服务设施建设的关键因素。胡伟（2001）专门就城市规划与社区规划之间的区别和联系做了详细辨析。陈静敏、张研（2002）通过个案分析，指出当前我国城市社区服务设施建设在城市规划层面上存在诸多问题的原因：一是规划实施的长期性与社区服务设施建设的迫切性之间的矛盾；二是城市规划层面上缺少理论研究和实践指导，分属社会学领域的社区规划与分属建筑学领域的城市规划严重脱节，两者缺乏沟通，导致许多城市规划管理者在理论上对社区服务设施概念混淆不清，在实践上无所适从；三是社区服务设施与居住区公共建筑管理建设体系和标准不同。基于以上原因分析，提出“双向互动”机制是推动社区服务设施建设的根本途径。

（五）社区公共服务标准化建设研究

新公共管理理论强调将企业生产管理的科学方法引入公共服务领域，极大地促进了政府公共服务标准化的发展，其中重要的一点就是通过公共服务的标准化提升公共服务的品质。在这一理论的引导下，西方政府逐步在公共服务中引入全面质量管理（TQM）、标杆管理（benchmarking）以及平衡计分卡（balanced score card）等定量化的管理方法，并积极探索公共服务标准化的可行路径。

公共服务的标准化对实现公共服务均等化具有重大意义（安体富等，2008；丁元竹，2008）。第一，通过公共服务标准，促进公共服务能力的提高，为均等化创造条件。第二，公共服务标准为财政转移支付提供了计算依据。第三，公共服务标准增强了公共服务的规范性。许多学者认为我国目前已经具备了实行公共服务标准化的可行性（王国华、温来成，2008；吕伟、王伟同，2008），但是，我国现有基本公共服务标准还存在诸如缺乏实物标准、标准比较模糊、缺乏一般标准、没有系统的指标体系等一系列问题（庞力，2010）。

公共服务标准和公共服务均等化之间存在动态调整关系。世界各国政府公共服务与各国的经济发展水平、政府管理能力、公众的公共服务需求等因素密切相关，因此相应的公共服务标准、均等化水平也各不相同。李洺（2008）认为，公共服务均等化目标是较低水平的公共服务标准。对于同一个时代、地域环境来说，公共服务标准应该为公共服务确立一个基本目标，即通过努力能够达到的最低公共服务标准。如美国顾客服务协会规定的公共服务标准的定义要素为：及时性（timeliness）、准确性（accuracy）、合适性（appropriateness）、可及性（accessibility），这四个定义要素都立足于公共服务供给中的现实性，是公共服务的供给者经过努力所能够做到的。并且，对于服务接受者来说，这种较低的公共服务标准保障了基本的生存和机会均等的权利。

政府公共服务标准化建设涉及政府公共服务的各个方面，从理论上讲，凡是政府提供的公共产品和公共服务都可以纳入公共服务标准化的范畴。在具体推行公共服务标准化的政府实践中，可以按照当前我国政府行政管理和公共服务的关键领域将其重点内容概括为以下三个方面：一是基本公共服务的标准化，二是政府公共服务管理体制的标准化，三是政府绩效管理体制的标准化（胡税根、徐元帅，2009）。

至于社区公共服务标准化建设，这是政府公共服务标准化建设的一部分。目前，在一些试点城市，这项工作还处于实践探索阶段。早在1995年，民政部就发布了《全国社区服务示范城区标准》，要求全国行政地级以上城市（含地级）的市辖区在区政府的统一领导和民政部门的直接管理下，依托街道办事处、居民委员会等组织，建立起与当地经济、社会发展相适应，社会互助广泛开展、群众参与率较高、服务设施和项目齐全、服务质量和管理水平较高、服务效益较好的城市社会福利服务网络，满足社区居民的多种服务需求。2007年国务院颁布了《加快发展服务业的若干意见》（国发〔2007〕7号），提出“进一步完善覆盖城乡、功能合理的公共服务体系和机制，不断提高公共服务的供给能力和水平”，并要求“加快推进服务业标准化，建立健全服务业标准体系，扩大服务标准覆盖范围”。上述两个文件对推动我国城市社区服务业的标准化建设发挥了积极作用，但在社区服务内容的界定上还没有真正形成政府提供的基本公共服务与社区居民基本生活需求的对接与融合。

近年来，山东省青岛市、浙江省杭州市上城区和北京市东城区在公共服务标准化建设方面取得了可喜成果。青岛市经过多年努力，在与公众生活直接相关的公共服务产业中推行公共服务标准化建设，显著提高了这些领域的服务质量。从2007年开始，杭州市上城区政府开始在政府公共服务实践中正式推行公共服务标准化建设，通过区级政府职能模块标准化、部门间合作协调机制标准化、职能部门核心职能的标准化以及区级政府与街道间协作机制标准化四个方面来梳理标准，逐步推进公共服务标准化建设，使政府的公共服务逐步纳入到规范化和流程化的轨道上来。北京市东城区于2009年8月被国家标准化委员会和国家发展和改革委员会确定为国家级公共服务标准化试点示范区。以此为契机，东城区加快公共服务标准化建设步伐，全力推进公共服务建设走向规范化、制度化、高效化和公平化。与其他地区相比，东城区的公共服务标准化建设更加突出基层建设特别是社区公共服务建设的重要性（黄恒学，2010）。

（六）社区公共服务绩效评估体系建设研究

社区公共服务绩效评估是判断和确认政府在特定社区范围内投入公共服务的质量、效果、效益的过程，目的是使政府在一定社区内公共服务的供给情况得到全面、综合、科学、公正的评估和考核，形成政府与社区的良性互动，以更好地为社区提供公共服务和公共产品。开展社区公共服务绩效评估有助于促进政府提升对社区公共服务供给能力，有助于加强政府与社区的沟通，赢得民众对社区政府的信任与支持（曹闻民，2004）。

社区成为政府公共服务提供与消费的基本单元之后，社区公共服务绩效评估的问题随之凸显，社区公共服务绩效评估成为政府绩效评估的一个重要组成部分。目前，以社区为单位进行的政府绩效评估还不多。孙璐等（2007）运用因子分析（data reduction factor）与DEA（data envelopment analysis）模型的组合方法对长江三角洲地区的16个城市的公共服务绩效进行了实证分析，在确定科学的决策单元和投入指标与产出指标的基础上，评价我国不同地方公共服务提供的相对有效性。但是，这一研究并没有针对城市基层社区公共服务绩效加以评估。虽然北京、上海、武汉等城市一些发展相对成熟的社区，实际部门开展了一些对政府的评议或测评，但还不是严格意义上的政府服务绩效评估。

肖陆军（2007）从构建社区质量管理体系的角度探讨社区公共服务绩效评估体系建设问题，认为整个评估体系应由管理职责、资源管理、社区公共服务实现过程、测量分析与改进四个要素构成，这四者都紧紧围绕“居民满意”运行。建构社区质量管理体系是社区质量管理的基础性工作，它在目标体系设定、专职人员设立、服务承诺制度推行、责任制度建立、文化氛围营造、反馈系统建立等方面都有具体要求。同时，社区质量管理体系建构也是一个复杂的系统工程，主要包括总体策划与设计、编制相关文件、实施和运行、调整和完善等几个阶段，而实现社区居民满意和持续的质量改进应是社区追求的永恒目标。

田华（2007）认为，在社区公共服务评估体系建立过程中，首先要解决的是深层次的价值体系问题，要树立以社区居民为本的理念，包括：政府在社区的服务行政行为评估中注重公众导向；公共服务提供的数量、类型以社区居民需求为基本依据；更加注重对社区居民需求的回应性；注重调查和明晰服务质量以及对服务的满意度；将服务水平和评估结果告知社区居民；为社区居民提供选择公共服务的机会；建立便于社区居民参与和反馈意见的信息系统和服务系统等。社区服务及以社区居民为本的核心理念在价值取向层面则体现为效益、质量、居民满意度、公平等。

（七）公共服务问责机制与监管体系建设研究

我国城市公共服务供给机制效能低下，公共服务供给不足，原因之一在于我国城市公共服务缺乏有效的问责机制，存在问责对象不明确、问责关系不清晰以及问责程序不科学等一系列问题（王文斌，2007；汪明生等，2009）。这些问题在社区公共服务中也很突出，但学术文献关于社区公共服务问责机制的研究还比较少（World Bank，2004）。我国城市公共服务存在着可测性差、问责难、责任缺失、问责机制缺乏系统化等问题，阻碍了公共服务水平的提升，因此，加快系统构建城市公共服务问责机制显得十分迫切（汪贵杰、周生春，2010）。

陈志斌（2004）指出，问责制就是在某项活动中针对相应的权力明确相应的责任，有权力就应有对等的责任，并对相应责任履行进行严格科学考核，及时察觉失责，依据相应的失责度量对当事人追究和惩罚，靠“问”的“制度化”来保证“权责对等”实现的一种机制。

根据 World Bank（2004），公共部门的问责包括对政府决策前所进行的，类似信息通报和论证的前瞻性行为；在政府行为过程中所进行的，对行政遵纪守法和工作表现所进行的评估；以及在政府行政结束后进行的质询。行政问责是一个具有前瞻性的过程，通过它，政府官员要就其行政决策、行政行为和行政结果进行解释和正确性的辩护，并据此接受失责的惩罚。世界银行 2004 年度发展报告还提出了公共服务问责机制的分析框架，即公共服务提供涉及客户（公民）、提供者和政府三个主要当事人，由此形成公共服务“问责三角形”关系，基本的问责机制有四种：公民和政府之间的“表达”机制；政府与提供者之间的协约机制；客户与提供者之间的“客户权力”机制，以及提供者内部的“管理”机制。

汪贵杰、周生春（2010）从公共服务的消费者、生产者和提供者三个基本参与者维度出发，认为城市公共服务问责机制就是三者之间相互问责而形成的问责体系。具体而言，城市公共服务问责机制可细分为三个方面：第一，城市公共服务消费者对生产者的问责机制，具体包括公共服务生产前的决策问责机制、公共服务生产过程中的问责机制、公共服务生产完成后的问责机制；第二，城市公共服务消费者对提供者的问责机制，包括消费者对城市政府、私人部门的问责机制；第三，城市公共服务生产者对提供者的问责机制，包括城市政府内部问责机制、城市政府对私人部门的问责机制。

三、研究的主要方法

本课题系统地研究在全国加快推进基本公共服务均等化、加强社会建设和建立健全基本公共服务体系的大背景、大趋势下，如何贯彻落实中共十八大精神，以更高标准、更高要求进一步完善北京市社区公共服务体系，如何建设具有中国特色的城市社区公共服务体系。这项研究虽然主要针对北京市社区公共服务建设问题，但也涉及北京市社会建设的其他方面，涉及全国其他城市社区公共服务建设的相关问题，涵盖范围广，研究内容多。这项以社区公共服务建设为主题的研究，事关千百万北京市民的切身利益，其研究主体主要在公共经济领域，同时又涉及公共卫生、公共教育、公共文化、社会保障等其他领域。我们将遵循理论研究与实证研究相结合、定性分析与定量分析相结合、制度研究与政策分析相结合的原则，多角度、多层次、全面系统地开展深入研究。拟采取的研究方法主要包括：

（一）系统分析方法

北京市社区公共服务建设是一项系统工程，涉及公共卫生、公共教育、公共文化、公共安全、计划生育、环境保护、社会保障、社会救济等与居民日常工作生活相关的各个方面，社区公共服务体系本身也是一个系统工程，涉及公共服务分类和项目设计、公共服务提供主体和提供方式的确定、公共服务资金筹集与运用、公共服务绩效评价、公共服务监督管理等各个相对独立的领域，需要用系统分析方法，将全市社区公共服务体系总系统分解为若干个互动的子系统，运用逻辑推理和分析计算，在系统动态运行过程中加以考察，找出规律性和共性的因素，对存在的问题提出相应的可行性方案，使全市社区公共服务体系这一系统整体达到理想运行状态。

（二）历史分析法

坚持马克思主义的辩证唯物论和历史唯物论，以历史的、发展的眼光研究北京市社区公共服务建设问题，分析北京市社区建设的历史背景、发展阶段以及体制创新的外部条件和内在动因，探索具有时代特征、中国特色和首都特点的“北京模式”的演变逻辑及其形成条件，这不仅有助于增进对这一模式的整体理解和认识，而且可以从其发展轨迹中发现某些带有规律性的具有中国特色的城市社区公共服务建设中的普遍现象。

（三）比较分析法

在发达国家社会福利制度改革方兴未艾之际，在全国各地加快建立健全基本公共服务体系、各大中城市社区公共服务建设蓬勃发展的大背景下研究北京市社区公共服务建设问题，需要我们以国际视角和全局眼光研究城市局部问题。对比分析国内外其他城市社区公共服务建设模式，揭示其一般性特征和内在规律，借鉴国内外其他城市在改革基本公共服务提供方式、引入竞争机制、扩大购买服务、实现提供主体和提供方式多元化等方面的经验，学习其他城市在推进非基本公共服务市场化改革、增强多层次供给能力、满足市民多样化需求方面的具体做法，扬长避短，取长补短，有助于进一步推动北京市社区公共服务改革和创新，进一步完善北京市社区公共服务建设的相关制度和政策。

（四）规范与实证分析方法

在研究范式上，规范分析方法研究社区公共服务规范化和标准化建设、社区公共服务需求与财力保障、社区公共服务有效性评估等问题时，提出某些标准作为分析处理公共服务项目提供问题的依据，并研究如何才能符合这些标准，力图回答“应该是什么”的问题。实证分析方法研究社区公共服务分类构建、社区公共服务“北京模式”的创新性、公共服务设施规划和社区公共服务问责制等问题时，只研究其本身的内在联系和内在规律，并根据这些内在联系和规律，分析社区公共服务建设所能达到的效果，力图回答“是什么”的问题。

（五）制度分析方法

北京市社区公共服务建设的突出特色就在于体制创新。从分类构建社区公共服务体系着手进一步完善社区公共服务体系，是对我国现有社区公共服务体系的重大创新和突破。从国外城市社区公共服务服务建设经验来看，体制创新或制度创新必然需要权威部门制定相应的规章、制度甚至法律加以确认和保障。北京市制定社会建设“1+4”系列文件的做法也印证了这一点。因此，研究中将应用制度分析方法，结合北京市社区公共服务体系的演变过程，对新旧体制进行制度比较，为进一步巩固北京市社会建设的体制创新成果、完善北京市社区公共服务体系提出政策建议。

四、研究思路和基本框架

本课题以中共十八大精神为指导，全面总结和提升北京市社区公共服务改革实践经验，在对具有时代特征、中国特色、首都特点的社区公共服务体系“北京模式”进行系统研究的基础上，探讨中国特色城市社区公共服务建设的模式特点、内在规律和发展趋势，为进一步完善北京市社区公共服务体系，搞好北京市社区公共服务建设，提高北京市社区公共服务效率和水平，提出重要政策建议。

（一）研究思路

我们的研究思路是：

第一，将整个社区公共服务体系划分为基本公共服务和非基本公共服务两大类型，将所有社区公共服务项目分别归入这两大类型中来，形成基本公共服务项目和非基本公共服务项目两大序列。除此之外，社区服务中还包括社区非公共服务。与此相对应，居民对社区服务的需求也分为社区基本公共服务需求、社区非基本公共服务需求和社区非公共服务需求，以基本公共服务项目满足居民的基本公共服务需求，以非基本公共服务项目满足居民的非基本公共服务需求，以非公共服务项目满足居民的个性化非公共服务需求，以达到最大限度满足居民日益增长的物质文化需求的目标。

第二，根据“分类构建、分别提供”原则，对社区基本公共服务项目采取规范化、标准化建设模式，实现均等化提供；对社区非基本公共服务项目则应充分发挥社区自治功能，由社区根据居民需求自主提供；对社区非公共服务采取市场化改革模式，实行差异化提供。

第三，将提供社区基本公共服务的责任主体明确落实在政府身上，由政府直接提供或间接提供（即通过购买基本公共服务方式或其他符合有关规定的方式来提供）。政府需要把提供社区基本公共服务项目所需资金列入到财政预算中，通过政府公共财政投资来实现提供基本公共服务项目的目标。同时，政府公共财政对于社区基本公共服务项目的投入必须与地方经济社会发展水平相适应，实行动态调整。

第四，将提供社区非基本公共服务的责任主体明确落实在居民个人身上，实行市场化运作，政府发挥引导作用，由市场根据居民需求来提供。非基本公共服务项目建设需要通过社会资本投资来完成。这种市场化供给模式必然要与居民的需求及其支付能力相适应。

第五，构建社区公共服务绩效评估“二元体系”，对社区基本公共服务和非基本公共服务分别设计不同的绩效评估指标体系，分别进行评估。与此相联系，居民对社区公共服务的满意度调查也要按两类公共服务分别进行。这样才能客观地反映不同公共服务类型、不同责任主体和不同提供方式下，社区公共服务的供给效率和对居民公共服务需求的满足状况。

第六，以居民对社区基本公共服务和社区非基本公共服务的满意度评价为基础，在统一框架下构建社区公共服务问责制和监管体系，且公共服务问责制和监管体系要覆盖公共服务提供和供给的全过程。这是履行政府的社会管理责任的需要。即使是非基本公共服务的供给，在监管缺失的情况下，也可能发生社区居民合法权益受到侵害的事情。此时，“政府失灵”现象必须从制度上加以避免。

（二）基本框架

第一章　导论。这一章阐释了北京社区公共服务建设的研究背景和意义，北京社区公共服务建设积累了丰富的经验，对全国现代城市社区建设具有重要的示范作用，在新时期北京社区公共服务建设面临着新情况和新问题，需要展开针对性研究。在此基础上，本章对国内外有关社区服务定位与社区公共服务性质、社区公共服务模式和公共服务供给机制、社区公共服务财政投入与筹资问题、社区公共服务设施规划建设、社区公共服务标准化建设、社区公共服务绩效评估体系、公共服务问责机制与监管体系建设等研究进行了梳理，并介绍了本课题的研究思路、基本框架以及研究的主要创新之处。

第二章 北京社区公共服务改革与“北京模式”创新。这一章首先对改革开放以来，特别是近十年来，北京市社区公共服务建设在改革中创新、在创新中发展的基本历程进行深入分析。在总结北京市社区公共服务改革成果的基础上，剖析不同改革阶段及各项改革成果之间的内在联系，总结和提升具有时代特征、中国特色、首都特点的社区建设和社区公共服务“北京模式”的基本内涵和主要特征。与国内其他大城市社区公共服务改革模式进行比较，进而分析“北京模式”在社区公共服务建设理念、管理体制、治理模式、服务方式等方面的创新性及其意义。从科学界定社区公共服务属性和范围，推进社区自治、提高市民现代化水平，细化和完善社区基本公共服务目录，构建社区公共服务高层次综合协调机制等方面对进一步完善“北京模式”提出政策建议。

第三章 社区公共服务体系分类构建及其政策支持。这一章在社区调研基础上，通过科学界分社区居民的社会角色、社区角色和个体角色，对社区居民多样化、多层次的服务需求进行深入分析。根据社会共识、社区共识、个人偏好及其相应的服务需求指向把社区居民服务需求划分为社区基本公共服务需求、社区非基本公共服务需求和社区非公共服务需求三种基本类型。根据分类指导、分类构建的原则，对社区公共服务体系进行系统化设计，进一步分析“居站分离”条件下北京社区公共服务体系基本架构，对社区服务多元化格局的形成过程、表现形式及背后的政策支持进行了深入探讨。

第四章 社区公共服务规范化和标准化建设。这一章首先对社区公共服务规范化标准化在社区组织体系、社区治理机制、社区服务平台和服务内容、社区运行保障、社区服务设施、社区队伍建设等方面面临的问题和挑战逐一进行分析，在此基础上，对社区公共服务规范化建设的制度设计、政策支持及其实际成效进行探讨，进而提出构建和完善全方位、智慧型社区居民服务需求—回应机制的基本架构，对北京市推进智慧型社区建设基本路线图进行研究。

第五章 社区基本公共服务财政投入及其效益。这一章对近十多年来北京市社区基本公共服务建设财政支持政策及其演进情况进行全面梳理，根据财政资金投入情况，分析社区基本公共服务财政投入的构成，财政投入—产出机制，财政资金使用所产生的需求回应互动效益、社区安全稳定效益、社区内生服务效益和社会投入带动效益等，对北京市提高财政投入社会效益的经验和做法进行了剖析。

第六章　社区非基本公共服务创新机制与政策。非基本公共服务是增强多层次供给能力、满足社区居民对公共服务多样化需求的重要途径。这一章在对社区不平衡发展状况和社区居民非基本公共服务需求特点进行深入分析的基础上，对社区非基本公共服务创新机制的形成条件、创新机制的构成、创新机制的内在联系进行探讨，对北京市社区非基本公共服务创新支持政策及效果进行剖析，对北京市推进居民自治创新和业主自治创新、促进居民自治与业主自治互联互动的相关政策及其内在联系进行详细分析。

第七章　国内外社区公共服务民营化模式比较。这一章结合社区公共服务民营化的时代背景，在区分公共服务“提供”与“生产”，明确社区公共服务“提供者”与“生产者”分工的基础上，对社区公共服务民营化的若干基本类型逐一进行分析，然后，对美国、英国、日本、新加坡、中国香港等国家（地区）社区公共服务民营化模式进行比较，对深圳、上海、广东等地推行的民营化模式进行总结，为推进北京社区公共服务民营化提供有益的借鉴经验。

第八章　社区公共服务设施规划与建设。这一章根据最近十多年来北京市人口快速增长和社区公共服务设施需求情况，分析社区公共服务设施供求矛盾及其原因，同时结合北京社区公共服务设施规划及其调整情况，分析社区公共服务设施规划和建设面临的主要问题和挑战，从促进社区公共服务设施投入多元化角度提出推进社区公共服务设施规划和建设的新思路。

第九章　社区公共服务绩效评价与监督问责体系建设。绩效评估和监督问责是保证社区公共服务有效供给、提高社区公共服务质量的重要环节。这一章从社区公共服务绩效评价与监督问责体系建设相对滞后的实际出发，提出构建社区公共服务绩效评价体系的基本思路，分类构建社区基本公共服务和社区非基本公共服务绩效评价指标体系，对加强社区公共服务问责制和监管体系建设提出若干政策建议。

第十章 北京社区公共服务建设的基本现状及主要问题。这一章主要分析了在新形势下，北京社区便民服务、社区公共安全服务、社区卫生服务、社区教育服务、社区流动人口服务、社区文化服务、社区养老服务、社区社会保障服务等社区公共服务建设的基本现状及主要问题，以期为加强和改善北京社区公共服务建设提供相关政策建议。

第十一章 研究结论和政策建议。这一章对本课题的研究内容进行了总结，并从宏观和微观两个视角就北京社区公共服务建设存在的问题提出了针对性的政策建议。

五、研究的主要创新之处

本研究在深入调研的基础上，针对目前学术界在社区公共服务建设研究中的不足，围绕社区公共服务建设“北京模式”进行重点研究，全面系统地揭示了“北京模式”的基本内涵和主要特征，科学界定社区公共服务属性和范围，在准确划分社区居民服务需求层次基础上提出分类构建社区公共服务体系的理论框架，在社区公共服务分类、社区公共服务规范化、社区公共服务民营化、社区公共服务财政投入构成、社区公共服务绩效评价等方面的相关研究取得了重大的理论创新和突破。但是，由于种种原因，有些方面资料和数据收集不全，给相关问题研究的量化处理带来了一定困难，这是今后研究需要进一步加强的地方。

（一）“北京模式”研究上的创新

本研究在全面总结北京社区公共服务经验基础上，首次系统揭示了具有时代特征、中国特色和首都特点的社区公共服务“北京模式”的基本内涵和主要特征。本研究认为，北京市在全面推进首都现代化建设、构建社会主义和谐社会首善之区和建设中国特色世界城市的背景下，紧紧抓住社区公共服务建设这个核心环节，把社区建设纳入社会建设系统工程中来，通过整合社会建设资源，调动政府、社区、社会组织、经济组织和社区工作者等各方面积极性，形成社区建设合力。在统一规划、部署、实施社会建设系统工程过程中，按照“一分、三定、两目标”① 的总体思路着力推进包括社区公共服务建设在内的社区规范化建设，社区服务领域不断拓宽，服务内容不断充实，服务方式不断创新，形成了以社区为依托，以社区居民服务需求为导向，以合理界分社区各方面利益关系为切入点，以政府主导、多方参与、规范运作、协同提供、共建共享为主要特征的公共服务模式。“北京模式”的基本内涵包括：明确将社区定位为社会建设的基础环节和落实政府公共服务的基层平台；按“居站分离”原则把社区服务站与社区居委会职能分开，使社区居委会回归其社区自治功能定位；以社区居民服务需求为导向，对社区公共服务进行分类指导，分类提供；社区建设与经济社会发展相互协调，多元投入，多元发展；按职业化、专业化要求，加强社区工作者队伍建设。“北京模式”是社会管理体制改革、城市管理体制改革和社区改革不断深化的结果，其主要特征体现在以下几个方面：体质构建系统化；治理方式规范化；服务管理网格化；运行保障协同化；发展环境法制化。“北京模式”是对人民群众服务需求的有力回应，反映了社会主义和谐社会建设条件下社区公共服务事业发展的客观要求，顺应了人民群众渴望社会和谐、追求社会公平和更加美好的幸福生活的需要，具有鲜明的时代特征。“北京模式”是在符合目前城市管理体制下社区发展定位的条件下创新城市社区治理模式的有益尝试，也是科学运用市场经济条件下首都社区公共服务建设发展规律创新社区公共服务供给模式的有益探索。

（二）首次提出了社区服务“三分”理论和社区公共服务二元结构理论

本研究根据社区居民的三重角色（社会角色、社区角色和个体角色），将社区居民服务需求划分为社会性公共服务需求、社区性共同服务需求和家庭个人的个性化服务需求。根据居民服务需求的属性和特点，把社区服

---

① 所谓“一分”，就是将社区服务站和社区居委会职能分开，社区服务站主要承担政府公共服务职能，社区居委会主要承担居民自治职能；“三定”，即确定社区党组织、社区居委会、社区服务站的工作任务、工作人员和工作经费；“两目标”，即建设一支专业化、职业化的社区工作者队伍，建设现代化、规范化的新型社区。

务划分为三大类型——以“社会共识”确定基本公共服务类型，以“社区共识”确定非基本公共服务类型，以“个人偏好”确定非公共服务类型。其中，社区公共服务包括由政府主导提供的社区基本公共服务和由社区自主提供的社区非基本公共服务两大类，由此构成社区公共服务二元结构体系。这一新的分类理论，是对目前流行的“主体决定论”的突破，澄清了理论界和实际部门对于社区服务和社区公共服务的模糊认识，为科学界定社区公共服务的属性和范围，准确划分社区服务主体的提供责任，更好地发挥政府、社区组织、社会组织、企业和个人在社区公共服务中的作用，形成以政府为主导、以市场为基础的多元化协同发展的公共服务格局，提供了重要的理论依据。

（三）提出了全方位、智慧型社区居民服务需求—回应机制基本框架

本研究基于对北京社区公共服务规范化标准化建设的全面考察，结合北京市推进智慧社区建设的实际情况，将北京社区规范化和标准化建设看作一个持续发展、不断改进提升的过程，通过智慧社区建设对已经建立的社区居民需求—回应机制进行充实和提升，以更高标准、更高要求构建全方位、智慧型社区居民需求—回应机制，利用物联网、云计算、移动互联网、信息智能终端等新一代信息技术，不断创新社区服务方式，同时继续发挥传统社区服务方式的积极作用，通过全面提升社区公共服务规范化和标准化建设水平，实现对社区居民服务需求的全方位回应和各类社区服务的智能化提供，逐步形成全方位、智慧型社区居民服务新格局。通过准确把握信息化条件下北京社区服务发展趋势和发展规律构建的全方位、智慧型社区居民服务需求—回应机制基本框架可以为进一步推进社区基础设施高端化、政府服务协同化、社区管理智能化、公共服务网络化、居民生活现代化、社区服务集成化提供重要的决策依据。

（四）揭示了社区基本公共服务财政投入的内在机制

社区基本公共服务是政府主导、依托社区向居民提供的公共服务，是

国家基本公共服务在城乡基层的实现形式，是具有公共性、基础性和均等性的公共产品。政府是社区基本公共服务的提供主体，政府的财政投入是社区基本公共服务最主要的资金来源。本研究通过对最近十多年来北京社区公共服务财政投入情况及相关政策的全面梳理，对社区基本公共服务项目投入（社区居民从中直接受益）、社区管理和服务平台建设投入（社区居民从中间接受益）分别进行考察，揭示了北京市社区基本公共服务财政投入的基本构成以及各类财政投入之间的内在联系，为研究社区基本公共服务财政投入产出情况，进而研究社区基本公共服务财政投入效益提供了新视角。

（五）首次提出了社区非基本公共服务创新理论

近年来，北京市在社区公共服务建设中创新居民自治形式，完善居民服务需求—回应机制，创新业主自治，提高社区居民自我管理、自我服务能力，推进社区居民自治和业主自治互联互动，取得了显著成效，但是，由于“社区非基本公共服务”概念还没有真正建构起来，这在很大程度上制约了社区非基本公共服务创新的顺利推进。本研究从北京社区不平衡发展和居民对社区非基本公共服务的需求出发，结合北京市近年来在社区服务方面的创新实践，首次对社区非基本公共服务创新机制形成的条件、创新机制的构成、创新机制的内在联系进行系统研究。本研究认为，社区非基本公共服务与政府主导提供的社区基本公共服务一样，都是社区公共服务体系的重要组成部分，都通过社区公共服务平台向社区居民提供，都是以满足社区居民公共服务需求为目标，而且这两者有时候也存在一定交叉和重叠。社区非基本公共服务创新机制与整个社区管理体制创新结合在一起，是由多因素、多系统、多种力量共同构成的创新体系的组合，是由社区组织创新机制、社区治理结构创新机制、社区服务体系创新机制、社区投入创新机制、社区工作者管理创新机制等多重创新机制共同构成的复合型创新集合体。在对北京社区服务创新实践进行总结提升的基础上，本研究还对社区非基本公共服务创新目的、创新依据、创新方法和路径以及创新重点进行了研究，提出社区非基本公共服务创新路线图，作为今后进一步推进北京社区非基本公共服务创新的决策参考。

第二章

北京社区公共服务改革和“北京模式”创新

改革开放30多年来，北京市在探索社区服务和社区建设过程中不断改革创新，取得了显著成效，形成了符合时代发展要求、具有中国特色和首都特点的社区公共服务建设模式，即“北京模式”。“北京模式”不是一个空洞的口号，也不是一个简单的地理意义上的标签，而是在北京社区建设和社区公共服务发展的长期实践中，在总结北京社区管理经验、探索社区发展规律的基础上，逐步形成的系统化、科学化的工作方法和工作机制，是北京社区公共服务建设规范化和制度化的重要标志。

“北京模式”以改革开放为背景，经历了探索起步、转型提升、规范发展等几个阶段，其发展演变轨迹与改革开放历史进程高度吻合。在改革开放初期社区服务业兴起阶段，北京社区服务业应运而生；在改革开放取得阶段性成果，社区建设提上政府工作日程的时候，北京社区建设加快推进，各项工作都走在全国前列，社区服务业不断发展壮大；在改革开放进入攻坚阶段，要求加强以改善民生为重点的社会建设、加强社区公共服务建设的时候，北京市抓住有利时机和发展机遇，从建设世界城市的战略高度对社会建设总体布局进行全面规划，在社区管理和公共服务建设方面又取得新的突破，社区服务业出现出多元发展、规范有序、繁荣兴盛之势。可以说，北京社区建设和社区公共服务的发展是中国城市社区发展的一个缩影。

“北京模式”是在北京社区服务业不断发展壮大的同时由政府主导的社区公共服务建设在改革中创新、在创新中发展的结果，是在正确处理政府、社区、社会、市场和市民之间关系的基础上做出的理性选择。这一模式具有鲜明的时代特征，是中国特色和首都特点的集中体现，在社区公共服务建设理念、社区公共服务管理体制、社区治理模式和社区服务方式等方面都具有重要创新意义。

第一节　北京社区公共服务改革发展历程

北京是全国开展社区服务工作较早的城市之一。社区公共服务是在社区服务业发展壮大、社区建设加快推进的条件下，在转变经济发展方式、加强社会建设和构建服务型政府的时代背景下，通过一系列体制机制创新逐步发展起来的，其间经历了探索起步、转型提升和规范发展等几个发展阶段。

一、社区公共服务探索起步阶段

社区是北京城市社会工作的重要平台，是市民日常生活的主要场所。从 20 世纪 70 年代末改革开放开始，随着计划经济体制向市场经济体制转轨，原来体制内的“单位”逐渐转变为自主经营、自负盈亏的市场主体，大量“单位人”转为“社会人”，大量社会职能从“单位”中剥离出来，纷纷转入街道和社区。社区在社会管理中承担了越来越重要的角色。

1986 年，民政部正式提出在城市开展社区服务的构想。1987 年，民政部在民政工作座谈会上提出建立和完善社区服务体系的发展目标，第一次把社区服务概念引入实际生活，认为社区服务是在政府倡导下，发动社区成员开展的互助性的社会服务活动。从这时起，北京市在国家政策指导下率先举办各种社区服务活动，“立足民政，面向社会”，服务对象从老年人、优抚对象、残疾人等特殊困难群体转向一般社区居民，社区服务业开始兴起，并不断向更宽领域拓展。1991年在北京召开了全国社区服务工作研讨会，会议就社区服务的内涵和外延、地位和作用等理论问题进行探讨，认为社区服务的本质是社会福利服务，主要包括老年人服务、残疾人服务、优抚对象服务和便民利民服务。其中，便民利民服务包括文化娱乐、环境卫生、治安服务、儿童照料、咨询服务、家务服务等，服务对象也进一步拓展到驻社区团体和单位。尽管这时候还没有提出“社区公共服务”概念，但在社区服务中已经包含了以社区居民共同利益和共同需要为特征的社区公共服务的内容。

此后，北京市根据民政部、国家计委、财政部等14个部委于1993年8月27日颁布的《关于加快发展社区服务业的意见》，加快发展社区服务业。1995年12月，北京市政府办公厅发布了《关于加快发展社区服务事业的意见》，根据社区服务的福利性、群众性、服务性和区域性特点，从满足社区居民的需求出发，加快建设“多种经济成分并存、服务门类齐全、服务质量和管理水平较高的社区服务网络”，积极鼓励社会资金进入社区服务业，同时在街道建起了社区服务中心，开展各种便民家庭服务、婚丧服务、初级卫生保健服务、文体健身娱乐服务、婴幼儿教育服务、养老服务、心理咨询服务等服务项目，初步形成了设施服务与社会互助服务相结合的社区服务模式，为全面推进社区建设奠定了良好基础。

二、社区公共服务转型提升阶段

随着人民群众生活水平的不断提高和住房、医疗、养老、就业等各项制度改革的深入，城市居民与所在社区的关系愈来愈密切。他们不仅关注社区的发展，参与社区的活动，而且对社区的服务和管理、居住环境、文化娱乐、医疗卫生等方面提出多层次、多样化的要求。与此同时，随着政府机构改革和政府职能转变，从政府机构转移出来的部分公共服务职能也需要由城市街道和社区承接起来。因此，如何提高社区公共服务能力成了深化城市管理体制改革面临的一个重要课题。从1998年开始，北京市在贯彻落实国家相关政策的同时，先后召开五次城市管理工作会议和推进和谐社区建设座谈会，一方面推动政府公共服务向社区延伸，另一方面在拓展社区服务的同时积极引导社区服务向公共目标转型，不断提升社区公共服务能力，全面加强社区建设，以满足广大城市居民提高生活质量的迫切要求。

2000年11月19日，中共中央办公厅、国务院办公厅转发《民政部关于在全国推进城市社区建设的意见》(中办发〔2000〕23号)，正式把社区服务纳入社区建设和社区管理中来，成为社区建设的一个重要组成部分。这是我国第一个关于社区建设的纲领性文件。北京市为贯彻落实这一文件精神召开了全市第三次城市管理工作会议，并于2001年出台了《中共北京市委、北京市人民政府关于推进城市社区建设的意见》(京发〔2001〕11号)，进一步明确社区建设的指导思想、基本原则和目标要求，并就社区组织体系的构建、社区运行机制创新和社区建设的工作重点做出了具体部署，提出了加强社区治安、拓展社区服务、发展社区卫生、繁荣社区文化、美化社区环境等重要举措。

2005年8月，北京市委市政府发布《关于建设和谐社区和谐村镇的若干意见》，从“全面推进首都现代化建设、构建社会主义和谐社会首善之区”的战略高度，提出和谐社区、和谐村镇建设的总体要求和主要任务，明确“社区、村镇是社会的细胞与基础，是社会建设与管理的重心”，要求从转变政府职能入手，围绕民主法治健全、基本社保均衡、公共服务完善、社会安全稳定、生活环境良好和邻里互助友爱六大目标开展和谐社区、和谐村镇建设，为建设和谐社区、和谐村镇提供体制机制保证，积极推进包括就业服务体系、社会保障体系、公共卫生与基本医疗服务体系、公共教育体系、公共文化服务体系和基层社会治安防控体系在内的公共服务体系建设，把政府社会管理与公共服务的职能落实到基层。2006年5月，国务院发布《关于加强和改进社区服务工作的意见》(国发〔2006〕14号)，提出社区服务工作的三项原则，即坚持以人为本原则、坚持社会化原则和政府分类指导原则，明确“政府提供公共服务，鼓励、支持社区居民和社会力量参与社区服务”，首次把“社区公共服务”概念引入政府的公共政策中来，要求“大力推进公共服务体系建设，使政府公共服务覆盖到社区”。在这个文件发布之前，北京市在和谐社区、和谐村镇建设中已经部署推进政府公共服务进社区的工作。显然，北京市在社区公共服务建设方面已经领先于全国其他地区。北京市和谐社区、和谐村镇建设的全面推进有力地促进了政府职能转变和经济发展方式转变，激发了社会活力，使社区公共服务建设达到了更高水平。

三、社区公共服务规范发展阶段

在经济快速发展情况下，最近几年北京市经济社会发展出现了一些新的阶段性特征。在社会领域，社会活力显著增强，同时，社会结构、社会组织形式、社会利益格局发生了深刻变化。针对社会发展新阶段出现的新问题，北京市在加快推进经济、政治、文化建设的同时，把社会建设放在更加突出的位置，并且把社区作为社会建设的着力点和基层政权建设的支撑点。在总结社区建设成功经验的基础上，进一步明确社区定位，健全社区组织，完善社区治理结构，创新社区管理体制机制，引导社区公共服务朝着更加规范、更加均衡、更加协调的方向发展。

2007 年 12 月，北京市在中央支持下在全国率先成立由市委、市政府主要领导挂帅，市委、市政府 38 个单位负责人组成的北京市社会建设工作领导小组和由 8 个相关单位组成的领导小组办公室，作为市级社会建设工作机构，统筹协调全市社会建设工作。此后，各区县也相继成立了相应的机构，形成市区（县）统一协调、相互配合的社会建设工作机制。

对北京社区建设和公共服务建设来说，2008 年是具有里程碑意义的一年。奥运会的成功举办使人文北京、科技北京、绿色北京的“新北京”形象深入人心，也大大提升了北京的现代化国际大都市城市形象。城市基础设施和社区公共服务设施大大改善了，北京人民建设美丽北京和美好家园的信心大大增强了。从 2008 年下半年起，北京市紧紧抓住成功举办奥运会的有利时机，乘势而上，大力加强社会建设工作。一方面，召开全市社会建设大会，动员全市力量，提出“力争用 3 到 5 年时间，初步建立起具有时代特征、中国特色、首都特点的社会建设新格局的基本框架”的发展目标，另一方面，及时发布包括《北京市加强社会建设实施纲要》《北京市社区管理办法（试行）》《北京市社区工作者管理办法（试行）》《关于进一步加强和改进社会领域党建工作的意见》《关于加快推进社会组织改革与发展的意见》以及相关配套措施在内的社会建设“1+4+X”系列文件[①]，通过科学规划和政策落实形成社会建设合力。

从2009年起，北京市按照“一分、三定、两目标”的总体思路，通过试点和推广，不断加强社区规范化建设。所谓“一分”，就是将社区服务站和社区居委会职能分开，社区服务站主要承担政府公共服务职能，社区居委会主要承担居民自治职能；“三定”，即确定社区党组织、社区居委会、社区服务站的工作任务、工作人员和工作经费；“两目标”，即建设一支专业化、职业化的社区工作者队伍，建设现代化、规范化的新型社区。社区规范化建设是新时期北京社区公共服务发展的客观要求，是城乡一体化条件下推进北京和谐社区、和谐村镇建设的有效方式，也是加强北京社会建设的重要途径。

2010年8月30日，北京市发布《北京市社区基本公共服务指导目录（试行）》，在全市城乡社区实施“1060”工程，即落实10大类60项基本公共服务项目，为社区居民享受政府基本公共服务提供了“基本菜单”，进一步充实了社区公共服务的实质内容。[②] 2011年6月3日，中共北京市委在《关于加强和创新社会管理全面推进社会建设的意见》中，提出今后五年要“基本实现社会服务管理网格化、社区建设规范化、村庄管理社区化，基本形成社会组织‘枢纽型’工作体系，基本实现各类人群服务管理全覆盖”的发展目标，同时，要通过体制创新完善社区服务管理格局，构建社区党建、社区自治、社区服务“三位一体”工作格局，形成以社区党组织为领导核心、以社区居委会为主体、以社区服务站为依托、以社区社会组织为补充、驻社区单位和组织协同配合、社区居民广泛参与的现代社区治理结构和新型社区服务管理体系，进一步推动和谐社区建设。

① “X”系列配套文件包括《关于进一步加强和改进志愿者工作的意见》《关于推进社区规范化建设试点工作的实施方案》《关于构建市级“枢纽型”社会组织工作体系的暂行办法》《关于认定第一批市级“枢纽型”社会组织的通知》《关于加强和改进市级社会组织设立工作的实施办法（试行）》《关于开展社会领域党建试点工作的意见》《关于建立健全全市社会领域工作统筹协调机制的实施意见（试行）》《关于选聘高校毕业生到社区工作的实施意见》和《北京市社会工作师注册、培养、使用、评价工作实施办法》。

② “1060”工程已经被纳入《北京市“十二五”时期社会建设规划纲要》，成为新时期北京社区公共服务建设的重要内容。

北京社区公共服务从探索起步到转型提升再到规范发展，是一个不断丰富公共服务内涵的过程，是对社区定位和社区公共服务属性认识不断深化的过程，是提高社区资源整合能力和公共服务能力的过程，是社区建设和社区公共服务体制改革不断深化的过程。在这个过程中，具有时代特征、中国特色和首都特点的社区公共服务“北京模式”发展起来了。

第二节　“北京模式”的基本内涵和主要特点

社区公共服务建设是社区建设的核心内容，属于社会建设和发展范畴，实质上是社区层面上的公共服务供给问题，涉及政府、社区、社会、市场和居民之间的关系以及社区定位、社区公共服务属性、社区公共服务供给体制机制等理论和实践问题。在目前社区公共服务普遍短缺的情况下，只有正确处理好政府、社区、社会、市场和市民之间的关系，明确社区定位和社区公共服务属性，创新社区公共服务体制机制，才能调动各方面力量参与社区公共服务建设的积极性，从而提高社区公共服务的有效供给。

北京市在社区建设中，紧紧抓住社区公共服务建设这个核心环节，把社区建设纳入社会建设系统工程中来，通过整合社会建设资源，调动政府、社区、社会组织、经济组织和社区工作者等各方面积极性，形成社区建设合力。在统一规划、部署、实施社会建设系统工程过程中，按照“一分、三定、两目标”的总体思路着力推进包括社区公共服务建设在内的社区规范化建设，在较短时间内使社区公共服务水平有了显著提高。2009年，北京市有645个社区参与规范化建设试点，2010年，规范化建设达标社区达到1 967个，到2011年底全市所有城市社区基本达到规范化要求。通过社区规范化建设，北京市社区公共服务体制机制进一步完善，社区公共服务供给状况明显改观。与此同时，具有中国特色和北京特点的社区公共服务模式也逐步形成了。

一、“北京模式”的基本内涵

北京社区公共服务建设是首都社会建设的重要基础，是社会建设“五大体系”中社区管理体系建设的核心内容。① 在推进首都现代化建设、构建社会主义和谐社会首善之区和建设中国特色世界城市的背景下，北京社区公共服务建设快速发展，社区服务领域不断拓宽，服务内容不断充实，服务方式不断创新。这一切表明，北京市在社区建设中已经形成了一整套比较成熟、比较系统而科学的工作方法和体制机制，走出了一条符合城市社区发展规律和首都特点的公共服务建设新路子。

现在，在社区建设领域很多人都在谈论“北京模式”，但是，由于缺乏对北京社区公共服务建设丰富实践的科学总结和理论概括，缺乏对“北京模式”基本内涵的全面认识，因此，一些人对于“北京模式”的认识往往过于空泛，或过于表面化。②

纵观北京市的社区公共服务建设发展过程，我们认为，北京社区公共服务建设之所以能够取得显著成效，关键在于理念先进、方法科学、措施有力。

---

① 首都社会建设五大体系包括社会公共服务体系、社区管理体系、社会组织管理体系、社会工作运行体系和社会领域党建工作体系。《北京市加强社会建设实施纲要》提出，在社区管理体系建设中，要“进一步规范和完善社区治理模式，加强党的领导、社区管理、社区自治和社区服务，不断夯实社会建设基础”。

② 调研中发现，“北京模式”这个名词已经有不少人在使用，但真正能够揭示社区公共服务“北京模式”科学内涵的还鲜有所闻。有人认为，北京在经济实力上已经达到与中等发达国家甚至发达国家相同的发展水平，已经进入“后现代社会”阶段，但民生建设相对滞后，根据“后现代社会”人口结构和社区居民的需求来加强以社区为依托的民生建设是北京公共服务建设的特点，因此，北京模式可以从“后现代社会”民生建设的角度进行总结和概括。也有人注意到了近年来北京社区规范化建设所呈现出来的外观形象，认为提供社区公共服务的社区服务站具有统一名称、统一标识、统一服务内容等“连锁经营”的特点，因此，北京社区公共服务模式是一种连锁化模式。实际上，在经济发展起来、社会相对富裕之后，顺应民众呼声和社会发展需要，开展以社区为依托的公共服务或社会服务活动，这在许多中等发达国家和发达国家都很常见。而社区服务站作为政府向社区提供公共服务的平台，仅仅是北京社区公共服务建设的一个方面，统一名称、标识和内容则与这类公共服务提供主体的政府背景有关。在欧美等发达国家，具有政府背景的公共服务机构似乎也有类似于统一名称、标识和服务内容这样的“连锁经营”特点。因此，上述两种观点无法揭示社区公共服务“北京模式”的真正内涵。

首先，在社区发展理念和发展模式方面，北京市把“实现好、维护好、发展好居民群众在社区的共同利益”作为出发点和落脚点，一切以群众利益为重，同时从改革、发展和稳定需要出发，坚持“多元共治、共建共享”，坚决摈弃不利于社区发展的“政社不分、居站合一”旧模式，实行“政社分开、居站分离、民主参与”的社区管理新模式。

其次，在社区工作方法方面，北京市从明确社区定位着手，把社区作为社会建设的基础和落实各项公共服务的基层平台，在明确社区公共服务属性的前提下理顺政府、社区组织、社区居民等各利益相关方之间的关系，政府主要负责制定政策，提出符合社区居民需要的公共服务项目，社区组织实行科学分工，即在社区党组织领导下社区居委会管自治、社区服务站管公共服务，各司其职，各尽所能。

再次，在社区发展措施方面，北京市制定了《北京市加强社会建设实施纲要》《北京市社区管理办法（试行）》《北京市社区工作者管理办法（试行）》《关于进一步加强和改进社会领域党建工作的意见》《关于加快推进社会组织改革与发展的意见》和相关配套措施（即“1＋4＋X”系列文件），通过创新体制机制，持续推动社区规范化建设，解决社区“提供什么公共服务”“由谁提供公共服务”“如何提供公共服务”“社区公共服务应该达到什么水平”“如何对社区公共服务进行客观评价和有效监督”等一系列问题，既维护了社区居民合法权益和社区共同利益，增强了社区自治功能，又实现了政府行政管理与基层群众自治的有效衔接和良性互动，提高了社区资源整合能力和公共服务能力。

总之，北京市在科学发展观指导下，从社区居民的共同利益出发，在社区公共服务发展建设中形成了一整套系统化、科学化的工作方法和体制机制，并且在实际工作中取得了显著成效，大大提高了社区公共服务的有效供给。如果要用一种“模式”来概括的话，也许这就是所谓“北京模式”。

我们认为，“北京模式”是在总结北京社区发展成果和历史经验的基础上，充分吸取国内外大都市社区发展和社区治理模式的合理成分，结合北京地区实际情况，经过充分论证和反复试点，在长期实践和不断完善中逐步形成的一套系统、科学、有效的社区公共服务建设和管理模式。“北京模式”符合时代发展要求，具有丰富的内涵和内在合理性。

概括来说，“北京模式”是在北京加强社会建设和构建社会主义和谐社会的时代背景下，以社区为依托，以社区居民服务需求为导向，以合理界分社区各方面利益关系为切入点，在推进和谐社区建设中形成的政府主导、多方参与、规范运作、协同提供、共建共享的公共服务模式。具体而言，“北京模式”的基本内涵包括：

第一，把社区定位为社会建设的基础环节和落实政府公共服务的基层平台，社区公共服务建设与以转变政府职能为核心的公共服务体系建设、社区管理体系建设、社会组织管理体系建设、社会工作运行体系建设、社会领域党的工作体系建设同步规划、统一部署、稳步推进。在社区服务中，把政务服务、公益服务和便民服务有机结合起来，实现政府公共服务进社区，形成以社区公共服务建设为核心内容、上下联动、协同推进的社区建设新格局。

第二，把社区服务站与社区居委会职能分开，使社区居委会承担起社区自治功能，而社区服务站则作为政府在社区层面设立的公共服务平台。社区服务站实行双重领导，既接受街道办事处的领导和政府职能部门的业务指导，又接受社区党组织的领导和社区居委会的监督。社区居委会和社区服务站两个机构合理分工，各有侧重，在社区党组织领导下在工作中协同配合，相互促进。同时，根据多元治理理念，理顺和规范社区利益关系，发挥社区社会组织、驻社区单位、社区志愿者组织和社区居民参与社区管理和服务的作用，形成以社区党组织为核心、以社区自治组织为基础、以社区服务站为依托、以社区社会组织为补充、驻社区单位密切配合、社区居民广泛参与的现代社区治理结构。

第三，以社区居民服务需求为导向，根据居民服务需求的属性和特点，把社区服务划分为三大类型——以“社会共识”确定基本公共服务类型，以“社区共识”确定非基本公共服务类型①，以“个人偏好”确定非公共服务类型。通过划分类型，实行分类提供。明确基本公共服务范围和

---

① 社区公共服务具有社会性和社区性双重属性。“社会性”公共服务是社区作为社会基本单元与其他社区一起共同享有的公共服务，具有基础性、均等性和公平性的特点，属于“基本公共服务范畴”，应该根据“社会共识”来确定；“社区性”公共服务是社区成员之间共享的公共服务，具有自主性、属地性和差异性的特点，属于“非基本公共服务”范畴，应该根据“社区共识”来确定。

标准，以及政府承担基本公共服务的职责，对非基本公共服务和非公共服务，则明确由社区居民集体提供或由市场提供。创新和规范政府公共服务提供方式，通过政府购买服务、合同外包、项目委托等多种形式，逐步实现公共服务专业化、社会化和市场化，推动政府、市场和社会共同服务社区。最终目标是建立与社会主义市场经济体制相适应、覆盖社区全体居民、服务主体多元、服务功能完善、服务质量优良和管理水平较高的社区服务体系。

第四，将社区建设纳入经济社会协调发展的整体规划，建立社区建设工作统筹协调机制，加大社区建设经费投入，建立社区多元投入机制。市、区（县）社会建设部门负责政策制定和组织实施，统筹协调和监督社区建设的相关工作；街道办事处负责本辖区社区建设工作。将社区物业管理和服务纳入社区建设中来，推动社区物业服务企业支持、配合社区党组织、社区居委会和社区服务站做好社区管理和服务工作。

第五，按职业化、专业化要求，加强社区工作者队伍建设。社区工作者一般要持有国家或北京市颁发的职业水平证书或执业资格证书。同时，建立社区工作者录用、考评、教育培训等各项制度。提升社区各类服务组织从业人员素质。积极吸引各类专业技术人才参与社区服务，壮大社区服务队伍。规范社区工作者的工资待遇。加强社区志愿者队伍建设，按照社区志愿者的特长组建多种类型、多个层次的社区志愿者队伍，形成功能齐全、方便快捷的社区志愿服务网络。

社区公共服务“北京模式”是以社区这个社会基本单元为平台来构建的，其基本架构如图 2—1 所示。

“北京模式”可以看作北京加强社会建设取得的阶段性成果，对于构建具有时代特征、中国特色和首都特点的北京社会建设新格局基本框架将发挥重要作用。

第一，“北京模式”是对人民群众服务需求的有力回应，反映了社会主义和谐社会建设条件下社区公共服务事业发展的客观要求，顺应了人民群众渴望社会和谐、追求社会公平和更加美好的幸福生活的需要，具有鲜明的时代特征。

第二，“北京模式”是在符合目前城市管理体制和社区发展定位的条件下创新城市社区治理模式的有益尝试，进一步理顺了社区利益关系，整

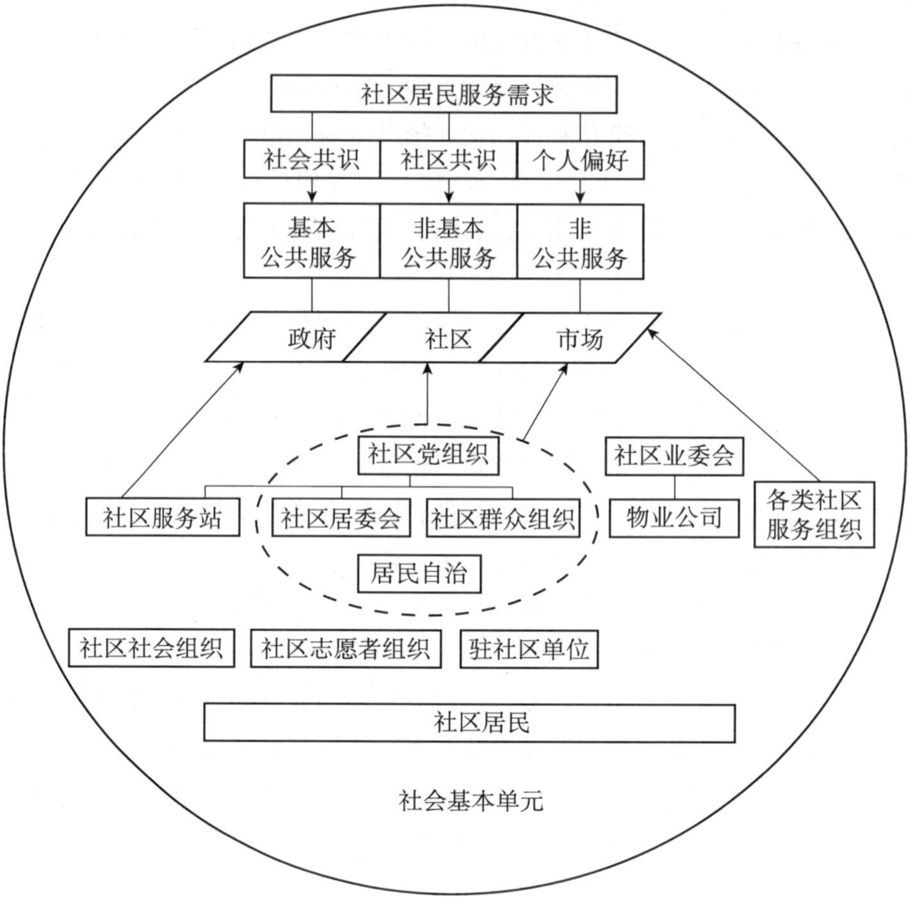

图 2—1　社区公共服务“北京模式”基本架构

合了社区资源，构建和完善了具有中国特色的城市社区治理结构，形成社区发展合力。

第三，“北京模式”是科学运用市场经济条件下首都社区公共服务建设发展规律创新社区公共服务供给模式的有益探索，既有助于发挥政府主导作用，又有助于发挥社区自治功能，也为社会组织和市场力量留下了广阔的发展空间①，从而有助于进一步调动首都各方面力量参与社区公共服务建设的积极性，构建覆盖首都城乡社区的公共服务网络，不断增加社区

① “北京模式”并不排斥市场的作用，相反，在明确政府、社区等公共服务主体提供公共服务的范围之后，市场应该有更加广阔的发展空间。

公共服务的有效供给。

二、“北京模式”的主要特点

北京社区公共服务建设以社区为平台、以居民服务需求为导向、以合理界分社区各方面利益关系为切入点，充分发挥社区在社会建设中的基础作用，不断加强社区居民自治，全面规范社区公共服务行为，在加大社区资源整合力度的同时使社区公共服务能力有了大幅度提高，形成了政府主导、多方参与、规范运作、协同提供、共建共享的社区建设新格局。“北京模式”是一个新的社区建设模式，是适应社区居民多样化、多层次的服务需求，在政府主导下分类推进社区公共服务建设，有力促进社区各项服务事业发展，提高社区服务主体协同能力，形成社区建设合力，不断促进社区事业繁荣发展的有益探索。

“北京模式”是社会管理体制改革、城市管理体制改革和社区改革不断深化的结果。由于社会领域利益关系具有高度复杂性和敏感性，由于城市化加速推进和城市功能不断拓展，由于社会转型和体制转轨使得社区日益成为各种利益关系的交会点和各种矛盾的集聚点，因此，任何涉及社区利益的单项改革都难以达到预期效果。这也是从各地以往开展的社区改革中得到的重要启示。在这种情况下，只有综合考虑与社区利益相关的各方面条件和因素，从城市发展和社会建设的战略高度把握社区改革的方向，才能把社区改革推向前进。“北京模式”是在总结北京社区发展成果、充分吸取各地社区改革的有益经验的基础上，经过科学规划、系统整合和反复论证，才逐步发展起来的，具有很强的实践性和可操作性。总体上看，这一模式具有体制构建系统化、治理方式规范化、服务管理网格化、运行保障协同化和发展环境法制化的特点，是北京城市社区发展模式走向成熟的重要标志。

（一）体制构建系统化

制度建设是加强社区管理、提高社区治理能力和公共服务能力的治本之策。北京市在社区建设中既着眼于社会建设大局，又立足于社区实际，从制度建设着手，建立了社区建设领导体制、社区组织体系、社区治理机制、社区服务支持体系、社区建设投入机制、社区工作者队伍建设体系等社区管理体制机制。这是北京社区发展史上迄今为止最周详、最配套、最系统化的社区管理和服务制度，就全国社区发展的制度构建而言也是最为全面、最系统化的。

1. 社区建设领导体制

为了加强对社区建设、管理和服务工作的领导，北京市在市、区（县）建立社会建设领导小组和领导小组办公室，市、区（县）相关职能部门作为社会建设领导小组成员单位“按照各自的职责，支持和参与本地区社区建设”，街道作为政府派出机构负责组织实施，同时，在基层建立与街道社区服务中心对接的社区服务站，负责承接政府公共服务、开展社区公益服务和便民利民服务，这样就形成了涵盖市—区（县）—街道—社区的四级社区管理和服务网络。

2. 社区组织体系

北京市社区组织体系除了社区党组织、社区自治组织、社区服务站及社区各类社会组织之外，还把社区社会组织、社区志愿者组织、业主委员会及其聘请的物业服务企业、驻社区单位等纳入进来，在“共享社区资源、共建美好家园”的共同理念下形成广泛的社区建设“统一战线”。

3. 社区治理机制

北京市从构建与社会主义市场经济相适应的社区管理新模式出发，着眼于提高社区运行效率，理顺和规范社区组织体系各主体之间的关系，推动形成现代社区治理结构和居民自治机制、工作准入机制、资源共享机制、民意表达机制、监督评价机制，不断完善各项规章制度。

4. 社区建设投入机制

按照“费随事转”的原则，凡属政府事权范围内的事项，原则上由政府投入。建立政府投入与社会投入相结合、无偿服务与有偿服务相结合、社会化与产业化相结合的社区事业投入和发展机制，广泛吸引社会力量和社会资金兴办社区基础设施。

5. 社区服务支持体系

北京市按照政府主导、部门规划、街道组织、社会参与、社区落实的原则，推进政府公共服务进社区、增强社区服务功能、推广社区“一门式”服务、推进社区信息化，建设数字社区，同时根据社区常住人口规模、地域面积和功能定位，采用新建、改造、调整、共享等多种方式，规划和配置好社区各类公共服务设施，完善社区服务设施。

6. 社区工作者队伍建设体系

按照职业化、专业化要求，建立社区工作者的录用、考评、教育培训等各项制度，加强社区工作者队伍建设。鼓励大学生到社区工作。

（二）治理方式规范化

通过社区规范化建设不断完善社区治理模式是北京市社区建设的一个重要特点。2009 年以来，北京市先后出台了《关于推进社区规范化建设试点工作的实施方案》和《关于进一步推进社区规范化建设试点工作的实施方案》，按照“一分、三定、两目标”的总体思路，围绕社区服务站建设、社区工作职能、社区运行机制、社区志愿服务、社区工作者管理、社区基础设施配置和社区经费投入等内容，全面推进社区规范化建设。

1. 规范社区服务站建设

政府在社区层面设立的综合性服务平台，统一命名为“社区服务站”，统一形象标识、统一项目设置、统一运作流程、统一服务规范、统一资源调配。

2. 规范社区工作职能

按照“职责明确、分工合理、优势互补、协调联动”的原则，对社区承担的各项工作进行全面梳理，合理划分社区党组织、社区居委会和社区服务站的职责任务，进一步细化各自的具体工作或服务项目。

3. 规范社区运行机制

明确和理顺社区党组织、社区居委会和社区服务站之间的关系。建立在社区党组织领导下，社区居委会和社区服务站紧密对接、协调联动的工作机制。

4. 规范社区志愿服务

按照“社区所需、志愿者所能”的原则，开发就业援助、慈善公益、优抚助残、敬老扶幼、治安巡逻、环境保护、民间调解、社区教育等项目。整合社区志愿服务资源。鼓励和动员社区党员、身体健康的离退休人员、有一技之长的居民，积极参加社区志愿服务活动。完善社区志愿者招募管理制度。

5. 规范社区工作者管理

充实社区工作力量。社区党组织至少配备专职党建工作者 1 名，社区党组织书记、社区居委会主任“一肩挑”的社区，设 1 名专职副书记或专职党建工作者。社区居委会由主任 1 人、副主任 1～2 人、委员若干人共 5～9 人组成，1 000 户以下的设置 5 人，1 000～2 000 户的设置 7 人，2 000 户以上的设置 9 人。社区服务站按照社区实有户数配备工作人员，原则上按每 500 户 1 人配备（1 500 户以下的配备 3 人）。社区党组织、社区居委会相关人员与社区服务站工作人员可视情况适度交叉任职。政府购买的社区社工岗位纳入社区服务站。社区服务站工作人员实行公开招录，社区工作者实行全员培训，平均每年培训时间不少于 40 学时。

6. 规范社区基础设施配置

采取新建、改扩建、购买以及落实配建指标、资源整合利用等多种方式，使社区的办公和服务用房达到 350 平方米左右。社区办公和服务用房外部环境整洁、形象良好，逐步实现统一标识，内部区域清晰、安全方便、舒适美观，具备水、电、暖、卫、通信、信息网络等正常使用功能，配备能够满足工作需要的电脑、打印机、电话、传真机、复印机等办公设备。完善社区公共服务设施，建设具有医疗保健、体育健身、教育培训、为老服务等功能的其他公共服务设施和室内外文化活动场所，打造商业、生活、文体娱乐等方面的“一刻钟社区服务圈”，使社区居民多层次、多样化、个性化需求基本得到满足。

7. 规范社区经费投入

将社区服务设施配套纳入城市基础设施建设规划，区（县）政府承担社区办公和服务用房项目建设主体责任。按照市、区（县）两级共同负担的原则，投入必要的资金，对符合市政府固定资产投资支持范围的项目，原则上给予一定的市级资金补助。社区的办公经费按照不少于每户50元的标准核定。明确经费使用主体，确保社区党组织、社区居委会、社区服务站的会议费、办公用品购置费、学习培训费、水电气暖费、电话费、报刊订阅费等日常经费支出有可靠的资金保障。社区工作者的工资、福利待遇，社区信息网络建设及管理、运营、维护等经费全部纳入区县政府年度财政预算管理，并足额拨付。社区协助完成上级行政部门有关工作事项所需经费，按照“费随事转”原则，由相关部门转移拨付。

（三）服务管理网格化

在城市管理网格化基础上，北京市进一步推进社区服务管理网格化。《中共北京市委关于加强和创新社会管理全面推进社会建设的意见》提出“构建区（县）、街道（乡镇）、社区（村）三级网络体系，基本实现网格化社会服务管理全覆盖”的发展目标，通过加强社区信息化建设，构建全面覆盖、动态跟踪、联通共享、功能齐全的社会服务管理信息系统。与全国其他地区相比，北京社区网格化起步最早、覆盖面最广、服务技术最先进，在服务能力和服务管理科学化水平方面也远远走在全国前列。

1. 社区管理网格化

将社区划分为一个或若干个网格，把人、地、物、事、组织等内容全部纳入其中，实施精细化、信息化、动态化服务管理，推动政府公共服务和社会管理方式创新，使社会服务管理力量下沉、职责明确、资源整合、运转高效，以便更清晰地掌握情况、更及时地发现问题、更迅速地处置问题、更有效地解决问题。

2. 社区服务网格化

在社区构建网格数据展现平台、事件动态跟踪平台、人员检测系统平台和三维仿真服务平台，对社区主要公共服务设施和社区公共服务资源分布情况、地理位置、联系方式、服务内容、服务时间等，实施数字化管理，提供快捷、方便的信息化服务。

3. 在社区推广智能化服务体系

在社区公共场所统一配置可视对讲、安保监控、周界报警、电子巡更、综合布线、集中抄表、能源管理、停车场管理、车辆出入身份确认、IC卡电梯控制、公共广播、物业管理、社区电子商务等系统，充分运用物联网等新技术，提升社区智能化服务管理水平。

4. 开展家居数字专业管家服务试点

在家居数字专业管家服务试点家庭，为居民提供家庭烟雾报警、煤气泄漏报警、视频监控、防盗报警等安防业务，水、电、煤气三表数据自动读取业务等多样化、个性化的信息服务方式和内容，形成以人为本的智能化居住环境。

（四）运行保障协同化

北京市在社区建设中非常重视社区运行保障体系建设，出台了一系列政策措施促进社区建设工作相关政府部门之间、社区内部各工作环节之间、社区与驻社区单位及相关服务组织之间协同配合，同时，广泛运用现代信息技术，实现协同服务、便民利民。

1. 政府部门协同化

北京市把社区作为社会建设的重要环节，将社区建设纳入经济社会协调发展的整体规划，建立社区建设工作统筹协调机制，形成社会建设合力，加强从市、区（县）、街道到社区的纵向协同，以及市、区（县）部门之间的协同配合。在这方面，北京市在全国率先成立的市、区（县）社会建设工作领导机构——市、区（县）社会建设工作领导小组及其办公室发挥了关键作用，形成了在市、区（县）党委和政府领导下，由市、区（县）社会建设工作领导小组及其办公室负责日常协调工作，各相关职能部门、人民团体按照各自职责共同做好社区建设工作这样的分工协作关系。这种制度安排既发挥了市、区（县）职能部门在社区建设中的作用，又有效地解决了社区建设中可能出现的部门冲突和力量分散、各自为政问题。

2. 社区内部协同化

发挥社区党组织领导核心作用是社区管理和社区服务中最具中国特色的方面，也是北京社区建设中协调社区内部关系、实现内部协同的关键。北京市通过一系列缜密周详的制度安排，明确和理顺社区党组织、社区居委会和社区服务站之间的关系，确立社区党组织在社区各类组织和各项工作的领导核心地位。实行社区党组织牵头、社区居委会和社区服务站参加的联席会或例会制度。通过发挥社区党组织的核心领导作用，促进了社区内部各工作环节之间紧密对接和协调联动。

3. 社区与驻社区单位及相关服务组织之间协同配合

北京市利用首都社会资源丰富的优势，一方面，积极鼓励驻社区单位参与社区建设，引导社会单位向社区居民开放内部生活服务设施和文化设施；另一方面，在发挥社区党组织政治优势，加强社区居委会自治功能和社区服务站公共服务职能的同时，充分发挥具有公益性质的政务类、服务类社区社会组织和社区志愿者组织等各种服务组织的积极性，不断加强社区与相关服务组织之间的联系。对于市场化运作的社区物业管理和服务，北京市通过市、区（县）物业行政管理部门与街道党工委、街道办事处、社区党组织、社区居委会和社区服务站建立沟通渠道，及时了解业主委员会、物业服务企业在社区内的工作情况，加强社区物业服务企业与社区党组织、社区居委会和社区服务站之间的联系，充分发挥社区物业服务企业在社区建设中的积极作用。

此外，北京市还通过加大社区建设经费投入、建立多元投入机制、加强对社区经费使用的管理和监督等方式，把社区建设经费纳入政府财政年度预算管理，建立社区建设经费增长机制，适当增加对财力相对薄弱区（县）的转移支付，探索建立政府投入与社会投入相结合、无偿服务与有偿服务相结合、社会化与产业化相结合的社区事业投入和发展机制，为社区建设的健康发展提供可靠的资金保障。

（五）发展环境法制化

社区建设法制化是现代社区发展的必然要求。北京市在推进社区公共服务建设过程中始终坚持依法办事的原则，涉及社区公共服务改革和建设的各项工作都努力做到有法可依，有章可循，同时又不墨守成规。对于没有先例可循、没有现成规章、没有可资借鉴经验的探索性、试验性改革内容，则在充分调研和科学论证的基础上，首先制定规范性文件，然后在小范围试点，取得经验后经过进一步总结和论证，再出台政策向更大范围推广。通过依法建设和管理社区、依法加强社区自治、依法推进社区公共服务改革创新，形成了上下同心、恪守法制的良好发展环境，充分体现了北京社区发展的法制精神。

1. 依法加强社区建设和管理

在国家政策指导下，北京市根据本地区实际制定了一系列加强社区建设和管理的政策文件，先后出台了《中共北京市委北京市人民政府关于推进城市社区建设的意见》、《中共北京市委、北京市人民政府关于建设和谐社区和谐村镇的若干意见》、《关于构建社会主义和谐社会首善之区的若干意见》、《北京市住宅区业主大会和业主委员会指导规则（试行）》、北京市社会建设“1＋4＋X”系列文件、《北京市社区志愿服务促进办法（试行）》、《关于实施〈北京市社区基本公共服务指导目录（试行）〉的意见》、《中共北京市委关于加强和创新社会管理全面推进社会建设的意见》、《关于加强城乡结合部社区建设工作的意见》、《北京市“十二五”时期社会建设规划纲要》、《北京市“十二五”时期社会建设信息化工作规划纲要》等。这一系列文件的出台，使北京市社区建设和管理政策更加完善，机制更加健全，体制更具活力，进一步提高了北京市社区建设的法制化水平。

2. 依法加强社区自治

北京市根据《宪法》,《城市居民委员会组织法》,《村民委员会组织法》和中共中央办公厅、国务院办公厅《关于加强和改进城市社区居民委员会建设工作的意见》,坚持社区自治的方向,把建立健全社区居民自治机制作为完善社区治理机制的重要工作,不断完善社区党组织领导下的社区居民委员会组织体系和运行机制,健全和落实以民主选举、民主决策、民主管理、民主监督为主要内容的民主自治制度,积极推进社区自治工作制度化、规范化。“十二五”时期,北京市进一步完善基层民主自治制度,全面推进社区居民自治。具体举措包括:一是培育居民自治意识,完善社区居民自治规章;二是健全社区居民会议制度,规范社区民主决策程序,提高民主决策水平;三是进一步完善社区议事协商会议、社区事务听证会制度和居务公开制度;四是逐步推广社区居民会议常务会模式,健全社区居委会内设委员会的工作体制,明确职责,发挥各委员会的作用;五是加强业主大会建设,强化社区居委会对业主大会工作的指导和监督,引导业主大会依法规范运行。以此推进和完善社区治理,保障社区居民享有更多更切实的民主权利。

3. 依法推进社区公共服务改革创新

中共十七大、十八大关于加强社会建设、创新社会管理体制机制的战略部署为北京市推进社区公共服务改革创新指明了方向。北京市在依法加强社区建设和管理的同时,坚持推进社区公共服务改革创新,在解决社区建设中基础性、普遍性和根本性问题的同时不断提升社区公共服务水平。“十二五”时期,北京市进一步深化社区公共服务改革,以满足城乡居民多层次、多样化的服务需求。具体举措包括:一是按照政府保障基本需求、市场提供多样化选择的原则,大力推进基本公共服务均等化;二是创新公共服务提供方式,完善政府购买公共服务政策,推进社区非基本公共服务体系建设和非公共服务市场化改革,形成政府主导、社会组织和企事业单位广泛参与的公共服务提供机制;三是采取多种有效方式,吸引社会资源和社会资金投入社区公共服务领域;四是积极扶持社会企业发展,大力发展社会服务业;五是在试点基础上,不断扩大“一刻钟社区服务圈”

覆盖面；六是进一步整合社区资源，加大社区公共服务建设投入和保障力度。通过深化社区公共服务改革，不断创新体制机制和方式方法，不断推进社区公共服务建设规范化、法制化和制度化。

第三节 “北京模式”的创新意义

“北京模式”是首都加强社会建设和构建社会主义和谐社会的时代产物。无论是与北京以往的社区建设模式相比，还是与国内外其他大城市的社区建设模式相比，这个以社区公共服务建设为社区建设核心内容的新模式都更加独特而富有活力，其体制更具包容性，内涵更具丰富性，运行更具规范性，体现了首都现代社会的新特点和首都人民对于社区公共服务发展的新期待。

“北京模式”是社区公共服务建设理念创新、管理体制创新、治理模式创新和服务方式创新的结果。它所呈现的系统化的体制构建、规范化的治理方式、网格化的服务管理、协同化的运行保障和法制化的发展环境等特点表明，首都人民对于具有时代特征、中国特色和首都特点的社区公共服务发展规律的认识上升到了一个新高度，对于与社区公共服务发展相关的政府、社区、社会、市场和居民之间关系的认识上升到了一个新高度，对于社区定位、社区公共服务属性、社区公共服务供给体制机制等理论和实践问题的认识上升到了一个新高度。

一、社区公共服务建设理念创新

北京市在社区公共服务建设中，结合本市实际，创造性地提出了“一分、三定、两目标”的社区规范化建设总体思路，使社区作为城市首都基层公共服务平台的定位更加明确，有力地促进了首都社区公共服务建设事业发展。

“北京模式”的社区公共服务发展路径在国内大城市中是比较独特的。与“上海模式”把社区公共服务平台设置在街道层面不同，北京把社区公共服务平台设在城市最基层的社区居委会层面。而居委会是居民自我管理、自我教育、自我服务的基层群众性自治组织，政府公共服务平台设置在这一层似乎有与现行法律相悖之嫌。为了避免与居委会作为居民自治组织的法律安排相冲突，沈阳市的“沈阳模式”和武汉市的“江汉模式”都特意把社区公共服务平台设置在“小于街道办事处、大于原来居委会”的层面。深圳市的“盐田模式”为了体现社区自治，采取“一会两站”的运行模式——在居委会层面分设社区服务站和社区工作站，社区服务站隶属于居委会，社区工作站则作为政府公共服务平台隶属于街道办事处，从而避免了政府公共服务职能与基层居委会自治之间的冲突。

但是，“北京模式”并不一定会导致政府公共服务职能与社区居委会自治功能的相互抵触，因为“北京模式”并不是简单地把政府公共服务推给社区居委会，而是在社区居委会层面设置社区服务站，并且明确“社区服务站是政府在社区层面设立的公共服务平台，在街道办事处的领导和政府职能部门的业务指导下开展工作，同时接受社区党组织的领导和社区居委会的监督”。这样，就把社区服务站与社区居委会进行了功能区割，实行“居站分离”，从而使两者在运行中能够“并行而不悖”。

北京作为全国首都一向重视基层公共服务建设。在实行“一分、三定、两目标”之前，北京市东城、西城、朝阳、海淀等城区已经在社区层面建立许多名称不同、功能相似的管理和服务平台，办理公共事务、提供公共服务、畅通基层利益诉求，密切了政府与基层群众之间的联系，收到了很好的效果，受到了广大社区群众的认可。北京市通过“一分、三定、两目标”社区规范化建设，构建起系统化、规范化的社区公共服务运行机制和管理体制，既符合国家政策要求①，使政府行政事务的处理和公共服

---

① 《国务院关于加强和改进社区服务工作的意见》（国发〔2006〕14 号）提出要“大力推进公共服务体系建设，使政府公共服务覆盖到社区”。《民政部关于进一步推进和谐社区建设工作的意见》（民发〔2009〕165 号）提出“依托社区服务中心和社区服务站，积极推进以就业、社会保险、社会救助、社会治安、医疗卫生、计划生育、文化、教育、体育为主要内容的政府公共服务覆盖到社区，促进实现城乡基本公共服务均等化”。中共中央办公厅、国务院办公厅印发的《关于加强和改进城市社区居民委员会建设工作的意见》（中办发〔2010〕27 号）更进一步明确：“社区居民委员会是党和政府联系社区居民群众的桥梁和纽带，要协助城市基层人民政府或者它的派出机关做好与居民利益有关的社会治安、社区矫正、公共卫生、计划生育、优抚救济、社区教育、劳动就业、社会保障、社会救助、住房保障、文化体育、消费维权以及老年人、残疾人、未成年人、流动人口权益保障等工作，推动政府社会管理和公共服务覆盖到全社区。”

务的提供得到有效保障，又使社区居委会的自治功能得到进一步加强。

第一，增强社区自治功能是“北京模式”中最重要的制度安排之一。《北京市加强社会建设实施纲要》明确提出“以维护居民合法权益和社区共同利益为核心”，不断加强社区居民自治。《北京市社区管理办法（试行）》就建立健全居民自治机制做出了具体安排，要求从培育居民自治、完善居民自治规章、健全居民会议制度等方面推进居民自治工作的制度化、规范化。

第二，社区服务站作为政府公共服务平台设在居委会层面能够实现政府行政管理和公共服务与基层群众自治的有效衔接和良性互动，政府公共服务资源的注入可以进一步增强社区居民自我管理、自我服务能力，因为政府公共服务与社区居民自治在维护居民合法权益和社区共同利益方面目标高度一致，它们之间并不存在非此即彼的排斥关系，相反，它们在社区公共服务方面可以发挥各自优势，取长补短，相互补充，相互促进。

第三，社区居民自治是一个渐进发展过程，需要通过居民参与不断增强其自治功能来提升居民自治水平。社区服务站设在居委会层面是“北京模式”的一种过渡性的制度安排，在条件成熟之后可以将社区服务站转变为居民广泛参与的社区社会组织[①]，这就为进一步拓宽社区公共服务领域、增强社区自治能力和自我服务能力提供了广阔的发展空间。

二、社区公共服务管理体制创新

北京紧紧抓住转变政府职能这个关键环节，通过创新体制机制，建立社区公共服务建设统筹协调机制和具有广泛包容性的系统化的社区公共服务管理体制，实现了政府、社区、市场、社会、市民互联互动和公共服务资源的有效整合，充分调动了各方面力量参与公共服务建设的积极性、主动性和创造性。

加强政府部门之间的沟通协调是北京市推进社区公共服务管理体制创

① 参见中共北京市委社会工作委员会、北京市社会建设工作办公室编：《北京社会建设年鉴2009》，北京，北京出版社，2009。

新的重要突破口。北京市在全国开创先河，成立市、区（县）两级社会建设领导小组及办公室，作为市、区（县）党委和政府议事协调机构，并以此为起点不断推进社区公共服务管理体制机制创新。在市、区（县）党委和政府领导下，市、区（县）各相关职能部门、人民团体作为社会建设领导小组成员单位按照各自的职责，支持和参与本地区社区建设。[①] 这种以强化部门沟通协调、保障社区公共服务建设正常运行为目标的体制安排有效地解决了社区公共服务建设中政策落实不到位、部门相互推诿等问题。

与全国其他大城市社区公共服务建设模式相比，“北京模式”在部门协调方面的制度安排十分独特，富有创新性。武汉“江汉模式”虽然在转变政府职能方面做出了许多大胆的尝试，如要求政府职能部门面向社区，做到“五个到社区”（工作人员配置到社区，工作任务落实到社区，服务承诺到社区，考评监督到社区，工作经费划拨到社区），实现工作重心下移，但是，由于政府部门之间没有建立起有效的统筹协调机制，各政府职能部门纷纷在社区“抢滩登陆”，将社区居委会作为政府开展行政管理和提供公共服务的基本平台，结果，社区居委会逐渐被“内卷化”[②]，社区管理行政化倾向和政府职能转变不到位等问题并没有得到根本解决。“上海模式”是在“两级政府、三级管理、四级网络”的城市管理体制下构建的，由于社区公共服务平台设在街道层面，街道的公共服务职责得到了强化，但是基层居委会的作用却不同程度地被弱化了，市、区两级政府也很难直接对居委会层面的公共服务建设施加影响。与“江汉模式”“上海模式”不同，北京市不仅在社区层面实行“居站分离”，建立了与社区居委会并立的专门承接政府公共服务的社区平台——社区服务站，而且，在市、区（县）两级政府加强了部门之间的联系与协调，建立了市、区（县）政府各职能部门共同参与、办事机构职责明确、横向协调与纵向推进相结合的强有力的部门协调机制，还在街道层面做出了相应的安排，要

① 北京市社会建设领导小组成员单位包括市委政法委、市委办公厅、市政府办公厅、市委组织部、市委宣传部、首都文明办、首都综治办、市委农工委、市委社会工委、市发改委、市教委、市公安局、市民政局、市司法局、市财政局、市人事局、市劳动保障局、市规划委、市建委、市市政管委、市交通局、市文化局、市卫生局、市人口计生委、市体育局、市国资委、市统计局、市信访办、市城管执法局、市总工会、团市委、市妇联、市对外友协、市科协、市文联、市社科联、市残联、市红十字会、市老龄办、国家统计局北京调查总队等。

② 参见卢爱国：《公共管理社区化：模式比较与路径选择》，载《中州学刊》，2008（6）。

求街道“整合辖区内社区建设资源，协调解决社区建设中的困难和问题；监督政府有关职能部门在社区开展的工作”，从而在社区公共服务管理体制上实现了市、区（县）、街道、社区四级上下协同、互联互动与资源整合。

在建立社区建设统筹协调机制的同时，北京市从构建社会主义和谐社会首善之区、建设中国特色世界城市的战略高度对社区建设的相关政策进行了全面梳理和系统整合，对国内外社区建设重要经验进行了合理吸收和再创新，构建了符合首都社区发展发展需要、具有广泛包容性和可操作性的社区公共服务体系和社区公共服务管理体制机制，主要包括六个方面：一是覆盖城乡所有社区、市—区（县）—街道—社区四级联动、上下协同的社区建设领导体制；二是以社区党组织、社区居委会和社区服务站“三位一体”为特征的社区组织结构，以及涵盖社区建设所有相关组织、单位和社区居民的社区组织体系；三是政府调控机制与社会协调机制互联、政府行政功能与社会自治功能互补、政府管理力量与社会协同力量互动的社区治理体制和运行机制，以及社区居民自治机制、社区工作准入机制、社区资源共享机制、民意表达机制、监督评价机制；四是政府投入与社会投入相结合、无偿服务与有偿服务相结合、社会化与产业化相结合的社区事业投入和发展机制；五是政府主导、部门规划、街道组织、社会参与、社区落实的社区公共服务支持体系；六是职业化、专业化的社区工作者队伍建设体系。

通过系统化的体制创新形成的社区公共服务“北京模式”，将使基本公共服务、非基本公共服务和非公共服务等各种服务形式都能够在社区建设中找到相应的发展定位和发展空间，充分调动政府部门、社区组织、市场组织、社会组织和社区居民等各方面力量共同参与社区建设的积极性、主动性和创造性，不断满足首都人民多样化、多层次的服务需求，不断提高首都公共服务建设水平。

三、社区治理模式创新

北京市根据首都现代化建设和世界城市建设的新要求，结合社会转型和体制转轨中首都社区建设和发展的新特点，通过理顺和规范社区组织体系各主体之间的关系，充分发挥社区党组织作用，建立了社区党组织领导下的多元治理模式，形成了政府主导、各种社会主体共同参与的公共服务供给格局，实现了社区建设规范化，为提高社区运行效率和社区公共服务水平提供了组织保障和制度保障。

社区规范化建设是推进北京社区治理模式创新的重要举措。北京市从“居站分离”入手，按照“职责明确、分工合理、优势互补、协调联动”原则，在全市城乡社区全面细化和落实“一分”“三定”①，实现社区服务站建设规范化、社区工作职能规范化、社区运行机制规范化、社区志愿服务规范化、社区工作者管理规范化、社区基础设施配置规范化、社区经费投入规范化，全面推进社区规范化建设。在此基础上建立起“一个核心、两个体系、三位一体”的社区治理模式。“一个核心”就是在社区建设中确立社区党组织在社区各类组织和各项工作中的领导核心地位；“两个体系”就是在社区服务站和社区居委会职能分开的前提下，社区居委会围绕社区自我管理、自我服务形成自治性社区服务体系，社区服务站围绕落实政府公共服务形成公共性社区服务体系；“三位一体”就是在社区党组织领导下，社区居委会和社区服务站既有分工又有协作，党组织、居委会、服务站三者分工不分家，共同推进社区公共服务建设。同时，通过社区规范化建设进一步建立健全社区多元治理机制，推动形成以社区党组织为核心、以社区自治组织为基础、以社区服务站为依托、以社区社会组织为补充、驻社区单位密切配合、社区居民广泛参与的现代社区治理结构，形成政府主导、社区各种服务主体共同参与的多元化公共服务供给格局，为建设具有首都特点的现代化新型社区奠定坚实基础。

---

① “一分”“三定”的具体做法是：对社区承担的各项工作进行全面梳理，合理划分社区党组织、社区居委会和社区服务站的职责任务，以实现“一分”。根据社区党组织、社区居委会和社区服务站的职责定位，明确社区党组织承担 7 个方面、29 项主要职责，社区居委会承担 6 个方面、33 项主要职责，社区服务站承担 12 个方面、35 项主要职责，以实现“定事”。规范社区工作者管理，明确社区党组织、社区居委会和社区服务站的人员配备标准，以实现“定人”。从硬件设施建设经费、公益金使用、社区办公经费等方面规范社区经费投入，以实现“定钱”。北京市通过细化落实“一分”“三定”，明确了社区党组织、社区居委会和社区服务站的工作任务、人员和经费，确保工作到位、人员到位、经费到位。

北京市通过社区规范化建设形成的以社区党组织为核心的多元治理模式在全国大城市社区建设中也是比较独特的。在实行社区自治、议行分设的“沈阳模式”中，社区党组织对社区自治从议事到决策和执行各个环节发挥“保障和支持”作用，其作用是辅助性的，在社区组织中并不居于“领导核心”地位。在武汉“江汉模式”中，社区没有社区服务站这样的专门承接政府公共服务的平台，政府公共服务职能的行使或者由政府部门工作人员直接到社区落实，或者通过“责随权走、费随事转”的方式委托社区居委会来办，政府行政管理与社区自治组织之间缺少相互衔接的畅通渠道。深圳“盐田模式”在“一会（分）两站”架构下，社区居委会和社区工作站从组织结构、工作职能，到人员、经费、场地等各方面都一一分离，既分工又分家。社区工作站隶属于街道办事处，是政府派出的工作机构，而社区服务站隶属于社区居委会，是为社区居民提供各种社会服务的功能性的民办非企业组织。两站工作人员不能互相兼任，社区工作站工作人员更不能被聘为社区居委会成员。在“北京模式”中，社区党组织的定位有别于“沈阳模式”，而社区服务站的设置可以弥补“江汉模式”的不足，同时也汲取了“盐田模式”的有益经验。

“一个核心、两个体系、三位一体”的社区多元治理模式是一项具有创新意义的制度安排。第一，这一社区治理模式符合我国基本国情和首都社区发展的具体实际，既发挥了社区党组织的政治优势，保证社区发展的正确方向，又克服了社区行政化和单一治理模式的固有缺陷，有利于整合社区资源，发挥各方面力量参与社区建设的积极性；第二，这一社区治理模式有利于实现政府行政管理与基层群众自治的有效衔接和良性互动，有利于提高社区运行效率，为推进政府公共服务进社区、进一步提高社区公共服务水平提供了可靠的组织保障和制度保障；第三，这一社区治理模式有利于完善社区党组织领导的充满活力的基层群众自治机制，推进社区居民依法直接行使民主权利、管理社区公共事务和公益事业，不断加强社区自治功能，为推进基层民主建设、提高首都现代化新型社区建设水平奠定了重要群众基础。

四、社区服务方式创新

北京市根据信息化条件下现代都市生活快节奏、网络化和人们追求生活条件便利化、舒适化的特点，从满足人民群众多样化、多层次的服务需求出发，大力加强社区公共服务建设，在转变政府职能、推进社区管理体制机制改革的同时，不断创新社区服务方式，形成了多主体、多样化、多渠道提供公共服务的发展格局，实现了传统社区服务向现代社区服务的转变。

社区服务方式创新是提高社区服务效率、推进社区公共服务建设的重要途径。国内大城市中多有以某一服务方式创新而形成一方特色的案例，北京则明显不同，既不倚重某一项创新以求单面突破，也不把创新领域限于社区之内，而是结合北京社区建设实际，在全面加强社会建设、构建社会主义和谐社会首善之区的系统工程中紧紧抓住加强社区公共服务建设这个基础环节，通过社区管理体制改革为创新社区公共服务方式提供制度保障，同时，加快推进社区信息化建设，综合运用各种新技术、新方法和新手段，加强社区人、地、物、事、组织等相关服务要素的系统整合，使社区服务能力、服务水平和服务效率不断提高。

北京社区服务方式创新是社区公共服务建设理念创新、社区公共服务管理体制创新和社区治理模式创新的结果，反映了现代社会在社区服务方式变革中更加突出社区服务人性化、多元化和民主化的时代要求。

第一，北京市创新社区公共服务建设理念，按照“一分、三定、两目标”的总体思路推进社区规范化建设，在社区建立专业化、规范化的公共服务平台，实行社区“一门式”服务，打造“一刻钟社区服务圈”，大大增强了社区服务功能，体现了现代社区服务更加高效、快捷、便民的人性化特征。

第二，北京市在加强政府部门协调基础上创新社区公共服务管理体制，实现了市、区（县）、街道、社区上下协同、互联互动与资源整合，建立了具有广泛包容性的社区公共服务体系，实现了社区服务主体多元化，为社区志愿服务、慈善公益、生活服务、社区事务、文体活动等各类社会组织和社区服务组织健康发展提供了制度保障，反映了现代社区服务体制更加开放、服务内容更加丰富、服务形式更加多样、服务方式方法更加灵活的多元化特征。

第三，北京市在理顺和规范社区组织体系各主体之间关系基础上创新社区治理模式，为实现社区党组织领导下的社区自治，提高社区自我管理、自我服务和自我发展水平创造了条件，体现了现代社区服务更加注重公民权益、强调居民参与和社会责任的民主化特征。

第四节　进一步完善“北京模式”的思考

北京市在社区公共服务建设中围绕实现好、维护好、发展好居民群众在社区的共同利益这个根本目标，创新社区公共服务建设理念，创新社区公共服务管理体制和运行机制，创新社区治理模式和社区服务方式，不断完善社区公共服务体系，完善社区公共服务设施，增强社区居民自治功能，形成了具有时代特征、中国特色和首都特点的“北京模式”，即政府主导、多方参与、规范运作、协同提供、共建共享的公共服务模式，为促进社区和谐稳定、加强首都社会建设做出了重要贡献。

社区公共服务建设是社区建设的核心内容，是满足社区居民的公共服务需求、提高社区公共服务能力和社区现代化水平的过程，也是实现居民自治和市民现代化的过程。费孝通先生把社区建设看作城市现代化和市民现代化相互影响的城市化过程的继续。他认为，在社区建设中，落实居民自治、发展“草根民主”、建立社区文化认同基础上的自我管理制度是实现城市现代化和市民现代化的关键。他指出：“如何在社区建设中，既培养共同的社区意识，担负共同的责任，又能使人们按照自己习惯的方式，保持自己的活动空间，保持丰富多彩的生活方式，保持每个个体和家庭自己的个性。做到了这一点，就能从这种基层上，保持都市的多样性、创造性和活力，使得在这里生活的人感到舒适、安全、便捷、宽容而又丰富，这是现代城市竞争力的一个重要的方面。”① 费孝通先生关于社区居民自治

① 费孝通：《居民自治：中国城市社区建设的新目标》，载《江海学刊》，2002（3）。

的观点以及社区建设中既要反映城市现代化的需要，也要体现市民现代化要求的观点对于完善“北京模式”具有重要的启示意义。

“北京模式”是在加快首都现代化建设和世界城市建设的发展过程中形成的。随着首都现代化建设和世界城市建设不断向前推进，首都人民对于社区公共服务建设也提出了更高的要求。另一方面，随着城市和社区的发展带来了社区利益关系以及政府、社区、社会、市场和居民之间关系的新变化，人们对于社区定位、社区公共服务属性、社区公共服务供给体制机制等理论和实践问题的认识也在发生变化，这就需要对社区公共服务建设的相关重大理论和实践问题做出更加科学的解答。特别是，在北京社区公共服务建设中如何科学界定社区公共服务属性和范围，如何在推进社区居民自治基础上提高市民现代化水平，如何细化和完善社区基本公共服务项目，如何构建社区公共服务综合协调机制等问题，都是理论界和实际部门期待解决的重大问题，需要在深化理论探索、进一步总结经验的基础上做出正确的回应。

一、科学界定社区公共服务属性和范围

“北京模式”是以社区居民服务需求为导向的社区公共服务模式。然而，迄今为止，北京市在社区公共服务建设中对于社区居民服务需求和社区各种利益关系的认识还不够全面，对于政府、社区、社会、市场和居民在社区公共服务建设中的定位也比较简单。这些问题与社区公共服务属性和范围的界定方法存在一定关系。

目前，北京市社区公共服务相关政策对社区居民服务需求的关注点主要在“基本需求”方面，对社区公共服务属性和范围主要依据公共服务提供主体来界定，是一种“主体决定论”（或“身份决定论”）的界定方法。

《关于实施〈北京市社区基本公共服务指导目录（试行）〉的意见》指出：“社区基本公共服务，是指满足社区成员基本需求的政府公共服务，主要包括政府直接提供的或引导社会力量提供的社区服务项目或服务实施。”然而，这份文件对于什么是“社区成员的基本需求”并没有做出具体说明，结果，“政府直接提供或间接（通过引导社会力量）提供”成了

界定社区基本公共服务范围的主要依据。也就是说，社区基本公共服务与社区非基本公共服务的界分主要取决于是不是由政府提供。

《中共北京市委关于加强和创新社会管理全面推进社会建设的意见》是当前指导北京社会建设的一份重要文件。这份文件要求“按照政府保障基本需求、市场提供多样化选择的原则，大力推进基本公共服务均等化。创新公共服务提供方式，完善政府购买公共服务政策，推进非基本公共服务市场化改革，形成政府主导、社会组织和企事业单位广泛参与的公共服务提供机制。探索多种有效方式，吸引社会资源和社会资金投入公共服务领域。积极扶持社会企业发展，大力发展社会服务业”。从这份文件可以看出，政府是保障居民“基本需求”的基本公共服务提供主体，市场主要提供具有多样化选择特点的非基本公共服务，社会企业则是社会服务业的经营主体，主要提供社会服务。

上述两份文件对于社区公共服务属性和范围的界定是基本一致的，都具有“主体决定论”色彩。凡是政府提供的社区公共服务项目或服务设施都属于社区基本公共服务范围，政府所不提供的则属于社区非基本公共服务或社会服务。那么，政府以什么为依据来提供社区公共服务呢？政府会不会把社区非基本公共服务也拿来提供呢？政府提供的公共服务是不是都符合社区成员的“基本需求”呢？这些问题是“主体决定论”所不能解决的。

从国内外经验来看，社区建设的成功首先取决于科学界定社区公共服务属性和范围，合理界分各种社区利益关系，而社区建设的失误或挫折都或多或少与混淆各种社区利益关系有关。

我们认为，科学界定社区公共服务属性和范围需要从以下几个方面着手：

第一，全面认识社区居民服务需求和各种社区利益关系。

社区利益关系涉及居民之间、居民与社区、居民与政府、居民与社会、居民与市场等一系列复杂关系。虽然这些关系错综复杂，但归根到底是由社区居民的各种服务需求所决定的。有什么样的服务需求，就会产生什么样的利益关系。总体上看，社区居民服务需求主要有三个方面：社会性公共服务需求、社区性共同服务需求和家庭个人服务需求。第一类是居民作为一般社会成员与其他社会成员一起向社会管理和公共服务主体（如政府部门或政府授权的社会组织）提出的、依照相关法律法规和政策规定应该满足的服务需求；第二类是居民作为社区成员与社区其他成员一起向共同的社区管理和服务主体提出的、依照社区成员之间的共同约定应该满足的服务需求；第三类是居民作为家庭或个人向不特定的服务主体提出的、根据自身经济能力可以满足的服务需求。第一类服务需求决定了居民与社会管理和公共服务主体之间的社会公共利益关系，第二类服务需求决定了居民与社区管理和公共服务主体之间的社区共同利益关系，第三类服务需求决定了居民自身的家庭个人利益关系。显然，第一类服务需求和第二类服务需求都具有公共属性，属于公共服务需求范畴，但第一类服务需求不会由于居民居住在某一特定社区而受到限制，因而具有一般社会性、公共性、基础性和均等性等特点，第二类服务需求却必须以社区范围来限定，具有社区共同性、自主性、属地性和差异性等特点，第三类服务需求则具有明显的个体属性，属于私人服务需求范畴。

第二，正确界分社区服务和社区公共服务。

社区公共服务是相对于社区非公共服务而言的，它包括社区基本公共服务和社区非基本公共服务两个部分。因此，在社区这个社会基本单元中，社区服务总体上分为三个部分：社区基本公共服务、社区非基本公共服务和社区非公共服务。而界分社区公共服务的主要依据在于社区利益相关者是否达成了一定的共识，包括以相关法律、法规、政策规定体现的“社会共识”和以社区成员之间的共同约定体现的“社区共识”。只有在形成共识基础上，才能明确社区公共服务的提供主体。《国务院关于印发国家基本公共服务体系“十二五”规划的通知》（国发〔2012〕29号）指出：“基本公共服务，指建立在一定社会共识基础上，由政府主导提供的，与经济社会发展水平和阶段相适应，旨在保障全体公民生存和发展基本需求的公共服务。”由此可见，“社会共识”是国家提供基本公共服务的重要前提，是明确政府基本公共服务职责的主要依据。社区基本公共服务属于国家基本公共服务范畴，是国家基本公共服务在社区的实现形式。毫无疑问，社区基本公共服务的界定要以是否形成“社会共识”作为主要依据。社区非基本公共服务虽不属于国家基本公共服务范畴，但却是社区成员所需要的，是社区公共服务不可或缺的重要组成部分，是社区成员共同需要、共同利益和共同责任的体现，因此，社区非基本公共服务的界定要以是否形成“社区共识”为主要依据。社区非公共服务既不属于国家基本公共服务范畴，也不属于社区非基本公共服务范畴，除了需要此类服务的个体或家庭以外，在社区范围内没有形成任何共识，它是社区成员作为个体或家庭所需要的个性化、多样化的社区服务形式，属于费孝通先生所说的社区成员“按照自己习惯的方式，保持自己的活动空间，保持丰富多彩的生活方式，保持每个个体和家庭自己的个性”的服务范畴，因此，社区非公共服务的界定要以是否属于个体或家庭的“个人偏好”为依据。

第三，处理好社区公共服务与社区非公共服务之间的关系，找准政府、社区、社会、市场和居民在社区建设中的定位。

社区公共服务与社区非公共服务都是社区服务不可分割的重要组成部分，两者相互依存、相互补充、相互促进，只有处理好两者之间的关系才能推进社区服务业繁荣发展。社区公共服务建设不仅需要发挥政府、社会和市场的作用，也需要发挥社区和居民的作用，因此，在社区公共服务建设中不仅要明确政府、社会、市场的定位，也需要明确社区和居民的定位。《国务院关于印发国家基本公共服务体系“十二五”规划的通知》（国发〔2012〕29号）在界定基本公共服务概念的同时，明确指出：“享有基本公共服务属于公民的权利，提供基本公共服务是政府的职责。”由此可见，在社区公共服务建设中，政府承担着提供社区基本公共服务的重要职责。社区非基本公共服务的提供是社区成员的共同责任，需要由社区来提供。社区非公共服务是社区成员个体或家庭自主选择的结果，应该由市场来提供。与此同时，社会组织和居民个人都可以根据相关政策规定和自主、自愿原则参与到社区基本公共服务、社区非基本公共服务和社区非公共服务的提供中来，为社区建设贡献一份力量。

总之，科学界定社区公共服务属性和范围，合理界分社会公共利益、社区共同利益和家庭个人利益等各种社区利益关系，明确政府、社区、社会、市场和居民个人在社区建设中的定位，才能在社区这个各种利益交汇的社会基本单元真正建立起与社会主义市场经济相适应的治理模式和体制机制，使得政府、社区、社会、市场和居民在这里能够找到与其社会定位相符的社会角色，各尽所能，各尽所长，共同促进社区和谐发展。

二、推进社区自治，提高市民现代化水平

加强社区居民自治，增强社区自治功能是北京社区建设的一项重要任务，是社区公共服务建设“北京模式”的一个重要特点。在社区规范化建设中，北京对社区自治工作进行细化，将其作为社区居委会的一项重要工作职能。然而，与建设中国特色世界城市的要求相比，北京社区自治还需要进一步加强。

世界城市都是美丽宜居、充满活力、具有现代城市竞争力的国际化大城市，其城市竞争力永不衰竭的宝贵源泉来自生活在城市社区的现代化市民，是现代化市民推动优秀国际人才在这里集聚，推动城市文化更加多元和包容，推动城市产业发展日新月异，推动城市每一个角落的公共服务建设都尽显完美。这是北京社区发展的方向。

我们认为，进一步推进社区自治是提高市民现代化水平的重要途径，是完善“北京模式”的有效之策。推进社区自治需要从以下几个方面着手：

第一，树立正确的社区自治理念，把社区自治落到实处。北京市在社区建设中虽然明确了社区居委会这个基层群众性自治组织“侧重于组织居民开展民主自治”的功能定位，对于社区居委会“管理社区公共事务和公益事业”也做出了一些原则性规定，但是，对于社区居委会在“社区治理”中的定位还不够清晰，对于社区居委会如何实行社区自治、如何落实自我管理和自我服务职能等问题也有待进一步明确。中共十八大报告指出：“在城乡社区治理、基层公共事务和公益事业中实行群众自我管理、自我服务、自我教育、自我监督，是人民依法直接行使民主权利的重要方式。”这一论断对于推进北京社区自治建设、进一步完善“北京模式”具有重要指导意义。通过科学界定社区公共服务属性和范围，我们已经厘清了社区基本公共服务、社区非基本公共服务和社区非公共服务之间的关系，明确了社区自治组织作为社区非基本公共服务提供主体的地位。实际上，社区非基本公共服务基本上属于社区自治范围内的事务。另一方面，社区治理、社区公共事务和公益事业等社区自治事务也明显有别于政府提供的社区基本公共服务，因为社区自治事务都是符合社区居民共同需要、关乎社区共同利益、需要社区居民承担共同责任的社区公共服务，具有共

同性、属地性和差异性的特点，属于社区非基本公共服务范畴。在北京公共服务建设中，把社区治理、社区公共事务和公益事业等社区自治事务作为社区非基本公共服务交由社区来承担，通过社区居民自我管理、自我服务、自我教育、自我监督来实现社区非基本公共服务的自我提供，是社区居民的民主权利，也是社区自治的应有之义，应该依法予以保障。凡是社区自治事务都应还权于社区，由社区自主承担。总之，根据中共十八大精神，树立正确的社区自治理念，把社区自治真正落到实处，是进一步完善“北京模式”、推动“北京模式”创新的需要。

第二，充分发挥社区自治功能，为社区自治争取合理发展空间。北京市在社区建设中着力于从维护居民合法权益和社区共同利益出发来确定社区自治功能定位，以“实现政府行政管理与基层群众自治有效衔接和良性互动”的方式来增强社区自治功能。在目前北京社区自治层次较低、自治功能较弱的情况下，这些政策安排具有一定的合理性，但也带来了一些问题，如有些社区组织只顾与政府方面对接而忽略其自身自治功能的发挥、行政力量过度挤压社区自治空间、社区居民参与度过低等。这些问题需要在完善“北京模式”过程中逐步加以解决。首先，要从转变政府职能、加强首都社会建设和建设世界城市的战略高度，从提高市民现代化水平的现实需要出发，充分认识发挥社区自治功能的重要性，对那些把社区自治当作社会建设“调味品”，认为社区自治功能可有可无、可多可少的观点，要及时予以纠正。其次，要进一步理顺政府、社区和市场之间的关系，明确政府、社区和市场在社区建设中的合理分工，使政府、社区和市场三种力量按照各自在社区建设中的定位协调发展，避免政府力量和市场力量过度扩张而挤压社区自治空间，造成社区自治功能萎缩。对于理论界和实际部门的一些模糊观点，如“政府公共服务社区化”“非基本公共服务市场化”，要在认真辨析基础上加以澄清①，在实际工作中要避免简单化、一刀

---

① 就“政府公共服务社区化”而言，如果是指把政府公共服务向社区延伸，使政府提供的社区基本公共服务真正落实到城乡社区中去，则是可取的，但前提是这些社区基本公共服务的提供主体必须是政府；如果是指把政府公共服务交给作为群众自治组织的社区来办，让社区自治组织来承担政府公共服务职能，则会导致“政府缺位”和“社区越位”同时发生。就“非基本公共服务市场化”来说，如果是就整个社会而言，政府通过发挥市场机制作用来推进非基本公共服务建设，满足人民群众多样化、多层次需求，则是可取的，如果是就作为社会基层的社区而言，则有可能导致“社区缺位”和“市场越位”，因为社区非基本公共服务的提供主体应该是社区，而不是市场。如果不加辨析地推行“政府公共服务社区化”和“非基本公共服务市场化”，则有可能导致政府、社区和市场之间出现交叉错位现象。

切，防止各种缺位、越位和错位现象发生。再次，要大胆借鉴发达国家社区自治的有益经验，进一步加大对社区组织、社区社会组织、社区志愿者组织等各种社区组织的政策扶持，积极引导市民参与社区治理、社区公共事务和公益事业，形成人人参与、共建家园的良好氛围，不断增强社区自治功能，提高社区自治水平。

第三，创新社区自治机制，探索建立基于社区文化认同与民主协商基础上的新型社区自治模式。在北京市以“居站分离”原则构建的“一个核心、两个体系、三位一体”社区治理模式中，居民自治机制是一个比较薄弱的环节。《北京市社区管理办法（试行）》虽然对建立健全社区居民会议制度、社区议事协商会议和社区事务听证会制度等提出了原则性要求，但是对这些制度如何付诸实施、社区自治机制如何形成和有效运行等问题还没有做出具体明确的安排。从推进社区自治、提高居民现代化水平出发，加快创新社区自治机制，进一步完善“北京模式”社区治理结构，应该作为社区建设的一项重要工作来抓。首先，要发挥社区党组织在创新社区自治机制中的作用，在社区党组织领导下凝聚社区群众力量，培育社区居民自治意识，形成基于共同需要、共同利益和共同责任的社区文化认同，为社区自治奠定基础。其次，要通过社区居委会把社区居民自治意识和广泛的社区文化认同转化为自觉自愿的自我管理、自我服务、自我教育、自我监督机制，在社区居民广泛参与和民主协商基础上制定具有约束力的《居民自治章程》和《居民公约》。再次，要通过试点和探索，研究建立社区民办非企业法人制度，作为与社区自我管理、自我服务的自治地位相适应的新型社区组织形式，通过制度创新，不断完善社区自治体制机制，使北京社区自治模式真正成为符合我国基本国情和首都社区发展需要、有助于提高市民现代化水平的新模式。

三、细化和完善社区基本公共服务项目

北京市在规范社区建设基础上通过整合政府职能部门的社会管理和公共服务内容梳理出 10 大类 60 项社区基本公共服务项目（被称作“1060”工程），作为社区居民享受政府基本公共服务的“基本菜单”。“1060”工

程体系宏大，内容丰富，覆盖面广，在实施过程中政府部门与社区公共服务平台互相衔接，上下呼应，协同联动，成为“北京模式”的一个新特色。但是，这一公共服务工程也存在一些不足，需要进行适当调整和完善。

“1060”工程最突出的问题主要有两个方面：一是政府色彩浓厚，社区角色淡化；二是项目细化不够，标准过于宽泛。这些问题都或多或少与社区公共服务属性和范围的界定有一定关系。

正如前面讨论社区公共服务属性和范围时所指出的那样，北京市社区公共服务属性和范围的界定具有“主体决定论”色彩。受此影响，“1060”工程所涵盖的社区基本公共服务内容大多数是目前北京市政府职能部门正在履行的社会管理和公共服务职责范围内的工作事项。换句话说，“1060”工程实际上是把原来由政府各职能部门分别进行的与社区居民服务需求相关的大部分社会管理和公共服务内容直接搬到社区公共服务平台上来，统一规划、统一部署、统一落实。由此一来，其政府色彩浓厚的特点也就不难理解了。

政府色彩浓厚本身不是“1060”工程的主要问题，因为基本公共服务由政府主导提供，这是我国基本公共服务体系建设的特点。问题在于，社区基本公共服务有其特殊性，它是社区公共服务的重要组成部分，但不是社区公共服务的全部，它与社区非基本公共服务共同构成社区公共服务这个不可分割的整体。一旦具有浓厚政府色彩的基本公共服务导致了社区角色的淡化，或者政府把社区非基本公共服务也当作社区基本公共服务来提供，就会形成政府包揽社区公共服务的局面，其结果是政府不堪重负，而社区居民多样化、多层次的服务需求却不能得到有效满足。

另一方面，“1060”工程在服务标准、覆盖范围和水平上还不够细化，项目设置标准也过于宽泛，甚至一些不属于社区基本公共服务范围的项目也被吸纳进来。比如，在十大类社区基本公共服务中就有“社区便利服务”和“其他服务”两大类，其中，“社区便利服务”包括为社区居民开展小时工、家政服务员、月嫂等家政服务项目，“其他服务”包括开展社区心理健康咨询服务的心理咨询服务项目。虽然这些服务项目是一些社区居民所需要的，提供这些服务项目可以满足部分社区居民多样化的服务需求，但是，这些服务项目大多是以营利为目的的经营性社区服务项目，与社区基本公共服务的公共性、基础性、均等性等基本属性并不相符。显然，在北京目前的社会经济发展条件下，这些服务项目应该通过市场来提供，而不应该纳入政府基本公共服务范围。

《国务院关于印发国家基本公共服务体系“十二五”规划的通知》（国发〔2012〕29号）指出：“享有基本公共服务属于公民的权利，提供基本公共服务是政府的职责。”社区基本公共服务项目一经制定并付诸实施，就成为政府向社区居民公开做出的承诺。如果社区基本公共服务项目不够细化，标准又过于宽泛，那么，政府做出的承诺就难以履行。一旦有部分社区居民以政府的承诺对社区基本公共服务项目提出过高的要求，政府将难以应付。即使满足了部分社区居民的这种过高要求，也会引起新的社会不公。这样一来，政府以改善民生为出发点提供的社区基本公共服务将带来新的民生问题和社会矛盾。毫无疑问，这是与政府制定社区基本公共服务项目的初衷相背离的。

北京市从2010年8月开始实施“1060”工程，积累了大量经验。随着北京社区公共服务建设水平的不断提升，随着《国家基本公共服务体系“十二五”规划》的发布实施，对“1060”工程进行适当调整和完善的条件已经成熟。我们认为，对“1060”工程进行调整和完善，要坚持连续性与科学性并重①、双向性与匹配性兼顾②的原则，从满足居民基本公共服务需求出发，通过细化社区基本公共服务项目，进一步提高社区基本公共服务项目的针对性、可行性和科学性，不断完善社区基本公共服务体系。为此，提出以下具体建议：

第一，调整社区基本公共服务项目清单，充实社区基本公共服务项目内容。以“1060”工程中的社区基本公共服务项目内容为基础，对现有社

① 所谓连续性与科学性并重，是指在完善北京社区基本公共服务项目时，首先要在现有基础上加以完善，而不是推倒重来。另一方面，又要看到现有社区基本公共服务项目存在的不足之处，从科学界定社区公共服务属性和范围入手，确立政府、社区和市场在社区建设中的合理分工，使社区基本公共服务、社区非基本公共服务和社区非公共服务等各类服务都能在社区建设中找到合理定位，各尽所长，相互促进，从而提高社区公共服务建设的科学化水平，充分调动政府、社区和市场等各方面力量参与社区建设的积极性。

② 所谓双向性与匹配性兼顾，是指在确定社区基本公共服务项目时，既要考虑政府部门履行社会管理和公共服务职责的需要，又要考虑社区居民的服务需求，两者兼顾，同时，要以社区居民服务需求为导向，使社区基本公共服务项目的供给与需求相互匹配、相互契合。凡是不符合社区居民基本公共服务需求的项目都不应该纳入社区基本公共服务项目清单中来。

区基本公共服务项目进行进一步细化和分类，保留其中真正具有社区基本公共服务属性的项目，把具有社区非基本公共服务属性和社区非公共服务属性的项目分别剥离出来，交给社区和市场来提供。同时，对那些具有社区基本公共服务属性、符合社区基本公共服务项目设置条件[①]和社区居民基本公共服务需求，且政府部门有能力提供的项目，在充分论证基础上可以补充到社区基本公共服务清单中来，进一步充实社区基本公共服务的内容。

第二，制定社区基本公共服务项目提供标准。根据国家法律法规和北京市、区（县）的相关政策规定，制定与政府公共财政能力相符的社区基本公共服务项目提供方案，明确各类社区基本公共服务项目的提供主体、提供方式和提供标准。社区基本公共服务项目提供标准应该至少不低于国家规定的保障标准。

第三，划分社区基本公共服务项目支出责任。社区基本公共服务项目建设所需支出应列入市、区（县）各级政府预算，负责相关项目建设的市、区（县）政府职能部门按相关法律法规和政策规定承担相应的支出责任。

第四，明确社区基本公共服务项目覆盖范围和水平。根据北京市社区公共服务建设目标，结合城乡一体化条件下各类社区人口结构和分布状况，明确社区基本公共服务项目覆盖人群和覆盖水平，以满足社区居民（特别是城乡低收入家庭）最基本的生存和发展需要。

第五，建立社区基本公共服务项目评价机制。以社区居民对社区基本公共服务的满意度为主要指标，构建社区基本公共服务评价体系，形成以社区居民为主体、多方参与的社区基本公共服务评价机制，提高社区基本公共服务评价的科学性、客观性和公正性。

第六，建立社区基本公共服务项目动态调整机制。根据国家有关政策，结合市、区（县）社会经济发展水平和政府财力情况，综合考虑社区居民实际需求和物价水平，建立社区基本公共服务项目与居民实际需求相

---

① 根据国家有关政策，基本公共服务项目设置需要满足三个基本条件：一是要建立在一定社会共识基础之上，二是要与经济社会发展水平和阶段相适应，三是要以保障公民生存和发展基本需求为目的。

匹配、社区基本公共服务提供标准与政府财力负担相适应并适当兼顾物价波动因素的社区基本公共服务项目动态调整机制，使社区基本公共服务项目不断得到完善。

四、构建社区公共服务建设高层次综合协调机制

北京社区公共服务建设是北京社区建设的核心内容，也是北京社会建设的核心环节。为了加强社会建设，北京市建立了市、区（县）两级统筹协调机制，成立了由市、区（县）两级党政部门和人民团体共同参与的议事协调机构——北京市、区（县）社会建设工作领导小组及其办公室。这是一个对北京社会建设具有深远影响的创新之举，也是推动北京社区建设和社区公共服务建设的创新之举，是“北京模式”形成的关键。然而，社区公共服务建设覆盖面广，涉及部门多，利益关系复杂，需要解决的问题多如牛毛。推进社区公共服务建设所面临的体制机制障碍不是一个议事协调机构所能突破的，也不是一个社会建设工作协调部门所能解决的。

当前，加强公共服务体系建设已经成为中央和地方政府社会建设工作的重中之重。国务院于 2012 年 7 月 11 日发布的《国家基本公共服务体系“十二五”规划》为“十二五”乃至更长一段时期构建国家基本公共服务体系做出了重要战略部署，为政府履行公共服务职责提供了重要依据。《国家基本公共服务体系“十二五”规划》明确提出“要建立高层次综合协调机制，协调解决规划实施中跨地区跨部门跨行业的重大问题”。党的十八大报告指出：“加强社会建设，是社会和谐稳定的重要保证。必须从维护广大人民根本利益的高度，加快健全基本公共服务体系，加强和创新社会管理，推动社会主义和谐社会建设。”为了落实《国家基本公共服务体系“十二五”规划》提出的各项任务，全面贯彻党的十八大精神，进一步加强首都社会建设，加快健全基本公共服务体系，建立与世界城市发展目标相适应的社会管理体制和公共服务体系，需要在现有的社会建设统筹协调机制基础上进一步增强综合协调功能，构建高层次综合协调机制，协调解决包括社区公共服务建设在内的社会管理和公共服务跨区域跨部门跨行业的重大问题。

结合北京社区公共服务建设的实际情况，高层次综合协调机制的构建可以采取以下方式：

第一，在市委市政府领导下，按“大部制”机构改革思路成立市级社会建设委员会，作为全面负责全市社会建设各项工作的综合职能部门。现有的社会建设统筹协调机制进一步提升为更高层次的综合协调机制，其中包含社区公共服务建设综合协调机制。

第二，市社会建设委员会的工作职能是在目前市级政府各部门的社会管理和公共服务职能基础上，经过归类、合并、调整和优化，全面整合而成，而不是重复设置一套机构和重复设置相同的职能。其中，社区公共服务建设相关职能主要通过对现在市民政部门、人力资源和社会保障部门、社会建设工作协调部门等部门的社区建设职能、社会福利职能、社会保障职能、社会救助职能等进行归并、调整和优化形成。经过整合之后，原机构的相关职能转移到社会建设委员会。

第三，市社会建设委员会成立后，各区（县）待条件成熟时再做相应的制度和机构调整。

第四，在建立市级社会建设综合职能部门和构建社会建设高层次综合协调机制的同时，通过机构精简、合并和优化进一步推动社会建设领域机构改革和社会管理体制创新，促进首都现代化建设各方面相协调，促进生产关系与生产力、上层建筑与经济基础相协调，不断提高首都社会建设科学化水平。

第三章

社区公共服务体系分类构建及其政策支持

分类构建社区公共服务体系是由北京社区公共服务建设的居民服务需求导向所决定的，是北京社区发展的客观需要，是“北京模式”系统性和包容性的具体体现。

北京社区公共服务体系是社区多元化服务体系的重要组成部分，其中包括社区基本公共服务体系和社区非基本公共服务体系[①]，是以政府和社区组织为主体向社区居民提供公共服务的重要力量。

在北京社区服务体系中，由市场提供的社区非公共服务经过改革开放30多年的长期发展，已经发育得比较成熟。相对而言，社区公共服务的发展比较薄弱。为了满足社区居民的公共服务需求，北京市从社区实际出发，根据政府和社区组织在社区公共服务建设中的不同定位，同时考虑社区基本公共服务和社区非基本公共服务在服务类型、服务内容和服务提供方式等方面的差异性，通过分类指导、分类构建方式，分步推进社区公共服务体系建设。首先，加快推进政府公共服务进社区，着重解决居民最关心、最需要而政府又有能力解决的社区基本公共服务问题，构建社区基本

① 北京市在社区公共服务建设的相关政策中没有使用“社区非基本公共服务”和“社区非基本公共服务体系”概念，而是更多地使用“社区公共服务”“政府公共服务”“社区基本公共服务”“基本公共服务体系”等概念，但是，从这些概念的内涵来辨析，可以看到其中包含着“社区非基本公共服务”和“社区非基本公共服务体系”的含义。区分“社区基本公共服务”和“社区非基本公共服务”是本研究需要解决的问题。

公共服务体系。在此基础上，积极推进社区自治，提高社区组织自我服务的能力和提供非基本公共服务的能力，构建社区非基本公共服务体系。同时，通过政府和社区组织的相互衔接和良性互动，实现社区基本公共服务体系和社区非基本公共服务体系优势互补，在社区公共服务中形成基本公共服务和非基本公共服务各有侧重、相互联系、共同发展的社区公共服务建设格局。

随着社区居民生活水平不断提高，居民服务需求日益呈现出多样化、多层次的特点。在这种情况下，由单一服务主体提供服务或单独提供某一类服务的社区服务供给模式已经不符合首都社区发展需要。为了加快形成社区建设合力，更好地满足社区居民多层次、多样化的服务需求，北京市采取了一系列具有创新性、开拓性的政策措施，在加快构建社区公共服务体系的同时，鼓励和支持各类组织、企业和个人积极开展社区便民利民服务和各种满足社区居民多样化需求的非公共服务，充分发挥政府、社区组织、社会组织、驻社区单位、企业和个人在社区服务中的作用，形成了社区公共服务和社区非公共服务相互补充、相互促进、协同发展的多元化社区服务体系。

第一节　社区居民服务需求分析

北京社区居民服务需求是现代城市社区居民需求的一个现实样本。从 2011 年 11 月到 2012 年 9 月，北京大学课题组在东城区、西城区、朝阳区、房山区等城区选择部分社区对社区居民服务需求情况开展问卷调查，共发放问卷 400 份，收回问卷 377 分，问卷回收率达到 94%。同时，对部分社区居民进行了深入访谈，掌握了丰富的第一手资料。近年来北京市、区（县）政府有关部门也开展了大量调研，了解了社区居民服务需求的有关情况。所有这些都有助于我们具体了解北京市社区居民服务需求的基本情况、分析社区居民的不同角色、考察社区居民需求类型和特点，为分类构建社区公共服务体系、促进社区服务多元化发展提供了重要的现实依据。

一、社区居民服务需求基本情况

至2012年底，北京市面积16 807.8平方千米，辖16个区（县），即东城、西城、海淀、朝阳、丰台、门头沟、石景山、房山、通州、顺义、昌平、大兴、怀柔、平谷等14个区和延庆、密云2个县。全市共有社区居委会2 773个，村委会3 941个。

据北京市统计局数据，截至2012年底，全市常住人口2 069.3万人（含户籍人口1 297.5万人），其中，城镇人口1 783.7万人，占86.2%，乡村人口285.6万人，占13.8%。按性别来分，男性1 068.1万人，占51.6%，女性1 001.2万人，占48.4%（见表3—1）。

表3—1　　北京市常住人口及其构成（截至2012年底）

指　标	人口数（万人）	比重（%）
常住人口	2 069.3	100
按城乡分　城镇	1 783.7	86.2
乡村	285.6	13.8
按性别分　男性	1 068.1	51.6
女性	1 001.2	48.4
按年龄组分　0～14岁	194.5	9.4
15～59岁	1 588	76.7
60岁及以上	286.8	13.9
其中：65岁及以上	190.4	9.2

资料来源：北京市统计局、国家统计局北京调查总队：《北京市2012年国民经济和社会发展统计公报》，载《北京日报》，2013-02-07。

从人口结构看，全市60岁及以上老年人口286.8万人，占常住人口13.9%，占户籍人口22.1%。显然，北京已经进入老龄化社会。[①] 从产业结构、城乡结构和就业结构看，北京早已达到与中等以上发达国家相同或

① 按照联合国教科文组织的界定标准，如果一个国家或地区60岁以上的人口占其总人口10%及以上，那么该国家或地区就进入了老龄化社会。

更高的水平，进入以第三产业为主的高度城镇化的现代社会。① 在这样的社会发展阶段，社区居民提高生活品质的愿望比以往任何时候都更加强烈。

北京大学课题组通过调研发现，社区居民对生活服务有很迫切的需求，尤其对生活便利服务要求高，对政府公共服务也有相当高的期待。从问卷调查结果看，有较大比例的社区居民感到以下方面存在生活不便和困难：停车难（占 90%）、养老难（占 84%）、出行难（占 67%）、入托难（占 78%）、就业难（占 73%）、看病难（占 81%）、购物难（59%）、购房难（占 69%）、购车难（占 80%）。通过问卷调查和访谈进一步了解到，社区居民对生活便利服务的需求相当高，几乎所有居民都要求自己的社区具备便利的生活服务设施，希望提供包括社区菜市场、社区超市、社区食堂和餐饮服务、社区银行服务、社区代收代缴服务、社区家政服务、社区洗衣缝补等服务、社区美容美发服务、社区各种修理服务、社区邮政和通信服务、社区娱乐服务等在内的各种便利服务。社区居民对政府提供各种社区公共服务大多持肯定态度，93%以上的居民认为政府应该提供社区就业服务、社区社会保障服务、社区医疗卫生服务、社区教育服务、社区文化体育服务、社区流动人口服务、社区安全服务、社区环境服务、社区便利服务、社区老年人、残疾人服务等社会公共服务，同时应该提供配套的社区基础设施。87%的居民认为政府提供的公共服务越多越好。

北京市社会办通过于 2010 年 3 月在 645 个试点社区开展的社区公共服务体系建设基本情况调查发现，社区居民对停车管理、社区卫生服务站建设、幼儿入托和早教服务、老旧小区物业管理、社区公交服务、社区维修、社区便民服务信息网络、居民活动中心、便民早点店、水电燃气费代缴点、天然气安全检测、小区路面改造等服务设施和服务项目的需求十分迫切。北京市海淀区的一项针对社区居民需求的调查发现，社区居民对社区公共设施、社区道路交通、社区医疗服务的满意度分别只有 22%、20.9%和 25.2%。在社区公共设施建设方面，大多数居民希望增加文化活

① 2009 年，北京第三产业在产业结构中占据绝对优势，第一、第二、第三产业的比重分别为 1.0%、23.5%、75.5%。从北京的就业结构来看，也呈现出以第三产业为主的特征。2009 年，北京在第一、二、三产业就业的人员分别占总就业人口的 5.2%、21.0%与 73.7%。从城乡结构看，2009 年北京城镇化率达到 85.0%。

动场所（占68%），增加公共活动场地（占60.2%），有部分居民要求增加社区健身器材（占37.1%）和改善公共场所照明（占33%）。在社区道路交通方面，相当多的居民要求治理社区内乱停车现象（占45.6%），有不少居民要求治理占道经营（占31.1%）、治理交通拥堵（占31.1%）、增加公交路线（占32.1%）、建立和完善自行车专用道（29.7%）等。在社区医疗服务方面，近60%的居民要求加强社区卫生服务站和社区医院建设，改善社区医疗条件，提高社区医疗服务水平。此外，相当多的社区居民期待改善社区就业服务，要求提供就业岗位（占55.8%）、提供培训机会（占52.7%）、发布就业信息（占55%）等，也有不少居民对方便社区买菜（占38.6%）、改善银行网点布局（70%）、完善家政服务工作（31.7%）等提出要求。

从上述情况可以看出，社区居民对改善社区公共服务设施，增加社区公共服务项目，改进社区便民利民服务和社区商业服务都提出了比较明确的要求。虽然有些服务需求超出了社区范围，但这些来自社区基层的服务需求说明北京市政府做出的转变政府职能，加强以改善民生为重点的社会建设，加强社区公共服务建设的一系列举措，是十分正确的决策。

二、社区居民的三重角色及其服务需求

从社区居民服务需求基本情况可以看出，在北京这个现代化、国际化大都市，社区居民已经有条件追求更高品质的生活服务，他们的服务需求具有多样化、多层次的特点，有些服务需求还极富个性，极具现代性。

社区居民服务需求虽然多种多样，但总体上看无外乎三个层面：第一个层面是基于社区居民的社会角色而提出的服务需求，第二个层面是基于社区居民的社区角色而提出的服务需求，第三个层面是基于社区居民的个体角色而提出的服务需求。社区居民的社会角色、社区角色和个体角色所对应的三个层面的服务需求在需求来源、需求指向、需求属性、需求边界、需求价值等方面各有不同（如表3—2所示），因此，需要逐一加以辨析，以便对社区居民服务需求做出科学分类。

表 3—2　　社区居民的三重角色及其服务需求

	社区居民		
	社会角色	社区角色	个体角色
服务需求来源	社会共识（法律、法规、规章和政策）	社区共识（社区成员的共同约定）	个人偏好（私人决策）
服务需求指向	政府或政府授权的社会组织	社区管理和服务主体	不确定的市场主体
服务需求属性	一般社会性、公共性、基础性、福利性、均等性	社区共同性、自主性、属地性、群体差异性	个体性、个别差异性、多样性
服务需求边界	跨社区、跨区域	社区范围内	个人或家庭
服务需求价值	社会认同感	社区归属感	个人满足感

1. 社区居民的社会角色

社区居民的社会角色与其年龄、性别、职业、家庭结构、健康状况、家庭收入状况、居住状况等因素有关。特别是对于社会弱势群体，国家和地方都制定了一系列社会福利政策，对于老年人、妇女、儿童、残疾人、独生子女家庭、贫困家庭、优抚对象等给予特殊照顾，同时不断加强社会保障制度建设。因此，社区居民由于其特定的社会角色可以根据社会福利制度和社会保障制度（由相关法律法规规章和政策所确定的社会共识）向政府或政府授权的社会组织提出相应的服务需求。这一类服务需求属于社区居民对全国性或地方性公共产品的需求，具有一般社会性、公共性、基础性、福利性和均等性等特点，并且不受社区居民居住地限制。“十一五”期间，北京市在全国率先实现城乡就业服务和社会保障制度全覆盖，建立了基本公共服务体系，基本公共服务均等化程度明显提高。在北京市社会保障制度不断健全的条件下，北京市民有条件享受到更高水平的社会保障服务，进一步增强社区居民的社会认同感。

2. 社区居民的社区角色

社区居民的社区角色与其所居住的特定社区密切相关，与社区自治水平和社区居民的归属感直接相关。居住在不同社区的居民他们的社区角色存在很大差异。有的社区在居民的共同努力下签订了社区居民公约，发展了社区产业，建立了紧密的利益关系，形成了富有特色的社区文化和充满活力的社区生活共同体。在这样的社区，居民归属感较强。生活在这类社区的居民根据他们之间的共同约定（即社区成员达成的社区共识）向社区组织提出相应的服务需求。这类服务需求属于社区居民对社区俱乐部产品的需求，具有社区共同性、自主性、属地性、群体差异性等特点，必然受到社区范围的限制。有的社区或者由于建立时间不长，或者由于缺乏自我管理和自我服务能力，社区居民缺乏归属感，也不能通过社区来满足自己的服务需求。有的社区居民有自己的单位，他们仅仅把社区当作居住之地，他们的大部分服务需求不是向社区提出，而是向自己工作的单位提出，这类居民由于没有和社区建立起紧密的利益关系，他们的社区角色要比其单位角色更弱。北京社区自治还处于探索阶段，但随着社区自治水平的不断提高，居民的社区归属感也将不断增强。

3. 社区居民的个体角色

社区居民的个体角色与其个人和家庭情况以及个人在家庭中的地位相关。社区居民除了向政府或社区提出相应的服务需求之外，大部分服务需求都需要通过自己向不确定的市场主体提出，通过市场来得到满足。这类服务需求属于社区居民对私人产品的需求，具有私密性、个体性、个别差异性、多样性等特点。在社区建设中，尊重社区居民个人的生活方式，保留个人和家庭自己的生活空间，是社区多样性、创造性和充满活力的表现，是社会主义市场经济体制的内在要求，也是现代城市发展的客观需要。

三、社区居民服务需求的基本类型和特点

社区居民多样化、多层次的服务需求与其在社区中的多重角色有关。我们通过界分社区居民的三重角色，分别分析与不同角色相联系的服务需求，为正确划分社区居民服务需求基本类型提供了很好的思路，也为进一步分析以社区居民需求为导向的北京社区公共服务体系奠定了重要的基础。

在北京社区居民的三重角色中，不同角色分别有不同的服务需求来源，并且分别指向不同的服务主体——建立在社会共识基础之上的一般社会性服务需求要由政府或政府授权的社会组织来提供，建立在社区共识基础之上的社区共同性服务需求要由社区管理和服务主体来提供，此外，属于个人偏好的个体性服务需求则要由社区居民通过不确定的市场主体来提供。由此可见，社区居民服务需求来源和服务需求指向可以作为划分居民服务需求基本类型的依据。

因此，我们根据社会共识、社区共识、个人偏好及其相应的服务需求指向把社区居民服务需求划分为社区基本公共服务需求、社区非基本公共服务需求和社区非公共服务需求三种基本类型，其中，社区基本公共服务需求是指建立在一定社会共识基础之上直接指向政府或政府授权的社会组织的一般社会性服务需求，社区非基本公共服务需求是指建立在一定社区共识基础之上直接指向社区管理和服务主体的社区共同性服务需求，社区非公共服务需求是指建立在个人偏好基础之上直接指向个人或家庭的个体性服务需求。

实际上，在社区基本公共服务需求中，社区居民所表达的是根据其自身条件获得全国性或地方性公共产品的愿望；在社区非基本公共服务需求中，社区居民所表达的是根据其在社区的条件获得社区所提供的俱乐部产品的愿望；在社区非公共服务中，社区居民所表达的是根据其自己的偏好获得市场提供的私人产品的愿望。

根据上述分类情况，我们把社区调研中得到的关于北京社区居民服务需求的情况进行整理归类，分别划分为社区基本公共服务类、社区非基本公共服务类和社区非公共服务类三大类型（如表3—3所示）。

表3—3　　社区居民服务需求的三种基本类型

社区居民服务需求内容	社区基本公共服务类	社区非基本公共服务类	社区非公共服务类
提供就业岗位、培训机会和就业信息等社区就业服务	●		
社区幼儿入托和早教服务	○	○	○
社区老年人、残疾人照顾	○	○	○
老旧小区物业管理		●	

续前表

社区居民服务需求内容	社区基本公共服务类	社区非基本公共服务类	社区非公共服务类
社区洗衣缝补及综合维修服务			●
社区停车管理		●	
社区内治理占道经营		●	
社区内治理交通拥堵		●	
社区外增加公交路线	●		
社区外完善自行车专用道	●		
社区卫生服务站和社区医院建设	●		
增加文化活动场所		●	
增加公共活动场地		●	
增加社区健身器材		●	
改善社区公共场所照明		●	
社区休闲娱乐服务			●
社区便民早点店等社区餐饮服务			●
社区菜市场			●
社区超市			●
社区银行网点			●
社区邮政和通信服务			●
社区水电燃气费等代收代缴服务			●
天然气安全检测			●
社区家政服务			●
社区流动人口管理服务	●		
社区安全服务	○	○	
社区环境服务	○	○	
社区市政公共设施建设	●		
社区共用公共设施建设		●	
社区美容美发服务等便利服务			●
社区便民服务信息网络	●		
小区路面改造		●	

说明：“●”表示确定属于某一类社区居民服务需求类型；“○”表示兼有两种或两种以上的社区居民服务需求类型。

通过对北京社区居民服务需求内容的整理归类，我们发现，社区居民的服务需求类型具有以下特点：

第一，大多数社区居民服务需求内容具有比较明确的服务需求指向，可以根据其服务需求指向确定服务提供主体。少数社区居民服务需求内容如社区幼儿入托和早教服务、社区老年人和残疾人照顾、社区安全服务和社区环境服务等服务需求指向比较含糊，同时指向两个或两个以上服务主体，因而可以同时划入两种或两种以上服务需求基本类型。这说明，与社区居民基本权益密切相关的教育、养老、助残、安全和环境等方面的服务需求仅仅依靠一个服务主体往往难以得到令人满意的结果，因此，这些服务内容需要通过多渠道参与才能有效解决问题。

第二，社区居民基本公共服务类需求大多属于民生工程的内容，与政府履行社会管理和公共服务职能有关，是社区作为社会基本单元和社会的一部分对政府改善民生提出的施政要求。

第三，社区居民非基本公共服务类需求大多与社区发展状况和社区居民的共同利益有关，具有属地性和一定的特殊性。在不同社区之间，居民的非基本公共服务需求可能存在较大差异。政府如果盲目参与提供社区居民非基本公共服务，有可能会加剧社会不公平现象。

第四，社区居民的非公共服务类需求大多是为了生活上的便利，为了适应快节奏的城市生活，为了提高生活舒适度和生活品质而提出的个性化需求，其服务需求内容基本上与政府的社会管理和公共服务职责无关，也与社区大多数居民的共同利益无关，属于社区居民个人和家庭的私人事务。但是，政府或社区可以通过引进市场服务主体为更好地满足居民非公共服务需求创造条件。

第二节　分类构建社区公共服务体系

社区居民多层次、多样化的服务需求对加快社区公共服务体系建设、实现服务供给多元化提出了现实要求。对社区公共服务体系进行系统化设计，分类指导、分类构建，以不同类型的社区公共服务来满足社区居民相应的服务需求，避免顾此失彼，既体现“北京模式”的系统性和包容性，也是提高社区公共服务建设科学化水平的需要。

一、社区公共服务体系基本架构

北京市从转变政府职能出发，一方面按照“居站分离”原则加快推进政府公共服务进社区，加强社区规范化建设，一方面对社区公共服务体系进行分类指导、分类构建，推动形成政府主导的社区服务多元化发展格局。这些政策安排是全面贯彻《国务院关于加强和改进社区服务工作的意见》（国发〔2006〕14号）的具体体现①，是实现社区服务多元化、满足社区居民多样化服务需求的有力举措。

多元化社区服务体系是政府、社区、社会、市场等各方面力量共同参与社区建设的结果，也是转变政府职能、加快服务型政府建设的结果。《北京市加强社会建设实施纲要》对加强公共服务体系建设提出了四个方面的要求：第一，加快服务型政府建设。努力推进政府职能转变，强化社会管理和公共服务职能，进一步完善公共服务体系。第二，切实保障和改善民生。大力发展社会事业，完善社会保障政策，切实解决与人民群众生活密切相关的教育、医疗、就业、住房、交通、环境等问题，努力实现“五无”目标。② 第三，不断完善社会服务网络。加强社区服务网络建设，把政务服务、公益服务和便民服务有机结合起来，实现公共服务进社区。第四，创新公共服务提供方式。加快政府职能转变，加快推进政府购买公共服务步伐。对可由社会组织或机构承接的事项，政府通过项目购买、项目补贴、项目奖励等多种形式，实行购买服务，逐步实现公共服务社会化、专业化、市场化。

按照上述四个方面要求，北京市各级政府在社区公共服务体系建设中

---

① 《国务院关于加强和改进社区服务工作的意见》在社区建设中首次提出“大力推进公共服务体系建设，使政府公共服务覆盖到社区”的要求，同时指出，在社区公共服务体系建设中要坚持以人为本、社会化、分类指导三项基本原则。

② “五无”是北京市民生工程的重要内容，具体指无零就业家庭、无城镇危房户、无重大重复上访户、无社会救助盲点和无拖欠工资问题。

努力推进政府职能转变，强化政府的社会管理和公共服务职能。同时，坚持政府、市场、社会的互联互动，实现社区公共服务资源有效整合，使各方面的积极性、主动性、创造性得到充分发挥，逐步理顺社区公共服务的供需对应关系，形成社区基本公共服务体系、社区非基本公共服务体系和社区非公共服务体系共同发展的多元化社区服务体系。其中，社区公共服务体系包括社区基本公共服务体系和社区非基本公共服务体系（图 3—1 中阴影部分），是社区多元化服务体系的重要组成部分，是以政府和社区组织为主体向社区居民提供公共服务的重要力量。

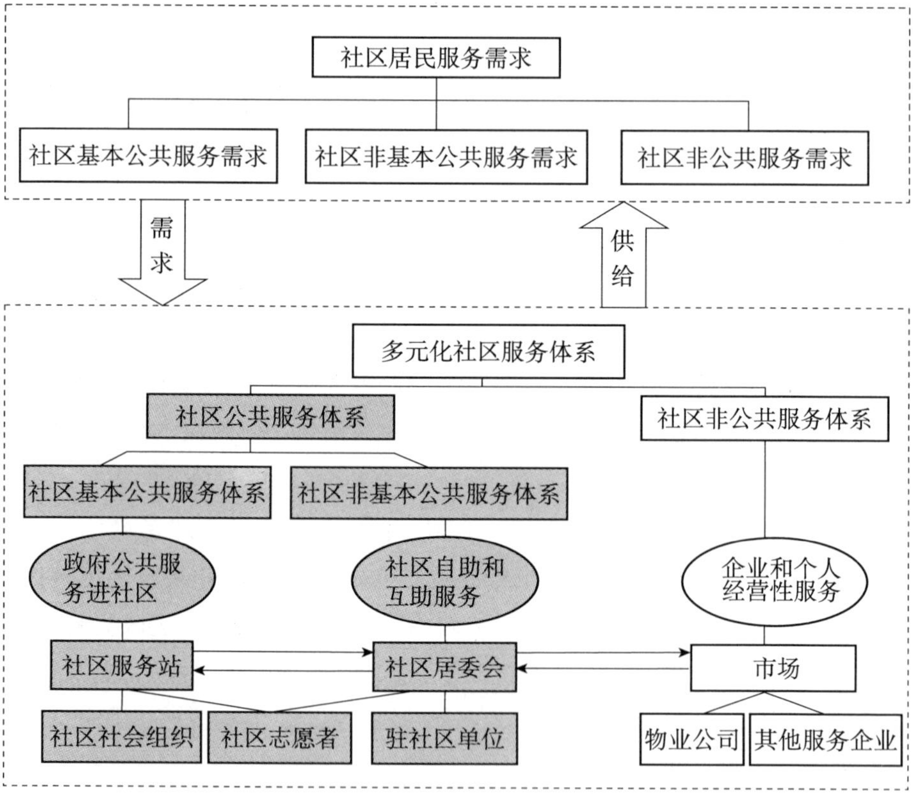

图 3—1　供需对应关系下的多元化社区服务体系基本架构

在北京社区服务体系中，社区居民的服务需求与多元化社区服务体系之间构成了需求—供给对应关系。如果多元化社区服务体系的各个方面都能够发挥其服务功能，提供有效供给，那么，社区居民基本公共服务需求、非基本公共服务需求和非公共服务需求等多层次多样化的服务需求就可以得到有效回应。其中，以政府公共服务进社区推动形成的社区基本公共服务体系可以发挥政府的公共服务职能，对社区居民的基本公共服务需求做出回应；社区组织、社区志愿者组织、驻社区单位等形成的社区非基本公共服务体系可以发挥自助和互助功能，对社区居民的非基本公共服务需求做出回应。此外，市场力量在社区服务体系中也可以发挥重要作用，通过企业和个人经营性服务形成的社区非公共服务体系可以发挥市场交易功能，对社区居民的非公共服务需求做出回应。由此一来，政府、社区组织、社区社会组织、社区志愿者组织、驻社区单位、企业和个人都可以在社区服务中发挥应有的作用，形成了社区基本公共服务、社区非基本公共服务和社区非公共服务相互补充、相互促进、共同发展，多方面、多层次对社区居民的多样化需求进行有效回应的多元化社区服务发展格局。社区公共服务建设"北京模式"之所以能够形成社区建设合力，社区服务多元化是一个重要因素。

二、社区基本公共服务体系建设及其政策支持

北京社区基本公共服务体系是有效回应社区居民基本公共服务需求的一种制度化安排，是在推进政府公共服务进社区的政策安排下[①]，通过明确政府公共服务定位和责任、构建社区公共服务平台、加强社区规范化建设、落实社区基本公共服务项目等各种途径逐步构建起来的。其中，以规

① 《国务院关于加强和改进社区服务工作的意见》（国发〔2006〕14 号）明确提出，在社区服务方面，"政府提供公共服务"。这份文件在要求"大力推进公共服务体系建设，使政府公共服务覆盖到社区"的同时，对政府公共服务覆盖到社区的具体项目和内容做出了安排，主要项目包括：社区就业服务，社区社会保障服务，社区救助服务，社区卫生和计划生育服务，社区文化、教育、体育服务，社区流动人口管理和服务，社区安全服务等七个方面。此外，国务院在文件中要求"政府有关部门不得将应由自身承担的行政性工件摊派给社区组织。对有些社区组织做起来有优势的行政性工作，可依法采取'权随责走、费随事转'的原则，委托社区组织承担"。根据这样的政策安排，政府在社区提供公共服务除了委托社区组织之外，也需要有一个政府主导的公共服务体系。《民政部关于进一步推进和谐社区建设工作的意见》（民发〔2009〕165 号）对社区公共服务体系建设提出了具体要求："依托社区服务中心和社区服务站，积极推进以就业、社会保险、社会救助、社会治安、医疗卫生、计划生育、文化、教育、体育为主要内容的政府公共服务覆盖到社区，促进实现城乡基本公共服务均等化。"

范化方式推进政府公共服务进社区是北京社区基本公共服务体系建设取得成功的关键。

（一）明确政府公共服务定位和责任

在社区基本公共服务体系建设中，北京市明确市、区（县）政府职能部门是社区基本公共服务的提供者、规划者和管理者。①

《北京市加强社会建设实施纲要》明确了政府职能转变的重点是要通过"强化社会管理和公共服务职能"，切实解决与人民群众生活密切相关的教育、医疗、就业、住房、交通、环境等问题，而政府公共服务进社区是落实政府公共服务职能的具体途径。这就把政府主导的社区基本公共服务体系建设与政府职能转变、加强以改善民生为重点的社会建设联系起来。《北京市社区管理办法（试行）》对进一步落实政府在社区公共服务体系建设中的责任做出具体规定："推进公共服务进社区。强化政府公共服务职能，促进政府职能部门、街道办事处工作与社区工作的有效衔接，大力推进社区就业服务、社会保障服务、救助服务、公共卫生和计划生育服务、文化教育体育服务、公益法律服务、流动人口管理服务、治安服务以及环境绿化美化服务等公共服务体系建设，使政府公共服务覆盖社区。"

在明确政府公共服务定位和责任的基础上，从2008年下半年起，北京市按照整体规划、分步实施、突出重点、稳步推进的原则，把政府主导的公共服务体系建设作为加强社会建设和社区建设的核心内容，全面推进政府公共服务进社区工作，在城乡社区建立了服务功能比较完善的基本公共服务体系。

（二）构建社区公共服务平台

北京市按照"居站分离"原则，实行社区居委会和社区服务站功能分

---

① 《关于实施〈北京市社区基本公共服务指导目录（试行）〉的意见》指出："市、区县政府主责部门是社区基本公共服务的提供者、规划者和管理者，要根据各自职能，强化在基本公共服务中的主体地位和主导作用，制定推进计划，完善政策措施，保障资金投入，加强行业监管，促进社区服务各项工作的落实。"

开，明确社区服务站承接政府公共服务的功能定位，作为政府主导的社区基本公共服务体系的服务平台。

《北京市加强社会建设实施纲要》指出："社区服务站是政府在社区层面设立的公共服务平台，在街道办事处的领导和政府职能部门的业务指导下开展工作，接受社区党组织的领导和社区居委会的监督。主要职能是代理代办政府在社区的公共服务，协助社区居委会办理社区公共事务和公益事业，开展便民利民服务。社区服务站与社区居委会既要职责明确，又要相互配合。社区服务站要朝着专业化、社会化方向，逐步与社区居委会职能分开，逐步配备专职工作人员，逐步提高工作水平，按照'依法、公开、高效、便民'的工作原则，为居民提供优质服务。"《北京市社区管理办法（试行）》对社区服务站的工作职责做出了更加具体明确的规定，同时要求"社区服务站要确保一定面积的工作用房。社区服务站原则上按每500户居民配备1名专职工作人员标准执行"。

（三）加强社区规范化建设

为了落实政府在社区公共服务建设中的各项职责，夯实社区这个"社会建设基础"，从2009年起，北京市先后出台《关于推进社区规范化建设试点工作的实施方案》《关于进一步推进社区规范化建设试点工作的实施方案》《关于进一步规范社区工作者待遇的通知》等加强社区规范化建设的政策，对社区服务站建设、社区工作职能、社区运行机制、社区志愿服务、社区工作者管理、社区基础设施配置、社区经费投入等7个方面27项工作进行全面规范。

社区服务站建设的规范化是北京社区基本公共服务体系建设的重点内容。对此，北京市《关于进一步推进社区规范化建设试点工作的实施方案》做出如下具体规定：（1）政府在社区层面设立的综合性服务平台，统一命名为"社区服务站"。除法律、法规明确规定需在社区独立设置的工作平台外，将社区其他各类工作站、活动站、服务站等尽快纳入社区服务站，统筹承担相关工作任务，实行综合管理、一站多能服务，并逐步达到统一形象标识、统一项目设置、统一运行流程、统一服务规范、统一资源调配的标准化要求。(2) 规范社区服务站的工作关系，按照《北京市社区管理办法（试行)》的新要求，社区服务站在街道办事处的领导和政府职能部门的业务指导下开展工作，同时接受社区党组织的领导、社区居委会的监督和居民群众的评议。(3) 社区服务站与街道各科室、职能站所、“一站式”办公大厅和社区服务中心实现工作的有机衔接，明确社区服务站各个岗位与街道相关部门的对应关系和各自职责，将 96156 社区公共服务平台、社区服务信息网络系统及街道其他相关信息化办公系统延伸到社区服务站，发挥街道社区服务中心网站的优势，整合社区信息化资源，建立和完善服务、诉求、信息发布等信息衔接机制，将与居民群众切身利益密切相关的各类公共服务落实到社区。(4) 结合社区实际，以满足社区居民需求为导向，整合社区各类服务资源，利用 96156 社区公共服务平台，健全社区服务网络，通过购买服务等形式，创新社区服务方式。拓展社区服务领域，不断开发社区服务项目，特别是那些社区居民需要，市场主体又不愿或无条件、不能承担的公益服务项目。不断完善社区公共服务、公益服务、便利服务体系，实现社区服务站服务规范化、人性化、便利化。(5) 建立健全社区服务站一口受理制度、事项公开制度、首问责任制度、分办落实制度、项目管理制度、组织协调制度、投诉处理制度等规范的业务管理制度，制定规范的服务流程示意图和工作台账，对受理事项、办理过程、办理时间、办复结果进行动态跟踪，全程监控，保证受理事项及时办理和反馈。

北京市社区规范化建设取得了明显成效，到 2012 年底全市 2 773 个社区基本上达到规范化要求，大多数社区办公和服务用房达到 350 平方米标准，平均每个社区有 11 名社区工作者参与服务，基本形成了社区党建、社区自治、社区服务“三位一体”的工作格局，在社区层面初步解决了“有人办事、有钱办事、有地方办事”的问题，为加强社区公共服务体系建设打下了坚实基础。

(四) 落实社区基本公共服务项目

北京市按照“搭载服务”的思路，在加强社区规范化建设，解决社区服务设施、人员配置、经费投入等“硬件”问题基础上，进一步解决社区服务内容、服务数量、服务质量和水平等“软件”问题。

2010年8月30日，北京市社会办发布了《北京市社区基本公共服务指导目录（试行）》，作为社区居民群众享受政府基本公共服务的“基本菜单”。这份社区基本公共服务指导目录包括10大类60项基本公共服务项目，涵盖了北京市、区（县）职能部门延伸到社区的社会管理和公共服务的主要内容，是政府实现社区基本公共服务全覆盖的“行动计划”。表3—4列出了北京社区基本公共服务指导目录的服务类型和项目名称。[①]

表3—4　　北京社区基本公共服务指导目录

服务类型（10类）	服务项目（60项）
社区就业服务	社区劳动就业咨询服务、社区职业介绍服务、社区就业困难人员再就业服务、社区“零就业家庭”就业帮扶服务、社区自主创业就业服务
社区社会保障服务	社区老年人（残疾人）居家养老服务、就餐送餐服务、出行服务、精神关怀服务、电子辅助服务、优待服务，社区残疾人温馨家园服务、无障碍设施建设服务，社区老年人信息档案服务，社区企业退休人员服务，社区托老（残）服务
社区社会救助服务	社区低保人员救助服务、社区特殊群体帮扶服务、社区临时救助服务
社区卫生和计划生育服务	社区公共卫生和基本医疗服务、社区居民健康档案服务、社区居民转诊服务、社区计划生育服务、社区独生子女家庭服务、社区急救保健服务
社区文化教育体育服务	社区群众文化服务、社区教育培训服务、社区早教服务、社区中小学生社会实践服务、社区科普服务、社区居民阅览服务、社区体育设施建设服务、社区群众性体育组织建设服务、社区群众体育健身服务、社区居民体质测试服务、社区健身宣传培训服务

① 从目前公布的《北京市社区基本公共服务指导目录（试行）》看，有一些被纳入社区基本公共服务指导目录中的服务内容虽然在实际工作中可能属于政府履行社会管理和公共服务职责范围之内的公共事务，但似乎超出了社区基本公共服务的范畴。

续前表

服务类型（10类）	服务项目（60项）
社区流动人口和出租房屋服务	社区流动人口服务、社区出租房屋相关服务
社区安全服务	社区治安状况告知服务、社区治安服务、社区矫正服务、社区帮教安置服务、社区禁毒宣传服务、社区青少年自护和不良青少年帮教服务、社区法律服务、社区消防安全服务、社区安全稳定服务、社区应急服务、社区警务设施和警力配备服务、社区物技防设施建设服务
社区环境美化服务	社区环境综合治理服务、社区绿化美化服务、社区环境保护服务（绿色社区创建）、社区节能服务、社区市政公共设施建设服务
社区便利服务	社区便民商业服务、社区家政服务、社区代收代缴服务
其他服务	社区心理咨询服务、社区网络信息服务

《北京市“十二五”时期社会建设规划纲要》把社区基本公共服务指导目录作为推进社区公共服务建设、提高基本公共服务水平的重要举措，希望通过落实社区基本公共服务项目，进一步完善城乡一体化的基本公共服务制度，进一步健全覆盖各类人群的基本公共服务体系，切实提高政府公共服务保障能力，切实解决城乡居民劳动就业、收入分配、社会保障、医疗卫生、住房保障等重大民生问题。同时，优化资源配置，重点投向基础薄弱地区，缩小城乡和区域间差距，推进老旧小区、新建小区、城乡结合部和郊区农村公共服务体系建设，努力实现基本公共服务均等化。

三、社区非基本公共服务体系建设及其政策支持

社区非基本公共服务体系与政府主导的社区基本公共服务体系一样，都是社区公共服务体系的重要组成部分，是社区居委会等社区组织发挥社区自治功能，通过社区居民自助和互助服务、社区志愿服务、驻社区单位参与提供服务等多种形式形成的，是满足社区居民非基本公共服务需求不可或缺的重要渠道。

(一)明确社区非基本公共服务提供主体

向社区居民提供社区非基本公共服务，构建社区非基本公共服务体系是社区居委会等社区组织应该承担的重要职责。

《国务院关于加强和改进社区服务工作的意见》(国发〔2006〕14 号)要求在社区服务中坚持社会化发展方向，“发挥政府、社区居委会、民间组织、驻社区单位、企业及个人在社区服务中的作用，政府提供公共服务，鼓励、支持社区居民和社会力量参与社区服务”。很显然，社区服务包含着社区公共服务，也包含着不能纳入社区公共服务中的社区非公共服务；在社区公共服务中，政府提供的公共服务是最基本的社区公共服务部分，属于社区基本公共服务范畴，除此之外，还有政府提供不了、市场不愿意提供(因为不能从中营利)而社区居民又十分需要的社区公共服务部分，这个部分就属于社区非基本公共服务范畴。这是社区自治范围内应该由社区居委会等社区组织提供的公共服务。《国务院关于加强和改进社区服务工作的意见》在要求“大力推进公共服务体系建设，使政府公共服务覆盖到社区”的同时，也明确要求“充分发挥社区居委会在社区服务中的作用”，各地要“支持社区居委会组织社区成员开展自助和互助服务。鼓励并支持社区居委会组织动员驻社区单位和社区居民开展邻里互助等群众性自我服务活动，为居家的孤老、体弱多病和身边无子女老人提供各种应急服务，为优抚对象、残疾人及特困群体缓解生活困难提供服务；倡导社区居民和驻社区单位开展社会捐赠、互帮互助，对社区困难群体实行辅助性生活救助；管理、利用好社区公益性服务设施，方便社区成员生活。有条件的地方，社区居委会可以根据居民需要，建立热线电话救助网络、社区智能服务网络、社区服务站、社区公共服务社区等服务载体，开展非营利服务”。

从上述政策看，社区居委会在社区服务中要承担组织动员社区居民开展各种自助服务、互助服务、应急服务、辅助性生活救助服务以及非营利服务等非基本公共服务职能，这就明确了社区居委会作为社区非基本公共服务提供主体的地位。

（二）在社区自治中推进非基本公共服务建设

推进社区自治，增强社区自治功能，是北京市加强以社区建设为基础的社会建设的一项重要政策安排。

《北京市加强社会建设实施纲要》明确提出："以维护居民合法权益和社区共同利益为核心，进一步增强社区自治功能，实现政府行政管理与基层群众自治有效衔接和良性互动。不断健全民主制度，丰富民主形式，拓宽民主渠道，依法实行民主选举、民主决策、民主管理、民主监督，保障居民群众的知情权、参与权、选择权、监督权，不断提高社区居民依法直接行使民主权利、管理社区公共事务和公益事业的能力，不断提高社区居民自我管理、自我服务、自我教育、自我监督的能力。"《北京市社区管理办法（试行）》就落实社区自治做出了具体规定，一方面明确"增强社区民主自治功能"是加强社区管理一项重要工作，另一方面规定了社区居委会开展社区自治的主要职责。

北京市在社区公共服务体系建设中没有明确提出"社区非基本公共服务"概念，而是通过社区居委会发挥自治功能来承担社区自治范围内的公共服务。通过推进社区自治，发挥社区居委会在基层社会中的自治功能，提高社区居民进行自我管理、自我服务、自我教育、自我监督的能力，是北京社区建设的一个特点，也是完善社区治理模式，构建现代社区治理结构的客观要求。社区自治不是一句空话，而是组织动员社区居民开展各种自助服务、互助服务、应急服务、辅助性生活救助服务以及非营利服务等公共服务的一种社区治理方式。为了发挥社区居委会的公共服务职能，《北京市社区管理办法（试行）》规定，社区居委会与社区服务站共享公共服务平台，社区居委会"依托社区服务站办理本社区居民的公共事务和公益事业，开展多种形式的社区便民利民服务活动。参与协调处理涉及社区成员利益的重大事项，开展共驻共建，整合社区资源，管理和维护本社区居委会财产，经社区居民会议讨论同意，筹集本社区公益事业资金，定期公开收支账目"。

显然，"依托社区服务站办理本社区居民的公共事务和公益事业"这一政策安排，实际上形成了社区居委会与社区服务站共享社区公共服务平台的局面。在社区发展不平衡，社区公共服务平台建设相对滞后，同时又需要加快推进政府公共服务进社区的情况下，这是比较符合当前社区实际的一种政策选择。但是，需要注意的是，在社区居委会与社区服务站共享社区公共服务平台的同时，需要对社区非基本公共服务和社区基本公共服务这两种不同服务类型加以适当区分。如果不对社区非基本公共服务和社区基本公共服务进行适当区分，在实际工作中就容易模糊非基本公共服务与基本公共服务之间的界限，容易把社区承担的非基本公共服务职能与政府承担的社区基本公共服务职能混合起来，甚至会出现偏重实施政府公共服务项目而忽略社区非基本公共服务的现象①，造成政府包揽过多、社区自治弱化、居民参与不足等问题，使社区居民的非基本公共服务需求难以满足，社区自治功能也会受到不同程度的抑制。

总体来看，北京市通过社区自治推进社区非基本公共服务建设的政策导向是明智而正确的，但在社区自治职能的履行和社区非基本公共服务事项的具体落实方面还有可以改进的空间。

（三）在社区规范化建设中完善社区非基本公共服务体系

社区规范化建设是北京社区公共服务建设的一个特色。在社区规范化建设中，不仅社区基本公共服务体系建设得到了加强，社区组织提供非基本公共服务的能力也有所提高。

在社区规范化建设中，规范社区工作职能、规范社区运行机制和规范社区志愿服务等方面的内容都与社区非基本公共服务体系建设直接相关，这些方面的规范化建设有助于进一步完善社区非基本公共服务体系。

第一，通过规范社区工作职能，明确社区居委会的“基层群众性自治组织”定位，进一步增强社区自治功能。北京市社会办先后出台的《关于推进社区规范化建设试点工作的实施方案》和《关于进一步推进社区规范化建设试点工作的实施方案》对社区居委会所承担的 6 个方面共 33 项主要

---

① 北京市有关领导曾经坦率地说：“目前北京市提供的公共服务很大一部分是各部门为了履行各自职能需要而向公众提供的项目，对公众实际需要的关注度和针对性还不高。”（中共北京市委社会工作委员会、北京市社会建设工作办公室编：《北京社会建设年鉴 2010》，81 页，北京，北京出版社，2010。）

职责做出了明确规定，其中包括社区非基本公共服务建设的相关职责内容，如教育引导居民遵守《居民自治章程》和《居民公约》，执行社区居民会议的有关决定；建立完善社区事务听证会、议事协商会等会议制度，召集社区各方代表参与研究社区内共同关注的问题，协调处理涉及社区成员利益的重大事项；了解掌握和关心困难群体和弱势群体，及时为居民群众排忧解难；负责协调民间纠纷，及时化解社会矛盾；制定社区突发公共事件应急反应工作制度，协调社区各方力量，加强社区综合应急队伍建设；及时向政府或其派出机构反映居民的意见、要求和提出建议；组织动员驻社区单位参与社区建设，同时为驻社区单位创造良好的社区环境，促进驻社区单位事业的发展；组织动员社区居民开展救灾、救济、募捐等公益性活动和社区志愿活动，及时向社区居民公开有关款物管理情况和去向，培育发展社区志愿者队伍；在广泛征求社区居民意见的基础上，经居民会议决定，与驻社区单位签订有关协议，积极引导社区内或周边机关、团体、企事业单位将内部设施向社区居民开放，开展共驻共建；协助做好与居民利益有关的公共卫生、计划生育、优抚救济、青少年教育等项工作；协助办理本社区居民的公共事务和公益事业，为社区居民提供便利的服务；协助政府或其派出机构维护社会治安，协助做好社区帮教工作，发动社区居民参与社区群防群治；培育扶持具有自治性质的社区社会组织，引导其发挥扩大参与、提供服务、反映诉求和规范行为等方面的积极作用。

第二，通过规范社区运行机制，明确和理顺社区党组织、社区居委会和社区服务站之间的关系，形成社区党组织—社区居委会—社区服务站“三位一体”的工作格局，使社区居委会有条件更加专注于履行社区自治职能。北京市《关于进一步推进社区规范化建设试点工作的实施方案》规定：社区居委会在社区党组织领导下，依据《中华人民共和国城市居民委员会组织法》履行职能；建立在社区党组织领导下，社区居委会和社区服务站紧密对接、协调联动的工作机制，完善社区党组织牵头、社区居委会和社区服务站参加的联席会或例会制度，社区党组织定期组织并主持召开联席会或例会，研究讨论社区建设、管理、服务中的重要问题和重大事项，协调沟通有关工作；充分发挥社区居民会议的作用，涉及社区居民利益的重大事项、社区建设发展规划、经费筹集、财务收支、公益事业专项补助资金的使用、重大活动方案等都需经过社区居民会议讨论决定；规范完善社区党组织工作制度、社区居委会工作制度、社区服务站工作制度、社区社会组织培育和参与制度、社区事务听证会制度、楼门院管理制度、业主委员会工作制度等各项规章制度，实现社区管理规范化、制度化、科学化。

第三，通过规范社区志愿服务，增强社区组织提供非基本公共服务的能力。北京市《关于进一步推进社区规范化建设试点工作的实施方案》规定：按照“社区所需、志愿者所能”的原则，以社区老年人、未成年人、来京务工人员、下岗失业人员、优抚对象、残疾人和低收入家庭为重点服务对象，开发就业援助、慈善公益、优抚助残、敬老扶幼、治安巡逻、环境保护、民间调解、社区教育等项目。整合社区志愿服务资源。鼓励和动员社区党员、身体健康的离退休人员、有一技之长的居民，积极参加社区志愿服务活动；根据在职党员、国家公务员的职业特点和个人专长，适宜、适时、适度地组织他们参加社区志愿活动；协调社区内各种组织和志愿者有序开展活动，并力所能及地给予支持和帮助；为社会上的各种组织和人士到社区从事志愿服务搭建平台。完善社区志愿者招募管理制度。志愿者人数较少的，可依托社区服务站组织管理；人数较多的，指导成立社区志愿者组织，推广社区志愿者登记注册制度，推进社区志愿服务信息化。健全培训制度，对已招募的社区志愿者，要进行服务态度、权利义务、服务技能等方面的培训，推动社区志愿者不断改进服务态度，增强服务技能，提高服务质量，促进社区志愿服务队伍向专业化方向发展。

第三节　促进社区服务多元化发展

北京社区居民丰富多彩的都市生活，多种多样的服务需求，加上北京市日益国际化、现代化的社区发展格局，为社区服务多元化发展注入了强大动力。在北京社区多元化服务体系中，社区公共服务体系和社区非公共服务体系都是不可或缺的重要组成部分，是回应社区居民公共服务需求和非公共服务需求的有效途径。只有社区公共服务和社区非公共服务持续、健康、协调发展，社区居民多样化的服务需求才能得到更好的满足。

社区服务多元化发展是城市社区建设的发展方向。长期以来，国家有关政策也在积极引导社区服务走社会化、专业化和多元化发展之路。[①] 北京市在社区建设中，提出“建立与社会主义市场经济体制相适应、覆盖社区全体居民、服务主体多元、服务功能完善、服务质量优良和管理水平较高的社区服务体系，努力实现社区居民困有所助、难有所帮、需有所应”的发展目标，明确了社区服务多元化发展方向。为了促进社区服务多元化发展，北京市在分类构建社区公共服务体系的同时，也采取有力措施支持社区非公共服务体系发展，支持社会力量参与社区服务，形成各方面力量共同参与社区服务体系建设、充满生机和活力的社区发展格局。

一、构建“一刻钟社区服务圈”

从社区调研结果可以看出，北京社区居民对生活便利性、舒适性、灵

① 民政部、国家计委等部门于 1993 年 8 月 27 日发布的《关于加快发展社区服务业的意见》提出：“社区服务业由社区福利服务业、便民利民服务业和职工社会保险管理服务业组成，是社会保障体系和社会化服务体系中的一个重要行业。”《民政部关于在全国推进城市社区建设的意见》（中办发〔2000〕23 号）指出：“社区服务主要是开展面向老年人、儿童、残疾人、社会贫困户、优抚对象的社会救助和福利服务，面向社区居民的便民利民服务，面向社区单位的社会化服务，面向下岗职工的再就业服务和社会保障社会化服务。社区服务是社区建设重点发展的项目，具有广阔的前景，要坚持社会化、产业化的发展方向。”《国务院关于加强和改进社区服务工作的意见》（国发〔2006〕14 号）在要求大力推进公共服务体系建设，使政府公共服务覆盖到社区，支持社区居委会组织自助和互助服务的同时，也提出“鼓励并指导社区居委会组织居民参与文化、教育、科技、体育、卫生、法律、安全等进社区活动；支持社会各方面力量利用闲置设施、房屋等资源兴办购物、餐饮、就业、医疗、废旧物资回收等与居民生活密切相关的服务网点，并维护其合法权益；引导和管理各类组织和个人依法有序开展社区服务；正确处理好社区居委会与社区物业管理企业的关系，支持和指导物业管理企业依法经营”。《民政部关于进一步推进和谐社区建设工作的意见》（民发〔2009〕165 号）要求发挥行政机制、互助机制、志愿机制、市场机制的作用，进一步完善覆盖城乡社区居民的社区服务体系，满足居民群众多样化、多层次、多方面的服务需求。在推进政府公共服务覆盖到社区的同时，要大力发展社区居家养老服务、社区互助服务、社区志愿服务和社区商业服务。鼓励各类组织、企业和个人兴办与居民生活密切相关的城乡社区服务业，推进社区商业服务规模化、集约化、产业化，鼓励企业以连锁经营、品牌加盟等服务业态进社区。

活性有很高的期待。

为了方便居民生活，提高居民生活品质，北京市从社区规划着手，改造提升老旧居住区便民网点和商业服务设施，确保新建、改建居住区按规定比例设置便民利民服务网点，大力发展便民利民服务相关产业。在有条件的城区和社区，通过引入市场机制、鼓励居民参与、加强规范管理等方式，加快推进“一刻钟社区服务圈”建设①，建立起果蔬摊、副食店、修车摊、修鞋摊、文化活动室、健身园、废品回收站、理发店、卫生站和早餐店等与社区居民日常生活密切相关的各种服务配套设施。朝阳区朝外街道的“幸福圈”、东城区和平里街道的“‘1510’便利生活服务圈”、西城区牛街街道五位一体的“民生一条街”和广安街道的“槐柏商圈”等都是北京市社区“一刻钟社区服务圈”建设的先进典型。

据有关部门统计，到2011年底，全市共建成166个“一刻钟社区服务圈”，覆盖66个街道259个社区，315万名社区居民能够在步行15分钟内就近享受到社区就业、社区医疗等社区基本公共服务，以及购物、娱乐等方面的便利服务和特色服务，基本上实现了“大需求不远离社区，小需求不出社区”。北京市各区县、各部门从满足社区居民服务需求出发，积极拓宽服务领域，丰富服务内容，普遍建立了“一刻钟社区服务圈”“30分钟服务圈”等各具特色的社区服务模式，形成了小社区大服务的社区服务格局。到2011年底，社区卫生服务网络实现了城乡全覆盖，建立了2 642个社区卫生服务团队，社区卫生服务机构门诊量明显增加。全市社区、学校、机关、企业和乡镇启动慢性病管理和初级保健工作。累计超过1 000个老旧小区完成了整治任务。此外，2009年全市启动182个乡镇文化体育活动中心达标建设，至2012年，共配备专项球类场地设施30个，更新全民健身工程1 200个，建成农家书屋1 900多家，送书下乡服务点1 718个。在企业集中的街道社区、开发区建成各类工会服务站314个，建成示范温馨家园300个，完成残疾人家庭无障碍设施改造工程累计达到2万户。

北京市社区“一刻钟社区服务圈”“30分钟服务圈”等社区服务模式

---

① 北京市“一刻钟社区服务圈”有多种叫法，如“一刻钟生活服务圈”“社区居民便利生活服务圈”“社区便民服务圈”“社区便民商业圈”等。在一些区（县），服务范围比较大的社区也按相似的模式，探索建立“30分钟服务圈”。

具有综合性、便捷性、灵活性和多功能性等突出特点，既提供社区基本公共服务和社区非基本公共服务，也提供社区非公共服务，社区居民的社会角色、社区角色和个体角色所引起的社区基本公共服务需求、社区非基本公共服务需求和社区非公共服务需求在这里基本上可以得到满足。政府、社区、社会、市场、企业和个人在社区“一刻钟社区服务圈”“30分钟服务圈”建设中都可以发挥应有的作用。可以说，北京市社区“一刻钟社区服务圈”“30分钟服务圈”实现了政府公共服务、社区自治服务与市场个性化服务的有机结合，为社区服务多元化发展提供了一个很好的范例。

二、创新社区物业服务管理体制机制

物业服务与社区居民切身利益关系十分密切。近年来，随着越来越多北京社区居民拥有自己的住房，社区住户兼有业主身份的情况越来越普遍，由于物业服务缺失或物业服务不当所产生的物业纠纷也不少见。加强社区物业服务管理，维护社区居民合法权益，已经成为社区管理和服务的一项重要工作。

在住房商品化条件下，社区物业服务大多已经推向市场，按市场规则运行。在业主大会或业主委员会聘请物业服务企业之后，拥有房产权的社区居民与物业服务企业之间通过交易以契约形式形成服务合同关系。因此，社区物业服务一般不属于政府提供的社区基本公共服务范畴。调查发现，在北京社区中，新建居住区的物业服务普遍比老旧居住区更加配套，也更加规范。原因在于，老旧居住区的房产在没有实行住房商品化的计划经济时期已经建成和使用，存在产权不清等大量历史遗留问题，物业服务遇到的问题也比较复杂①，而新建居住区的房产产权清晰，完全按照市场规则办事，业主与物业服务企业之间的利益关系比较容易理顺，物业服务

---

① 北京大学课题组2012年1月在房山区调研时发现，当地个别老旧居住区一些业主拖欠物业费现象比较严重，物业公司不愿提供物业服务，造成居住区内垃圾无人清扫，管道无人维修，治安无人维持。社区居民三天两头去找社区居委会请求帮助。结果，社区居委会要花费大量时间和精力为这些老旧居住区居民解决物业服务问题。可见，物业服务这类社区非公共服务一旦搞不好，将给社区居委会造成巨大压力，也会影响社区公共服务体系的正常运行。

运行也要顺利得多。值得注意的是，社区物业服务领域发生的这些变化与北京市创新社区物业服务管理体制机制也有很大关系。

为了加强物业管理，维护业主合法权益，近年来，北京市采取了一系列有力措施，一方面，积极引导物业服务企业参与社区管理和服务，同时加强社区组织体系建设，规范物业管理关系；另一方面，通过物业行政管理部门加强协调和沟通，使物业服务企业与社区自治组织之间形成有效的协调机制。

1. 建立社区联席会议制度

早在2005年，中共北京市委、北京市人民政府发布的《关于建设和谐社区和谐村镇的若干意见》就明确提出："建立社区居委会与驻区单位共同参加的协商议事制度，采取联席会等多种形式，加强居委会与业主委员会、物业管理公司、驻社区单位的联系，定期研究社区共驻共建事项，实现资源共享，解决好群众普遍关心的物业纠纷。"社区联席会议制度是北京市社区管理的一项重要的制度创新。[①] 后来，这项制度在北京市全面开展社会建设过程中得到进一步推广。

2. 加强社区组织体系内部整合

《北京市社区管理办法（试行）》把社区业主委员会及其聘请的物业服务企业与社区党组织、社区自治组织、社区服务站、社区社会组织、社区志愿者组织、驻社区单位等一起纳入社区组织体系中来，作为社区管理和服务体系的一个组成部分，同时明确提出："业主委员会是物业管理区域内代表全体业主按照'民主、自治、自律、公益'的原则对物业实施管理的组织，是业主大会的执行机构。业主委员会按市场规则聘请物业服务企业对房屋及配套的设施设备和相关场地进行维修、养护、管理，维护相关

---

① 2006年出台的《国务院关于加强和改进社区服务工作的意见》提出要"正确处理好社区居委会与社区物业管理企业的关系，支持和指导物业管理企业依法经营"。2009年出台的《民政部关于进一步推进和谐社区建设工作的意见》提出"积极探索业主自治与居民自治的有效衔接，认真研究物业管理机构参与社区管理与服务的方式和途径，切实维护社区居民和业主的合法权益"。相比之下，北京市于2005年开始建立的社区联席会议制度更具有可操作性，是真正实现"业主自治与居民自治的有效衔接"的方式和机制。

区域内的环境卫生和秩序。业主大会、业主委员会作出的决定，应当告知相关的社区居委会、社区服务站，并接受社区居委会的指导与监督，听取社区服务站的意见和建议。”在社区组织体系中，以社区党组织为核心，社区服务站作为政府在社区的公共服务平台主要承担社区基本公共服务，居委会作为社区自治组织主要承担社区非基本公共服务，物业服务企业作为业主委员会聘请的市场组织主要承担社区非公共服务，同时，社区社会组织、社区志愿者组织和驻社区单位也分别参与社区基本公共服务和社区非基本公共服务。按照这样的组织模式和制度安排，社区基本公共服务体系、非基本公共服务体系和社区非公共服务体系等社区服务体系都充分整合起来了。这种组织模式和制度安排为探索多元化社区服务体系相互协同、共同发展提供了一个现实样本。

3. 规范物业管理关系

北京市于2010年先后发布《北京市物业管理办法》（北京市人民政府令第219号）、《北京市住宅区业主大会和业主委员会指导规则》（京建发〔2010〕739号），将物业管理服务纳入到社区建设中，对业主、业主大会、业主委员会、物业服务企业、社区居委会等组织之间的关系做出了明确规定，以理顺各组织之间的关系。

4. 建立部门协调机制，加强行政部门与社区组织之间的沟通协调

社区物业服务企业属于市场组织，主要按照市场规则运行，在实际工作中可能存在参与社区公共事务动力不足问题，这就需要通过主管物业服务企业的相关行政部门出面协调。《北京市社区管理办法（试行）》从加强社区物业管理和服务的需要出发，规定：“市、区（县）物业行政管理部门与街道党工委、街道办事处、社区党组织、社区居委会和社区服务站建立沟通渠道，及时了解业主委员会、物业服务企业在社区内的工作情况，支持、配合社区党组织、社区居委会和社区服务站做好社区管理和服务工作。”

总体上看，北京市通过创新物业服务管理体制机制，加强社区物业服务管理，促进了社区服务体系内公共服务与非公共服务各系统之间的协同与配合，取得了很好的成效。当然，北京市的这些做法还处于探索阶段，

还需要借鉴国内外城市社区物业服务管理的有益经验，不断加以完善。

三、支持社会力量开展社区服务

社区服务的社会参与是现代城市文明的重要体现。北京市把社区建设作为社会建设系统工程的基础环节，先后出台一系列相关配套政策，积极引导并大力支持社会组织、志愿者组织、驻社区单位、企业和个人等各方面力量开展社区服务，广泛吸引社会力量和社会资金兴办社区基础设施，形成政府投入与社会投入相结合、无偿服务与有偿服务相结合、社会化与产业化相结合的多元投入和发展格局。

1. 加大社区资源整合力度

《北京市加强社会建设实施纲要》提出："在各级政府不断向社区注入资源的同时，要充分发挥首都社会资源丰富的优势，建立健全社区资源共享机制。按照共建共享、互惠互利的原则，积极引导社会单位向社区居民开放内部生活服务设施和文化设施。充分发挥社区党组织的政治优势，加强社区居委会的自治功能和社区服务站的公共服务职能，加强社区组织与社会单位的横向联系，联合做思想政治工作，联合建公益设施，联合上服务项目，联合办文化活动，联合保社会稳定，共商社区事务，共享社区资源，共建社区家园，增强社区工作的整体合力。"2008 年以来，北京市社区建设的各项工作都是按照《北京市加强社会建设实施纲要》的要求开展起来的。在市、区（县）有关部门的支持下，社会力量参与社区建设的积极性、主动性不断提高。

2. 培育发展社区社会组织

北京市从社区建设需要出发，大力培育社区志愿服务类、慈善公益类、生活服务类、社区事务类、文体活动类社会组织。对具有公益性质、服务居民的政务类、服务类社会组织，市、区（县）政府部门简化登记手续，并以政府购买服务等形式予以扶持，引导社区社会组织发挥其服务群众、服务基层、服务社区的功能。以群众需求为导向，有序发展社区服务领域的民办非企业单位，形成民办社会事业和公办社会事业相互促进、互为补充的格局。引导、支持基金会加强自身建设，增强项目运作能力，促进其在社区开展安老扶弱、助残养孤、扶危济困、救急赈灾等活动，在改善民生、弘扬优秀传统文化和民族艺术等方面进一步发挥积极作用。对不具备法人条件的社区社会组织，北京市规定可以实行备案制。支持社区社会组织在法律允许范围内，按照各自章程，自主开展活动，充分发挥其扩大参与、提供服务、反映诉求和规范行为等方面的作用。

3. 规范和鼓励社区志愿服务

北京市根据民政部《关于进一步做好新形势下社区志愿服务工作的意见》《关于在全国城市推行社区志愿者注册制度的通知》的总体部署，先后制定了《北京市志愿服务促进条例》、《中共北京市委北京市人民政府印发〈关于进一步加强和改进志愿者工作的意见〉的通知》（京发〔2009〕7号）、《北京市社区志愿服务促进办法（试行）》和《北京市志愿者管理办法（试行）》等地方性法规和政策文件，对社区志愿服务组织体系、招募与注册、服务内容、激励和保障机制等分别做出规定。明确社区志愿者组织是指依法登记或备案专门从事社区志愿服务的非营利性社会服务组织，社区志愿服务是社会组织和个人自愿用自身的时间、技能等资源，在社区为居民和社区慈善事业、公益事业提供帮助或服务的行为。社区志愿服务的重点服务对象是老年人、未成年人、外来务工人员、下岗失业人员、残疾人和低收入家庭等，重点服务领域包括社会救助、慈善公益、优抚助残、敬老扶幼、治安巡逻、医疗卫生、文化教育、环境保护、社区矫正、科普咨询、法律援助及其他社区公益性服务。要充分发挥社区志愿者在提高社区管理服务水平、创造和谐融洽社区环境、带动社区居民广泛参与等方面的积极作用。

4. 鼓励驻社区单位参与社区服务

北京市是全国首善之区，为数众多的政府部门、企事业单位、国际组织和社会组织大多与社区相邻或坐落在社区之内，驻社区单位与社区之间存在千丝万缕的联系，单位工作人员与社区居民共享生活空间和服务资源的情况非常普遍。单位与社区之间既存在一定的利益关联，又互相有所需求，这就为驻社区单位参与社区服务创造了有利条件。国家有关政策也支持驻社区单位开展社区服务。[①] 为了进一步壮大社区服务力量，北京市制定相关政策，鼓励驻社区单位积极参与到社区建设和社区服务中来。《北京市社区管理办法（试行）》把驻社区单位作为社区组织体系的一个组成部分，纳入到社区建设中来，要求“驻社区单位充分利用自身条件，发挥各自优势，主动配合、支持所在社区党组织、社区居委会和社区服务站开展工作，教育、引导本单位职工积极参与社区建设，共商社区事务，共享社区资源，共建社区家园”。在社区规范化建设中，把发动驻社区单位参与社区服务作为社区党组织和社区居委会工作职责的一部分。社区党组织要组织、协调驻社区单位党组织开展区域性党建工作，广泛发动驻社区单位党组织参与社区建设的积极性，充分挖掘社区资源，促进资源共享；社区居委会要组织动员驻社区单位参与社区建设，同时为驻社区单位创造良好的社区环境，促进驻社区单位事业的发展。同时，社区居委会要在广泛征求社区居民意见的基础上，经居民会议决定，与驻社区单位签订有关协议，积极引导社区内或周边机关、团体、企事业单位将内部设施向社区居民开放，开展共驻共建。

5. 构建社区商业体系，推进社区服务产业化

北京市出台相关政策，鼓励各类组织、企业和个人开办商业性社区服务项目，在构建“一刻钟社区服务圈”“30 分钟服务圈”基础上，推进社区商业服务规模化、集约化、产业化。鼓励企业连锁经营，创建社区商业服务品牌。同时，建立社区商业准入、监督、评价、考核和退出等一系列机制，规范企业经营行为，实现服务模式创新，推动社区商业体系建设。

---

① 《国务院关于加强和改进社区服务工作的意见》（国发〔2006〕14 号）明确提出：“鼓励和支持有关单位服务设施向社区居民开放。按照互惠互利、资源共享原则，积极引导社区内或周边单位内部食堂、浴池、文体和科教设施等向社区居民开放。充分利用社区内的学校、培训机构、幼儿园、文物古迹等开展社区教育活动。有关单位开展社区服务，既可以单独经营，也可以与社区组织联营共建。”

第四章

社区公共服务规范化和标准化建设

社区公共服务规范化和标准化是北京市社区规范化建设和智慧社区建设的核心内容，是全面、及时、有效回应社区居民的服务需求，实现社区公共服务最佳效果的制度创新、组织创新和管理创新活动，是提高政府效能和社区公共服务水平的重要途径，是“北京模式”时代特征和生命力的重要体现。

在社区公共服务建设中，如何以规范化和标准化方式构建全面、及时、有效的需求—回应机制，实现社区公共服务的有效供给，满足社区居民的公共服务需求，一直是政府和社区工作者努力尝试解决的问题。为此，全国各地开展了大量富有成效的实践和探索活动。南京市白下区较早开展社区标准化探索，提出了社区建设“五化”标准，即社区硬件标准化、社区管理自治化、社区服务市场化、社区队伍职业化、社区工作规范化。在总结论证基础上，白下区又把“五化”标准进一步规范化，于 2006 年提出“创建和谐社区基本标准”，把产品质量标准化手段引用到社会管理和服务领域，参与制定了江苏省地方标准《和谐社区建设评价总则》（DB32/T 983—2007），在国家民政部等有关部门支持下全面开展和谐社区标准化试点。其基本做法是，以群众满意为根本标准，通过评议评估—发现问题—完善提高—建立长效管理机制，梳理出群众不满意的项目，将群众意见逐条反馈分解落实到各有关责任部门，从群众满意的地方做起，从群众不满意的地方改起，使社区服务标准真正成为解决问题、促进和谐的“推进器”。杭州市上城区在社区建设中抓住社区服务的 4 个要素——人人都应成为服务对象，时时处处都可以提出服务需求，凭借任何设施设备，得到满意的服务内容——构建“5A”式社区服务模式，即任何人（anyone）在任何时候（anytime）、任何地点（anywhere）通过任何方式（anyway）得到任何服务（any service），居民可以根据自身的实际情况，通过“一册三网”（即《上城区便民服务手册》，电脑服务网、电视服务网和电话服务网），以自己认为最方便的方式，自由选择服务主体，获取满意的服务。北京市东城区于2009年5月被列为全国唯一国家级城市公共服务标准化示范区，在城区、街道和社区层面开展公共服务标准化建设，借鉴国际标准化先进方法，将标准化原理、方法和政府公共服务实践结合起来，构建了以公共事业管理为主导、行政管理为依托、城市管理为保障、信息管理为支撑的“四位一体”的政府公共服务标准化体系。

各地开展的社区建设实践和探索为北京市社区公共服务规范化和标准化建设提供了十分有益的经验。北京市从建设中国特色世界城市的战略高度，结合本市社区建设实际，围绕社区组织体系、社区治理机制、社区服务平台、社区运行保障、社区服务设施、社区队伍建设等社区公共服务建设的关键环节，制定并实施社区公共服务制度规范和标准，以更高标准、更高要求全面推进社区公共服务规范化和标准化建设，建立全方位、智慧型社区居民需求—回应机制，创造了社区公共服务建设一年一大步、三年实现全面规范化要求的发展奇迹。

第一节　社区公共服务规范化和标准化面临的主要问题

北京社区公共服务规范化和标准化建设所面临的情况与以往任何社区建设模式都有所不同，不仅涉及范围更广，工作量更大，而且城乡之间、城区之间、街道和社区之间差异甚大，情况错综复杂。为了有效回应社区居民的服务需求、提高社区公共服务建设的科学性、规范性和有效性，北京市从社区建设实际出发，开展了大量深入细致的社区调查①，从社区组织体系、社区治理机制、社区服务平台和服务内容、社区运行保障、社区服务设施、社区队伍建设等方面找出社区规范化和标准化建设面临的主要问题和差距，为科学构建社区公共服务制度规范和标准、加快推进社区规范化建设奠定了重要的基础。

一、社区组织体系方面的问题

在开展社区规范化建设之前，北京市不同区县之间社区组织体系存在较大差异，社区组织体系完善程度出现由城市中心向周边弱化的趋势，其中，东城区、西城区、朝阳区、海淀区等城市中心地区的社区组织体系比较健全，平谷区、延庆县等远离城市中心的地区社区组织体系还不够完善。

根据北京市社会办 2008 年 9 月对全市 2 519 个社区的调查统计，全市所有社区都依法建立社区居委会，但社区党组织、社区服务站的情况有所不同。全市共有社区党组织 2 405 个，约占样本总数的 95.5%，有 4.5%的社区没有建立党组织；社区服务站 1 797 个，约占样本总数的 71.3%，有 28.7%社区没有建立社区服务站。从社区服务站分布情况看，不同区域之间存在较大差异。首都功能核心区和城市功能拓展区社区服务站设立比例高于城市发展新区和生态涵养发展区，近郊区县设立比例高于远郊区县，如东城区、西城区全部社区成立了社区服务站，平谷区还没有设立社区服务站。表 4—1 反映了社区规范化建设前全市社区

① 在开展社区规范化建设之前，为了全面掌握社区基本情况，北京市社会办于 2008 年 9 月对全市 2 519 个社区进行统计调查，对当时情况下社区党组织、社区居委会、社区工作人员和社区服务平台的基本情况进行了全面摸底。随着社区规范化建设的不断深入，2009 年 8 月至 10 月，北京市社会办对朝阳区、东城区、西城区等 15 个区县开展社区公共服务情况进行调查，掌握了各区县开展社区公共服务项目的基本情况。2010 年 3 月，又对 38 个市级职能部门和机构、645 个试点社区进行了社区公共服务体系建设基本情况调查，了解社区公共服务项目供需方面的相关情况。从 2011 年 11 月到 2012 年 9 月，北京大学课题组在东城区、西城区、朝阳区、房山区等城区选择部分社区对社区公共服务项目建设情况开展问卷调查和访谈，进一步了解社区规范化建设的进展情况。上述调查为研究社区公共服务规范化和标准化建设问题提供了非常重要的实际材料。

居委会、社区党组织和社区服务站设置的基本情况以及存在的问题和差距。

表4—1　社区规范化之前社区居委会、社区党组织、社区服务站设置情况

社区组织	现状	问题和差距
社区居委会	100%的社区依法建立了社区居委会	社区居委会作为社区居民自治组织的定位不够清晰，与其他社区组织之间的关系没有理顺，社区自治功能不强
社区党组织	95.5%的社区建立了社区党组织，4.5%的社区没有建立党组织	社区党组织作为社区组织领导核心的定位不够清晰，与其他社区组织之间的关系没有理顺，社区组织整合功能不强
社区服务站	71.3%的社区建立了社区服务站，28.7%的社区没有建立社区服务站	社区服务站作为基层公共服务平台的定位不够清晰，与其他社区组织之间的关系没有理顺，社区服务功能不强

调查发现，在已建立的社区服务站中，挂牌并配备专门工作人员的有588个，占32.7%，挂牌但没有配备专门工作人员的有1 209个，占67.3%。绝大多数社区实行一居一站模式，个别城区有按“一居多站”模式设置的。如东城区有两个高档社区，为满足居民需要一个社区设立两个服务站；石景山区有一个社区由三个家委会改制而成，同时将三个家委会改成了三个社区服务站。

全市共有各类社区社会组织1.5万余个，社区志愿服务组织近9 000个，但社区社会组织以东城区、西城区、朝阳区等中心城区社区居多，离中心城区较远的社区和城郊社区较少，社区社会组织发展不均衡。

二、社区治理机制方面的问题

在开展社区规范化建设之前，北京社区“居站合一”现象比较普遍，大多数社区居委会和社区服务站在职责任务、人员、经费、办公场所等方面都没有明确分开。

“居站合一”容易导致居委会自治职能与协助政府履行公共服务的职能相混合，而且，在“居站合一”模式下，社区治理结构、社区工作机制、社区自治机制、社区工作准入机制、社区民意表达机制、社区监督评价机制等方面都与现代社区发展要求存在一定差距。

表4—2反映了北京市实施社区规范化建设之前社区治理机制方面的基本情况。

表4—2　　　　社区规范化之前北京社区治理机制的基本情况

社区治理机制	现状	问题和差距
社区治理结构	社区成为政府行政管理职能向基层延伸的一个环节，没有形成完善的现代社区治理结构	社区组织与政府之间，以及社区组织体系各主体之间的关系没有理顺，由社区管理向社区治理转变的体制机制没有建立
社区工作机制	社区党组织、社区居委会工作配合比较好，但社区内部分工不明确。有的社区服务站服务功能较弱，出现被边缘化现象	社区党组织、社区居委会和社区服务站“三位一体”工作机制没有建立，社区联席会或例会制度不够健全，协调沟通工作不到位
社区自治机制	社区自我管理、自我服务、自我发展、自我约束的能力不足	社区居委会没有充分发挥自治功能，社区居民会议制度、社区议事协商会议制度和社区事务听证会制度不够健全
社区工作准入机制	政府职能部门和街道向社区分派工作现象比较常见	没有建立规范的社区工作准入机制
社区民意表达机制	社区组织忙于应付上面的工作，社区居民有问题不去找社区组织	社区组织与居民之间的联系不够紧密，部分社区居民表达意愿的渠道不够顺畅
社区监督评价机制	以上级监督和社区组织内部监督为主，社区居民参与不够	社区事务公示制度不完善，居民群众的知情权、参与权、选择权、监督权没有充分保障

从表4—2可以看出，在社区规范化之前，社区居委会自治功能较弱，社区服务站的服务功能也没有充分发挥出来，这些都是社区治理机制不够完善的表现。具体来说，在社区治理结构方面，社区组织与政府之间，以及社区组织体系各主体之间的关系没有理顺，由社区管理向社区治理转变的体制机制没有建立，社区实际上成为政府行政管理职能向基层延伸的一个环节，没有形成完善的现代社区治理结构；在社区工作机制方面，社区

党组织、社区居委会和社区服务站“三位一体”工作机制没有建立，社区联席会或例会制度也不够健全，协调沟通工作不到位，尽管社区党组织、社区居委会工作配合比较好，但社区内部分工不明确，有的社区服务站服务功能较弱，出现被边缘化现象；在社区自治机制方面，社区居委会没有充分发挥自治功能，社区居民会议制度、社区议事协商会议制度和社区事务听证会制度不够健全，社区自我管理、自我服务、自我发展、自我约束的能力明显不足；在社区工作准入方面，没有建立规范的社区工作准入机制，政府职能部门和街道向社区分派工作的现象还是比较常见；在社区民意表达机制方面，社区组织与居民之间的联系不够紧密，部分社区居民表达意愿的渠道不够顺畅，社区组织忙于应付上面的工作，社区居民有问题不去找社区组织；在社区监督评价机制方面，社区事务公示制度不够完善，居民群众的知情权、参与权、选择权、监督权没有充分保障，社区监督实际上是以上级监督和社区组织内部监督为主，社区居民参与不够。

三、社区服务平台和服务内容方面的问题

在社区规范化建设之前，北京市各区县、街道对社区服务平台的性质、职责、人员管理和经费以及社区服务平台的服务内容等问题认识不统一，具体做法也各不相同。在这种情况下，多数区县采取“居站合一”模式设置社区服务平台，但在具体设置方式上不同城区又存在一定程度的区别，比较典型的主要有东城、西城和朝阳三种模式。

东城模式、西城模式和朝阳模式这三种模式社区服务平台设置方式不同，名称各异，人员配备和工资待遇也存在差别，因而表现出不同特点（如表4—3所示）。

上述三种模式虽然体现了北京不同区域社区公共服务的特色，但与社会主义市场经济条件下“居站分离、政社分开、民主参与”的社区治理新模式仍然存在一定差距，也在一定程度上影响了北京社区公共服务的整体效应和整体形象。

表 4—3　　社区规范化之前北京社区服务平台的几种典型模式

典型模式	社区服务平台名称	社区服务平台人员配备及工资待遇	社区服务平台的主要特点
东城模式	“社区居民事务办理站”	人员配备：由街道统一招聘、考核，社区居委会负责日常管理，统称社区事务助理 工资待遇：原则上参照社区公益性就业组织人员标准	(1) 社区居民事务办理站在社区党组织领导下，在街道办事处相关职能部门指导下，在社区居委会管理下开展工作，主要负责受理、承办、代办、转办社区居民事务，包括承接政府在社区的公共服务事项，组织社区公益服务、便民服务，受理居民利益诉求等；(2) 按照“设岗不设人，换人不换岗”原则统一配备工作人员，一般设站长 1 名，副站长1～2 名，社区事务助理 3～5 名；(3) 与社区居委会分工合作，由社区居委会负责日常管理；(4) 社区居委会实行八小时坐班制
西城模式	“社区工作站”	人员配备：由街道协助社区居委会聘任，社区工作站一般工作人员由社区专职工作者组成，统称“社工” 工资待遇：实行任期岗位工资制	(1) 社区工作站属于社区居委会执行机构，是“两会一站”（社区成员代表大会、社区居委会和社区工作站）社区管理体制的组成部分，接受街道办事处工作指导，在社区党组织和社区居委会领导下开展工作，主要负责落实社区居委会商议决策的各项具体事务，协助政府完成确定的工作目标、任务，开展社区内群众性、公益性、社会性的社区管理和服务工作；(2) 设站长 1 名，原则上由社区居委会副主任兼任，社区专干 1 名，按照“公平、公正、择优”原则，实行公开竞聘上岗；(3) 社区工作站办公经费和场所由街道办事处提供；(4) 社区居委会成员以兼职为主，不实行八小时坐班制
朝阳模式	“社区居民事务代办站”	人员配备：一般工作人员由各类协管员和社区事务助理组成，没有明确统称 工资待遇：协管员工资待遇由相关职能部门确定，社区事务助理待遇参照社区居委会委员岗位的工资执行	(1) 社区居民事务代办站在街道职能部门指导下开展工作，是街道为民服务办公室（一站式服务大厅）在社区的延伸，主要负责政务类、事务类和中介类三类事务；(2) 社区居民事务代办站设站长 1 名，协管员和社区事务助理若干人，其中，站长由社区居委会主任或副主任兼任，协管员由全区统一招聘，社区事务助理由街道办事处或社区居委会招聘，由社区居委会统一管理；(3) 设区居委会成员实行坐班制，主要负责入户开展调查工作，同时组织开展居民自治工作

在北京市不同区域，不仅社区服务平台设置方式不同，社区服务功能和服务内容也存在差异。从服务功能看，中心城区社区服务功能比较强，远离中心城区的社区服务功能比较弱。从服务内容看，有的社区注重从居民服务需求出发开展社区服务，社区服务项目多，内容丰富，有的社区则主要侧重于承接政府委托的公共服务项目，主动开发社区服务项目的动力不足。但总体上看，社区服务内容大部分属于协助上级政府部门完成的社会管理和公共服务任务。

据北京市社会办 2008 年 9 月统计，全市社区居委会和社区服务站的各种各类工作任务共 232 项，其中，属于社区居委会自治性质的工作 77 项，约占 33%，协助政府部门和街道办事处开展的工作 155 项，约占 67%（见表 4—4）。

表 4—4　　社区规范化之前北京社区居委会和社区服务站主要工作事项

工作类别	数量（件）	占协助政府、街道工作百分比（%）	占社区全部工作百分比（%）
社区建设	2	1.3	0.9
社区环境卫生和物业管理	15	9.7	6.5
计划生育和妇女工作	21	13.5	9.1
司法、综治安保工作	34	21.9	14.7
文体、科普、青少年教育	15	9.7	6.5
社会保障、低保、救助、社会福利、社会服务、志愿服务工作	59	38.1	25.4
其他工作	9	5.8	3.9
合计	155	100	67

从社区服务平台设置和服务内容看，在建立社区服务站的区县，政府公共服务进社区有了可以依托的服务平台，但多数社区存在社区服务站设置不规范、服务内容比较单一、服务功能不够强等问题，而且各区县之间社区服务发展不平衡现象也比较突出。

四、社区运行保障方面的问题

在社区规范化建设之前，北京各区县都没有建立强有力的社区运行保障机制。在社区建设搞得比较好的西城区、东城区、朝阳区、海淀区等城区，社区与政府职能部门之间的联系也没有制度化、规范化和常态化。在其他区县，社区运行保障更加薄弱。

调查发现，在开展社区规范化建设之前，多数社区既没有与街道办事处“一站式”办公大厅建立工作对接机制，也没有与劳动保障所、司法所、社区服务中心、社区警务站、社区卫生服务中心、出租房屋和流动人口管理站等政府职能部门在社区层面的职能站所建立工作对接联动关系，这在很大程度上影响到社区提供公共服务的能力和工作效率。

社区运行缺乏保障还与社区筹资渠道过于狭窄有关。国外社区活动的资金来源除了政府拨款之外，社会募捐也是一个重要来源。从北京市的情况来看，社区建设和运行的资金来源主要依靠街道、社区自筹，政府的财政支持主要通过项目形式，而且很不稳定。驻社区单位、企业、个人和社会福利募捐等筹资方式所发挥的作用十分有限。在这种情况下，如果不加强政府财政投入，那么，社区开展公共服务的资金来源就很难得到保障。

另一方面，社区的运行保障也与社区物业管理存在一定关系。要加强社区运行保障机制建设，还需要在社区居民自治体系与社区业主自治体系之间建立有效的沟通机制，对社区物业管理进行必要的引导，使其主动参与到社区建设中来。

五、社区服务设施方面的问题

由于社区建设总体上投入不足，社区服务设施建设也受到很大影响。调查发现，在实施社区规范化建设前，全市绝大多数社区服务站没有独立的办公场所。

据北京市社会办 2008 年 9 月调查统计，全市已建成的 1 797 个社区服务站中，有独立办公用房的只占 6.7%，63.9%的社区服务站与社区居委会混合办公，29.4%的社区服务站在社区居委会办公用房中有相对独立的使用空间。在有独立办公用房的社区服务站，其办公和服务用房面积也普遍较小，平均面积只有 49.8 平方米，最小的只有 6 平方米。

社区服务设施是社区开展公共服务必不可少的基础条件之一。“巧妇难为无米之炊”，社区服务设施的严重短缺对社区公共服务建设造成了相当大的制约。

六、社区队伍建设方面的问题

长期以来，北京市社区公共服务队伍建设比较滞后，社区工作者整体年龄偏大，专业化和职业化水平都有待提高。

据统计，截止到 2008 年 7 月 31 日，全市各类社区工作人员共计 36 426 人，其中，坐班的社区专职工作人员 32 586 人，包括社区居委会专职工作人员 14 597 人，占专职工作人员总数 44.8%；社区党组织专职工作人员 2 702 人，占 8.3%；社区协管员 12 194 人，占 37.4%；社区聘用工作人员 3 093 人，占 9.5%。

从社区专职工作人员年龄结构看，30 岁以下的有 2 491 人，占专职工作人员总数的 7.6%；31～40 岁的 7 032 人，占 21.6%；41～50 岁的 13 284 人，占 40.8%；51～60 岁的 8 805 人，占 27%；61 岁以上的 974 人，占 3%。

从社区专职工作人员文化程度看，高中（中专）及以下文化程度的有 20 327 人，占专职工作人员总数的 62.4%；具有大专学历的 9 058 人，占 27.8%；具有本科学历的 3 157 人，占 9.7%；具有研究生及以上学历的 44 人，占 0.1%。

从社区专职工作人员的职业能力看，取得北京市社区专职工作者执业资格证书（有效期内）的有 6 670 人，占社区专职工作人员总数的 20.5%。在社区居委会专职工作人员中，持证人数为 5 751 人，占 39.4%；在社区党组织专职工作人员中，持证人数为 391 人，占 14.5%；在社区协管员中，持证人数为 60 人，占 0.5%；在社区聘用工作人员中，持证人数为 468 人，占 15.1%。

上述调查结果表明，北京社区建设中存在人才结构不合理、人才老化现象严重、专业人才严重短缺等问题。同时也说明，加强社区工作者人才队伍建设已经刻不容缓。

第二节 构建并实施社区公共服务制度规范和标准

北京市从建设中国特色世界城市的战略高度，以社区建设相关法律和政策为依据①，在充分调研和吸取各地社区建设有益经验的基础上，经过科学规划、系统整合和全面论证，制定了《北京市加强社会建设实施纲要》《北京市社区管理办法（试行）》《北京市社区工作者管理办法（试行）》等一系列规范性文件，构建了一套比较系统完整，具有很强的实践性和可操作性，能够对社区居民服务需求做出全面、及时和有效回应的社区公共服务制度规范和标准②，对社区公共服务建设所涉及的社区组织体系、社区治理机制、社区服务平台和服务内容、社区运行保障、社区服务设施和社区队伍建设等各个方面提出了明确的规范化和标准化要求。

北京社区公共服务制度规范和标准的构建是一项重要的制度创新、组织创新和管理创新活动，为推进社区公共服务规范化和标准化建设创造了重要的制度前提，也为社区公共服务规范化和标准化建设提供了有力的组织保障，实现了社区服务流程再造和社区管理体制的深刻变革，其主要内容包括社区组织体系的规范化、社区治理机制的规范化、社区服务的规范

① 北京市社区规范化建设所依据的法律和政策主要有《中华人民共和国城市居民委员会组织法》、《国务院关于加强和改进社区服务工作的意见》（国发〔2006〕14号）、《中共中央办公厅、国务院办公厅关于转发〈民政部关于在全国推进城市社区建设的意见〉的通知》（中办发〔2000〕23号）、《中共中央办公厅、国务院办公厅关于加强和改进城市社区居民委员会建设工作的意见》（中办发〔2010〕27号）、《民政部关于进一步推进和谐社区建设工作的意见》（民发〔2009〕165号）、《关于进一步做好社区组织的工作用房、居民公益性服务设施建设和管理工作的意见》（民发〔2005〕85号）、《中共北京市委、北京市人民政府关于推进城市社区建设的意见》（京发〔2001〕11号）、《中共北京市委、北京市人民政府关于建设和谐社区和谐村镇的若干意见》（京发〔2005〕18号）等。

② 制度规范是以法律、法规和政策等形式在体制机制上对人的行为构成的一种强制性约束。而标准，是为了在一定范围内获得最佳秩序，经协商一致制定并由公认的权威机构批准共同使用和重复使用的一种规范性文件。制度规范和标准密不可分。规范性是标准的核心特性，统一性是标准的本质特性。制度规范在一定条件下可以转化为标准，而标准的规范性体现在其约束力上，表现为对人的行为间接起到指引、评价、预测、强制和教育作用。这意味着权威机构公布并付诸实施的标准需要有一系列外在保障机制以体现其强制性。

化、社区运行保障的规范化、社区服务设施的标准化和社区队伍建设的规范化等方面。北京市把社区公共服务制度规范和标准概括为“一分、三定、两目标”的总体要求，并制定社区规范化建设试点实施方案，从社区服务站建设、社区工作职能、社区运行机制、社区志愿服务、社区工作者管理、社区基础设施配置、社区经费投入等七个方面对社区公共服务建设所涉及的规范化内容进行细化。在此基础上，按照“试点带头、全面规范、狠抓落实、巩固提升”的工作思路，从2009年开始，首先在645个社区开展社区规范化建设试点，在取得经验的基础上不断扩大试点范围。2010年北京市将社区规范化建设试点范围扩大到1 967个社区（其中，2010年新增1 322个社区），到2011年底全市所有城市社区基本达到规范化要求。以社区公共服务规范化和标准化为核心内容的北京社区规范化建设起点高、进展快、工作扎实，一年一大步，三年实现社区规范化建设目标，收效十分显著，这在北京社区发展史上实属罕见。

一、社区组织体系的规范化

北京市把社区建设作为社会建设的基础，通过明确和理顺社区组织之间的关系，构建规范化的社区组织体系，发挥社区组织整合功能、社区自治功能、社区服务功能、社区参与功能、社区共建功能。通过社区组织和居民的共同努力把社区建设成为管理有序、服务完善、文明祥和的社会生活共同体。

1. 规范社区组织架构

以社区党组织为核心，整合社区各类组织，建立包括社区党组织、社区自治组织、社区服务站及社区各类社会组织在内的社区组织体系。

2. 明确社区各类组织定位，规范各社区组织之间的关系

（1）社区党组织是包括社区居委会和社区服务站在内的社区各类组织和各项工作的领导核心，支持、保证社区居委会和社区服务站依照各自职责开展工作。社区党组织由党员大会或党员代表大会选举产生，在街道党

工委的领导下开展工作。

（2）社区居民会议是社区居民依法行使民主管理权利的组织形式。社区居民会议有三种组成形式：由本居住地区全体十八周岁以上的居民组成；由每户派代表组成；由居民小组代表组成。涉及社区居民利益的重大事项、社区建设发展规划、经费筹集、财务收支、公益事业专项补助资金的使用、重大活动方案等都需经过社区居民会议讨论决定。

（3）社区居委会是社区居民自我管理、自我服务、自我教育、自我监督的基层群众性自治组织，由本居住地区居民依法选举产生。社区居委会在社区党组织领导下，依据《中华人民共和国城市居民委员会组织法》履行职能。

（4）社区服务站是政府在社区层面设立的公共服务平台，在街道办事处的领导和政府职能部门的业务指导下开展工作，同时接受社区党组织的领导和社区居委会的监督。社区服务站定期向街道办事处、社区党组织汇报工作，向社区居委会通报工作。

（5）社区社会组织包括社区志愿服务类、社区慈善公益类、社区生活服务类、社区事务类、社区文体活动类等各类社会组织，是依法注册或备案，参与社区管理和服务的非营利性组织，在法律允许范围内，按照各自章程，自主开展活动。

（6）社区志愿者组织是专门从事社区志愿服务的非营利性社会服务组织，接受社区党组织、社区居委会、社区服务站的指导。

（7）业主委员会是物业管理区域内代表全体业主按照“民主、自治、自律、公益”的原则对物业实施管理的组织，是业主大会的执行机构。业主大会、业主委员会做出的决定，应当告知相关的社区居委会、社区服务站，并接受社区居委会的指导与监督，听取社区服务站的意见和建议。

（8）驻社区单位是与社区有密切联系的外围组织，应主动配合、支持所在社区党组织、社区居委会和社区服务站开展工作。

3. 明确社区组织的分工和在社区建设中应履行的主要职责，规范社区各组织的行为

各社区组织的分工和主要职责见表4—5。

表 4—5　社区组织分工与主要职责

社区组织	分工	主要职责
社区党组织	社区领导核心	(1) 宣传和执行党的路线方针政策，宣传和执行党中央、上级党组织和本组织的决议，团结、组织干部群众努力完成社区各项任务。(2) 讨论决定本社区建设、管理和服务中的重要问题和重大事项。(3) 领导社区居民自治组织，支持和保证其依法充分行使职权，完善公开办事制度，推进社区居民自治；领导社区服务站和各类社区服务组织开展社区服务工作，创新社区服务机制，提高社区服务水平；领导社区群众组织，支持和保证其依照各自的章程开展工作。(4) 联系群众、服务群众、宣传群众、教育群众，反映群众的意见和要求，化解社会矛盾，维护社会稳定，把工作重点放到凝聚群众力量参与和谐社区建设、共同创造幸福生活上来。(5) 加强社区党建协调工作，指导社区社会组织党组织、新经济组织党组织开展党建工作；组织、协调驻区单位党组织开展区域性党建工作，促进资源共享。(6) 加强社区党组织自身建设，做好社区党员的教育管理和发展党员工作；与有关部门搞好社区流动党员的教育、管理和服务工作
社区居民会议	社区民主管理	(1) 制定和修改本社区《居民自治章程》和《居民公约》。(2) 讨论、决定本社区建设的发展规划和年度计划，并监督实施。(3) 听取、审议社区居委会的年度工作报告和财务收支情况报告。(4) 对社区居委会及下属委员会、社区居委会成员的工作进行监督检查和民主评议。(5) 依法补选和罢免社区居委会成员，确认社区居委会成员的辞职申请。(6) 决定居住在本社区的流动人口是否参加居民会议及参加的比例和名额。(7) 讨论本社区建设管理和涉及本社区居民利益的其他重要事项
社区居委会	社区居民自治	(1) 宣传宪法、法律、法规和国家的政策，维护居民的合法权益，在社区党组织领导下依法实行民主选举、民主决策、民主管理和民主监督。(2) 召集和主持社区居民会议，定期向社区居民会议报告工作，执行社区居民会议的决定，完成社区居民会议提出的各项任务，教育、引导居民遵守社区居民会议的决定、《居民自治章程》和《居民公约》。(3) 依托社区服务站办理本社区居民的公共事务和公益事业，开展多种形式的社区便民利民服务活动；参与协调处理涉及社区成员利益的重大事项，开展共驻共建，整合社区资源，管理和维护本社区居委会财产，经社区居民会议讨论同意，筹集本社区公益事业资金，定期公开收支账目。(4) 组织开展社区教育、文化、科普和体育等多种形式的社会主义精神文明建设活动，教育居民争做文明市民、创建文明社区。(5) 指导、监督业主大会、业主委员会和物业管理工作。(6) 调解民间纠纷，协助维护社会治安，及时了解社情民意，向政府或其派出机构反映居民的意见、要求和提出建议。(7) 参与对本市各级政府和街道办事处相关工作的监督评议。(8) 结合本社区实际，完成其他工作任务。社区居委会可下设若干居民小组。居民小组在社区居委会的领导下，协助做好本区域范围内的工作。居民小组可根据社区实际，采取楼委会、院委会、楼门自治小组等不同组织形式

续前表

社区组织	分工	主要职责
社区服务站	社区公共服务平台	(1)代理代办政府在社区的公共服务。主要是协助政府职能部门办理本社区内各种公共服务事项，把政府公共服务延伸到社区，实现政府职能重心下移。(2)组织开展社区公益服务。主要是协助社区居委会办理本社区居民的公共事务和公益事业。(3)组织开展社区便民利民服务。主要是充分利用社区资源，动员社会力量，开展服务，方便居民生活。(4)培育和壮大社区公益性服务组织，支持和引导社区社会组织积极发挥作用。(5)及时了解反映社情民意。通过各种渠道，及时了解和反映社区居民意见和建议，并努力解决存在的问题；积极支持和配合社区居委会依法开展社区居民自治、开展人民调解，提供法律服务，维护社区和谐稳定。(6)定期向街道办事处、社区党组织汇报工作，向社区居委会通报工作，接受社区居委会和居民群众的监督和评议。社区服务站是非营利性公共服务机构，要坚持“依法、公开、高效、便民”的工作原则，为社区居民提供优质服务
社区社会组织	参与社区管理和服务	在社区建设中发挥扩大参与、提供服务、反映诉求和规范行为等方面的作用
社区志愿者组织	社区志愿服务	积极引导社区居民参与社区公益性、福利性、群众性活动，开展各种自助、互助的社区志愿服务
业主委员会	社区物业管理	按市场规则聘请物业服务企业对房屋及配套的设施设备和相关场地进行维修、养护、管理，维护相关区域内的环境卫生和秩序
驻社区单位	参与社区建设	充分利用自身条件，发挥各自优势，主动配合、支持所在社区党组织、社区居委会和社区服务站开展工作，教育、引导本单位职工积极参与社区建设，共商社区事务，共享社区资源，共建社区家园

二、社区治理机制的规范化

北京市把规范社区治理作为社区规范化建设的核心内容，坚持加强党的领导、完善居民自治和严格依法办事的有机统一，构筑与社会主义市场经济相适应的社区管理新模式，形成政府调控机制与社会协调机制互联、政府行政功能与社会自治功能互补、政府管理力量与社会协同力量互动的社区治理体制和运行机制，对社区进行有效覆盖和全面管理。

1. 建立健全多元治理机制

着眼提高社区运行效率，理顺和规范社区组织体系各主体之间的关系，推动形成以社区党组织为核心、以社区自治组织为基础、以社区服务站为依托、以社区社会组织为补充、驻社区单位密切配合、社区居民广泛参与的现代社区治理结构。建立在社区党组织领导下，社区居委会和社区服务站紧密对接、协调联动的“三位一体”工作机制，完善社区党组织牵头、社区居委会和社区服务站参加的联席会或例会制度，社区党组织定期组织并主持召开联席会或例会，研究讨论社区建设、管理、服务中的重要问题和重大事项，协调沟通有关工作。

2. 建立健全居民自治机制

积极推进社区自治工作的制度化、规范化。培育居民自治意识，完善社区居民自治规章。健全社区居民会议制度，规范社区民主决策程序，提高民主决策水平。进一步完善社区议事协商会议和社区事务听证会制度，研究解决居住在社区的流动人口参与社区居民自治的有效途径。健全社区居委会内设委员会的工作体制，明确职责，发挥各委员会的作用。

3. 建立健全工作准入机制

坚持政府依法行政和居民依法自治的原则，进一步理顺和规范政府部门与社区的关系，减轻社区居委会工作负担。属于政府部门和单位承担的行政性职能和工作，原则上不得转移给社区居委会，不得以行政命令方式向社区居委会直接分派任务和下达指标，不得随意在社区设机构、挂牌子。对于社区居委会法定职责之外、确需依托社区居委会办理的行政性工作，应提供必要的经费保障及政策指导，并与同级社会建设部门协商同意后协调落实。

4. 建立健全资源共享机制

充分利用机关、团体、企事业单位内部设施资源，为社区居民服务。按照资源共享、互惠互利的原则，积极引导社区内或周边机关、团体、企事业单位将内部服务设施向社区居民开放，完善社区功能。

5. 建立健全民意表达机制

推行民情信箱、民情热线、民情日记、民情联络员、民情恳谈会等工作方法，健全完善分片包户、居民接待日、网上论坛等制度，充分发挥楼（门、院）长、居民组长、居民代表、社区志愿者的骨干作用，引导居民群众以理性、合法的形式表达个人意愿，进一步畅通民意诉求渠道。

6. 建立健全监督评价机制

完善民主监督制度，组织居民有序开展监督评价活动。完善社区事务公示制度，公开办事制度和办事程序，保障居民群众的知情权、参与权、选择权、监督权。充分发挥社区内人大代表和政协委员的作用，对社区事务进行有效监督。完善评议标准、评议方法，逐步建立健全评议监督体系。

7. 建立健全表彰激励机制

市、区（县）政府对在社区建设工作中做出显著成绩的单位和个人给予表彰奖励。根据社区建设的实绩、水平和群众评价，对工作成绩突出、居民满意度高的社区工作者、基层组织、社会单位和先进个人进行评选表彰。健全激励措施，探索激励办法，促进社区志愿服务经常化。

8. 建立健全长效工作机制

完善社区党组织工作制度、社区居委会工作制度、社区服务站工作制度、业主委员会工作制度、社区社会组织培育和参与制度等各项规章制度，实现社区管理规范化、制度化、科学化。

三、社区服务的规范化

北京市把完善社区服务体系作为社区建设的重点，以政府公共服务进社区为契机，推进社区服务规范化。按照政府主导、部门规划、街道组织、社会参与、社区落实的原则，建立与社会主义市场经济体制相适应、覆盖社区全体居民、服务主体多元、服务功能完善、服务质量优良和管理水平较高的社区服务体系，努力实现社区居民困有所助、难有所帮、需有所应。

1. 政府公共服务进社区

强化政府公共服务职能，把政府公共服务中有关社区就业服务、社会保障服务、救助服务、公共卫生和计划生育服务、文化教育体育服务、公益法律服务、流动人口管理服务、治安服务以及环境绿化美化服务等公共服务项目落实到社区，建立政府职能部门、街道办事处工作与社区工作有效衔接的社区公共服务体系。社区服务站与街道各科室、职能站所、“一站式”办公大厅和社区服务中心实现工作的有机衔接，明确社区服务站各个岗位与街道相关部门的对应关系和各自职责，将96156社区公共服务平台、社区服务信息网络系统及街道其他相关信息化办公系统延伸到社区服务站，发挥街道社区服务中心网站的优势，整合社区信息化资源，建立和完善服务、诉求、信息发布等信息衔接机制，将与居民群众切身利益密切相关的各类公共服务落实到社区。

2. 增强社区服务功能

改造提升老旧居住区便民网点和商业服务设施，确保新建、改建居住区按规定比例设置便民利民服务网点。继续重点开展面向社区老年人、儿童、残疾人、贫困户、优抚对象、下岗失业人员、独生子女伤残死亡家庭等的帮扶救助服务。扶持社区家政服务，加快发展社区配送服务、代理服务，鼓励通过特许直营或连锁经营等方式，推动社区服务产业化。规范社区物业管理，维护业主合法权益，提高物业服务水平。

3. 推广社区“一门式”服务

依托社区服务站，在社区开办“一门式”服务窗口，方便居民办事。除法律、法规明确规定需在社区独立设置的工作平台外，将其他各类工作站（所、中心）、活动站（室）等统一纳入社区服务站，由社区服务站按照“一窗多能、一岗多责、定岗定责”的原则统筹配备工作人员，完成相关工作任务。建立健全社区服务站一口受理制度、事项公开制度、首问责任制度、分办落实制度、项目管理制度、组织协调制度、投诉处理制度等规范的业务管理制度，制定规范的服务流程示意图和工作台账，对受理事项、办理过程、办理时间、办复结果进行动态跟踪，全程监控，保证受理事项及时办理和反馈。

4. 创新和规范公共服务提供方式

结合社区实际，以满足社区居民需求为导向，整合社区各类服务资源，利用96156社区公共服务平台，健全社区服务网络，通过购买服务等形式，创新社区服务方式。拓展社区服务领域，不断开发社区服务项目，特别是那些社区居民需要，市场主体又不愿或无条件、不能承担的公益服务项目。不断完善社区公共服务、公益服务、便利服务体系，实现社区服务站服务规范化、人性化、便利化。通过政府“购买服务”“合同外包”“项目委托”等多种形式，将部分公共服务转交给专业化社会组织或社会机构承担，逐步实现公共服务专业化、社会化、市场化，推动政府、市场和社会共同服务社区。

四、社区运行保障的规范化

北京市将社区建设纳入经济社会协调发展的整体规划，建立社区建设工作统筹协调机制，加强对社区建设、管理、服务工作的领导，构建规范化的运行保障体系。

1. 建立市—区（县）—街道三级统筹协调机制

在市、区（县）党委和政府的领导下，由市、区（县）社会建设工作领导小组及其办公室负责日常协调工作，各相关职能部门、人民团体按照各自职责共同做好社区建设工作。政府职能部门和机构在社区建设统筹协调中的主要职责见表4—6。

表 4—6　　政府职能部门和机构在社区建设统筹协调中的主要职责

部门和机构	主要职责
市、区（县） 社会建设部门	负责贯彻党委、政府关于社区建设的工作部署，牵头制定本市、区（县）社区建设的总体规划、有关政策并组织实施；统筹协调和监督社区建设的相关工作；提出加强社区建设的意见、建议；开展调查研究，总结推广社区建设的先进典型经验；指导基层开展社区建设工作
市、区（县）社会建设工作领导小组各成员单位	按照各自的职责，支持和参与本地区社区建设
街道办事处	负责组织实施本辖区社区建设工作规划和年度计划；领导社区服务站办理社区公共服务和公益事业等工作；依法指导社区居委会开展社区自治，指导和监督辖区居委会的民主选举、民主决策、民主管理和民主监督；整合辖区内社区建设资源，协调解决社区建设中的困难和问题；监督政府有关职能部门在社区开展的工作；负责本辖区社区工作者培训；搞好社区设施建设、管理；建立健全社区服务网络

2. 规范社区物业管理和服务

市、区（县）物业行政管理部门与街道党工委、街道办事处、社区党组织、社区居委会和社区服务站建立沟通渠道，及时了解业主委员会、物业服务企业在社区内的工作情况，支持、配合社区党组织、社区居委会和社区服务站做好社区管理和服务工作。

3. 规范社区建设经费投入

按照“费随事转”的原则，凡属政府事权范围内的事项，原则上由政府投入。社区协助完成上级行政部门有关工作事项所需经费，按照“费随事转”原则由相关部门转移拨付。下列社区建设经费纳入政府财政年度预算管理：(1) 社区党组织、社区居委会和社区服务站的工作经费；(2) 社区工作者的工资、福利待遇；(3) 社区服务设施建设管理、运营、维护等经费；(4) 社区信息网络建设及管理、运营、维护等经费。落实社区公益事业专项补助资金。建立社区建设经费增长机制，适当增加对财力相对薄弱区（县）的转移支付。将社区服务设施配套纳入城市基础设施建设规划，区县政府承担社区办公和服务用房项目建设主体责任。按照市、区

（县）两级共同负担的原则，投入必要的资金，对符合市政府固定资产投资支持范围项目，原则上给予一定的市级资金补助。适当提高社区公益事业专项补助资金拨付标准，加大对社区举办公益事业的支持力度。补助资金应主要用于社区通过项目购买、项目补贴、项目奖励等形式，大力开展社区困难群体帮扶、助老、助托、助残等居民急需的服务项目；积极培育发展社区社会组织，以及全面开展社区公益事业活动所需要的活动场地、活动器械、活动宣传、活动奖品、活动劳务等费用。规范和完善社区公益事业专项补助资金的使用管理。社区的办公经费按照不少于每户50元的标准核定，确保社区党组织、社区居委会、社区服务站的会议费、办公用品购置费、学习培训费、水电气暖费、电话费、报刊订阅费等日常经费支出有可靠的资金保障。

4. 建立社区多元投入机制

完善公共财政政策，研究转移支付、定向补助等不同的财政扶持政策，在社区公共管理和公共服务领域加大政府购买服务的力度。探索建立政府投入与社会投入相结合、无偿服务与有偿服务相结合、社会化与产业化相结合的社区事业投入和发展机制，广泛吸引社会力量和社会资金兴办社区基础设施。

5. 建立经费使用监督机制

健全社区各项工作经费的财务管理制度，规范社区工作经费的核定、审批、使用等各个环节，强化专项资金审计监督，确保社区各项经费到位，做到专款专用。社区实行财务公开，收支情况定期公布，接受居民监督。对政府投入经费及接受无偿捐赠所形成的国有资产，按照分级管理的原则，由各级政府进行监督管理，具体使用者负责国有资产的安全完整，防止国有资产流失。

五、社区服务设施的标准化

北京市以规范社区服务站建设为重点，按标准化要求推进社区服务设施建设，不断完善社区服务设施，为社区公共服务创造良好的工作条件。

（1）政府在社区层面设立的综合性服务平台，统一命名为“社区服务站”。除法律、法规明确规定需在社区独立设置的工作平台外，将社区其他各类工作站、活动站、服务站等尽快纳入社区服务站，统筹承担相关工作任务，实行综合管理、一站多能服务，并逐步达到统一形象标识、统一项目设置、统一运行流程、统一服务规范、统一资源调配的标准化要求。

（2）采取新建、改扩建、购买以及落实配建指标、资源整合利用等多种方式，使社区的办公和服务用房达到350平方米左右。其中，社区服务站工作和服务用房相对独立使用，“一门式”服务用房面积不低于50平方米，其所在地应交通便利，居民居住相对集中，服务半径合理，便于服务开展和居民办事。

（3）社区办公和服务用房外部环境整洁、形象良好，逐步实现统一标识，内部区域清晰、安全方便、舒适美观，具备水、电、暖、卫、通信、信息网络等正常使用功能，配备能够满足工作需要的电脑、打印机、电话、传真机、复印机等办公设备。

（4）完善社区公共服务设施，建设具有医疗保健、体育健身、教育培训、为老服务等功能的其他公共服务设施和室内外文化活动场所，打造商业、生活、文体娱乐等方面的“一刻钟社区服务圈”，使社区居民多层次、多样化、个性化需求基本得到满足。

（5）推进社区信息化，建设数字社区。整合各类服务热线、呼叫热线、信息系统和资源，规范新建系统、调整在建系统、改进已建系统，加快互连互通，逐步实现“一网式”“一号式”服务，构建市、区（县）、街道（乡镇）、居委会四级社区工作信息化平台。加快推进信息亭、信息服务自助终端等设施建设，实现协同服务、便民利民。

六、社区队伍建设的规范化

北京市把建设一支专业化、职业化的社区工作者队伍作为社区建设目标之一，一方面按规范化、专业化、职业化要求充实社区工作力量，采取多种形式不断提高社区工作者的服务能力和水平，一方面通过加强社区志愿服务规范化建设，不断扩大社区志愿者队伍。

（1）社区党组织至少配备专职党建工作者1名，社区党组织书记、社区居委会主任“一肩挑”的社区，设1名专职副书记或专职党建工作者；党员人数100名以上（含100名）的社区，根据需要可适当增设专职党建工作者。社区居委会由主任1人、副主任1～2人、委员若干人共5～9人组成，1 000户以下的设置5人，1 000～2 000户的设置7人，2 000户以上的设置9人。社区服务站按照社区实有户数配备工作人员，原则上按每500户1人配备（1 500户以下的配备3人）。社区服务站一般设站长、副站长各1名，原则上专设，也可由社区党组织或社区居委会负责人兼任；社区党组织、社区居委会相关人员与社区服务站工作人员可视情况适度交叉任职。政府购买的社区社工岗位纳入社区服务站。

（2）社区服务站工作人员实行公开招录，招录对象年龄一般在40岁以下，学历大专以上。社区工作者实行全员培训，每年平均培训时间不少于40学时。鼓励和引导各类社区工作者参加国家社会工作者职业水平考试，取得社会工作师、助理社会工作师等职业水平证书。社区服务站工作人员与街道（乡镇）签订服务协议，纳入社区工作者管理，其工作绩效接受社区居委会和居民群众的监督评议。

（3）通过政府购买服务的方式，为社区至少配备1名取得国家社会工作者职业水平资格证书的人员或具有本科以上社会工作专业（或相关专业）学历的大学生，开展社会工作专业服务。

（4）按照规范化、专业化、职业化要求，通过在岗培训、转岗安排等方式，逐步将符合条件的各类社区协管员、社区事务助理纳入社区工作者规范化管理。

（5）按照“社区所需、志愿者所能”的原则，以社区老年人、未成年人、来京务工人员、下岗失业人员、优抚对象、残疾人和低收入家庭为重点服务对象，开发就业援助、慈善公益、优抚助残、敬老扶幼、治安巡逻、环境保护、民间调解、社区教育等项目，打造特色鲜明、效果明显、影响广泛的社区志愿服务品牌。

（6）整合社区志愿服务资源。鼓励和动员社区党员、身体健康的离退休人员、有一技之长的居民，积极参加社区志愿服务活动；根据在职党员、国家公务员的职业特点和个人专长，适宜、适时、适度地组织他们参加社区志愿活动；协调社区内各种组织和志愿者有序开展活动，并力所能及地给予支持和帮助；为社会上的各种组织和人士到社区从事志愿服务搭建平台。

（7）完善社区志愿者招募管理制度。志愿者人数较少的，可依托社区服务站组织管理；人数较多的，指导成立社区志愿者组织，推广社区志愿者登记注册制度，推进社区志愿服务信息化。健全培训制度，对已招募的社区志愿者，要进行服务态度、权利义务、服务技能等方面的培训，推动社区志愿者不断改进服务态度，增强服务技能，提高服务质量，促进社区志愿服务队伍向专业化方向发展。

第三节　构建和完善全方位、智慧型社区居民需求—回应机制

北京社区规范化和标准化建设是一个持续发展、不断改进提升的过程。通过社区规范化建设试点，实施社区公共服务制度规范和标准，北京市用短短三年时间在全市 2 700 多个社区初步建立了能够及时而有效地回应社区居民服务需求的体制机制，形成了社区党建、社区自治、社区服务“三位一体”的工作格局。在此基础上，北京市于 2012 年 7 月提出进一步开展社区规范化建设示范点创建活动的工作方案，2012 年 9 月又提出在全市推进智慧社区建设的实施方案，对已经建立的社区居民需求—回应机制进行充实和提升，以更高标准、更高要求构建全方位、智慧型社区居民需求—回应机制，利用物联网、云计算、移动互联网、信息智能终端等新一代信息技术，不断创新社区服务方式，同时继续发挥传统社区服务方式的积极作用，通过全面提升社区公共服务规范化和标准化建设水平实现对社区居民服务需求的全方位回应和各类社区服务的智能化提供，逐步形成全方位、智慧型社区居民服务新格局。

一、全方位、智慧型社区居民需求—回应机制的基本架构

在北京市经济社会高速发展、中国特色世界城市建设加快推进的时代背景下，北京社区越来越具有国际化大都市现代社区的品质和特征，社区居民对高品质生活和优质社区服务的期待越来越迫切，他们的服务需求也越来越呈现出多样化、多层次和多方面的特点，有些服务需求还极富个性，极具现代性，并且深受信息技术发展和国际化趋势的影响。

为了顺应社区居民对高品质生活和优质社区服务的新期待，满足国际化、现代化条件下北京市社区居民多样化、多层次和多方面的服务需求，北京市加快构建全方位、智慧型社区居民需求—回应机制。这一需求—回应机制的基本架构如图4—1所示。

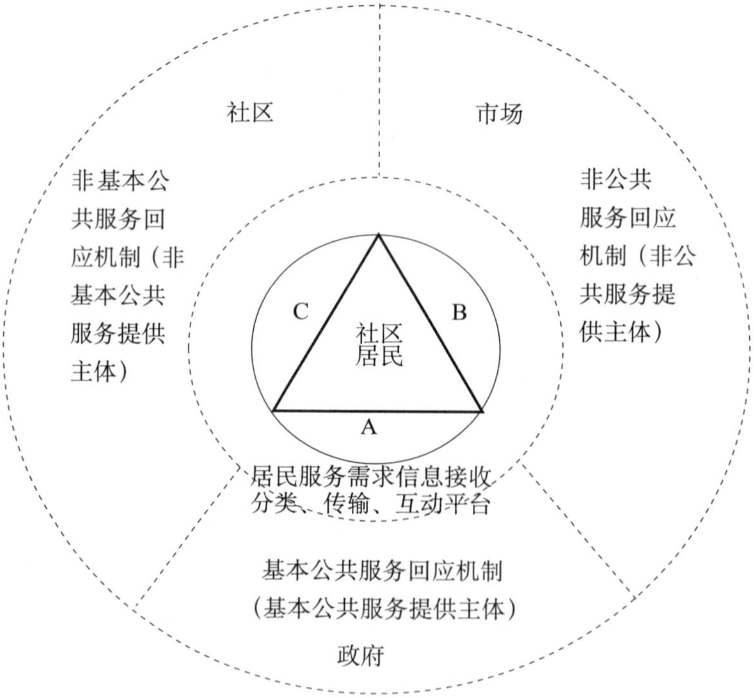

图4—1　全方位、智慧型社区居民需求—回应机制基本架构

说明：A代表居民基本公共服务需求；B代表居民非公共服务需求；C代表居民非基本公共服务需求。

从图 4—1 可以看出，全方位、智慧型社区居民需求—回应机制有三个基本层面：社区居民服务需求层面（图中包含一个三角形的实线圆圈部分）、社区居民服务需求信息整合层面（实线圆圈与其外围虚线圈之间的部分）、社区居民服务需求回应层面（两个虚线圆圈之间划分为三段的部分）。这三个层面环环相扣，紧密联系，围绕社区居民服务需求构建起政府、社区、市场分工合作、协同联动的需求—回应机制。

1. 社区居民服务需求层面

社区居民具有社会角色、社区角色、个体角色三重角色。与此相对应，分别产生三类服务需求：（1）由社区居民这一特定的社会角色向政府或政府授权的社会组织提出的社区基本公共服务需求（这类服务需求属于社区居民对全国性或地方性公共产品的需求，具有一般社会性、公共性、基础性、福利性和均等性等特点，并且不受社区居民居住地限制）；（2）由社区居民的社区角色所决定、根据居民之间的共同约定向社区组织提出的社区非基本公共服务需求（这类服务需求属于社区居民对社区俱乐部产品的需求，具有社区共同性、自主性、属地性、差异性等特点，必然受到社区范围的限制）；（3）由社区居民的个体角色所决定、根据居民个人偏好向不确定的市场主体提出的社区非公共服务需求（这类服务需求属于社区居民对私人产品的需求，具有私密性、个体性、差异性、多样性等特点）。这三类服务需求都需要通过社区服务得到回应。

2. 社区居民服务需求信息整合层面

社区居民生活离不开“吃、住、行、游、购、娱、健”七个主要方面。这七个方面的服务需求包含着非常丰富的个性化信息，这些信息可能来自社区不同年龄、不同性别、不同民族、不同国籍、不同职业、不同信仰、不同喜好、不同收入水平、不同家庭结构、不同健康状况、不同婚姻状况等具有个性化特征的需求个体，而且在不同时间、不同地点、不同场合由不同需求个体提出的需求信息也将大不相同。这些信息都与社区居民的切身利益直接相关，社区居民也都希望自己的服务需求能够得到全面、及时、有效的回应。但是，社区居民多样化、多层次和多方面的服务需求不可能也不必要通过单一服务主体得到全部满足。作为需求个体的社区居民，他们的社会角色、社区角色和个体角色也各不相同。在不同时间、不同地点和不同场合，他们的各种角色还有可能发生转换。因此，社区居民在特定时间、地点和场合提出的服务需求存在不同的属性。这就需要对社区居民的服务需求根据其基本属性进行分类，以确定其是属于社区基本公共服务需求，还是社区非基本公共服务需求，或者是社区非公共服务需求。物联网、云计算、移动互联网、信息智能终端等新一代信息技术，通过对各类与社区居民生活密切相关信息的自动感知、及时传送、及时发布和信息资源的整合共享，实现对社区居民“吃、住、行、游、购、娱、健”生活七大要素的数字化、网络化、智能化、互动化和协同化，为实现社区居民服务需求的科学分类，全面、及时、有效地对社区居民的服务需求做出回应提供了重要的技术手段。通过智慧社区的建设，构建社区居民服务需求接受、分类、传输和互动平台，为发挥社区多元化服务体系的优势，建立全方位回应社区居民服务需求的有效机制创造了基本条件。

3. 社区居民服务需求回应层面

综合运用广受社区居民欢迎的传统服务方式和现代信息技术手段，在对社区居民服务需求进行科学分类的基础上，构建与社区居民基本公共服务需求、非基本公共服务需求和非公共服务需求相对应的需求—回应机制，实现对社区居民服务需求的全方位回应。其中，政府作为社区基本公共服务提供主体，致力于构建社区基本公共服务需求—回应机制；社区组织作为社区非基本公共服务提供主体，致力于构建社区非基本公共服务需求—回应机制；同时，积极发展经营性社区服务产业，使更多企业和个人成为社区非公共服务提供主体，通过市场构建起社区非公共服务需求—回应机制。

总之，全方位、智慧型社区居民需求—回应机制的建立可以提升社区公共服务规范化和标准化水平，满足社区居民多样化、多层次和多方面的服务需求，增强社区居民的社会认同感、社区归属感和个人满足感，可以为北京现代化新型社区建设增添新的活力。

二、全方位回应社区居民服务需求的新举措

为了全面、及时、有效回应社区居民服务需求，北京市在社区规范化建设示范点创建活动中提出了一系列提升社区规范化建设水平、全方位回应社区居民服务需求的创新举措，对社区公共服务规范化和标准化建设提出了更高标准和要求。这些新举措包括社区服务站建设、社区工作事项、社区运行机制、社区志愿服务、社区队伍建设、社区设施使用、社区经费管理等七个方面，共22项主要指标。

（一）社区服务站建设平台化

1. 选址面积

社区服务站原则上应设在住宅底层，"一站式"服务大厅面积在50平方米以上，便于组织开展公共服务、公益服务、便民服务和居民办事。

2. 标识系统

在门楣统一悬挂××社区服务站，安装有楼体标识、导引牌、户外宣传栏等。

3. 配套设施

配有电脑、电话机、打印机、传真机、宣传展示资料架、档案柜等办公设施，以及桌椅、饮水机、雨伞、老花镜、签字笔、服务卡、办事须知等便民用品，做到服务设施齐全。

4. 窗口设置

社区服务站实行"开放式办公，一站式服务"，根据社区需求，设有劳动就业、社会保障、人口计生、综合治理等服务窗口，制作岗位水牌，实行一站多能、一岗多责。社区服务站各个岗位与街道相关科室实现有机

衔接，其公共服务平台作用得到充分发挥。

（二）社区工作事项明晰化

5. 细化职责

社区党组织、居委会、服务站各自承担的职责任务细化到具体事项，对居民群众关心的服务事项和服务资源制作宣传活页或小册子等。

6. 公示内容

在社区“一站式”服务大厅墙面、社区公示栏等显著位置，或社区网站公示以下内容：

（1）社区基本情况介绍；

（2）社区平面图（网格图），社区党组织、居委会、服务站的组织架构图，社区工作人员形象栏；

（3）社区服务事项流程图；

（4）社区各类便民服务电话；

（5）本社区居民应知晓的其他相关内容。

（三）社区运行机制联动化

7. 制度建设

建立社区工作会议制度，社区党组织、居委会、服务站每周都要分别召开 1 次工作例会，每季度至少召开 1 次由社区党组织牵头，社区居委会、服务站以及相关组织或单位参加的社区联席会议，研究协调社区重点工作和重大问题。健全走访居民、社区工作者分片包户制度，定期与居民群众面对面交流，社区内居住人口台账清楚，有每家户主的联系方式，并掌握社情民意和居民需求。建立社区党务、居务、站务、财务“四公开”制度，确保居民的知情权与监督权。实行错时工作、全日值班、节假日轮休等工作制度，方便群众办事。

8. 工作机制

建立社区议事协商机制，对涉及成员利益的事项，及时召开民情恳谈会、矛盾协调会、事务听证会、成效评议会等加以解决。建立社区矛盾化解机制，推广“市民劝导队”工作模式，培育发展社区社会组织，有效解决老旧小区管理、环境治理、治安巡防、养犬、停车管理等难题。健全社区共建共享机制，80%以上的辖区单位与社区签订共驻共建协议，单位可开放的服务设施普遍向居民开放。建立业主自治与居民自治有效衔接机制，业委会依法履行职责，接受社区党组织的领导和社区居委会的指导与监督，维护业主权益。建立以社区党组织为领导核心、以社区居委会为主体、以社区服务站等为依托、以社区社会组织为补充、以社区信息综合管理服务平台为载体、驻区单位和组织协同配合、社区居民广泛参与的现代社区治理结构。

（四）社区志愿服务常态化

9. 注册登记

采取多种方式，为社区居民提供便捷的登记注册渠道，为注册志愿者配发社区志愿者卡、号。社区志愿者注册率达到社区人口的10%以上。

10. 服务开展

能定期向社区居民发布志愿服务需求，通过购买服务、项目补贴、结对帮扶、邻里互助、“社工＋义工”等方式，开展社会救助、慈善公益、优抚助残、敬老扶幼、治安巡逻、环境保护、社区矫正、心理咨询和法律援助等志愿服务。每个示范社区至少建立2个制度健全、活动经常的公益服务组织，形成1个成效明显、居民认可、影响广泛的公益服务品牌。

11. 表彰激励

建立规范的志愿者档案和志愿服务记录手册。对已招募的社区志愿者每年至少开展1次志愿服务培训。建立“志愿服务时间储蓄”“服务转换”

等制度，加大宣传表彰力度，每年对优秀社区志愿者给予精神奖励和适当的物质奖励。

（五）社区队伍建设专业化

12. 人员配备

社区党组织、社区居委会成员和社区服务站工作人员按要求配备到位，岗位职责明确。具有大专以上学历的社区工作者达到70%以上。

13. 管理培训

认真落实社区工作者工资待遇，建立健全带薪休假等制度，使社区工作者的合法权益得到切实保障。社区工作者有良好的职业道德修养，仪表整洁，礼貌待人，接待居民来电来访时使用文明用语，服务周到，廉洁自律。社区各类协管员、社区事务助理等应纳入社区服务站统一管理。每年至少组织社区党组织、居委会、服务站的负责人参加1次市、区（县）统一举办的集中培训。

14. 考核评议

社区成立由社区党组织、居民代表、驻社区单位代表、街道（乡镇）职能科室等参加的考评委员会，每年年终对社区工作者进行年度考核。根据年度考核结果，按照有关规定对社区工作者实施奖惩。

15. 专业服务

鼓励社区工作者参加国家社会工作者职业水平测试，并为其创造条件参加专业继续教育培训。加强社区组织与社会工作事务所的人才融合、资源共享、工作联动，每个社区至少配备1名专业社会工作者或取得国家社会工作者职业水平资格证书的人员，开展社会工作专业服务，满足社区居民心理安抚、家庭调适、社区照顾、社会交往等个性化的服务需求。

（六）社区设施使用最优化

16. 设施配置

社区办公和服务用房面积达到350平方米以上，环境整洁、功能完善，能够满足社区居民的需求。

17. 外部形象

社区办公和服务用房外部形象良好，标识醒目清晰，便于社区居民识别。原则上安装使用全市统一的社区标识系统，并能够实现夜间的高识别度。

18. 使用管理

社区办公和服务用房的规划合理，达到“办公空间最小化、居民活动空间最大化、使用效益最优化”的要求，总体布局人性化，舒适温馨。社区各类服务设施的运行、维护及管理制度健全、职责明确。服务设施实现“一室多用”，综合利用率高。

19. 信息化建设

建立网格化社会服务管理体系，将社区所有管理和服务的事项逐一落实到网格中，能及时了解掌握格内人、地、物、事、组织的基本情况，实现精细化服务管理。不断提高社区办公和服务信息化水平，将96156等社区服务信息平台延伸到社区，使服务功能不断强化，作用发挥良好。各类基础信息数据采集准确全面、更新报送及时，实现社区信息“集中采集、多方使用”。建有成熟的社区网站，能够提供社区在线公共服务，反映居民诉求。积极开展智慧社区试点建设，安装接入“缴费通”等便民服务终端，进一步提升居民生活质量。

（七）社区经费管理科学化

20. 拨付落实

社区公益事业专项补助资金、办公经费、培训经费等经费，能够足额落实到位，并适当提高拨付标准。

21. 使用管理

社区建有健全完善社区民主理财制度，经费使用严格按照相关财务制度执行，管理规范。社区公益事业专项补助资金的使用广泛征集居民的意见，用于培育服务性、公益性、互助性社区社会组织，解决居民群众最关心、最迫切的利益问题。

22. 监督审计

社区每季度向居民公开相关经费使用情况，接受社区居民监督。社区定期接受街道（地区、乡镇）的财务监督检查和审计工作，没有重大财务问题。

北京市鼓励各社区在做好“规定动作”的同时，结合实际，积极探索“自选动作”，培育创新亮点，形成各自的特色品牌。

三、推进智慧型社区建设的基本路线图

北京市在社区公共服务规范化和标准化建设中，坚持以社区居民服务需求为导向，以高新技术为支撑，先后制定了《智慧北京行动纲要》《北京市“十二五”时期社会建设信息化工作规划纲要》《北京市“十二五”期间社区信息化建设指导意见》和《关于在全市推进智慧社区建设的实施意见》等规范性文件，在全国率先提出在全市建设智慧型社区的基本路线图，为构建全方位、智慧型社区居民需求—回应机制提供了更加先进、更加可靠的技术和物质条件。

根据北京市智慧社区建设基本路线图，智慧社区建设分为启动准备、试点建设、推广部署和全面验收四个阶段。按照每年推进500个以上智慧社区建设的目标，逐年扩大智慧社区建设覆盖面，实现对社区居民“吃、住、行、游、购、娱、健”生活七大要素的数字化、网络化、智能化、互动化和协同化。“五化”将成为居民工作、生活的主要方式。社区居民将在智慧社区中享受到更加安全、便利、舒适、愉悦的生活环境。远景目标是，将社区建设成为政务高效、服务便捷、管理睿智、生活智能、环境宜居的社区生活新业态，实现5A模式“智慧家园、幸福生活”，使“任何人、在任何时候、任何地点、通过任何方式、能得到任何服务”。

为了规范、指导、推进智慧社区建设工作，使智慧社区建设在科学、合理的标准指导下稳步扎实推进，北京市社会建设工作办公室、北京市经济和信息化委员会、北京市民政局提出了全新的智慧社区概念，联合制定了《北京市智慧社区指导标准（试行）》（见表4—7）。

表4—7　　北京市智慧社区指导标准（试行）

一级指标	二级指标	指导标准	属性
一、智慧社区基础设施	1.1 网络设施	1. 高清交互式数字电视入户率逐年提高，并实现高清数字电视网络接入能力全覆盖	预期性
		2. 接入社区和家庭的互联网宽带逐步提高，家庭用户宽带接入能力达100兆，社区宽带接入能力达到1 000兆	预期性
		3. 无线网络公共领域全覆盖	预期性
		4. 探索和丰富物联网、云计算在本社区的应用	预期性
	1.2 硬件设施	1. 每个社区配有电子信息显示屏	约束性
		2. 社区办公电脑配置标准原则上每人1台	约束性
		3. 每个社区配有一定数量用于辖区居民上网和培训的电脑，为居民提供信息化知识、上网技能培训，使居民就近享受上网服务	约束性
二、智慧社区服务	2.1 社区服务信息	1. 整合社区服务信息，共享发布渠道，支持在电视、电脑、社区电子显示屏、智能手机、微博等显示，实现多屏互动，提供随时随地“一站式”信息云模式服务	约束性
		2. 为居民提供吃、住、行、游、购、娱、健等日常便民生活信息搜索服务，使居民可以随时随地获得最新最准确和最全面的周边生活消费信息	约束性
		3. 探索建立完善的社区生活服务配送体系，为老年人、残障人提供就餐、理发、家政、维修等日常生活服务项目	预期性

续前表

一级指标	二级指标	指导标准	属性
二、智慧社区服务	2.1 社区服务信息	4. 为居家养老人员特别是独居老人行动不便、走失、紧急求助、重度残疾人等提供便捷快速通道，快速、畅通、安心的紧急救助服务，提升为老服务水平	约束性
	2.2 便民服务终端	1. 根据社区规模，安装便民缴费终端	约束性
		2. 积极探索在高清交互数字电视终端开设智慧社区专区	预期性
		3. 积极探索在区县电视台开设智慧社区专区	预期性
		4. 为社区 60 岁以上老年人、残疾人、病患人群配备电子辅助终端，为老年人提供居家养老信息化服务支持	约束性
	2.3 公共服务系统	1. 通过建立市、区（县）、街道（乡、镇）、社区四级政务服务网络，让居民在社区享受到相关公共政策的网上查询、网上服务	约束性
		2. 通过电子政务服务的整合共享，让居民在社区享受到“一站式、互动式、高效率”的在线办事服务	约束性
		3. 构建面向全民的终身学习网络和服务平台，大力发展远程教育和网上党员学习交流园地	约束性
		4. 建立居民电子健康档案和电子病历，使居民能享受到网上预约挂号服务	约束性
		5. 逐步推进数字文化社区建设	约束性
		6. 逐步推进人力资源市场信息系统向社区扩展，为居民提供职业介绍等服务项目	约束性
		7. 各有关部门要建立与居民生活密切相关的公共服务信息推送机制，并及时将相关公共服务信息推送到社区或居民	约束性
三、智慧社区管理	3.1 网格化管理系统	1. 建立网格化社会服务管理系统，实现对社区人、地、事、物、组织“全覆盖、全时空、全响应、数字化、精细化、动态化”管理，实现联系群众无盲点、社区服务无遗漏、社会管理无缝隙	约束性
	3.2 安全管理	1. 在社区安装环境监控视频系统	约束性
		2. 在社区安装可视对讲、安保监控、门禁等安全技防设备	约束性
		3. 积极探索车辆智能化管理，包括智能车辆出入管理、车位信息动态感知、车位引导等	预期性
		4. 居民能实时获知极端天气预警、应急避难场所、民防设施地理位置等方面信息	约束性
	3.3 安居管理	1. 探索在居民楼、商务楼宇安装烟雾火灾报警设备，能识别火灾并与消防系统联动	预期性
		2. 探索在居民楼、商务楼宇安装燃气报警设备	预期性
		3. 积极探索水、电、气的远程抄表	预期性
		4. 积极探索智能家电控制	预期性
		5. 积极探索有毒有害气体检测预警	预期性

续前表

一级指标	二级指标	指导标准	属性
四、保障机制	4.1 组织保障	1. 建立智慧社区建设项目推进组织，负责项目的整体设计和系统推进实施工作	约束性
	4.2 政策保障	1. 研究制定高起点、高标准的政策和指标支持体系，为扎实有效地推进智慧社区建设提供政策保障	约束性
		2. 建立一套严格的社会服务企业和商家考评机制，对提供服务进行质量跟踪	约束性
	4.3 经费保障	1. 将智慧社区建设基本经费列入财政预算	约束性
		2. 探索建立多元投入的经费保障机制	约束性
	4.4 队伍保障	1. 每个社区应明确 1 名工作人员负责智慧社区建设工作	约束性
		2. 逐步培养集技术、业务和行政能力于一身的新型复合型人才	约束性
	4.5 推进机制	1. 建立政府指导、社会协同、市场参与、共同关注、共建共享推进机制	约束性
		2. 倡导企业在社区推广与百姓生活密切相关的先进科技成果的应用	约束性
		3. 整合、发挥社会力量，为辖区居民提供全方位、多层次的服务	约束性
	4.6 信息安全	1. 加强网络安全保障体系建设，配备必要的信息安全设备	约束性
		2. 加强信息安全的防护和管理，确保重点领域信息安全	约束性
五、评估机制	5.1 评估内容	评估内容：分为协同度、便利度、安全度、感知度四个维度考评 协同度主要考核：是否建立了科学、有效的条块协同配合机制，使居民能够及时获得各个部门的公共服务信息。是否建立了服务资源的整合利用机制，使社区内各类服务资源得到有效开发利用并服务居民 便利度主要考核：居民在出行、就医、教育、旅游、购物、就餐、政府公共服务信息获取等各方面的便捷程度 安全度主要考核：居民生活环境的安全感，食品药品安全、交通安全、应急安全信息等的及时获取和感知程度 感知度主要考核：公众对智慧社区建设的感知和认可程度	
	5.2 评估主体	由社区居民、专家、新闻媒体等有关方面对智慧社区建设情况按照智慧社区指导标准进行考评	

根据北京市关于智慧社区建设的规划和部署，北京市社会建设工作办公室、北京市经济和信息化委员会、北京市民政局联合发布的《关于在全市推进智慧社区建设的实施意见》除了明确智慧社区建设指导思想、工作

原则和工作目标外，对智慧社区基础设施建设、智慧社区服务体系建设、智慧社区管理体系建设等重点领域提出了明确的规范化和标准化要求。

（1）在智慧社区基础设施建设方面，要逐步形成覆盖全市社区的智慧社区基础设施网络。为此，北京市要求一方面加快推进全市社区的网络设施建设，逐年提高高清交互式数字电视入户率，并在2015年基本实现高清数字电视网络接入能力全覆盖。逐步提高接入社区和家庭的互联网带宽，到2015年，社区和家庭用户宽带接入能力分别达到1 000兆、100兆。逐步扩大无线网络覆盖面，实现无线网络公共领域全覆盖。结合社区实际，因地制宜，积极探索和丰富物联网、云计算在本社区的应用。另一方面，加快推进智慧社区硬件设施建设，确保每个社区配有电子信息显示屏等终端显示设备，每个社区用于社区办公的电脑原则上每人一台，每个社区配有一定数量用于辖区居民上网和培训的电脑，为居民提供信息化知识、上网技能培训，使居民就近享受上网服务。

（2）在智慧社区服务体系建设方面，要加快形成更加智能、高效、便民的社区服务体系。为实现这一目标，北京市提出了三项举措：第一，加快推进社区服务资源信息的集成利用，为社区居民提供随时随地“一站式”信息云模式服务。能够为居民提供吃、住、行、游、购、娱、健等日常便民生活信息搜索引擎服务。能够为居民提供餐饮、休闲、娱乐、购物等服务信息，使居民可以随时随地获得最新最准确和最全面的周边生活消费信息。探索建立完善的社区生活服务智能配送体系，重点提供面向老年人、残障人的健康、餐饮、家政等日常生活服务项目。第二，加快推进便民服务终端网络的统筹建设。根据社区规模，在社区内安装一定数量的便民缴费终端，方便居民缴纳各种费用。利用电视覆盖面广、服务人群多的特点，积极探索在高清交互数字电视终端和区县地方电视台分别开设智慧社区专区。为社区60岁以上老年人、残疾人、病患人群配备电子辅助终端，为老年人提供居家养老信息化服务支持。第三，加快推进公共服务系统建设。加快电子政务向基层延伸，支持基层政府和社区开展管理和服务模式创新。通过建立市、区（县）、街道（乡镇）、社区四级政务服务网络，让居民在社区享受到相关公共政策的网上查询、网上服务等。通过电子政务服务的整合共享，让居民在社区享受到“一站式、互动式、高效率”的在线办事服务。构建面向全民的终身学习网络和服务平台，大力发展远程教育和网上党员学习交流园地。为社区居民建立居民电子健康档案和电子病历，让社区居民能享受到网上预约挂号服务。逐步推进数字文化社区建设。逐步推进人力资源市场信息系统向社区扩展，为居民提供职业介绍等服务项目。建立与居民生活密切相关的公共服务信息推送机制，并及时将相关公共服务信息推送到社区或居民。

（3）在智慧社区管理体系建设方面，要形成更加安全高效全面的社区管理服务体系。为此，北京市要求从以下三个方面加强智慧社区管理体系建设：第一，加快推进网格化社会服务管理体系建设。智慧社区建设与网格化社会服务管理体系建设相结合，并充分利用各区县建立的网格化社会服务管理系统，建立综合式、集成式、共享式的智慧社区数据功能模块，对社区辖区内各种服务资源信息进行全面采集、动态管理、及时发布，为社区居民提供实时服务。第二，加快推进智慧社区安全管理。按照《北京市智慧社区指导标准（试行）》中所提出的要求，在社区安装可视对讲、安保监控、门禁等安全技防设备。积极探索车辆智能化管理，包括智能车辆出入管理、车位信息动态感知、车位引导等。社区居民能实时获知极端天气预警、应急避难场所、民防设施地理位置等方面信息。第三，加快推进智慧社区安居管理。探索在居民楼、商务楼宇安装烟雾火灾报警设备，能识别火灾并与消防系统联动。探索在居民楼、商务楼宇安装燃气报警设备。积极探索水、电、气的远程抄表。积极探索智能家电控制。积极探索有毒有害气体检测预警。

北京市通过智慧社区建设，着力打造社区基础设施高端化、政府服务协同化、社区管理智能化、公共服务网络化、居民生活现代化、社区服务集成化，为居民提供更加安全、便利、舒适、愉悦的生活环境，让居民生活更智慧、更幸福、更安全、更和谐、更文明。

第五章

社区基本公共服务财政投入及其效益

社区既是社会基本单元，也是城乡基层社会管理和公共服务的基本单元，是国家基本公共服务以及各项政府公共服务的传递平台。社区基本公共服务是政府主导、依托社区向居民提供的公共服务，是国家基本公共服务在城乡基层的实现形式，是增强居民社会认同感、促进社会和谐稳定的重要手段。向社区居民提供基本公共服务是转变政府职能、依法履行政府职责的需要。

《国家基本公共服务体系“十二五”规划》明确界定了基本公共服务的概念和范围，指出：“基本公共服务，指建立在一定社会共识基础上，由政府主导提供的，与经济社会发展水平和阶段相适应，旨在保障全体公民生存和发展基本需求的公共服务。享有基本公共服务属于公民的权利，提供基本公共服务是政府的职责。”“基本公共服务范围，一般包括保障基本民生需求的教育、就业、社会保障、医疗卫生、计划生育、住房保障、文化体育等领域的公共服务，广义上还包括与人民生活环境紧密关联的交通、通信、公用设施、环境保护等领域的公共服务，以及保障安全需要的公共安全、消费安全和国防安全等领域的公共服务。”

在社区公共服务建设中，北京市始终把基本公共服务放在最优先位置，坚持以保障和改善民生、保障社区居民生存和发展基本需求作为出发点和立足点，从社区居民日常最关心、利益最直接、需求最迫切的事情着手，不断加大财政投入，加强社区公共服务平台建设和专业人才队伍建设，构建起制度化、规范化的社区基本公共服务体系，增强社区基本公共服务能力，取得了显著的社会效益[①]，为社区公共服务制度化、规范化和“北京模式”的高效运行提供了切实保障。

第一节　社区基本公共服务财政支持政策

社区基本公共服务财政支持政策是实现加强社区建设“社会共识”的关键举措，是政府把改善和保障民生的执政理念转化为服务社区居民的实际效益的具体体现。改革开放以来，特别是近十多年来，北京市国民经济持续高速发展，城市建设达到历史上最好水平。2009 年，北京市人均 GDP 已经突破 1 万美元。[②] 经济的快速发展和整体实力的增强为转变政府职能、加强以改善民生为重点的社区基本公共服务建设奠定了重要的物质基础。与此同时，北京市从建设服务型政府和满足社区居民基本公共服务需求出发，先后出台了一系列推进政府公共服务进社区和加强社区公共服务体系建设的财政支持政策，不断加大社区基本公共服务财政支持力度，为增强社区基本公共服务能力提供了重要的保障。

一、社区公共服务建设相关政策及其财政支持规定

北京市在推进政府公共服务进社区，实现政府行政职能与社区自治相衔接的同时，明确以社区居民服务需求为导向来提供政府公共服务，同

① 与企业投入侧重经济效益并通过利润率或资金回报率来衡量资金使用效益不同，政府在社区基本公共服务方面的财政投入取之于民，用之于民，其资金使用更侧重于社会效益。因此，我们把政府财政投入所产生的效益界定在社会效益方面，主要指政府从保障和改善民生出发，落实社区基本公共服务项目，加强社区管理和公共服务平台建设，运用有限的财政资源最大限度地满足社区居民的基本公共服务需求，为社区建设和发展做出的积极贡献。

② 根据《北京市 2009 年国民经济和社会发展统计公报》，截至 2009 年底，按常住人口计算，全市人均地区生产总值（GDP）达到 68 788 元（按年平均汇率折合 10 070 美元）。

时，为政府履行公共服务职能提供财政支持。北京市政府规定，凡属政府事权范围内的事项，原则上由政府投入；凡依法应由社区协助的事项，政府部门应当为社区提供必要的经费和工作条件；对社区组织能够实施且有优势的公共服务，政府部门应按照“权随责走、费随事转”的原则，委托社区组织承担，并落实相应的工作经费和人员保障。通过上述财政安排，实现财权与事权相一致、责权利相统一，构建与政府事权下移相对应的财政支持体制机制，强化财政投入与社区基本公共服务的综合配套，着重解决财政支持不到位、财政支持力度弱、财政投入过于粗放等方面的问题，把政府向社区居民提供基本公共服务的职责真正落到实处。

北京市支持社区基本公共服务的财政政策具有连贯性、持续性和一致性。研究发现，近十多年来，北京市先后出台的与社区公共服务有关的财政政策虽然侧重点各有不同，但是，政府依托社区推进公共服务建设、改善和保障民生的目标始终一致，而且，随着北京市经济快速发展，政府支持社区公共服务建设的力度也在不断加大，各项财政政策前后衔接，保持了高度的连贯性和持续性，使政府改善和保障民生的各项举措能够真正付诸实施。

表5—1对近十多年来北京市出台的社区公共服务建设政策文件及其相关财政支持规定进行了梳理，从中可以了解到北京社区公共服务建设的发展进程以及相关财政支持政策随着社区发展而不断深化和细化的基本情况。

表5—1　　北京市社区公共服务建设政策文件及其相关财政支持规定

序号	政策文件名称	发布时间	支持社区公共服务建设的财政政策规定
1	《中共北京市委、北京市人民政府关于推进城市社区建设的意见》	2001年	建立多元化社区建设筹资机制。逐步增加政府的社区建设投入，并列入各级财政预算
2	《中共北京市委、北京市人民政府关于建设和谐社区和谐村镇的若干意见》	2005年	加大公共财政对建设和谐社区、和谐村镇的支持力度。健全财政转移支付和专项补助制度，增加公共财政对义务教育、公共卫生、公共文化体育、社会保障等公共服务领域的投入，重点向郊区农村倾斜
3	《北京市加强社会建设实施纲要》	2008年	继续加大公共服务投入，更好地发挥公共财政作用。坚持城乡统筹，加快农村基础设施和公共服务项目建设，缩小城乡差距，努力实现基本公共服务均等化

续前表

序号	政策文件名称	发布时间	支持社区公共服务建设的财政政策规定
4	《北京市社区管理办法（试行）》	2008年	加大社区建设经费投入。按照“费随事转”的原则，凡属政府事权范围内的事项，原则上由政府投入。下列社区建设经费纳入政府财政年度预算管理：社区党组织、社区居委会和社区服务站的工作经费，社区工作者的工资、福利待遇，社区服务设施建设管理、运营、维护等经费，社区信息网络建设及管理、运营、维护等经费。落实社区公益事业专项补助资金。建立社区建设经费增长机制，适当增加对财力相对薄弱区（县）的转移支付
5	《北京市社区工作者管理办法（试行）》	2008年	社区工作者待遇经费由区（县）财政负担
6	《北京市关于推进社区规范化建设试点工作的实施方案》	2009年	规范社区经费投入。将社区服务设施配套纳入城市基础设施建设规划，区县政府承担社区办公和服务用房项目建设主体责任。适当提高试点社区公益事业专项补助资金拨付标准
7	《北京市社区基本公共服务指导目录（试行）》	2010年	强化市、区（县）政府部门在社区基本公共服务中的主体地位和主导作用，保障资金投入，促进社区服务各项工作的落实。凡依法应由社区协助的事项，政府部门应当为社区提供必要的经费和工作条件；对社区组织能够实施且有优势的公共服务，政府部门应按照“权随责走、费随事转”的原则，委托社区组织承担，并落实相应的工作经费和人员保障
8	《中共北京市委关于加强和创新社会管理全面推进社会建设的意见》	2011年	进一步加大社会建设资金保障力度，切实保障社会建设资金需求。整合存量资金，优化增量安排，提高资金使用效益。健全社会建设专项资金投入和管理机制
9	《北京市“十二五”时期社会建设规划纲要》	2011年	优化整合存量资金，不断加大财政投入力度，将社会建设资金纳入各级财政预算予以保障，为实施规划和完成目标任务提供有力的财政资金保障

续前表

序号	政策文件名称	发布时间	支持社区公共服务建设的财政政策规定
10	《关于加强城乡结合部社区建设工作的意见》	2011 年	切实加大社区经费投入。参照城市社区的标准和办法，建立社区工作经费保障机制，将社区工作者的培训、选聘以及工资、福利待遇，社区办公经费，社区信息网络建设及管理、运营、维护等经费全部纳入区县政府年度财政预算管理，落实社区公益事业专项补助资金
11	《北京市市级社会建设专项资金管理办法（试行）》	2012 年	北京市社会建设专项资金来源为市级财政性资金，在市级部门预算之外安排，专项用于加强首都社会建设工作
12	《关于在全市推进智慧社区建设的实施意见》	2012 年	对智慧社区建设所需经费，应列入财政预算并建立动态保障机制

二、社区公共服务财政支持政策的演进过程

北京市社区基本公共服务财政支持政策对于北京社区公共服务建设的健康发展发挥了举足轻重的作用，其政策轨迹呈现出逐渐演进和不断深化的特点。

随着北京社区公共服务建设的不断发展，各项财政支持政策也在不断深化和细化。这充分表明，北京市在城市建设和国民经济快速发展的同时，一直在不断加大财政资金对以保障和改善民生为重点的社区基本公共服务建设的支持力度，其财政支持政策不仅具有连贯性和持续性，而且财政资金投放也具有较强的目标匹配性和针对性，具体表现在：第一，政府出台的各项社区公共服务建设财政支持政策相互衔接，政策目标和措施前后一致，而且呈现逐步递进、不断深化的趋势；第二，政府在社区公共服务建设中的责任越来越明确，财政支持社区公共服务的方向越来越清晰；第三，社区基本公共服务在政府主导的公共服务体系中的地位越来越重要，政府在加大财政资金投放力度的同时，越来越注重社区基本公共服务项目与社区居民服务需求的匹配性，与此同时，政府的财政支持政策在引

导社区公共服务健康发展中所发挥的积极作用也越来越凸显出来。

2001年，北京市根据《中共中央办公厅、国务院办公厅关于转发〈民政部关于在全国推进城市社区建设的意见〉》（中办发〔2000〕23号）制定了《中共北京市委、北京市人民政府关于推进城市社区建设的意见》，对社区治安、社区服务、社区卫生、社区文化、社区环境等各项社区建设提出具体要求，同时要求“逐步增加政府的社区建设投入，并列入各级财政预算”。

2005年8月，北京市发布《中共北京市委、北京市人民政府关于建设和谐社区和谐村镇的若干意见》，在全国率先提出把政府社会管理与公共服务的职能落实到基层①，推进面向基层、覆盖城乡、功能完善、布局合理的公共服务体系建设。与此同时，北京市明确要求加大公共财政对建设和谐社区、和谐村镇的支持力度，政府财政支持范围包括就业服务体系、社会保障体系、公共卫生和基本医疗服务体系、公共教育体系、公共文化服务体系、基层社会治安防控体系等和谐社区、和谐村镇建设中所涉及的公共服务体系建设，并提出一系列具体措施，主要包括：第一，健全财政转移支付和专项补助制度，增加公共财政对义务教育、公共卫生、公共文化体育、社会保障等公共服务领域的投入，重点向郊区农村倾斜；第二，由市区两级财政建立起社区居委会经费保障制度和村委会工作经费保障制度，保证社区和村级组织开展工作需要的办公经费、活动经费、培训经费；第三，采取多种措施，解决社区居委会办公和开展活动的用房问题，为城乡基层组织创造基本的工作条件；第四，建立健全对社区和村级组织发展公益事业的专项补助制度，采取项目管理办法，支持城乡基层组织开展公益事业，提高基层构建和谐社会的能力；第五，通过健全监督机制，保证政府对城乡基层自治组织的投入发挥更大的作用。

2008年9月，北京市利用成功举办第29届奥运会的有利时机，乘势而上，大力加强社会建设，制定并发布了包括《北京市加强社会建设实施

① 2006年国务院出台《关于加强和改进社区服务工作的意见》（国发〔2006〕14号），民政部于2009年下发《关于进一步推进和谐社区建工作的意见》（民发〔2009〕165号）。相比较而言，北京市提出在社区基层落实政府社会管理和公共服务职能，推进和谐社区、和谐村镇建设的政策比国务院和国家民政部提出的相关政策要早一些。与其他地区相比，北京市社区公共服务建设也一直走在全国前列。

纲要》《北京市社区管理办法（试行）》《北京市社区工作者管理办法（试行)》等在内的一系列社会建设政策文件，把社区基本公共服务建设作为社区建设和社会建设的重要基础，继续推进政府公共服务进社区，强化政府公共服务职能，促进政府职能部门、街道办事处工作与社区工作的有效衔接，大力推进社区就业服务、社会保障服务、救助服务、公共卫生和计划生育服务、文化教育体育服务、公益法律服务、流动人口管理服务、治安服务以及环境绿化美化服务等公共服务体系建设，使政府公共服务覆盖社区。与此同时，北京市要求依法加大社区建设经费投入。《北京市社区管理办法（试行)》规定："按照'费随事转'的原则，凡属政府事权范围内的事项，原则上由政府投入。"同时，要求将下列社区建设经费纳入政府财政年度预算管理：（1）社区党组织、社区居委会和社区服务站的工作经费；（2）社区工作者的工资、福利待遇；（3）社区服务设施建设管理、运营、维护等经费；（4）社区信息网络建设及管理、运营、维护等经费。落实社区公益事业专项补助资金。建立社区建设经费增长机制，适当增加对财力相对薄弱区（县）的转移支付。

从 2009 年初起，北京市在全市社区开展社区规范化建设试点。根据《北京市加强社会建设实施纲要》《北京市社区管理办法（试行)》《北京市社区工作者管理办法（试行)》等文件精神，制定了《北京市关于推进社区规范化建设试点工作的实施方案》，进一步明确政府基本公共服务职责范围和社区公共服务事项，并就社区经费投入的规范化做出具体规定。其政策要点主要包括：（1）将社区服务设施配套纳入城市基础设施建设规划，区县政府承担社区办公和服务用房项目建设主体责任。按照市、区（县）两级共同负担的原则，投入必要的资金，对符合市政府固定资产投资支持范围项目，原则上给予一定的市级资金补助，以促进实现试点社区办公和服务用房面积达标。社区办公和服务用房建设达标后，由区县政府按照全市社区服务设施设备配置统一要求，根据本区县资金资产管理实际情况及相关经费标准，结合实际需要购置或调配相关必要设备。（2）适当提高试点社区公益事业专项补助资金拨付标准，加大对试点社区举办公益事业的支持力度。补助资金应主要用于试点社区按照试点工作要求，通过项目购买、项目补贴、项目奖励等形式，大力开展社区困难群体帮扶、助老、助托、助残等居民急需的服务项目；积极培育发展社区社会组织，以及全面开展社区公益事业活动所需要的活动场地、活动器械、活动宣传、活动奖品、活动劳务等费用。规范和完善社区公益事业专项补助资金的使用管理。各区县可根据本区县社区公益事业开展实际情况，在遵守有关财务会计管理制度的情况下，设计符合本地区经济社会特点的资金管理流程。(3) 试点社区的办公经费按照不少于每户 50 元的标准核定，各区县应结合本地区实际，研究制定合理的办公经费使用办法，明确经费使用主体，确保社区党组织、社区居委会、社区服务站的会议费、办公用品购置费、学习培训费、水电气暖费、电话费、报刊订阅费等日常经费支出有可靠的资金保障。(4) 社区工作者的工资、福利待遇，社区信息网络建设及管理、运营、维护等经费全部纳入区县政府年度财政预算管理，并足额拨付。社区协助完成上级行政部门有关工作事项所需经费，按照“费随事转”原则，由相关部门转移拨付。

2010 年 8 月，北京市发布并实施《北京市社区基本公共服务指导目录(试行)》，明确政府向社区居民提供社区就业服务、社区社会保障服务、社区社会救助服务、社区卫生和计划生育服务、社区文化教育体育服务、社区流动人口和出租房屋服务、社区安全服务、社区环境美化服务、社区便利服务、其他服务等 10 大类 60 项基本公共服务（即“1060”工程），同时，与每一类、每一项目相对应，明确政府主要责任部门，并规定“市、区县政府主责部门是社区基本公共服务的提供者、规划者和管理者，要根据各自职能，强化在基本公共服务中的主体地位和主导作用，制定推进计划，完善政策措施，保障资金投入，加强行业监管，促进社区服务各项工作的落实”。在社区基本公共服务建设资金投入方面，凡依法应由社区协助的事项，政府部门应当为社区提供必要的经费和工作条件；对社区组织能够实施且有优势的公共服务，政府部门应按照“权随责走、费随事转”的原则，委托社区组织承担，并落实相应的工作经费和人员保障。

2011 年 6 月，中共北京市委十届九次全会通过《中共北京市委关于加强和创新社会管理全面推进社会建设的意见》，要求在社会建设中强化政府职责，“各级政府要按照转变职能、理顺关系、优化结构、提高效能、依法行政的要求，健全职责体系，完善工作职能，加快推进法治政府和服务型政府建设，依法加强社会管理，有效提供基本公共服务”。同时，进一步加大社会建设资金保障力度，切实保障社会建设资金需求。整合存量资金，优化增量安排，提高资金使用效益。健全社会建设专项资金投入和管理机制，发挥引导和激励作用，优化资金管理使用。加强资金监管和审计监督，促进资金安全高效使用。发挥财政资金引导和推动作用，吸引社会资金参与社会建设。

2011 年 9 月，北京市发布《关于加强城乡结合部社区建设工作的意见》，要求加快推进城乡社区建设一体化，“使城乡居民都能够享受到均等的基本公共服务。到 2013 年底，城乡结合部 50 个重点村基本实现城市社区服务管理模式或村庄社区化管理模式；力争到 2015 年，目前的城乡结合部地区所有社区（村）基本实现城市社区服务管理模式”。同时要求切实加大社区经费投入。参照城市社区的标准和办法，建立社区工作经费保障机制，将社区工作者的培训、选聘以及工资、福利待遇，社区办公经费，社区信息网络建设及管理、运营、维护等经费全部纳入区县政府年度财政预算管理，落实社区公益事业专项补助资金。新建社区应由区县政府按照全市社区服务设施设备配置统一要求，根据本区县资金资产管理情况及相关经费标准，结合实际需要购置或者调配相关必要设备。社区办公经费按照每户 50 元标准核拨，主要用于办公用品购置费、学习培训费、水电气暖费、电话费、报刊订阅费等日常经费支出。管辖区域较大、服务对象较多或办公和服务用房较大的社区（村）可结合区县财力及实际情况，适当提高拨付标准；对原集体经济薄弱或者债务较重的社区（村），加大财政保障力度，确保这些社区（村）工作正常运转。

2011 年 12 月，北京市政府发布《北京市“十二五”时期社会建设规划纲要》，对“十二五”时期北京市社会建设的各项工作做出战略部署，进一步明确政府提供基本公共服务、加强社区基本公共服务建设的职责，同时，要求加大财政保障力度，“优化整合存量资金，不断加大财政投入力度，将社会建设资金纳入各级财政预算予以保障，为实施规划和完成目标任务提供有力的财政资金保障”。

2012 年 8 月，北京市财政局、中共北京市委社会工作委员会、北京市社会建设工作办公室联合发布《北京市市级社会建设专项资金管理办法（试行）》，明确北京市社会建设专项资金来源为市级财政性资金，在市级部门预算之外安排，专项用于加强首都社会建设工作。同时，从管理职责、支付范围和方式、预算管理、监督和检查等方面对社会建设专项资金管理做出了明确规定。

2012年9月，北京市发布《关于在全市推进智慧社区建设的实施意见》，根据《智慧北京行动纲要》《北京市“十二五”时期社会建设信息化工作规划纲要》和《北京市“十二五”期间社区信息化建设指导意见》等文件精神对智慧社区建设做出部署，要求市、区（县）各级政府从社区居民身边最关心、最直接、最迫切需求的事情入手，推进智慧社区基础设施建设、智慧社区服务体系建设和智慧社区管理体系建设，逐步形成覆盖全市社区的智慧社区基础设施网络，加快形成更加智能高效便民的服务体系，形成更加安全高效全面的社区管理服务体系。与此同时，北京市要求市、区（县）各级政府“对智慧社区建设所需经费，应列入财政预算并建立动态保障机制。同时，要充分发挥市场机制的基础性作用，积极引导和鼓励企业及其他社会力量积极参与智慧社区建设，并积极探索政府搭台、企业运作、社会参与、群众受益的多方投入机制”。

第二节　社区基本公共服务财政投入的构成

社区基本公共服务是政府主导、依托社区向居民提供的公共服务，是国家基本公共服务在城乡基层的实现形式，是具有公共性、基础性和均等性的公共产品。政府是社区基本公共服务的提供主体，政府的财政投入是社区基本公共服务最主要的资金来源。考察社区基本公共服务财政投入的构成是进一步了解政府财政投入的具体方向和内容，科学评估社区基本公共服务财政投入所产生的社会效益的重要手段。

一、社区基本公共服务财政投入的两个部分

在北京市社区基本公共服务财政投入基本框架中，社区基本公共服务财政投入主要包括两个部分：

第Ⅰ部分：由市、区（县）政府根据已经形成的社会共识、经济社会

发展水平、社区居民基本公共服务需求等情况依法确定社区基本公共服务范围和类型，针对社区基本公共服务项目提供的财政性资金。

第Ⅱ部分：市、区（县）政府以社区为依托，为社区管理和公共服务平台建设提供的财政性资金。

这两部分财政投入所产出的公共产品性质是一样的，都是公共性、基础性和均等性的公共产品。不过，对于社区居民来说，他们从这两部分财政投入中所得到的公共产品内容有一定区别。在第Ⅰ部分财政投入中，属于社区基本公共服务受益范围的社区居民是社区基本公共服务的接受者，他们从政府提供的公共产品中直接受益，从这个意义上说，这部分财政投入可以看作社区居民直接受益部分；在第Ⅱ部分财政投入中，全体社区居民通过社区管理和公共服务平台建设间接受益，这部分财政投入可以看作社区居民间接受益部分。

实际上，无论是社区居民直接受益部分的财政投入，还是社区居民间接受益部分的财政投入，对于社区基本公共服务建设来说都具有同等重要的意义。如果没有政府对社区管理和公共服务平台建设的投入，那么，政府提供社区基本公共服务就缺少可以依托的服务平台，社区居民获得基本公共服务也将存在更多困难。因此，政府对社区基本公共服务财政投入的两个部分是相辅相成的，二者缺一不可。

为了提高社区公共服务水平，使社区居民得到更多、更好的服务，近年来，北京市对社区基本公共服务居民直接受益部分和间接受益部分都加大了财政投入。在社区居民间接受益部分，北京市加快推进社区规范化建设，构建社区党组织、社区居委会、社区服务站“三位一体”的社区工作模式，打造规范化、标准化的社区公共服务平台，为提供优质的社区服务创造条件；在社区居民直接受益部分，北京市加快推进社区公共服务城乡一体化，提出 10 大类 60 项社区基本公共服务项目，不断充实社区基本公共服务项目的内容，使社区基本公共服务能够最大限度满足居民的服务需求。

图 5—1 是根据近年来北京市社区公共服务建设情况构建的社区基本公共服务财政投入基本框架。这个框架涵盖了社区基本公共服务财政投入的第Ⅰ部分（社区基本公共服务项目）和第Ⅱ部分（社区管理和公共服务平台建设）。政府财政支持体系既参与社区居民直接受益的社区基本公共服

务项目建设，为满足社区居民多种类型的基本公共服务需求提供相应的财政支持，也参与社区居民间接受益的社区管理和公共服务平台建设，为实施社区基本公共服务项目创造更好的条件。

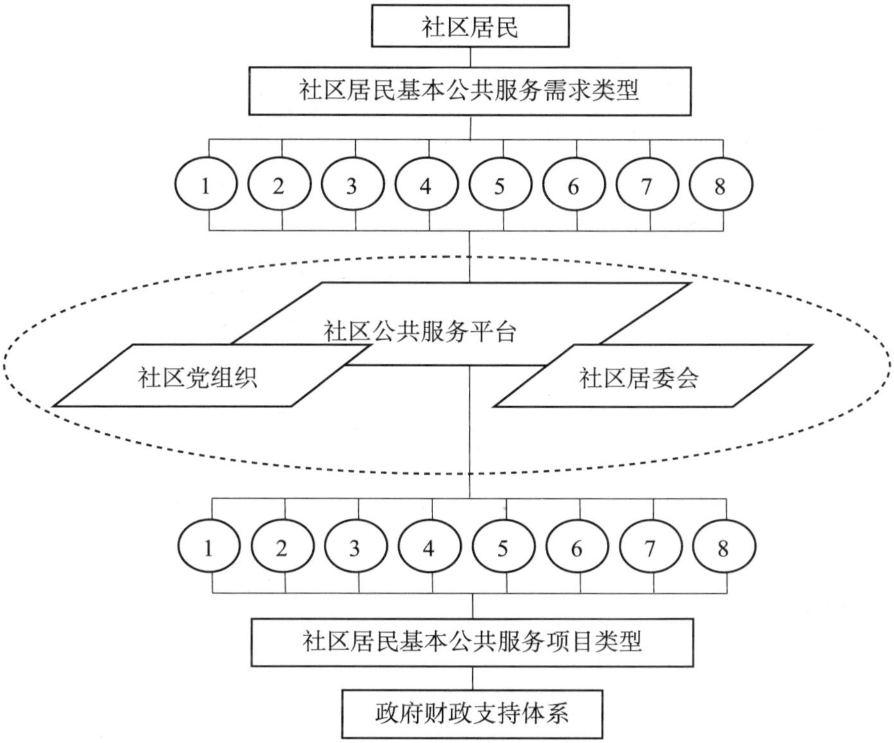

图 5—1　社区基本公共服务财政投入基本框架

说明：图中 1，2，3，…，7，8 分别代表不同类型的基本公共服务需求与相应的财政投入。

从图 5—1 可以看出，政府财政支持体系为提供社区居民基本公共服务而进行的财政投入具有多种类型，因而政府向社区居民提供的社区基本公共服务也有多种类型。一般情况下，这些以社区基本公共服务形式出现的多种类型的公共产品需要依托社区公共服务平台向社区居民提供。另一方面，根据已经形成的“社会共识”，社区居民有依法享受基本公共服务的权利，但是，每个社区居民的社会角色不同，他们所享有的基本公共服务内容也不一样，因而，整个社区存在多种类型的基本公共服务需求。社区组织对社区居民的社会角色以及他们的基本公共服务需求情况能够掌握比较全面的信息，因此，由社区公共服务平台向社区居民提供基本公共服务可以更好地满足社区居民的服务需求。

二、第Ⅰ部分财政投入：社区基本公共服务项目

第Ⅰ部分财政投入是北京市根据有关法律、法规和政策为实施社区基本公共服务项目而提供的财政性资金，是社区基本公共服务建设中最主要的财政投入。这部分财政投入属于社区居民直接受益的财政投入范畴。

根据北京市各区县调查统计，截至2009年底，全市社区公共服务主要包括老年服务、助残服务、救助服务、就业与社保服务、少年儿童与妇女维权服务、医疗卫生与计划生育服务、文化教育体育服务、治安防控、法律援助、环境卫生及公共设施保障服务、生活便利服务、其他服务等12类260项，其中，老年服务31项、助残服务25项、救助服务16项、就业与社保服务24项、少年儿童与妇女维权服务18项、医疗卫生与计划生育服务37项、文化教育体育服务25项、治安防控20项、法律援助9项、环境卫生及公共设施保障服务20项、生活便利服务29项、其他服务6项。

在这些社区公共服务项目中，由政府有关部门提供的有55项，占21%；由事业单位提供的有57项，占22%；由社区居委会和服务站提供的有87项，占34%；由企业提供的有32项，占12%；由社会组织提供的有20项，占8%；由志愿者提供的有9项，占3%（如图5—2所示）。

从社区公共服务经费来源方面看，政府全额支付的185项，占71%；政府补贴的21项，占8%；个人全额付费的34项，占13%；志愿服务的11项，占4%；社会捐助的7项，占3%；社保等专项基金2项，占1%（如图5—3所示）。

上述调查结果表明，北京市社区公共服务的提供主体主要是政府部门、事业单位和社区组织，企业、社会组织和志愿者也参与到社区公共服务提供中来。社区公共服务资金来源主要是政府财政资金，除此之外，个人、社会捐助、社保等专项基金以及志愿服务也为社区公共服务提供了一定的资金来源。

从北京市社区公共服务提供主体和资金来源来看，社区公共服务项目大部分属于政府出资提供的社区基本公共服务，也有少部分不属于社区基

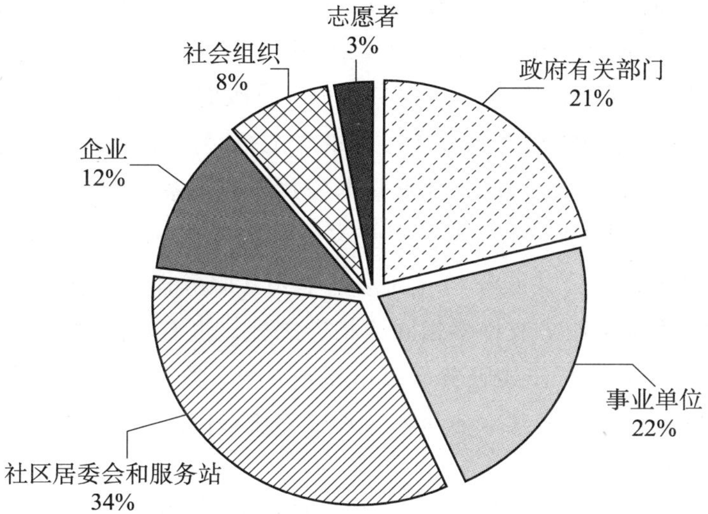

图 5—2　社区公共服务项目提供主体的构成

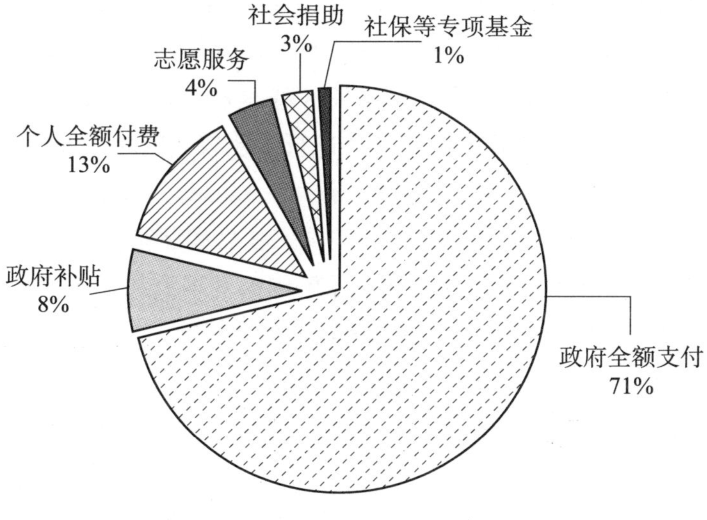

图 5—3　社区公共服务资金来源结构

本公共服务范畴。

北京市在充分调查基础上，结合本市实际，研究制定了包含 10 大类 60 项社区基本公共服务项目的《北京市社区基本公共服务指导目录（试行）》。目前，北京市社区基本公共服务第Ⅰ部分财政投入主要涉及《北京市社区基本公共服务指导目录（试行）》中由政府出资向社区居民提供的服务项目和服务内容。这些服务项目“每一个服务内容都有市级以上的政策依据”[①]，是根据本市已经形成的社会共识、经济社会发展水平和社区居民服务需求依法确定的社区基本公共服务，是政府出资提供的公共产品。

《北京市社区基本公共服务指导目录（试行）》于2010年8月30日发布并实施，比国务院提出的《国家基本公共服务体系“十二五”规划》早了两年。北京市根据《北京市社区基本公共服务指导目录（试行）》向社区居民提供的基本公共服务与《国家基本公共服务体系“十二五”规划》所确定的基本公共服务有许多相同或相近之处，也有不同之处，但总体来说，北京市社区基本公共服务涵盖范围更广[②]，类型更多，内容更丰富。北京社区居民所享受的基本公共服务水平要比全国平均水平更高，政府的财政投入也要更多一些。

表5—2将基本公共服务划分为劳动就业服务、社会保障服务、基本社会服务、基本医疗卫生服务、人口和计划生育服务、基本公共教育服务、公共文化体育服务、流动人口服务、基本住房保障服务、公共安全服务、环境美化服务、公用设施服务等12种服务类型，分别列出了国家基本公共服务项目（表中的“国家项目”）和北京市社区基本公共服务项目（表中的“北京社区项目”），并对这二者的异同之处进行了比较。同时，表5—2还根据《国家基本公共服务体系“十二五”规划》和《北京市社区基本公共服务指导目录（试行）》的有关规定，对每一类国家项目和北京社区项目财政投入的责任划分进行了全面梳理，从中可以了解国家基本公共服务和北京市社区基本公共服务中第Ⅰ部分财政投入支出责任的落实情况。

① 中共北京市委社会工作委员会、北京市社会建设工作办公室编：《北京社会建设年鉴2011》，395页，北京，北京出版社，2011。

② 基本公共服务范围有狭义和广义之分。狭义上的基本公共服务一般包括保障基本民生需求的教育、就业、社会保障、医疗卫生、计划生育、住房保障、文化体育等领域的公共服务，广义上还包括与人民生活环境紧密关联的交通、通信、公用设施、环境保护等领域的公共服务，以及保障安全需要的公共安全、消费安全和国防安全等领域的公共服务。《国家基本公共服务体系“十二五”规划》为突出体现“学有所教、劳有所得、病有所医、老有所养、住有所居”的要求，将基本公共服务的范围确定为公共教育、劳动就业服务、社会保障、基本社会服务、医疗卫生、人口计生、住房保障、公共文化等领域的基本公共服务，属于狭义基本公共服务范畴。《北京市社区基本公共服务指导目录（试行）》从满足社区居民基本需求出发，将社区基本公共服务范围确定为就业服务、社会保障服务、社会救助服务、卫生和计划生育服务、文化教育体育服务、流动人口和出租房屋服务、安全服务、环境美化服务、便利服务和其他服务等，包括了部分广义基本公共服务的内容，但不包括狭义基本公共服务中的基本住房保障。

表 5—2　　北京社区基本公共服务项目与国家项目比较

服务类型	国家项目	北京社区项目	二者异同之处	财政投入的责任划分
劳动就业服务	就业服务和管理、创业服务、就业援助、职业技能培训和技能鉴定、劳动关系协调、劳动保障监察、劳动人事争议调解仲裁	社区劳动就业咨询服务、社区职业介绍服务、社区就业困难人员再就业服务、社区“零就业家庭”就业帮扶服务、社区自主创业就业服务	服务内容大致相同，但北京市将职业技能培训列入社区教育项目，没有在社区安排技能鉴定、劳动关系协调、劳动保障监察、劳动人事争议调解仲裁	国家明确由地方负责。北京市明确由市人力社保局负责
社会保障服务	基本养老保险项目，包括职工基本养老保险、新型农村社会养老保险、城镇居民社会养老保险；基本医疗保险项目，包括职工基本医疗保险、新型农村合作医疗、城镇居民基本医疗保险；失业、工伤和生育保险项目，包括失业保险、工伤保险、生育保险	社区老年人（残疾人）居家养老服务、社区老年人（残疾人）就餐送餐服务、社区老年人（残疾人）出行服务、社区老年人（残疾人）精神关怀服务、社区老年人（残疾人）电子辅助服务、社区老年人（残疾人）优待服务、社区残疾人温馨家园服务、社区残疾人无障碍设施建设服务、社区老年人信息档案服务、社区企业退休人员服务、社区托老（残）服务	北京市社区项目基本不涉及各类社会保险，而是侧重于老年人服务和残疾人服务。国家项目将残疾人基本公共服务单列出来作为基本公共服务的一类	国家对各类保险缴费比例、政府补贴或财政补助部分做出规定。北京市明确由市民政局、人力社保局、残联、卫生局、商务委、规委、住建委等部门负责
基本社会服务	社会救助项目，包括最低生活保障、自然灾害救助、医疗救助、流浪乞讨人员生活救助、流浪未成年人救助保护；社会福利项目，包括孤儿养育保障、农村五保供养、殡葬补贴；基本养老服务项目，包括基本养老服务补贴；优抚安置项目，包括优待抚恤、重点优抚对象集中供养、退役军人安置	社区低保人员救助服务、社区特殊群体帮扶服务、社区临时救助服务	二者名称有别，内容大致相同。北京市社区项目没有“基本社会服务”这一类，而是将“社区社会救助服务”作为一类，同时将基本养老服务纳入社区社会保障服务中。此外，北京市社区项目没有优抚安置一项	国家明确主要由地方政府负责，少数项目由中央和地方共同负责，或中央财政适当补助。北京市明确由市民政局、人力社保局、残联、流管办、团委等部门负责

续前表

服务类型	国家项目	北京社区项目	二者异同之处	财政投入的责任划分
基本医疗卫生服务	基本公共卫生服务项目，包括居民健康档案、健康教育、预防接种、传染病防治、儿童保健、孕产妇保健、老年人保健、慢性病管理、重性精神疾病管理、卫生监督协管；药品供应和安全保障项目，包括基本药物制度、药品安全保障	社区公共卫生和基本医疗服务、社区居民健康档案服务、社区居民转诊服务、社区急救保健服务	国家项目将基本医疗卫生单列，北京市将社区卫生和计划生育合并作为一类。北京市社区卫生项目不包括药品供应和安全保障项目	国家明确除药品安全保障由中央和地方共同负责外，其他项目由地方政府负责，中央财政适当补助。北京市明确由市卫生局负责
人口和计划生育服务	计划生育服务项目，包括技术指导咨询、临床医疗服务、再生育技术服务、宣传服务；计划生育奖励扶助项目，包括独生子女父母奖励、农村部分计划生育家庭奖励扶助、“少生快富”、计划生育家庭特别扶助	社区计划生育服务、社区独生子女家庭服务	国家项目将人口与计划生育单列，北京市将此项与社区卫生合并作为一类。北京市社区项目不包括计划生育奖励扶助项目	国家分别按项目明确中央、地方、企事业单位支出责任。北京市明确由市人口计生委负责
基本公共教育服务	九年义务教育项目，包括义务教育免费、寄宿生生活补助、农村义务教育学生营养改善；高中阶段教育项目，包括中等职业教育免费、中等职业教育国家助学金、普通高中国家助学金；学前教育项目，包括学前教育资助	社区教育培训服务、社区早教服务、社区中小学生社会实践服务、社区科普服务	国家项目包括学前教育、义务教育、高中阶段教育等幼儿及青少年基本公共教育。北京市社区项目侧重于成人教育，特别是职业技能培训方面，兼顾早教及学生社会实践。此外，北京市社区项目没有将社区教育单列，而是与社区文化体育合并作为一类	国家分别按项目明确中央和地方按比例分担，或地方政府负责，中央财政适当补助。北京市明确由市教委、宣传部、文明办、人口计生委、社会办、科委、科协等部门负责

续前表

服务类型	国家项目	北京社区项目	二者异同之处	财政投入的责任划分
公共文化体育服务	公益性文化服务项目，包括公共文化场馆开放、公益性流动文化服务；广播影视项目，包括农村广播电视、农村电影放映、少数民族语言广播影视、应急广播；新闻出版项目，包括公共阅读服务、民文出版译制、盲文出版；文化遗产展示项目，包括文化遗产展示门票减免；群众体育项目，包括体育场馆开放、全民健身服务	社区群众文化服务、社区居民阅览服务、社区体育设施建设服务、社区群众性体育组织建设服务、社区群众体育健身服务、社区居民体质测试服务、社区健身宣传培训服务	国家项目包括整个社会的公共文化体育。北京市社区项目侧重于社区范围内的公共文化体育服务	国家分别按项目明确中央和地方按比例分担，或地方政府负责，中央财政适当补助。北京市明确由市文化局、新闻出版局、体育局等部门负责
流动人口服务		社区流动人口信息采集登记服务、法规政策宣传服务、开具居住证明等服务、就业和维权服务、计划生育和服务流程告知等服务、社区内出租房屋信息采集登记、房屋租赁有关法规政策宣传	国家项目中没有单列此项目。北京市把“社区流动和出租房屋服务”单列作为一项	北京市明确由市综治办、流管办、人力社保局、人口计生委等部门负责
基本住房保障服务	廉租住房、公共租赁住房、棚户区改造、农村危房改造、游牧民定居		北京市社区项目没有安排此项	国家分别按项目明确中央、省、市、县各级政府责任

续前表

服务类型	国家项目	北京社区项目	二者异同之处	财政投入的责任划分
公共安全服务		社区治安状况告知服务、社区治安服务、社区矫正服务、社区帮教安置服务、社区禁毒宣传服务、社区青少年自护和不良青少年帮教服务、社区法律服务、社区消防安全服务、社区安全稳定服务、社区应急服务、社区警务设施和警力配备服务、社区物技防设施建设服务	国家项目中没有将此项纳入规划范围	北京市明确由市公安局、综治办、司法局、团委、教委、信访办、应急办、住建委等部门负责
环境美化服务		社区环境综合治理服务、社区绿化美化服务、社区环境保护服务（绿色社区创建）	国家项目中未包括此项，而是提出将此项目纳入环境保护专项规划	北京市明确由市政市容委、文明办、水务局、环保局、园林绿化局、城管执法局、宣传部、文明办、公安局等部门负责
公用设施服务		社区节能服务、社区市政公共设施建设服务（为社区提供天然气、煤气、宽带、有线电视、电话等市政公共设施，对出现问题的市政设施及时修补或更换）	国家项目中未包括此项，而是提出将此项目纳入交通运输、能源、邮政等专项规划	北京市明确由市发改委、政市容委、宣传部、经信委等部门负责

在《北京市社区基本公共服务指导目录（试行）》中，社区基本公共服务类型除了表5—2列出的社区就业服务、社区社会保障服务、社区社会救助服务、社区卫生和计划生育服务、社区文化教育体育服务、社区流动人口和出租房屋服务、社区安全服务、社区环境美化服务之外，还有社区

便利服务和其他服务两类，其中，社区便利服务包括社区便民商业服务、社区家政服务和社区代收代缴服务三个项目，主要由市商务委、民政局、社会办、人力社保局、妇联负责；其他服务包括社区心理咨询服务和社区信息网络服务两个项目，主要由市卫生局、社会办、民政局和经信委负责。

实际上，社区便利服务和其他服务是北京市社区多元化服务体系的重要组成部分，这两大类 5 个项目的服务是按市场化机制提供的服务，以社区居民个人付费为主，政府主要承担项目规划、服务指导和监督责任。除了政府根据有关政策对便民服务设施给予适当补助外，这些社区服务项目建设所需大部分资金还是以企业投资为主①，并不属于社区基本公共服务第Ⅰ部分财政投入范围。《北京市社区基本公共服务指导目录（试行）》中“社区便利服务”和“其他服务”这两类的相关服务项目应该根据其基本属性进一步细化为满足社区居民非基本公共服务需求的社区非基本公共服务，或满足社区居民非公共服务需求的社区非公共服务，因为在目前北京市经济社会发展阶段，这些服务项目还不具备均等化提供的条件，不属于社区基本公共服务范畴，政府并不承担为这些项目提供主要资金来源的财政投入责任。

三、第Ⅱ部分财政投入：社区管理和公共服务平台建设

第Ⅱ部分财政投入是北京市以社区为依托为社区管理和公共服务平台

① 北京市财政局、北京市商务局于 2007 年 3 月 21 日发布《关于调整〈北京市发展规范化社区菜市场补助资金管理实施办法〉的通知》（京财经一〔2007〕488 号），对 2006 年下发的《北京市发展规范化社区菜市场补助资金管理实施办法》进行了调整。新发布的《北京市发展规范化社区菜市场补助资金管理实施办法》第六条规定：“对符合资金支持条件的社区菜市场建设、改造项目所需资金，采取企业自筹为主，市财政一次性补助为辅的原则，根据社区菜市场经营蔬菜等农副产品部分的营业面积规模具体分为四种资金补助标准：（一）经营蔬菜等农副产品营业面积在 150～300 平方米（含 150 平方米）之间的，按不高于 10 万元的标准予以补助；（二）经营蔬菜等农副产品营业面积在 300～600 平方米（含 300 平方米）之间的，按不高于 20 万元的标准予以补助；（三）经营蔬菜等农副产品营业面积在 600～1 000 平方米（含 600 平方米）之间的，按不高于 40 万元的标准予以补助；（四）经营蔬菜等农副产品营业面积在 1 000 平方米（含 1 000 平方米）以上的，按不高于 50 万元的标准予以补助。”

建设提供的财政性资金。

北京市根据国家有关法律、法规和政策，结合本市实际，制定《北京市加强社会建设实施纲要》《北京市社区管理办法（试行）》《北京市社区工作者管理办法（试行）》《北京市关于推进社区规范化建设试点工作的实施方案》《北京市关于加强城乡结合部社区建设工作的意见》等政策文件，将社区建设经费纳入政府财政预算，通过财政投入为城乡社区管理和社区公共服务平台建设提供资金支持。这部分财政投入虽然不是直接用于居民身上，但是，这是开展社区基本公共服务建设不可或缺的，是社区基本公共服务财政投入的重要组成部分。有了这部分财政投入，政府部门就可以通过社区组织和社区公共服务平台将社区居民所需要的公共产品递送到社区，同时提高社区基本公共服务能力，以更高效率、更好的服务质量和水平使社区居民从中受益。

2009 年以来，北京市按照“一分、三定、两目标”的总体思路，从社区服务站建设、社区工作职能、社区运行机制、社区志愿服务、社区工作者管理、社区基础设施配置、社区经费投入等七个方面推进社区规范化建设，同时，围绕人、地、物、事、组织等社区管理和公共服务平台建设的关键要素提供必要的财政资金支持，为社区规范化建设提供财政保障，确保社区基本公共服务在落实过程中“有人办事、有钱办事、有地方办事”（见表 5—3）。

表 5—3 北京市社区管理和公共服务平台建设财政投入范围、标准和分担机制

社区管理和服务要素	财政投入范围	财政资金的主要用途	财政投入标准	财政投入的责任划分
人	社区工作者的工资、福利待遇	用于支付社区工作者的工资和相关福利待遇	社区党组织 1～3 人；社区居委会 5～9 人；社区服务站 1～3 人。社区工作者总体待遇不低于所在区县上年度全额拨款事业单位（不含教师）待遇水平	全部纳入区县政府年度财政预算管理，并足额拨付

续前表

社区管理和服务要素	财政投入范围	财政资金的主要用途	财政投入标准	财政投入的责任划分
地	社区服务设施建设管理、运营、维护等经费	社区服务设施配套纳入城市基础设施建设规划，经规划批准后用于社区办公和服务用房建设	原则上每个社区办公和服务用房不低于350平方米，其中社区服务站“一门式”办公面积不少于50平方米	市、区（县）两级政府共同负担，一般分担比例为25：75。区县政府承担社区办公和服务用房项目建设主体责任，符合市政府固定资产投资支持范围项目，原则上给予一定的市级资金补助
物	社区信息网络建设及管理、运营、维护等经费；社区办公和服务必要的设备购置费	用于社区信息网络建设及管理、运营、维护；用于购置社区办公和服务相关必要设备	由区县政府按照全市社区信息网络建设和服务设施设备配置统一要求，根据本区县资金资产管理实际情况及相关经费标准确定	全部纳入区县政府年度财政预算管理，并足额拨付
事	社区公益事业专项补助资金	主要用于社区通过项目购买、项目补贴、项目奖励等形式，开展社区困难群体帮扶、助老、助托、助残等居民急需的服务项目；培育发展社区社会组织，以及开展社区公益事业活动的活动场地、活动器械、活动宣传、活动奖品、活动劳务等费用	2 000户以下的社区每年15万元；2 000户以上的社区在每年15万元的基础上，每增加1户增加40元	市财政负担，适当增加对财力相对薄弱区（县）的转移支付。社区协助完成上级行政部门有关工作事项所需经费，按照“费随事转”原则，由相关部门转移拨付

续前表

社区管理和服务要素	财政投入范围	财政资金的主要用途	财政投入标准	财政投入的责任划分
组织	社区党组织、社区居委会和社区服务站的工作经费	社区党组织、社区居委会、社区服务站的会议费、办公用品购置费、学习培训费、水电气暖费、电话费、报刊订阅费等日常经费支出	按照不少于每户50元的标准核定，其中服务设施的供暖、水电、煤气、电信等费用按照当地居民使用价格标准支付	全部纳入区县政府年度财政预算管理，并足额拨付

从表5—3可以看出，北京市社区基本公共服务第Ⅱ部分财政投入主要围绕提供社区公共服务所必需的人、地、物、事、组织等五大要素或五个方面进行，每一方面都有明确的投入范围，对财政资金主要用途、投入标准和责任分担都有比较具体明确的规定。

1. 关于人这一要素的财政投入

北京市规定，社区工作者的工资、福利待遇全部纳入区县政府财政年度预算管理，并足额拨付。社区工作者总体待遇不低于所在区县上年度执行事业单位工资制度的全额拨款事业单位（不含教师）待遇水平。同时，按照社区规范化建设要求，核定社区工作者人数。社区党组织至少配备专职党建工作者1名，社区党组织书记、社区居委会主任“一肩挑”的社区，设1名专职副书记或专职党建工作者；党员人数100名以上（含100名）的社区，根据需要可适当增设专职党建工作者。社区居委会由主任1人、副主任1～2人、委员若干人共5～9人组成，1 000户以下的设置5人，1 000～2 000户的设置7人，2 000户以上的设置9人。社区服务站按照社区实有户数配备工作人员，原则上按每500户1人配备（1 500户以下的配备3人）。社区服务站一般设站长、副站长各1名，原则上专设，也可由社区党组织或社区居委会负责人兼任；社区党组织、社区居委会相关人员与社区服务站工作人员可视情况适度交叉任职。政府购买的社区社工岗位纳入社区服务站。总体上看，社区工作者人数一般为党组织1～3人，社区居委会5～9人，社区服务站1～3人。社区工作者工资、福利待遇根据不同岗位也有所区别。另一方面，由于不同区县之间经济发展水平和财政收入状况存在一定差异，区县之间社区工作者工资和福利待遇也有所不同。

2. 关于地这一要素的财政投入

北京市规定，社区服务设施建设管理、运营、维护等经费纳入政府财政年度预算管理。将社区服务设施配套纳入城市基础设施建设规划。以社区常住人口规模、地域面积和功能定位为基本依据，充分考虑新建社区与原有社区、中心地段社区与边缘地区社区、商务区与纯居住区的不同条件和不同需求，实行统筹兼顾、合理配置，确保社区办公和服务用房与住宅区建设、旧城改造同步规划、同步设计、同步检查验收、同步投入使用。采取新建、改扩建、购买以及落实配建指标、资源整合利用等多种方式，使社区的办公和服务用房达到350平方米左右。其中，社区服务站工作和服务用房相对独立使用，“一门式”服务用房面积不低于50平方米，其所在地应交通便利，居民居住相对集中，服务半径合理，便于服务开展和居民办事。建设具有医疗保健、体育健身、教育培训、为老服务等功能的其他公共服务设施和室内外文化活动场所，打造商业、生活、文体娱乐等方面的“一刻钟社区服务圈”，不断完善社区公共服务设施，使社区居民多层次、多样化、个性化需求基本得到满足。按照市、区两级共同负担的原则，对符合市政府固定资产投资支持范围项目，原则上给予一定的市级资金补助。市、区（县）两级政府分担比例一般为25∶75，区（县）政府承担社区办公和服务用房项目建设主体责任。对于财力比较薄弱的区（县），社区服务设施建设分担比例可以调整为50∶50，市政府财政与区（县）平均分担财政投入责任。

3. 关于物这一要素的财政投入

北京市规定，社区信息网络建设及管理、运营、维护等经费以及社区办公和服务必要的设备购置费全部纳入区县政府财政年度预算管理，并足额拨付。社区信息网络建设是推进社区信息化、建设数字社区的基础工程，要整合各类服务热线、呼叫热线、信息系统和资源，规范新建系统、调整在建系统、改进已建系统，加快互连互通，逐步实现“一网式”“一号式”服务，构建市、区（县）、街道（乡镇）、居委会四级社区工作信息化平台，同时，要加快推进信息亭、信息服务自助终端等设施建设，实现协同服务、便民利民。社区办公和服务用房建设达标后，由区县政府按照全市社区信息网络建设和服务设施设备配置统一要求，根据本区县资金资产管理实际情况及相关经费标准，结合实际需要购置或调配相关必要设备。社区办公和服务用房外部环境整洁、形象良好，逐步实现统一标识，内部区域清晰、安全方便、舒适美观，水、电、暖、卫、通信、信息网络等具备正常使用功能，配备能够满足工作需要的电脑、打印机、电话、传真机、复印机等办公设备。

4. 关于事这一要素的财政投入

北京市通过政府财政投入建立社区公益事业专项补助资金，并建立社区建设经费增长机制，增加市级财政对财力相对薄弱区（县）的转移支付，加大对社区举办公益事业的支持力度。补助资金主要用于社区按照规范化建设工作要求，通过项目购买、项目补贴、项目奖励等形式开展的社区困难群体帮扶、助老、助托、助残等居民急需的服务项目，培育发展社区社会组织，以及全面开展社区公益事业活动所需要的活动场地、活动器械、活动宣传、活动奖品、活动劳务等费用。同时，要求规范和完善社区公益事业专项补助资金的使用管理。各区县可根据本区县社区公益事业开展实际情况，在遵守有关财务会计管理制度的情况下，设计符合本地区经济社会特点的资金管理流程。

5. 关于组织这一要素的财政投入

北京市规定，社区党组织、社区居委会和社区服务站的工作经费纳入政府财政年度预算管理，并足额拨付。社区的办公经费按照不少于每户 50 元的标准核定，同时要求各区县结合本地区实际，研究制定合理的办公经费使用办法，明确经费使用主体，确保社区党组织、社区居委会、社区服务站的会议费、办公用品购置费、学习培训费、水电气暖费、电话费、报刊订阅费等日常经费支出有可靠的资金保障。

第三节　社区基本公共服务财政投入—产出机制

北京市从实现好、维护好、发展好居民群众在社区的共同利益出发，在社区公共服务建设中始终把基本公共服务放在最优先位置，坚持以保障和改善民生作为出发点和立足点，不断加大财政投入，建立起有效回应社区居民服务需求的财政投入—产出机制，形成了有助于提高社区财政投入社会效益的体制机制，为落实社区基本公共服务项目，加强社区管理和公共服务平台建设，切实满足社区居民生存和发展的基本需求，进一步提升社区居民的社会认同感，实现和谐社区与和谐社会建设目标提供了有力保障。

一、社区基本公共服务财政投入—产出机制基本架构

北京市社区基本公共服务财政投入的第Ⅰ部分（社区基本公共服务项目）和第Ⅱ部分（社区管理和公共服务平台建设），都是实现、维护和发展社区居民共同利益所必需的，也是目前北京市社区建设中比较薄弱的环节。

为了更好地满足社区居民基本公共服务需求，近年来北京市一方面加大财政投入，增加对社区基本公共服务的供给，一方面从提高财政资金使用效益出发，构建有效回应社区居民服务需求的投入—产出机制，从社区居民最关心、最直接、最迫切的事情着手，把财政资金投入到社区居民最需要的公共服务领域，对社区居民公共服务需求做出积极回应。

社区基本公共服务财政投入—产出机制的基本架构如图5—4所示。

从图5—4可以看出，由政府主导的基本公共服务供给是针对社区居民的基本公共服务需求来提供的，财政资金投入所形成的社区基本公共服务项目首先要考虑社区居民的基本公共服务需求，项目设置着重突出项目供给与需求之间的相互匹配，具有很强的政策性（有明确的政策依据）和目

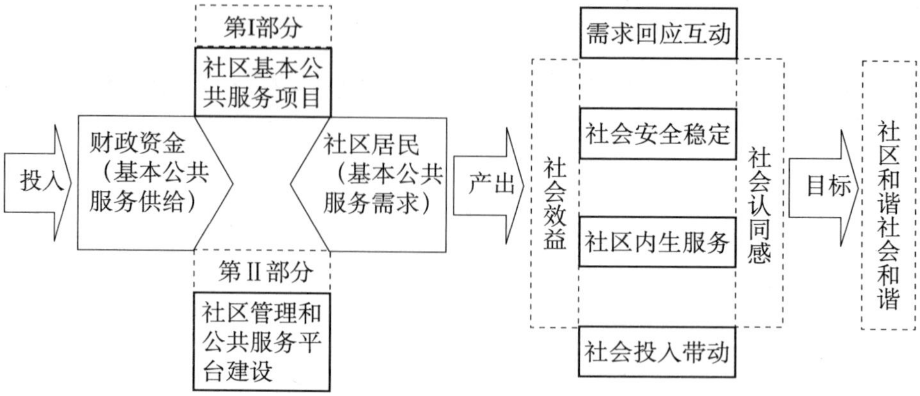

图 5—4　社区基本公共服务财政投入—产出机制

标导向性（以目标人群的基本公共服务需求为导向）。另一方面，由政府财政投入形成的社区基本公共服务产出也着重突出政府对社区居民服务需求的回应与互动。

由社区基本公共服务财政投入—产出机制所形成的社会效益表现为多种形式：其一，政府通过财政投入提供基本公共服务，对居民做出及时、有效的需求回应并由此形成双方之间的良性互动；其二，政府通过财政投入保障和改善民生，使社区居民基本公共服务需求得到满足，从而使财政投入有效发挥凝聚人心和维护社会安全稳定的功能；其三，政府通过财政投入增强社区基本公共服务能力，促进社区内生服务能力的形成；其四，政府通过财政投入带动社会资金投入社区服务领域。总之，政府通过财政投入向社区居民提供基本公共服务，可以增强居民的社会认同感和社会凝聚力，从而有助于促进社区和谐与社会和谐。

二、社区基本公共服务财政投入与服务供给

从社区基本公共服务财政投入方面看，包括社区基本公共服务项目、社区管理和公共服务平台建设在内，由政府财政资金提供的基本公共服务供给与社区居民的基本公共服务需求形成对应关系。

在社区基本公共服务供给方面，北京市为改善民生而推出的社区基本

公共服务项目，如北京市发改委、人力社保局、财政局、卫生局、教育局、民政局、文化局、体育局、公安局、环保局、市政市容委、住建委等部门在社区就业服务、社区医疗卫生服务、社区教育服务、社区社会保障服务、社区养老和助残服务、社区社会救助服务、社区文化体育服务、社区治安服务、社区环境卫生服务等方面为广大社区居民提供的基本公共服务项目，大部分需要通过社区来加以落实，因此，只有加强社区管理和公共服务平台建设，提高社区承接政府公共服务的能力，增强社区自身的基本公共服务能力，才能把社区基本公共服务供给落到实处，才能对社区居民的基本公共服务需求做出及时、有效和全面的回应。

正是因为这样，北京市把社区基本公共服务财政投入的第Ⅰ部分（社区基本公共服务项目）和第Ⅱ部分（社区管理和公共服务平台建设）结合起来，通过社区规范化建设，构建社区党组织、社区居委会、社区服务站“三位一体”的社区工作模式，打造规范化、标准化的社区公共服务平台，为提供优质的社区服务创造条件。与此同时，北京市加快推进城乡一体化和社区公共服务均等化，提出 10 大类 60 项社区基本公共服务项目，不断充实社区基本公共服务项目的内容，增加社区基本公共服务的有效供给，最大限度满足居民的服务需求。

三、社区基本公共服务产出及其效益

社区基本公共服务财政投入所得到的产出主要包括：通过社区基本公共服务项目建设，由政府根据有关法律法规和政策向社区居民提供的基本公共服务；通过社区管理和公共服务平台建设逐步完善起来的社区管理体制机制，符合规范化要求的社区公共服务设施，不断健全的社区公共服务组织体系。

社区基本公共服务财政投入在得到相应的基本公共服务产出的同时，也产生了显著的效益，包括由政府公共服务提供所带来的需求回应互动效益、社区安全稳定效益、社区内生服务效益和社会投入带动效益。这些都是社区基本公共服务财政投入社会效益的具体体现。

1. 需求回应互动效益

政府对社区居民基本公共服务需求的回应以及双方之间的互动，使政府与居民之间的联系更加密切，使政府保障和改善民生的执政理念深入人心，使政府为社区居民服务的行为获得更加广泛的认可。

2. 社区安全稳定效益

社区基本公共服务的提供满足了社区居民生存和发展的基本需求，使社区居民困有所助、难有所帮、需有所应，起到了凝聚人心的作用，为促进社会安全稳定提供了可靠的保障。

3. 社区内生服务效益

社区管理和公共服务平台建设既提高了社区承接政府公共服务的能力，也进一步增强了社区自我管理、自我服务和自我发展的能力，为社区自治功能的发挥创造了有利条件。由此，社区在民主自治基础上便可以内生出日益增强的公共服务能力。

4. 社会投入带动效益

政府财政投入不仅不排除社会力量对社区建设和发展的投入，而且引导和带动了社会资金向社区服务领域投资，进一步促进了政府投入与社会投入相结合的多元投入格局的形成。

上述四个方面的社会效益都有助于提高社区居民的社会认同感，从而有助于实现构建和谐社区、和谐社会的发展目标。

第四节　提高财政投入社会效益的若干经验

北京市社区公共服务建设实践表明，社区基本公共服务财政投入的社会效益是在政府对社区居民服务需求做出积极回应，政府的执政理念和公共服务行为获得广泛认可，政府与居民、社区、社会各方面形成良性互动的前提下产生的。因此，社区基本公共服务财政投入的社会效益与政府的积极作为密不可分。

近年来，北京市在社区公共服务建设中把财政资金优先用于保障和改善民生、保障社区居民享有基本公共服务的权利、推进城乡一体化和基本公共服务均等化、增强社区基本公共服务能力等方面。通过这样的财政安排使社区基本公共服务财政投入的社会效益得到显著提高。主要表现在：(1) 增进政府对社区居民需求的回应与互动，提高需求回应互动效益；(2) 促进社会安全稳定，提高社区安全稳定效益；(3) 增强社区公共服务能力，提高社区内生服务效益；(4) 有效带动社会资金投入，提高社会投入带动效益。可见，社区基本公共服务财政投入的社会效益的提高是多重效益协同作用的结果，这种协同作用是对社区建设乃至整个社会建设产生的综合性、系统性的良性效应，是社区居民社会认同感不断增强的表现，是一种凝聚人心的力量。

总体上看，北京市为推进社区基本公共服务而安排的各项财政投入都具有明确的服务需求导向，是政府对社区居民服务需求的积极回应。其具体做法和经验主要有以下几个方面：

一、以实现“五无”目标为重点，突出为社区居民办实事

北京市围绕落实无零就业家庭、无城镇危房户、无拖欠工资问题、无重大重复上访户和无社会救助盲点等“五无”目标实施了一系列为民办实事工程。2007 年市财政投入 224 亿元落实 59 件直接关系民生的实事，在全国率先建立城乡无社会保障老年居民养老保障制度和新型农村养老保险制度，建成 287 个标准化社区卫生服务中心和 2 901 个社区卫生服务站，创建 150 个示范残疾人温馨家园，使 4.5 万名残疾人就近就便得到康复、培训、照顾和文化生活服务。2008—2012 年，北京市继续实施为民办实事工程，并且逐年加大公共服务投入力度，不断创新公共服务方式，特别是 2009 年，北京市出台了《市民居家养老（助残）服务（“九养”）办

法》[①]，实施老年人（残疾人）优待政策，全年养老机构新增床位 1.5 万张，提前一年完成“十一五”规划建设目标。2010 年，北京市财政投入 237 亿元实施 58 项为民办实事工程，大力推进社区公共服务建设，全面推动“九养”政策的落实，为 33.5 万名老年人、残疾人发放了总金额 4.3 亿元的养老（助残）券，建立了 4 584 个城乡社区（村）养老（助残）餐桌，帮助 16 万名城乡就业困难人员找到就业岗位，实现城乡“无零就业家庭”目标。近年来，北京市通过为民办实事工程安排财政资金投放，加快推进社区就业、社区社会保障、社区卫生等项目建设，统筹解决了一大批就业、医疗、教育、交通、社会保障、环境等人民群众最关心、最直接、最现实的问题，使社区居民基本公共服务权利得到切实保障。

二、以公共服务均等化为目标，推进城乡公共服务一体化

北京市针对老旧小区、城乡结合部社区和农村公共服务建设相对薄弱的实际情况，加大财政资金对这些地区的投入。

1. 老旧小区改造

对于老旧小区，北京市根据《中华人民共和国预算法》和《中华人民共和国预算法实施条例》有关规定，制定《北京市老旧小区环境整治项目补助资金管理暂行规程》，对老旧小区环境整治项目资金实行专户管理。对由于产权不清或多产权、企业破产或特困等原因致使项目资金无法落实的老旧小区，市、区（县）两级财政部门按照 1∶1 的比例予以资金补助。从 2007 年至 2010 年，北京市累计完成老旧小区整治超过 1 000 个，全面解决了老旧小区绿化、道路、公共照明等问题。

---

① 主要内容包括：建立万名“孝星”评选表彰制度、建立居家养老（助残）券服务制度和百岁老人补助医疗制度、建立城乡社区（村）养老（助残）餐桌、建立城乡社区（村）托老（残）所、招聘居家服务养老（助残）员、配备养老（助残）无障碍服务车、开展养老（助残）精神关怀服务、实施家庭无障碍设施改造、为老年人（残疾人）配备“小帮手”电子服务器。

2. 城乡结合部社区建设

对于城乡结合部社区，北京市制定《关于加强城乡结合部社区建设工作的意见》，根据社区不同情况分别采取不同的社区建设方案。对于实行整建制农转居模式的社区，将社区办公和服务用房、活动场所和居民公益性服务设施建设，纳入城市规划、土地利用规划和社区发展相关专项规划，并与社区卫生、警务、文化、体育、养老等服务设施统筹规划建设；对于实行村居并行模式的社区（村），配套建设邮政、公安消防、公交站点、停车场所、垃圾集中收储转运站等公共基础设施和卫生服务站、学校、幼儿园、菜市场（或菜店）、便利店等各类服务设施，逐步使生活在城乡结合部的农民享有与城市居民同等的生活条件和公共服务。

3. 农村村庄基础设施建设

北京市根据农村基础设施建设落后的情况，制定《北京市新农村“五项基础设施”建设规划（2009 年—2012 年）》，对平谷、房山、怀柔、门头沟、密云、顺义、延庆、大兴、通州、昌平等 10 个区县 3 647 个村庄实施村庄街坊路硬化和两侧绿化、供水老化管网改造和一户一表、污水处理、垃圾处理、厕所改造“五项基础设施”建设工程，于 2009 年、2010 年分别投资 83 亿元和 67 亿元，全面完成“五项基础设施”建设任务，实现农村村庄“五项基础设施”建设全覆盖。其中，2010 年完成的最后 1 400 余个村庄“五项基础设施”建设，共硬化街坊路 2 813 万平方米，街坊路两侧绿化 1 050 万平方米，改造老化供水管网 4 868 公里，安装水表 26 万个，在 160 个村庄实施污水处理工程，为 89 个乡镇农户配齐垃圾源头分类桶（袋），为 71 个乡镇配置垃圾分类收集运输车，在 66 个平原乡镇建设垃圾资源再利用处理设施，在 26 个边远山区乡镇建设小型垃圾无害化处理设施，改造户厕 19.3 万座，建设农村公厕 3 157 座。通过老旧小区改造、城乡结合部社区建设和农村村庄建设，北京市城乡公共服务一体化进程又向前推进了一大步。

三、以社区公共服务平台建设为重点，全面实现社区建设规范化

北京市把社区规范化建设作为增强社区基本公共服务能力的重要途径，通过加大财政投入切实改善社区办公和服务条件，改善社区工作者待遇。从 2008 年提出加强社会建设和社区管理开始，北京市前后投入财政资金 34.56 亿元，用三年时间按照“一分、三定、两目标”的总体思路，使全市社区服务站建设、社区工作职能、社区运行机制、社区志愿服务、社区工作者管理、社区基础设施配置、社区经费投入等方面达到规范化建设目标要求，建立起社区党组织、社区居委会和社区工作站“三位一体”的社区工作机制，2 700 多个社区办公和服务用房面积达到 350 平方米以上的规范化要求，选聘了 5 000 名高校毕业生和“大学生村官”到社区工作，具有大专以上学历的社区工作者达到 70%以上，全市 2.8 万名社区工作者月平均工资达到了各区县全额拨款事业单位（不含教师）水平，新入职的大学生社工月工资达到 2 000 元左右，全市约有 6 000 名社区工作者获得全国社会工作者职业水平资格证书，社区志愿者注册人数突破 50 万。通过社区规范化建设，全市社区“硬件”和“软件”都得到加强，社区公共服务建设水平和公共服务能力都得到大幅提升。

第六章

社区非基本公共服务创新机制与政策

社区非基本公共服务是社区范围内具有公益属性的俱乐部产品，是政府无力提供（超出社区基本公共服务范围）、市场不愿提供（获利少甚至无利可图）而社区居民又有共同需求的公共服务类型，是社区组织（社区管理和服务主体）从社区居民共同利益出发，根据居民的服务需求以及他们对社区公共事务和公益事业形成的共识，通过发挥社区自治功能，自主选择、自主决策、自主筹资、自主提供的公共服务，是社区公共服务的重要组成部分，是满足社区居民多层次、多样化、多方面的服务需求，增强社区居民归属感，保持社区活力和社区多样性不可或缺的重要途径，也是“北京模式”注重公益、立足基层、兼顾差别、倡导社区包容的具体体现。

在北京这个快速发展的现代化国际大都市，社会生活单元正在由单位制向社区制转变，居民的社区角色日益突出，居民与社区之间的利益关系也越来越紧密，越来越多的居民向社区提出服务需求并希望通过社区来获得他们所需要的服务（包括社区基本公共服务、社区非基本公共服务和社区非公共服务）。许多社区居民既需要政府提供基本公共服务，又不满足于仅仅获得低水平的基本公共服务供给。他们在追求高品质都市生活的同时，对于多样化、多层次、多方面的社区服务有着迫切的需求，希望社区在满足他们的非基本公共服务需求方面能够发挥更大作用。但是，在传统社区管理体制下，社区被内化为政府行政体系的一部分，社区自治功能被弱化，居民的社区角色被淡化，他们多样化、多层次和多方面的服务需求也很难得到满足。这种状况显然不符合现代化新型社区发展的要求。

为了消除现代化新型社区发展的体制障碍，更好地满足社区居民对多样化、多层次和多方面社区服务的需求，近年来，北京市从建设中国特色世界城市的战略高度，根据现代社区发展规律和北京社区不平衡发展的客观实际，不断深化社区管理体制改革，以现代社区发展理念逐步完善社区规范化建设，在推进政府公共服务进社区，为居民提供社区基本公共服务的同时，积极探索增强社区自治功能，提高社区自我服务能力的新方法和新途径。在北京市着力增强社区自治功能、提高社区自我服务能力的一系列政策举措中虽然没有明确提出“社区非基本公共服务”概念，但其政策内涵包含着发展社区非基本公共服务的内容，更包含着创新社区非基本公共服务机制的政策导向，即通过政府和社区组织的相互衔接和良性互动，实现政府行政功能与社区自治功能优势互补，实现社区基本公共服务与社区非基本公共服务相互协同。社区非基本公共服务的发展进一步丰富了“北京模式”的科学内涵，有助于满足社区居民服务多层次、多样化和多方面的服务需求，增强社区居民的归属感，在社区建设中形成社区基本公共服务、社区非基本公共服务和社区非公共服务各有侧重、相互联系、共同发展的多元化社区服务发展格局。

第一节　社区不平衡发展与居民非基本公共服务需求

北京是中国都市经济最活跃的地区之一，经济的快速发展与经济社会不平衡状况并存。城乡之间、城区之间经济社会发展的不平衡也反映在社区层面上。社区不平衡发展对社区居民的非基本公共服务需求以及社区提供非基本公共服务的能力都有很大影响。

在社区，居民的非基本公共服务需求是由其社区角色所决定的。但是，由于社区发展不平衡，社区类型多种多样，居民的社区角色以及他们与社区之间的利益关系因社区不同而有所区别，他们的非基本公共服务需求也因社区不同而存在较大差异。

一、社区不平衡发展的分类考察

北京市社区不仅规模较大，而且发展不平衡。据有关部门统计，在北京市 16 个区县中，共有街道办事处 140 个，社区居委会 2 773 个。经过 1999 年调整社区居委会规模之后，一般社区居民户数在 1 000～3 000 户之间，多的更超过 5 000 户[①]，比《城市居民委员会组织法》规定的每个社区居委会 100～700 户的规模大很多。这些超大规模的社区在全市分布很不均衡。截至 2011 年底，首都功能核心区有社区 460 个，约占全市社区总数 17%；城市功能拓展区 1 399 个，占 50%；城市发展新区 634 个，占 23%；生态发展涵养区 280 个，占 10%。

北京大学课题组在对社区居民进行问卷调查和深度访谈的基础上，对北京市社区发展的不平衡状况进行了全面考察。调查发现，社区发展水平与城市功能、地理区位、城乡结构有关，更与社区的物业产权、人口和文化密不可分。为此，我们根据社区发展与城市经济社会发展水平之间的高度相关性，从社区发展的不同角度提出 10 种分类标准，根据不同划分标准对社区进行分类，共分为 36 种社区类型，并分析不同社区划分标准中各类社区不平衡发展的基本状况及社区特点。

1. 按城市功能区对社区进行分类

从北京城市功能区的角度看，社区发展也打上了城市功能区的烙印，以城市功能区标准来划分，全市社区可分为首都功能核心区社区、城市功能拓展区社区、城市发展新区社区和生态涵养发展区社区四种类型。首都功能核心区的东城、西城社区发展一直走在全市前列；城市功能拓展区的朝阳、丰台、石景山、海淀紧随其后；城市发展新区的房山、通州、顺义、昌平、大兴社区发展较快，但基础相对薄弱；生态涵养发展区的门头沟、怀柔、平谷、密云、延庆社区发展相对滞后，与东城、西城社区发展

① 根据《北京市社区管理办法（试行）》，社区是指经过社区体制改革后做了规模调整的社区居委会辖区，因此，从“社区”与“社区居委会”的外延来看，二者可以作为同一概念使用。

水平差距较大。

2. 按城市地理区位对社区进行分类

从城市地理区位角度看，城市中心与其周边不同区位的社区存在明显差别，以城市方位标准来划分，可将全市社区分为城市中心区域社区、城市东部区域社区、城市南部区域社区、城市西部区域社区、城市北部区域社区五种类型。城市中心区域社区人口集中度最高，越往外，人口密集度越低。从社区服务设施完善程度、社区工作人员专业化水平和整体管理水平等方面看，呈现由城市中心向城市外围东南西北方向逐步递减的现象。

3. 按城乡结构对社区进行分类

从城乡结构角度看，城市社区与农村社区差异更大，而城乡结合部则介于两者之间，以城乡结构标准来划分，可将全市社区分为城市社区、城乡结合部社区和农村社区三种类型。虽然城市社区发展本身也不太均衡，但是社区之间的差距有逐步缩小趋势；城乡结合部社区正在加快发展，并逐步向城市社区看齐；农村村庄逐步实行社区化管理，但农村社区发展仍然滞后。

4. 按社区住宅产权对社区进行分类

根据社区住宅产权标准，可将全市社区分为商品房住宅区社区、经济适用房住宅区社区、公租房住宅区社区、廉租房住宅区社区、单位家属区社区五种类型。商品房、经济适用房、公租房和廉租房社区大多建起比较配套的服务设施，且普遍实行规范的物业服务管理。单位家属区社区因单位不同而有较大差异，许多单位家属区居民依托单位提供后勤保障和生活服务。

5. 按社区建筑年代对社区进行分类

根据社区住宅产权标准，可将全市社区分为 2000 年以后的新建住宅区社区、老旧小区社区、在建或规划住宅区社区三种类型。新建社区和在建社区一般产权明晰，且根据规划建立起配套的服务设施。老旧小区存在产权不清现象，有的老旧小区没有单位可以依托，社区管理和服务相对薄弱。

6. 按社区建筑档次对社区进行分类

根据社区建筑档次标准，可将全市社区分为别墅住宅区社区、中高档高层住宅区社区、普通高层住宅区社区、普通平房住宅区社区四种类型。别墅区、中高档住宅区大多属于高收入人群聚居社区，服务设施完善，配置标准高；普通住宅居民多为一般收入人群，这类社区为数众多；平房社区居民多为低收入人群，且常见人户分离现象，情况较为复杂。

7. 按社区人口年龄结构对社区进行分类

根据社区人口年龄标准，可将全市社区分为老年人口占多数社区、中青年人口占多数社区、老中青人口均衡社区三种类型。人口结构与社区建成时间存在一定关系。老年人口占多数社区大多建成时间较早；中青年人口占多数和人口年龄结构均衡的社区多为新建社区。

8. 按社区人口流动性对社区进行分类

根据社区人口流动性标准，可将全市社区分为常住人口占多数社区、流动人口占多数社区、常住人口与流动人口相当的社区三种类型。流动人口约占北京人口的1/3①，大多数社区都有相当比例的流动人口，但城乡结合部和交通便利的社区流动人口居多，城中心社区常住人口居多。

9. 按社区人口民族结构对社区进行分类

根据社区人口民族标准，可将全市社区分为单一少数民族占多数社区、汉族占多数社区、多民族混合社区三种类型。部分社区少数民族比较集中，但多数社区是多民族混合居住，且汉族在多数社区人口中占绝大部分。

---

① 据北京市统计局、国家统计局北京调查总队2013年1月20日联合发布的数据，2012年末北京常住人口达2 069.3万人，比上年末增加50.7万人。其中，在京居住半年以上外来人口773.8万人，增加31.6万人。这些外来人口其实就是通常所说的流动人口。

10. 按社区文化特色对社区进行分类

根据社区文化特色标准，可将全市社区分为北京传统文化特色社区、国际文化特色社区、现代都市文化社区三种类型。传统文化特色社区多位于东城、西城，如前门、鼓楼等；国际文化特色社区多在朝阳，如三里屯、望京等，东城、西城、海淀也有分布；大多数社区都具有现代都市文化特征。

不过，上述10类划分标准并不是绝对的、毫不关联的，各不同类型社区之间也存在一定程度的交叉和重叠。这从一个侧面反映出社区发展内涵的丰富性，也说明影响社区不平衡发展的因素是复杂多样的。

二、社区居民非基本公共服务需求及其特点

居民的非基本公共服务需求是根据社区共识（社区成员的共同约定）由服务接受者（居民）向服务提供者（社区管理和服务主体）提出的除社区基本公共服务以外的公共服务需求。这类服务需求与居民所在社区的发展情况以及他们的社区角色密不可分，具有社区共同性、自主性、属地性、群体差异性等特点。其中，社区共同性是由居民的社区共识所决定的，生活在不同社区的居民，他们共同面对的各种现实问题不同，为解决这些问题所达成的社区共识也会不一样；自主性是由居民人格的独立性和社区自治功能所决定的，每一个社区居民都拥有自主表达对社区非基本公共服务需求的权利，每一个社区也有权自主决定如何满足居民的社区非基本公共服务需求；属地性是由社区特定的地理区位和环境所决定的，每一个社区都拥有一个依法明确划定的空间范围；群体差异性是社区非基本公共服务需求最显著的特点，以社区范围为边界，每一个社区的居民都是相对独立的特定群体，他们的共同利益与其他社区的共同利益会有所不同，居民作为社区中的个体与社区之间的利益关系也有所不同，因此，他们向社区提出的非基本公共服务需求也会不一样。总而言之，社区居民服务需求多样化、多层次和多方面的特点在社区非基本公共服务方面具体表现为社区共同性、自主性、属地性和群体差异性等具体特点，这充分表明，在

北京这样的现代化国际化大都市，每一个社区都是独特的，居民的非基本公共服务需求因社区不同而存在差异。社区不平衡发展则进一步强化了社区居民非基本公共服务需求的差异性，使得社区服务需求多样化、多层次和多方面的特点更加突出。

在前面根据社区发展的不同角度以不同标准划分的 36 种社区类型中，居民在每一类社区乃至每一个社区的非基本公共服务需求都有所不同。表 6—1 对 10 种分类标准不同社区类型之间居民的非基本公共服务需求进行了初步梳理，从中可以看出社区服务需求多样化、多层次和多方面的特点以及各类社区之间居民非基本公共服务需求所呈现的差异性。

表 6—1　社区不平衡发展与居民非基本公共服务需求的基本情况

序号	划分标准	社区类型	社区不平衡发展及社区特点	居民非基本公共服务需求
1	城市功能区	首都功能核心区社区	首都功能核心区的东城、西城社区发展一直走在全市前列；城市功能拓展区的朝阳、丰台、石景山、海淀紧随其后； 城市发展新区的房山、通州、顺义、昌平、大兴社区发展较快，但基础相对薄弱； 生态涵养发展区的门头沟、怀柔、平谷、密云、延庆社区发展相对滞后，与东城、西城社区发展水平差距较大	首都功能核心区、城市功能拓展区、城市发展新区、生态涵养发展区经济社会发展条件不同，社区发展水平存在差异。经济发展水平高的区域，社区居民对发挥社区自治功能有较高期待，对社区提供非基本公共服务有更高要求。经济实力相对弱的区域，居民对基本公共服务均等化的期待更高
		城市功能拓展区社区		
		城市发展新区社区		
		生态涵养发展区社区		
2	城市地理区位	城市中心区域社区	城市中心区域社区人口集中度最高，越往外，人口密集度逐渐降低。从社区服务设施完善程度、社区工作人员专业化水平和整体管理水平等方面看，呈现由城市中心向城市外围东南西北方向逐步递减的现象	在城市不同区域，社区居民面临的实际问题有所不同，他们对社区非基本公共服务的需求也不完全一样，如城市中心地区居民对社区停车问题反应强烈，对社区高层次文化服务、社区优质商业服务等有强劲的需求
		城市东部区域社区		
		城市南部区域社区		
		城市西部区域社区		
		城市北部区域社区		

续前表

序号	划分标准	社区类型	社区不平衡发展及社区特点	居民非基本公共服务需求
3	城乡结构	城市社区	城市社区发展本身也不太均衡，但是社区之间的差距有逐步缩小趋势；城乡结合部社区正在加快发展，并逐步向城市社区看齐；农村村庄逐步实行社区化管理，但农村社区发展仍然滞后	城市社区、城乡结合部社区和农村社区居民面临的实际问题差异更大，社区非基本公共服务需求类型和内容都更不一样，如城市社区居民不存在土地和农业生产服务问题，但这些问题恰好是农村社区居民最关心的
		城乡结合部社区		
		农村社区		
4	社区住宅产权	商品房住宅区社区	商品房、经济适用房、公租房和廉租房社区大多建起比较配套的服务设施，且普遍实行规范的物业服务管理。单位家属区社区因单位不同而有较大差异，许多单位家属区居民依托单位提供后勤保障和生活服务	拥有商品房和经济适用房的社区居民已经成为社区的业主，他们的非基本公共服务需求与社区物业服务关系密切。公租房、廉租房社区和单位家属区居民也希望社区提供更多基本公共服务以外的服务内容
		经济适用房住宅区社区		
		公租房住宅区社区		
		廉租房住宅区社区		
		单位家属区社区		
5	社区建筑年代	新建住宅区社区（2000年以后）	新建社区和在建社区一般产权明晰，且根据规划建立起配套的服务设施。许多老旧小区存在产权不清现象，部分老旧小区没有单位可以依托，社区管理和服务相对薄弱	社区居民服务需求虽然与住宅建筑年代没有必然联系，但服务设施不配套、存在产权问题的老旧小区确实对居民服务需求的满足造成很大制约
		老旧小区社区		
		在建或规划住宅区社区		
6	社区建筑档次	别墅住宅区社区	别墅区、中高档住宅区大多属于高收入人群聚居社区，服务设施完善，配置标准高；普通住宅居民多为一般收入人群，这类社区所占比例较高；平房社区居民多为低收入人群，且人户分离现象比较多见，情况较为复杂	别墅和高档住宅区居民对高层次社区服务有强烈需求；普通住宅区居民也不满足于获得基本公共服务，期待得到更多非基本公共服务；住在普通平房的居民首先希望改善社区基本公共服务供给状况，同时希望获得更多非基本公共服务
		中高档高层住宅区社区		
		普通高层住宅区社区		
		普通平房住宅区社区		

续前表

序号	划分标准	社区类型	社区不平衡发展及社区特点	居民非基本公共服务需求
7	社区人口年龄结构	老年人口占多数社区	人口结构与社区建成时间存在一定关系。老年人口占多数的社区大多建成时间较早；中青年人口占多数和人口年龄结构均衡的社区多为新建社区	老年人口占多数的社区要求有更加完善的养老服务设施，对老年人提供更加全面的照顾；中青年人口占多数的社区则对幼儿教育有更多需求
		中青年人口占多数社区		
		老中青人口均衡社区		
8	社区人口流动性	常住人口占多数社区	流动人口约占北京人口的1/3，大多数社区都有相当比例的流动人口，但城乡结合部、交通便利的社区流动人口居多，城中心社区常住人口居多	在常住人口占多数的社区，居民参与社区活动积极性较高，对社区非基本公共服务的需求比较稳定；流动人口需要一个社区融入过程，他们对社区服务的类型和内容具有一定特殊要求，且服务需求具有易变性
		流动人口占多数社区		
		常住人口与流动人口相当的社区		
9	社区人口民族结构	单一少数民族占多数社区	部分社区少数民族比较集中，但多数社区是多民族混合居住，且汉族在多数社区人口中占绝大部分	少数民族居民对社区非基本公共服务的需求有一定特殊性，需要加以特别安排和照顾
		汉族占多数社区		
		多民族混合社区		
10	社区文化特色	北京传统文化特色社区	传统文化特色社区多位于东城、西城，如前门、鼓楼等；国际文化特色社区多在朝阳，如三里屯、望京等，东城、西城、海淀也有分布；大多数社区都具有现代都市文化特征	在传统文化特色社区，居民在社区非基本公共服务方面更注重保持其文化特色，因而对特定文化服务有更高要求。国际文化、现代都市文化社区则突出社区文化的多元性和包容性
		国际文化特色社区		
		现代都市文化社区		

显然，社区发展不平衡是影响社区居民非基本公共服务需求的一个重要因素。在表6—1按照北京城市功能区、城市地理区位、城乡结构、社区住宅产权、社区建筑年代、社区建筑档次、社区人口年龄结构、社区人口流定性、社区人口民族结构、社区文化特色等10个标准划分的36种社区类型中，社区发展不平衡状况是显而易见的，每一类社区都有其自身特点，社区居民的服务需求也不尽相同，特别是在社区非基本公共服务方

面，不同类型的社区存在较大差异。具体表现在：

第一，在按城市功能区划分的社区类型中，首都功能核心区、城市功能拓展区、城市发展新区、生态涵养发展区经济社会发展条件不同，社区发展水平存在差异。经济发展水平高的区域，社区居民对发挥社区自治功能有较高期待，对社区提供非基本公共服务有更高要求。经济实力相对弱的区域，居民对基本公共服务均等化的期待更高。

第二，在按城市地理区位划分的社区类型中，社区居民在城市不同区域面临的实际问题有所不同，他们对社区非基本公共服务的需求也不完全一样，如城市中心地区居民对社区停车问题反应强烈，对社区高层次文化服务、社区优质商业服务等有强劲的需求。

第三，在按城乡结构划分的社区类型中，城市社区、城乡结合部社区和农村社区居民面临的实际问题差异更大，社区非基本公共服务需求类型和内容都更不一样，如城市社区居民不存在土地和农业生产服务问题，但这些问题恰好是农村社区居民最关心的。

第四，在按社区住宅产权划分的社区类型中，拥有商品房和经济适用房的社区居民已经成为社区的业主，他们的非基本公共服务需求与社区物业服务关系密切。公租房、廉租房社区和单位家属区居民也希望社区提供更多基本公共服务以外的服务内容。

第五，在按社区建筑年代划分的社区类型中，社区居民服务需求虽然与住宅建筑年代没有必然联系，但服务设施不配套、存在产权问题的老旧小区确实对居民服务需求的满足造成很大制约。

第六，在按社区建筑档次划分的社区类型中，别墅和高档住宅区居民对高层次社区服务有强烈需求；普通住宅区居民也不满足于获得基本公共服务，期待得到更多非基本公共服务；住在普通平房的居民首先希望改善社区基本公共服务供给状况，同时希望获得更多非基本公共服务。

第七，在按社区人口年龄结构划分的社区类型中，老年人口占多数的社区要求有更加完善的养老服务设施，对老年人提供更加全面的照顾；中青年人口占多数的社区则对幼儿教育有更多需求。

第八，在按社区人口流动性划分的社区类型中，在常住人口占多数的社区，居民参与社区活动积极性较高，对社区非基本公共服务的需求比较稳定；流动人口需要一个社区融入过程，他们对社区服务的类型和内容具有一定特殊要求，且服务需求具有易变性。

第九，在按社区人口民族结构划分的社区类型中，少数民族居民对社区非基本公共服务的需求有一定特殊性，需要加以特别安排和照顾。

第十，在按社区文化特色划分的社区类型中，传统文化特色社区的居民在社区非基本公共服务方面更注重保持其文化特色，因而对特定文化服务有更高要求。国际文化、现代都市文化社区则突出社区文化的多元性和包容性。

从上述分析可以看出，社区居民非基本公共服务需求的社区共同性、自主性、属地性和群体差异性恰好是社区服务需求多层次、多样化和多方面特点的具体体现，而且，由于城乡之间、城区之间以及社区之间发展不平衡，由于社区所在区域的城市功能和地理区位不同，由于社区产权结构、人口结构、文化特色等方面的差异，居民的非基本公共服务需求因社区不同而存在一定区别也是完全正常的。另一方面，居民非基本公共服务需求的社区共同性、自主性、属地性和群体差异性也是现代社区多样性和社区活力的体现，是符合现代社区发展规律的一种必然趋势。随着中国城市住房制度改革的不断深化，越来越多社区居民已经成为社区的业主，其社区居民身份与业主身份重叠在一起，使得居民的社区角色更加突出，它们与社区之间的利益关系也进一步加深，他们自身的利益与社区共同利益进一步结合在一起。社区居民和社区业主从维护自身利益和社区共同利益出发，达成社区共识，加强社区自治，推动社区发展的内在动力已经形成。但是，由于社区发展不平衡，不仅不同类型的社区居民形成的社区共识不同，他们加强社区自治、推动社区发展的利益诉求不同，在每一个社区内部，居民的利益诉求也是千差万别的。因此，在社区公共服务建设中，尊重社区居民的自主选择，维护居民个人的合法权益，根据居民服务需求多样化、多层次、多方面的特点以及非基本公共服务需求的社区共同性、自主性、属地性和群体差异性，依靠社区组织和社区居民集体的力量提供相应的社区非基本公共服务，这是保持社区多样性和活力的需要，是增强社区居民归属感的需要，也是创新社区非基本公共服务提供方式，提高现代城市社区建设水平的客观要求。

第二节 社区非基本公共服务创新机制的形成

在社区公共服务体系中，社区非基本公共服务与政府主导的社区基本公共服务是相互依赖、相辅相成的两个重要组成部分，二者既存在密切联系，又有明显的区别。其中，公共性是二者共有的属性，也是二者最大的共同之处，但是，二者的公共属性也存在一定差异，表现在：社区基本公共服务所具有的公共性是建立在一定社会共识基础之上的，具有一般社会公共性的特点，而社区非基本公共服务所具有的公共性是建立在社区成员之间的共同约定或社区共识基础之上的，具有社区共同性的特点。二者的区别还在于，它们是两种不同类型的公共服务，其中，社区非基本公共服务针对居民的社区角色，由社区组织根据社区居民非基本公共服务需求自主提供，其服务内容、服务标准和受益群体以社区范围为界，具有属地性和群体差异性，因此，在不同社区，居民享有的非基本公共服务也会有所不同，而社区基本公共服务则是针对居民的社会角色，由政府根据社区居民的基本公共服务需求提供，其服务内容、服务标准和受益群体不受社区边界限制，可以跨社区、跨区域转移，具有基础性和均等性，因此，在不同社区，居民享有的基本公共服务是大致相同的。总而言之，以满足社区居民非基本公共服务需求到导向的社区非基本公共服务具有社区共同性、自主性、属地性和社区差异性的特点，这是社区非基本公共服务与政府主导提供的具有公共性、基础性、均等性的社区基本公共服务有所不同的地方。[①]

社区非基本公共服务与政府主导提供的社区基本公共服务最主要的区

① 值得注意的是，社区居民具有社会角色、社区角色和个体角色三重角色，而且这三重角色并非截然分开，他们的某些服务需求也不是单一服务主体提供的服务所能满足。比如社区居民在社区养老、社区教育、社区安全、社区环境等方面的服务需求，就具有多层次、多样性和多方面的特点，既需要政府提供社区基本公共服务，也需要社区组织提供社区非基本公共服务，甚至还需要市场组织提供社区非公共服务。只有社区服务多元化发展，才能使社区居民的服务需求得到全面、及时而充分的满足。

别在于，它是社区组织根据居民之间形成的社区共识自主提供的公共服务，是社区范围内具有公益属性的俱乐部产品。但是，在传统的社区管理体制下，社区自治功能受到抑制，社区共识难以形成，社区非基本公共服务也成为无源之水，因此，传统社区管理体制下的社区组织不具备提供社区非基本公共服务的能力和条件。只有创新社区管理体制，按照现代社区理念重构社区组织体系，完善社区治理机制，增强社区自治功能和社区服务功能，形成有利于发扬社区民主、凝聚社区共识的体制机制和良好的社会环境，才能激发社区组织提供社区非基本公共服务的积极性和主动性，才能提高社区组织有效回应居民非基本公共服务需求和提供社区非基本公共服务的能力，才能真正实现好、维护好、发展好居民群众在社区的共同利益。因此，通过社区管理体制创新增强社区自治功能是形成社区非基本公共服务创新机制的关键。

一、社区非基本公共服务创新机制形成的条件

北京市在社区公共服务建设中对传统社区管理体制的固有缺陷始终保持清醒的认识，并且以崇高的使命感和对社区居民高度负责的精神，针对传统社区管理体制的弊端，有计划、有步骤地实施一系列深化社区管理体制改革、创新社区管理体制和运行机制的政策举措。这些政策一方面立足于北京社区发展实际，根据社区不平衡发展状况和居民服务需求多样化、多层次、多方面的特点，对社区公共服务进行分类指导，一方面从建设中国特色世界城市的战略高度，根据现代社区发展规律和社区发展的未来趋势，以现代社区发展理念构建社区公共服务规范化体系，逐步完善社区规范化建设。这些政策措施的推行为社区非基本公共服务创新机制的形成创造了良好的环境和条件。

在北京市加强社区公共服务建设的相关政策中虽然没有明确提出“社区非基本公共服务”这一概念，而是将社区非基本公共服务作为社区公共服务的一部分进行整体规划，在政策实施中有步骤、有重点地加以推进，但是，在北京市着力创新社区管理体制、增强社区自治功能、提高社区公共服务能力的一系列政策举措中包含着发展社区非基本公共服务的内容，

更包含着创新社区非基本公共服务机制的政策导向，即通过政府和社区组织的相互衔接和良性互动，实现政府行政功能与社区自治功能优势互补，实现社区基本公共服务与社区非基本公共服务相互协同。显然，社区非基本公共服务创新机制的形成与社区管理体制创新过程具有同步性。

实际上，在社区管理体制创新中加强社区自治的政策安排已经成为促进社区非基本公共服务创新机制形成的内在动力，因为社区非基本公共服务创新与北京市着力于增强社区自治功能、提高社区公共服务能力的政策目标高度一致，其创新内容已经融合在创新社区管理体制机制的一系列政策措施之中。具体表现在：

第一，增强社区民主自治功能是北京市创新社区管理体制机制的主要政策目标之一。北京市根据“居站分离”原则把作为社区自治组织的社区居委会与作为政府公共服务平台的社区服务站进行功能区割，使社区居委会更加专注于搞好社区自治工作，而社区服务站则致力于为社区居民提供包括社区基本公共服务、社区非基本公共服务在内的各种公共服务，通过这样的制度安排建立起与传统社区管理体制完全不同的社区公共服务新体制，形成与社会主义市场经济相适应的社区管理新模式。

第二，提高社区非基本公共服务能力是北京市社区公共服务能力建设的有机组成部分。北京市在推进政府公共服务进社区，为居民提供社区基本公共服务的同时，大力发展社区居民自助和互助服务、社区志愿服务、社区非营利组织（NPO）和非政府组织（NGO）服务、驻社区单位参与服务等多种形式的社区非基本公共服务，并且根据社区发展不平衡状况和居民非基本公共服务需求的特点引导社区发展符合居民服务需求的各种非基本公共服务，提供社区居民需要的公共服务内容，努力实现社区居民困有所助、难有所帮、需有所应，所有这些都有助于增强社区公共服务能力。

第三，推进社区非基本公共服务创新也是北京市社区管理和服务创新的重点之一。北京市围绕构建与社会主义市场经济相适应的社区管理模式，从社区组织体系、社区治理结构、社区服务体系、社区运行保障、社区工作者队伍建设等方面加强社区管理体制和运行机制创新，在强化政府公共服务职能的同时，按照现代社区发展理念和世界城市社区的高标准构建社区多元治理机制，积极探索推进社区非基本公共服务创新的新途径、新方法和新机制，在增强社区自治功能的同时，努力实现政府行政管理与社区自治的有机衔接和良性互动，从而使社区非基本公共服务能力得到进一步提升。

总之，北京市社区非基本公共服务创新是社区力量快速崛起、社区管理和服务变革快速发展的过程，其创新机制的形成既深受现代社区发展理念的影响，又与政府的政策支持和引导密不可分。如果没有政府深化社区管理体制改革、增强社区自治功能和服务功能等相关政策的正确引导，要摆脱传统社区管理体制几乎是不可能的，要形成由社区组织自主提供公共服务的体制机制就更加困难了。

二、社区非基本公共服务创新机制的构成

社区非基本公共服务是按照现代社区理念创新社区管理体制的结果，其创新机制的形成过程绝不是仅仅依靠某一个因素、某一个系统或某一种力量的作用就能够实现的。从北京市近年来社区发展的实践看，社区非基本公共服务与政府主导提供的社区基本公共服务一样，都是社区公共服务体系的重要组成部分，都通过社区公共服务平台向社区居民提供，都是以满足社区居民公共服务需求为目标，而且这两者有时候也存在一定的交叉和重叠。社区非基本公共服务创新机制与整个社区管理体制创新结合在一起，是由多因素、多系统、多种力量共同构成的创新体系的有机组合，是由社区组织创新机制、社区治理结构创新机制、社区服务体系创新机制、社区投入创新机制、社区工作者管理创新机制等多重创新机制共同构成的复合型创新集合体。

在社区非基本公共服务创新机制这个复合型创新集合体中，社区组织创新机制、社区治理结构创新机制、社区服务体系创新机制、社区投入创新机制、社区工作者管理创新机制相互联系、相互依赖，都是社区非基本公共服务创新机制复合型创新集合体的组成部分，它们在社区非基本公共服务创新过程中围绕社区非基本公共服务目标发挥协同作用，是增强社区非基本公共服务能力不可或缺的重要力量。

社区非基本公共服务复合型创新集合体的基本构成如图 6—1 所示。

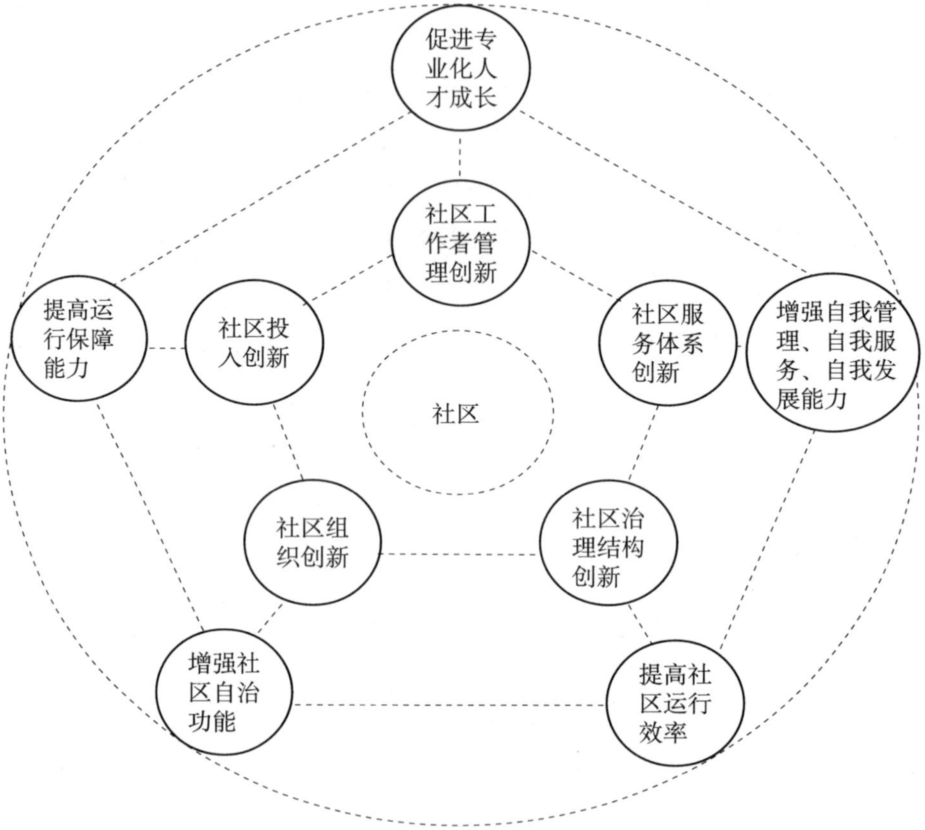

图 6—1　社区非基本公共服务复合型创新集合体

1. 社区组织创新机制

通过社区组织体系创新，进一步增强社区自治功能，形成社区自治功能强化机制。与传统社区管理体制下封闭式的社区组织体系不同，北京市按照现代社区发展理念构建的新型社区组织体系是包括社区党组织、社区居民会议、社区自治组织、社区服务站、社区社会组织、社区志愿者组织、业主委员会及其聘请的物业服务企业、驻社区单位等在内的开放式的社区组织体系，所有与社区建设和发展相关的组织和单位都成为社区组织体系中的一员。更重要的是，北京市通过社区组织体系创新构建社区党组织、社区居委会、社区服务站“三位一体”的社区工作机制，形成社区自治强化机制，为进一步增强社区自治功能准备了良好的体制机制条件。

2. 社区治理结构创新机制

通过社区治理结构创新，形成社区建设的整体合力，提高社区运行效率，促进政府与社区良性互动。与传统社区管理体制下社区单一治理结构不同，北京市按现代社区发展理念构建的多元治理机制使社区组织体系中的社区党组织、社区居委会、社区服务站、社区社会组织等各个主体都能够在社区建设中找到合适的定位。更重要的是，北京市在社区治理结构创新中着眼提高社区运行效率，通过理顺和规范社区组织体系各主体之间的关系，形成了以社区党组织为核心、以社区自治组织为基础、以社区服务站为依托、以社区社会组织为补充、驻社区单位密切配合、社区居民广泛参与的现代社区治理结构。通过社区服务站规范化建设促进政府职能部门、街道办事处工作与社区工作的有效衔接，形成政府与社区组织共享社区公共服务平台的格局，构建起政府与社区良性互动的社区服务机制，使社区基本公共服务与非基本公共服务有机结合起来，形成政府行政功能与社区自治功能互补、社区基本公共服务与非基本公共服务相互协同的多元化服务发展新格局。

3. 社区服务体系创新机制

通过社区服务体系创新，增强社区自我管理、自我服务、自我发展能力。为了克服传统社区管理体制下社区管理行政化、社区自治功能和服务功能弱化的弊端，北京市在社区公共服务建设中致力于建立与社会主义市场经济体制相适应、覆盖社区全体居民、服务主体多元、服务功能完善、服务质量优良和管理水平较高的社区服务体系。在推进公共服务进社区，强化政府公共服务职能的同时，进一步增强社区服务功能。一方面推进社区就业服务、社会保障服务、救助服务、公共卫生和计划生育服务、文化教育体育服务、公益法律服务、流动人口管理服务、治安服务以及环境绿化美化服务等公共服务体系建设，使政府公共服务覆盖社区；另一方面，根据社区居民多样化、多层次和多方面的非基本公共服务需求，创新社区服务方式，形成社区自我服务、自我发展的内在机制。同时，通过政府部门的协调加强社区公共服务平台与社区物业服务平台之间的联系，推动社区物业管理规范化，维护业主合法权益，提高物业服务水平。

4. 社区投入创新机制

通过创新社区投入方式和投入机制，扩大社区公共服务资金来源渠道，增强社区运行保障能力。为了解决传统社区管理体制下社区公共服务投入不足问题，北京市改变过去轻视社区建设投入的做法，不断加大社区建设和社区公共服务投入，逐步完善社区运行保障机制。一方面加强部门之间的统筹协调，加大社区建设经费投入，把社区党组织、社区居委会和社区服务站的工作经费，社区工作者的工资、福利待遇，社区服务设施建设管理、运营、维护等经费以及社区信息网络建设及管理、运营、维护等经费一并纳入政府财政年度预算管理；另一方面，创新社区投入方式，努力构建多元化社区投入机制，积极探索建立政府投入与社会投入相结合、无偿服务与有偿服务相结合、社会化与产业化相结合的社区事业投入和发展机制，广泛吸引社会力量和社会资金兴办社区基础设施。建立社区建设经费增长机制，适当增加对财力相对薄弱区（县）的转移支付，通过转移支付、定向补助等不同的财政扶持政策，在社区公共管理和公共服务领域加大政府购买服务的力度，使社区各项事业发展的资金来源得到有效保障。

5. 社区工作者管理创新机制

通过社区工作者管理创新，进一步充实社区工作者队伍，形成社区专业化人才成长的良好环境。为了解决传统社区管理体制下社区工作者队伍老化、社区人才结构不合理等问题，北京市经积极借鉴发达国家的有益经验，采取一系列措施切实加强社区工作者队伍建设，不断创新社区工作者管理体制机制，完善以培养、选拔、使用和激励为主要内容的政策措施，推进社区工作者的职业化、专业化进程，建立健全社区工作者录用、考评、教育培训等各项制度。拓宽选人视野，优化人员结构，提高队伍素质，形成社区专业化人才成长机制，努力造就一支数量充足、结构合理、素质较高、乐于奉献的社区工作者队伍。与此同时，北京市大力加强社区志愿者队伍建设，支持、动员、激励国家公职人员、专家学者、专业技术人员、教师、青少年学生以及身体健康的离退休人员等参与社区志愿服务。按照社区志愿者的特长组建多种类型、多个层次的社区志愿者队伍，形成功能齐全、方便快捷的社区志愿服务网络，积极吸引各类专业技术人才参与社区服务，壮大服务队伍，加强岗位职业培训，努力提高社区服务组织从业人员的职业道德水平和业务水平。

三、社区非基本公共服务创新机制的内在联系

北京市在社区管理体制创新中形成的社区非基本公共服务创新机制是一个由多因素、多系统、多种力量共同组成的有机整体，其运行机理表现为：在创新社区管理体制过程中通过政府的积极引导形成整体的力量，促进社区非基本公共服务与社区基本公共服务协同发展，提升社区公共服务供给能力，满足社区居民多样化、多层次和多方面的服务需求。同时，以社区居民服务需求为导向，增强社区公共服务能力，也正是构建社区非基本公共服务创新机制的意义所在。

社区非基本公共服务创新机制是一个复合型创新集合体，是一套“组合拳”。包括社区组织创新机制、社区治理结构创新机制、社区服务体系创新机制、社区投入创新机制、社区工作者管理创新机制在内，每一个创新机制彼此之间相互联系、相互依赖、相互配合、相互促进，围绕提升社区公共服务能力、满足居民公共服务需求这一共同目标协同推进，发挥整体合力。

北京市通过创新社会管理体制，推进社区组织创新、社区治理结构创新、社区服务体系创新、社区投入创新、社区工作者管理创新，形成社区非基本公共服务创新机制各部分之间相互联系、相互促进的发展格局，使各种创新机制联合起来形成相互协同的创新合力，发挥出最佳的创新效果。如果单独依靠某一个机制，那么，社区非基本公共服务创新机制的整体力量就不可能得到发挥，其创新效果也将大大减弱。

社区非基本公共服务创新机制的每一个部分在创新过程中所发挥的作用是独特的，不能相互替代。社区组织创新、社区治理结构创新、社区服务体系创新、社区投入创新、社区工作者管理创新这五大创新机制各有各的作用，其创新重点不同，所实现的创新效果也各不相同。其中，社区组织创新主要围绕增强社区自治功能进行，通过社区自治功能的变化来检验

其创新效果；社区治理结构创新主要围绕提高社区运行效率进行，通过社区运行效率的变化来检验其创新效果；社区服务体系创新主要围绕增强社区自我服务能力进行，通过社区自我服务能力的变化来检验其创新效果；社区投入创新主要围绕提高社区运行保障能力进行，通过社区运行保障能力的变化来检验其创新效果；社区工作者管理创新主要围绕促进社区专业化人才成长进行，通过社区专业人才成长状况来检验其创新效果。

总而言之，在社区非基本公共服务创新机制这一复合型创新集合体中，社区组织创新、社区治理结构创新、社区服务体系创新、社区投入创新、社区工作者管理创新这五大创新机制既相互联系、相互依赖，又相互区别、各有侧重。从各种创新机制所发挥的作用看，按照现代社区发展理念创新社区组织体系，增强社区自治功能，这对于提高社区公共服务能力具有决定意义。因此，这是社区非基本公共服务创新机制中的基础环节，也是最根本的一种创新方式和创新机制。而社区治理结构创新对于提高社区运行效率具有重要意义，是社区非基本公共服务创新机制中的关键环节。只要抓住社区非基本公共服务创新的基础环节和关键环节，其他方面的创新就比较容易推进。在社区组织创新和治理结构创新的基础上，通过社区服务体系创新，进一步提高社区自我管理、自我服务和自我发展能力，通过社区投入创新，为社区运行提供切实保障，通过社区工作者管理创新，为社区发展注入新的活力，最终达到增强社区公共服务能力、满足居民多样化服务需求、促进社区和谐发展的创新目标。

第三节　社区非基本公共服务创新的政策支持

社区非基本公共服务创新机制的形成与政府的政策支持息息相关。为了加强社区建设，增强社区自治功能，提高社区公共服务能力，2008 年下半年以来北京市政府先后出台了《北京市加强社会建设实施纲要》《北京市社区管理办法（试行）》《北京市社区工作者管理办法（试行）》《关于推进社区规范化建设试点工作的实施方案》《关于进一步推进社区规范化建设试点工作的实施方案》等政策文件。这些政策文件着眼于社会建设和社区发展全局，又立足于强化城市基层民主自治，充分发挥社区的基础作用，增强社区服务功能，特别是提升社区自我管理、自我服务和自我发展能力。在社区非基本公共服务创新的背后，是一系列深化社区管理体制改革、推进社区管理体制创新的政策安排，其中，社区组织创新、社区治理结构创新、社区服务体系创新、社区投入创新、社区工作者管理创新等各种创新机制都有相应的政策支持。

一、推进社区组织创新，增强社区自治功能的政策

为了推进社区组织创新，增强社区自治功能，北京市首先依法明确社区组织内各主体的定位和工作职责，在确立社区党组织在社区中的领导核心地位的同时，要求社区各类组织在工作中都要坚持以人为本、服务群众的原则，要根据社区的不同特点，有针对性地开展工作。

第一，社区党组织要从社区全局出发，研究决定本社区建设、管理和服务中的重要问题和重大事项，要领导社区居民自治组织，支持和保证其依法充分行使职权，完善公开办事制度，推进社区居民自治。

第二，社区居民会议要充分发挥其在社区民主决策、民主监督方面的功能，履行以下主要职责：（1）制定和修改本社区《居民自治章程》和《居民公约》；（2）讨论、决定本社区建设的发展规划和年度计划，并监督实施；（3）听取、审议社区居委会的年度工作报告和财务收支情况报告；（4）对社区居委会及下属委员会、社区居委会成员的工作进行监督检查和民主评议；（5）依法补选和罢免社区居委会成员，确认社区居委会成员的辞职申请；（6）决定居住在本社区的流动人口是否参加居民会议及参加的比例和名额；（7）讨论本社区建设管理和涉及本社区居民利益的其他重要事项。

第三，社区居委会要将主要精力放在依法开展社区自治上来，充分发挥其在组织社区居民开展民主自治方面的作用，履行以下主要职责：（1）宣传宪法、法律、法规和国家的政策，维护居民的合法权益，在社区党组织领导下依法实行民主选举、民主决策、民主管理和民主监督。（2）召集和主持社区居民会议，定期向社区居民会议报告工作，执行社区居民会议

的决定，完成社区居民会议提出的各项任务，教育、引导居民遵守社区居民会议的决定、《居民自治章程》和《居民公约》。(3) 依托社区服务站办理本社区居民的公共事务和公益事业，开展多种形式的社区便民利民服务活动；参与协调处理涉及社区成员利益的重大事项，开展共驻共建，整合社区资源，管理和维护本社区居委会财产，经社区居民会议讨论同意，筹集本社区公益事业资金，定期公开收支账目。(4) 组织开展社区教育、文化、科普和体育等多种形式的社会主义精神文明建设活动，教育居民争做文明市民、创建文明社区。(5) 指导、监督业主大会、业主委员会和物业管理工作。(6) 调解民间纠纷，协助维护社会治安，及时了解社情民意，向政府或其派出机构反映居民的意见、要求和提出建议。(7) 参与对本市各级政府和街道办事处相关工作的监督评议。(8) 结合本社区实际，完成其他工作任务。社区居委会可下设若干居民小组。居民小组在社区居委会的领导下，协助做好本区域范围内的工作。居民小组可根据社区实际，采取楼委会、院委会、楼门自治小组等不同组织形式。

第四，社区服务站作为政府在社区层面设立的公共服务平台，除了代理代办政府在社区的公共服务，协助政府职能部门办理本社区内各种公共服务事项之外，也要组织开展包括社区公益服务在内的各种社区非基本公共服务，协助社区居委会办理本社区居民的公共事务和公益事业，组织开展社区便民利民服务，培育和壮大社区公益性服务组织，支持和引导社区社会组织积极发挥作用，及时了解和反映社情民意，积极支持和配合社区居委会依法开展社区居民自治、开展人民调解，提供法律服务，维护社区和谐稳定，同时，要定期向街道办事处、社区党组织汇报工作，向社区居委会通报工作，接受社区居委会和居民群众的监督和评议。

第五，社区社会组织、社区志愿者组织、社区业主委员会及其聘请的物业服务企业、驻社区单位等要发挥各自优势，提供社区服务，反映居民诉求，参与社区建设，开展各种社区公益性、福利性、群众性活动以及各种自助、互助的社区非基本公共服务，维护社区环境卫生和秩序，同时，在开展服务过程中要加强与社区自治组织之间的沟通和协调，使社区自治功能和服务功能得到更好的发挥，形成社区建设的整体合力。

二、推进社区治理结构创新，促进政府与社区良性互动的政策

为了构建与社会主义市场经济相适应的现代社区治理结构，提高社区运行效率，促进政府与社区良性互动，北京市依法对社区建设中的各项工作进行规范，使社区管理和服务的各项工作尽可能做到有法可依，有章可循。

第一，依法规范社区居民自治。从培育居民自治意识，完善社区居民自治规章着手，积极推进社区自治工作的制度化、规范化。具体政策措施包括：（1）健全社区居民会议制度，规范社区民主决策程序，提高民主决策水平；（2）进一步完善社区议事协商会议和社区事务听证会制度；（3）建立社区流动人口参与社区居民自治的有效机制；（4）健全社区居委会内设委员会的工作体制，明确职责，发挥各委员会的作用。

第二，依法规范政府行政行为。通过进一步理顺和规范政府部门与社区的关系，推进政府行为规范化，减轻社区居委会工作负担。具体政策措施包括：（1）属于政府部门和单位承担的行政性职能和工作，原则上不得转移给社区居委会；（2）政府部门不得以行政命令方式向社区居委会直接分派任务和下达指标，不得随意在社区设机构、挂牌子；（3）对于社区居委会法定职责之外、确需依托社区居委会办理的行政性工作，政府部门应提供必要的经费保障及政策指导，并与同级社会建设部门协商同意后协调落实。

第三，依法反映社区居民诉求。在社区工作中坚持以居民服务需求为导向，建立健全民意表达机制。具体政策措施包括：推行民情信箱、民情热线、民情日记、民情联络员、民情恳谈会等工作方法，健全完善分片包户、居民接待日、网上论坛等制度，充分发挥楼（门、院）长、居民组长、居民代表、社区志愿者的骨干作用，引导居民群众以理性、合法的形式表达个人意愿，进一步畅通民意诉求渠道。

第四，依法加强社区服务监督。在社区工作中进一步加强服务监督，建立健全监督评价机制。具体政策措施包括：（1）完善民主监督制度，组

织居民有序开展监督评价活动；（2）完善社区事务公示制度，公开办事制度和办事程序，保障居民群众的知情权、参与权、选择权、监督权；（3）充分发挥社区内人大代表和政协委员的作用，对社区事务进行有效监督；（4）完善评议标准、评议方法，逐步建立健全评议监督体系。

第五，依法加强社区工作激励和约束。通过建立健全表彰激励机制和长效工作机制，进一步调动各方面力量参与社区建设的积极性。具体政策措施包括：（1）市、区（县）政府对在社区建设工作中做出显著成绩的单位和个人给予表彰奖励；（2）根据社区建设的实绩、水平和群众评价，对工作成绩突出、居民满意度高的社区工作者、基层组织、社会单位和先进个人进行评选表彰；（3）健全激励措施，探索激励办法，促进社区志愿服务经常化；（4）完善社区各项规章制度，包括社区党组织工作制度、社区居委会工作制度、社区服务站工作制度、业主委员会工作制度、社区社会组织培育和参与制度等，实现社区管理规范化、制度化、科学化。

三、推进社区服务体系创新，提升社区自我服务能力的政策

为了增强社区服务功能，北京市一方面加快推进政府公共服务进社区，强化政府公共服务职能，一方面根据社区居民多样化、多层次和多方面的服务需求，积极发展各类社区服务，增强社区非基本公共服务能力，形成了政府公共服务与社区非基本公共服务相辅相成、相互促进的局面。

实际上，政府公共服务对社区服务能力和水平的提升起到了很好的带动作用。随着政府公共服务覆盖到社区，社区服务设施和相关配套设施进一步完善，由此一来，在社区范围内就可以形成社区服务的规模效益。在社区服务站这个公共服务平台，社区居民既可以获得政府主导提供的社区基本公共服务，也可以获得社区自主提供的非基本公共服务，还可以获得各种按市场机制提供的便民利民服务。因此，推进公共服务进社区、强化政府公共服务职能的过程也是提升社区自我服务和自我发展能力的过程。

北京市通过政府公共服务进社区提升社区自我服务能力的具体政策措施主要包括：

第一，促进政府职能部门、街道办事处工作与社区工作的有效衔接。

通过社区服务站向社区居民提供10大类60项基本公共服务，推进社区就业服务、社会保障服务、救助服务、公共卫生和计划生育服务、文化教育体育服务、公益法律服务、流动人口管理服务、治安服务以及环境绿化美化服务等公共服务体系建设，使政府公共服务覆盖社区。

第二，增强社区服务功能。改造提升老旧居住区便民网点和商业服务设施，确保新建、改建居住区按规定比例设置便民利民服务网点。继续重点开展面向社区老年人、儿童、残疾人、贫困户、优抚对象、下岗失业人员、独生子女伤残死亡家庭等的帮扶救助服务。扶持社区家政服务，加快发展社区配送服务、代理服务，鼓励通过特许直营或连锁经营等方式，推动社区服务产业化。规范社区物业管理，维护业主合法权益，提高物业服务水平。

第三，推广社区“一门式”服务。依托社区服务站，在社区开办“一门式”服务窗口，方便居民办事。

第四，创新和规范公共服务提供方式。通过政府“购买服务”“合同外包”“项目委托”等多种形式，将部分公共服务转交给专业化社会组织或社会机构承担，逐步实现公共服务专业化、社会化、市场化，推动政府、市场和社会共同服务社区。

第五，完善服务设施。以社区常住人口规模、地域面积和功能定位为基本依据，规划和配置好社区各类公共服务设施。充分考虑新建社区与原有社区、中心地段社区与边缘地区社区、商务区与纯居住区的不同条件和不同需求，实行统筹兼顾、合理配置。采取新建、改扩建、购买以及落实配建指标、资源整合利用等多种方式，使社区的办公和服务用房达到350平方米左右。其中，社区服务站工作和服务用房相对独立使用，“一门式”服务用房面积不低于50平方米，其所在地应交通便利，居民居住相对集中，服务半径合理，便于服务开展和居民办事。建设具有医疗保健、体育健身、教育培训、为老服务等功能的其他公共服务设施和室内外文化活动场所，打造商业、生活、文体娱乐等方面的“一刻钟社区服务圈”，使社区居民多层次、多样化、个性化需求基本得到满足。

第六，推进社区信息化，建设数字社区。整合各类服务热线、呼叫热线、信息系统和资源，规范新建系统、调整在建系统、改进已建系统，加快互连互通，逐步实现“一网式”“一号式”服务，构建市、区（县）、街道（乡镇）、居委会四级社区工作信息化平台。加快推进信息亭、信息服务自助终端等设施建设，实现协同服务、便民利民。

四、推进社区投入创新，提高社区运行保障能力的政策

为了提高社区运行保障能力，北京市采取有力措施，一方面加强部门之间的统筹协调，加强对社区建设的领导，另一方面加大社区建设投入，不断创新社区投入方式，通过政府、社区、社会、市场等各方面力量多渠道筹措资金，为社区建设和发展提供必要的资金支持。

北京市加大社区建设投入、保障社区正常运行的具体政策措施主要包括：

第一，将社区服务设施配套纳入城市基础设施建设规划，区县政府承担社区办公和服务用房项目建设主体责任。按照市、区（县）两级共同负担的原则，投入必要的资金，对符合市政府固定资产投资支持范围的项目，原则上给予一定的市级资金补助。社区办公和服务用房建设达标后，由区县政府按照全市社区服务设施设备配置统一要求，根据本区县资金资产管理实际情况及相关经费标准，结合实际需要购置或调配相关必要设备。

第二，适当提高社区公益事业专项补助资金拨付标准，加大对社区举办公益事业的支持力度。补助资金应主要用于社区通过项目购买、项目补贴、项目奖励等形式，大力开展社区困难群体帮扶、助老、助托、助残等居民急需的服务项目；积极培育发展社区社会组织，以及全面开展社区公益事业活动所需要的活动场地、活动器械、活动宣传、活动奖品、活动劳务等费用。

第三，社区的办公经费按照不少于每户50元的标准核定，确保社区党组织、社区居委会、社区服务站的会议费、办公用品购置费、学习培训费、水电气暖费、电话费、报刊订阅费等日常经费支出有可靠的资金保障。

第四，社区工作者的工资、福利待遇，社区信息网络建设及管理、运营、维护等经费全部纳入区县政府年度财政预算管理，并足额拨付。

第五，社区协助完成上级行政部门有关工作事项所需经费，按照“费随事转”原则，由相关部门转移拨付。

五、推进社区工作者管理创新，促进社区专业化人才成长的政策

为了加强社区工作者队伍建设，实现社区工作者职业化、专业化目标，北京市出台专门针对社区工作者管理的法规和政策，大力推进社区工作者管理创新，不断完善社区工作者培养、选拔、使用、激励等各项制度，促进社区专业化人才快速成长。

北京市推进社区工作者管理创新、促进社区专业化人才成长的具体政策措施主要包括：

第一，提高社区工作者的职业化、专业化水平。社区工作者特别是新招录的社区服务站工作人员，一般要持有国家社会工作者（社会工作师、助理社会工作师）职业水平证书或北京市社区专职工作者执业资格证书（有效期内）；在岗社区工作者未取得职业水平证书的，应通过岗位培训、学历教育等方式取得职业水平证书。

第二，建立健全社区工作者选任和公开招考制度。社区党组织和社区居委会的专职工作者通过选任方式配备。按照《中国共产党章程》《中国共产党基层组织选举工作暂行条例》和《北京市城市社区党组织工作若干规定（试行）》参加选举当选的或被任命为社区党组织成员的专职人员，以及按照《中华人民共和国城市居民委员会组织法》和本市的有关规定参加选举、当选为社区居委会成员的专职人员，与街道（乡镇）签订服务协议，办理相关手续，纳入社区工作者范畴管理。除上述社区党组织、社区居委会选任的社区工作者外，在社区服务站配备的专职工作人员，也纳入社区工作者队伍管理。社区服务站专职工作人员按照专业化、职业化的要求，采取公开招考的办法录用。招录工作在市有关部门的指导下，由各区（县）按照“公开、平等、竞争、择优”的原则组织实施。

第三，规范社区工作者的工资待遇。根据社区工作者的岗位、工作年限、工作实绩，确定其相应的等级工资待遇，落实各项社会保障措施。随

着全市和各区（县）经济水平的提高，不断提高社区工作者的收入水平。社区工作者的基本待遇包括基本工资、职务年限补贴、奖金和其他待遇四部分。社区工作者通过国家社会工作者职业水平考试，获得社会工作师职业水平证书的，或获得助理社会工作师职业水平证书的，自完成登记注册当月起，每人每月给予适当职业水平补贴。社区工作者退休后纳入社会化管理，按照《北京市基本养老保险规定》（市政府令第183号）及相关规定执行。

第四，规范社区工作者管理。（1）实行服务协议制度。根据《中华人民共和国劳动合同法实施条例》等法规，由街道（乡镇）与符合条件的社区工作者签订服务协议。（2）建立考核评议制度。由街道（乡镇）指导各社区成立由居民代表、驻社区单位代表、街道（乡镇）职能科室等参加的考评委员会，每年年终以社区工作者的年度工作任务完成情况和社区居民满意率为主要依据对社区工作者进行年度考核。考核结果分为优秀、合格、基本合格、不合格四个等次。根据年度考核结果，按照有关规定对社区工作者实施奖惩。（3）完善教育培训制度。根据全市统一安排，区（县）组织社区工作者每年参加一次集中培训，培训结果计入社区工作者工作档案，并作为年度考核评议的依据之一。（4）健全档案管理制度。健全完善社区工作者的工作档案，建立社会工作者数据库，档案内容包括：社区工作者本人的基本情况、在社区工作起始时间、岗位变化情况、考核评议、培训和表彰等情况。（5）实行弹性工时制度。为方便居民群众利用工休时间在社区办理相关事务，社区居委会和社区服务站可实行弹性工时制，在确保满足群众服务需求和保证每周工作时间不少于40小时的前提下，可根据实际情况，确定相对灵活的上下班时间和各班次的工作人数，安排好工休时间和节假日工作值班。

第五，加强社区志愿者队伍建设。充分发挥共产党员、共青团员的先锋模范作用，支持、动员、激励国家公职人员、专家学者、专业技术人员、教师、青少年学生以及身体健康的离退休人员等参与社区志愿服务。按照社区志愿者的特长组建多种类型、多个层次的社区志愿者队伍，形成功能齐全、方便快捷的社区志愿服务网络。积极推行社区志愿者注册制度。

第四节　进一步推进社区非基本公共服务创新

北京作为现代化国际化的大都市，城市生活丰富多彩，社区居民的服务需求也呈现多样化、差别化的趋势。与规模巨大且日益增长的社区服务需求相比，社区服务供给明显不足，社区服务供求矛盾比较突出。由政府主导提供的具有公共性、保障性、基础性、福利性和均等性色彩的社区基本公共服务一般只能满足居民最低限度的服务需求。除此之外，居民大部分的非基本公共服务需求和非公共服务需求还是需要通过家庭、社区或市场得到满足。① 因此，为了缓解社区服务供求矛盾，在社区服务的提供方面还有许多潜力需要进一步激活。在各种社区服务类型中，尤其需要大力发展社区非基本公共服务，即针对社区不平衡发展特点和社区居民非基本公共服务需求的差异性，根据每个社区居民需求的具体情况提供相应的服务。

社区非基本公共服务是北京社区服务中比较薄弱的环节。造成这种状况的原因主要有三个方面：其一，是由于社区非基本公共服务体系不够健全；其二，是由于社区非基本公共服务潜力没有被激发出来；其三，是由于社区自治功能还处于相对较弱的状态。这三个原因归结到社区非基本公共服务能力上，具体表现为社区非基本公共服务能力过于弱小，以至于不能对社区居民的非基本公共服务需求做出及时、全面和有效的回应。

北京市在加快推进政府公共服务进社区、强化政府公共服务职能、构建社区基本公共服务体系的同时，也认识到，在目前社区公共服务供求矛盾比较突出的情况下，要满足社区居民多样化、多层次、多方面的服务需

① 以养老服务为例，这项服务的提供主体包括政府、社区和家庭。北京市提出养老服务“全面关怀、重点照顾”的理念和“9064”养老服务模式，即90%的老年人在社会化服务协助下通过家庭照顾养老，6%的老年人通过政府购买社区照顾服务养老，4%的老年人入住养老服务机构集中养老。由此可见，家庭和社区承担北京市养老服务最主要、最大部分的服务供给，政府只承担养老服务中的最小部分（也可能是最贫困的那部分老年人口）。其他社区服务的分担比例与此相类似。

求仅仅依靠政府的力量是远远不够的，最重要的，是要调动社区和居民的积极性，依靠社区和居民的力量逐步健全社区非基本公共服务体系，激发社区非基本公共服务潜力，进一步增强社区自治功能，构建起及时、全面、有效回应社区居民多样化服务需求的体制机制。为此，北京市不断推出创新社区公共服务的新举措，一方面积极推进社区自治形式创新和业主自治创新，加大对社区非基本公共服务创新的政策支持，一方面积极推动政府、社区、社会、企业和个人等各方面力量加大社区建设投入，不断完善社区治理机制，逐步增强社区基本公共服务能力和社区非基本公共服务能力。

为了更好地满足社区居民多样化、多层次和多方面的服务需求，近年来北京市针对社区发展不平衡、社区非基本公共服务相对薄弱的情况，在继续深化社区管理体制改革的同时，进一步推进社区非基本公共服务创新，形成了具有北京特点的社区非基本公共服务创新基本路线图。与此同时，北京市将社区非基本公共服务创新的重点放在进一步增强社区自治功能上，在创新社区自治形式、加强社区业主自治、实现居民自治与业主自治互联互动等方面进行了一些具有里程碑意义的重要尝试。

一、社区非基本公共服务创新路线图

北京市政府部门在社区公共服务建设中一直发挥着主导作用。在政府的支持和引导下，社区非基本公共服务创新不断向纵深推进。

研究发现，在北京市以社区居民服务需求为导向大力发展社区公共服务的过程中，推进社区非基本公共服务创新的大环境已经形成，社区非基本公共服务创新的发展路径和发展趋势也越来越清晰。总体上看，北京社区非基本公共服务创新是一个逐渐演进和深化的发展过程，其发展路径与社区自治机制的不断完善、社区民主自治水平的不断提升、社区非基本公共服务体系的不断完善紧密联系在一起，其未来发展趋势所呈现的是居民社区意识不断增强、居民非基本公共服务需求回应机制越来越健全、社区越来越充满多样性和发展活力的现代化新型社区景象。北京市社区非基本公共服务创新路线图就是随着社区非基本公共服务创新发展路径和发展趋势的显现化而逐步形成的（见图 6—2）。

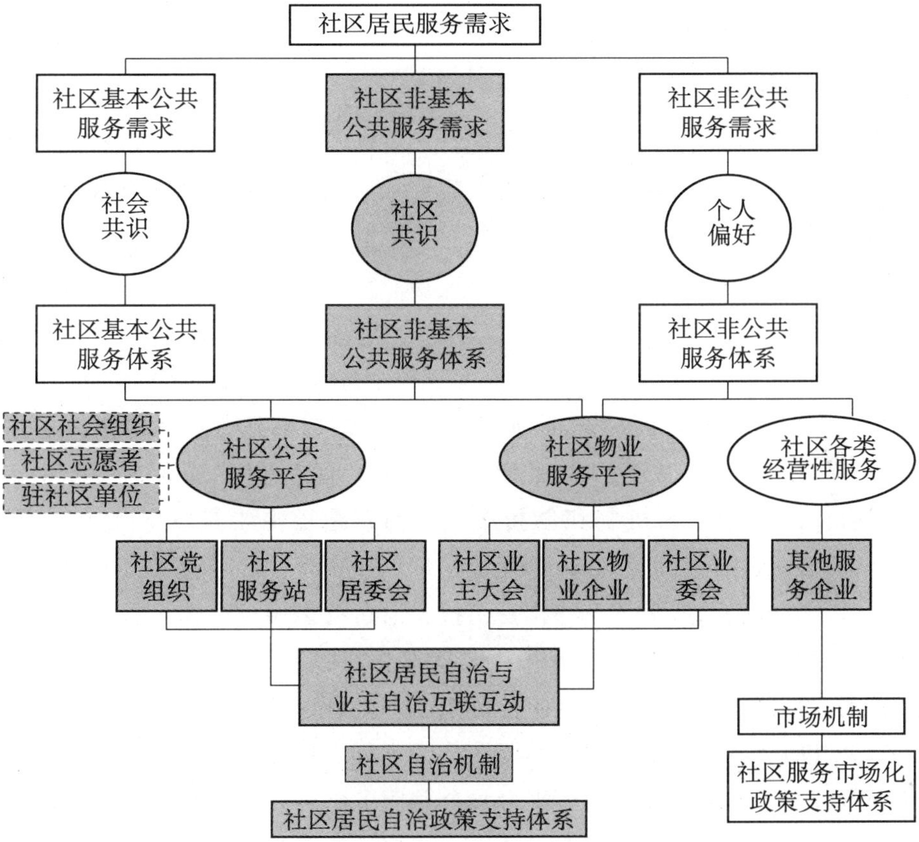

图 6—2　北京社区非基本公共服务创新路线图

图 6—2 显示的是北京社区非基本公共服务创新路线图的基本框架。这一路线图的主要内容包括：

1. 创新目的

增强社区公共服务能力、满足居民对社区非基本公共服务的需求是北京社区非基本公共服务创新始终坚持的根本目的，也是北京社区非基本公共服务创新的基本动力。由于北京社区发展不平衡，由于居民非基本公共服务需求具有社区共同性、自主性、属地性和群体差异性的特点，因此，需要针对不同社区的具体情况和居民非基本公共服务需求的差异性，因地制宜地开展社区非基本公共服务创新活动，这样才能不断满足居民对社区非基本公共服务的需求。

2. 创新依据

以社区居民共同约定形成的社区共识作为开展创新活动的主要依据。北京市坚持把社区非基本公共服务创新建立在符合居民共同利益和共同意愿的基础上，集中社区居民的智慧，凝聚社区力量，激发社区非基本公共服务发展潜力，增强居民的社区归属感，不断夯实社区非基本公共服务创新的民意基础。

3. 创新方法和路径

创新方法包括社区组织创新、社区治理结构创新、社区服务体系创新、社区投入创新和社区工作者管理创新等社区非基本公共服务复合型创新集合体的多种创新机制和创新形式。创新路径主要有以下几个方面：（1）通过社区组织创新和社区治理结构创新，实现社区非基本公共服务体系与社区基本公共服务体系的相互衔接。通过社区服务站这个社区公共服务平台对社区非基本公共服务和社区基本公共服务内容进行分类与整合。（2）通过社区组织创新、社区服务体系创新和社区投入创新，实现社区非基本公共服务体系与社区非公共服务体系之间、社区居民自治与业主自治之间的互联互动。在物业服务平台与公共服务平台之间建立信息共享机制和联系纽带，构建社区居委会与业委会互联、服务站与物业服务企业互动的机制。根据不同社区的具体情况，在社区共识基础上将符合社区非基本公共服务需求且社区有能力提供的部分物业服务纳入社区非基本公共服务提供范围。（3）通过社区组织创新、社区治理结构创新、社区服务体系创新、社区投入创新和社区工作者管理创新等多种创新形式，进一步增强社区民主自治功能，发挥社区居民会议常务会、社区议事协商会议、社区事务听证会等社区民主制度的作用，扩大居民参与，提高社区党组织、社区居委会、社区服务站等社区组织对居民服务需求的回应能力。（4）通过社区服务体系创新、社区组织创新、社区治理结构创新、社区投入创新等多种创新形式，推进社区业主自治，开展社区业主大会法人制度试点，依法维护社区居民的共同利益，进一步提高社区自我管理、自我服务、自我发展能力。（5）通过社区组织创新、社区治理结构创新、社区服务体系创新、社区投入创新等多种创新形式，积极发展社区非营利组织，激发社区社会组织、社区志愿者组织、驻社区单位等参与社区建设和社区服务的积极性。

4. 创新重点

以增强社区自治功能为重点，创新社区自治形式，创新业主自治，推进居民自治与业主自治互联互动，完善社区居民服务需求回应机制，提高社区非基本公共服务能力。

总之，具有北京特点的社区非基本公共服务创新路线图是以社区居民服务需求为导向，在不断凝聚社区共识的基础上推进社区非基本公共服务体系建设的发展思路和发展模式。这一路线图是在总结北京社区建设和公共服务发展经验、准确把握社区非基本公共服务创新趋势的基础上形成的，对于推进社区非基本公共服务创新具有一定的理论指导意义。

二、创新社区自治形式，完善居民服务需求回应机制

社区居民自治是现代社区发展的方向，是加强社区治理、推进社区非基本公共服务创新的制度前提，也是贯彻落实十八大精神的具体要求。① 在社区，大量的属于社区非基本公共服务范围的公共事务和公益事业项目需要通过社区组织来提供，也有大量属于社区基本公共服务范围的公共事务和公益事业项目需要通过社区组织反映居民的诉求——政府需要“问需于民”。因此，要发挥社区组织作为服务提供者和需求回应者的积极作用，关键在于加强社区自治，创新社区自治形式。

为了加强社区居民自治，北京市坚持以现代社区发展理念推进社区管理体制改革，一方面，按照“一分、三定、两目标”的总体要求加强社区

---

① 中共十八大首次将社区治理写入党的纲领性文献，指出：“在城乡社区治理、基层公共事务和公益事业中实行群众自我管理、自我服务、自我教育、自我监督，是人民依法直接行使民主权利的重要方式。要健全基层党组织领导的充满活力的基层群众自治机制，以扩大有序参与、推进信息公开、加强议事协商、强化权力监督为重点，拓宽范围和途径，丰富内容和形式，保障人民享有更多更切实的民主权利。”

规范化建设，对社区服务站建设、社区工作职能、社区运行机制、社区志愿服务、社区工作者管理、社区基础设施设置、社区经费投入等 7 个方面 27 项主要工作进行了全面规范，形成了社区党建、社区自治、社区服务“三位一体”的社区工作格局。另一方面，围绕保障居民群众的知情权、参与权、决策权和监督权，积极推进社区自治形式创新，探索扩大居民参与、推进信息公开、加强议事协商、强化权力监督的有效途径，特别是通过社区居民会议常务会制度的推行，为进一步增强社区自治功能、加强社区管理和服务监督、完善居民服务需求回应机制提供了切实的制度保障。

社区居民会议常务会制度是在总结北京社区民主自治的实践经验基础上建立起来的，是参照我国全国人民代表大会常委会制度的运行模式，结合北京社区具体实际，以维护社区共同利益，保障社区居民享有更多更切实的民主权利，进一步增强社区自治功能，提高居民自我管理、自我服务、自我监督能力为主要目的，以扩大居民参与、推进信息公开、加强议事协商、强化权力监督为重点，通过社区居民直接参与形成的新型社区自治形式。这种新型社区自治形式的推行对于提升社区自治水平、加强社区服务监督、完善居民服务需求回应机制发挥了十分重要的作用。

早在 2003 年，北京市东城区东四六条社区就开始推行社区居民会议常务会制度。社区居民会议常务会成员大多是社区中德高望重、社会经验丰富、热心社区事务的长者，他们的意见在社区居民中具有很高的代表性。

社区居民会议常务会的产生方法是：在社区居民会议换届选举期间，根据相关法律规定，按社区实有人口选出居民代表，再按居民代表总数的 40％比例选出社区居民会议常务会成员（一般为 15 人）组成社区居民会议常务会，作为社区居民会议常设机构。社区居民会议常务会的任期与社区居委会一致。

社区居民会议常务会是一个民意机构，被称为“社区小议会”，主要履行以下职责：在社区居民会议闭会期间，代表居民行使对社区建设重要事项的民主议事、民主协商和民主监督等职能；列席社区居委会会议；对社区居委会成员及下属委员会、社区服务站日常工作进行监督检查和民主评议等，监督评议结果将纳入居务公开范围，作为年终考核依据；受理居民群众意见建议，向社区党组织、社区居委会和社区服务站直接反映居民诉求；监督社区专项公益金使用管理情况。在最早推行社区居民会议常务会的东城区东四六条社区，强化权力监督是社区居民会议常务会最重要的一项职能。社区居委会每半年要向社区居民会议常务会做一次工作汇报，每年年初要通报工作安排，年终要公开述职，就连居委会公益金的每一笔开支都需要社区居民会议常务会签字。

社区居民会议常务会的工作机制是：（1）每月举行一次例会，邀请社区居委会主任参加，并由居委会主任在会上汇报近期工作。居委会主任要听取社区居民会议常务会的意见，接受社区居民会议常务会的监督和评议。（2）社区居民会议常务会主任或副主任参加社区联席会。（3）如发生需要临时听证、协调、咨询的有关事项，可召开社区居民会议常务会临时会议。

通过社区居民会议常务会这一新型社区自治形式，实现社区居民会议制度常态化，这是社区组织创新取得的重要成果，是完善社区管理体制、增强社区自治功能、保障居民群众民主权利的有效途径。在社区组织体系中，社区居民会议常务会直接代表居民利益，是社区组织中承上启下的关键环节，发挥着反映居民诉求、监督社区权力运行的重要功能，对进一步完善社区党建、社区自治、社区服务“三位一体”的社区工作格局，加强社区党组织的领导，推动社区居委会落实社区自治，提高社区服务站服务水平，加强社区组织与居民之间的沟通和联系，都发挥着举足轻重的作用。

东城区东四六条社区推行社区居民会议常务会制度以来，通过居民中有代表性的社区居民会议常务会成员的努力，既帮助协调了社区居民内部之间的利益，也协调了社区与居民的关系，密切了街道、社区和居民的关系。社区居民会议常务会成员生活在本社区，对本社区情况十分熟悉。他们了解居民的服务需求，注意倾听居民意见，通过社区民意收集和反馈发挥着居民服务需求回应机制的作用，进一步拓宽了居民利益诉求表达渠道，有利于扩大居民的社区参与，让更多的居民参与到社区事务中来，增强居民自我管理、自我服务能力，也有利于增强居民对社区的认同感和归属感。东城区东四六条社区推行社区居民会议常务会制度取得了积极成效，为创新社区自治形式提供了一个很好的样本。

近年来，北京市对东城区东四六条社区的经验进行了全面总结，并扩大试点范围，向全市推广。《中共北京市委关于加强和创新社会管理全面推进社会建设的意见》明确提出，“在试点基础上，逐步推广社区居民会议常务会模式”。《北京市“十二五”时期社会建设规划纲要》要求“总结推广东城区社区居民会议常务会经验，推进社区民主自治创新发展”。在政府引导和支持下，全市各城区社区结合自身情况，积极探索和创新社区自治形式。类似社区居民会议常务会这样的新型社区自治形式还有社区民主监督委员会、社区民主监督小组、社区议事协商会议、社区民主听证会、楼管会等，这些都是社区居民自治的有效形式。

西城区借鉴东城区东四六条社区的经验，探索建立社区民主监督委员会，一是监督政府在社区派出站所以及居委会办实事的过程，二是监督办实事的结果。在西城区开展社区民主监督委员会试点的红莲中里社区，社区自治机制包括社区居民代表大会、居民代表大会常务会、社区民主监督委员会三大部分。其中，居民代表大会常务会主要是对社区的日常工作进行讨论或决策，而社区民主监督委员会要对涉及社区居民利益的重大事项、社区发展规划、社区资金使用、重大活动方案进行评议监督。社区民主监督委员会的民主监督员，全部由居民推选出来，其主要职责就是针对社区服务中的具体事项进行检查和监督，一个事一个监督员或几个监督员。监督员的队伍和数量可以根据具体事项和工作需要随时调整。比如，社区专项公益资金都被用在哪里，花了多少，怎么花的，花得合适不合适、合理不合理，这些都要由社区民主监督委员会来负责审核监督。一旦出现问题，将由社区监督委员会提出调整和修正的要求，并重新启动该项工作。民主监督员们组成的民主监督小组还定期对社区居务公开进行监督检查。

在北京社区非基本公共服务创新中，社区居民会议常务会、社区民主监督会等新型社区自治形式扮演着越来越重要的角色，成为扩大居民参与、加强社区民主自治和完善居民服务需求回应机制的重要推动力量。

三、创新业主自治，提高居民自我管理、自我服务能力

随着住房制度改革的深化和住房个人产权制度的建立，越来越多的社区居民成为业主，即依法取得房屋所有权的人，他们通常被看作“有产

者”。为了加强对个人产权的保护，规范物业管理活动，我国于 2007 年颁布《物权法》，并对《物业管理条例》进行修订。根据《物业管理条例》，一个社区可以根据物业的共用设施设备、建筑物规模、社区建设等因素，划分为一个或若干个物业管理区域（住宅小区）。一个物业管理区域由一个物业服务企业实施物业管理。业主须按物业服务合同约定交纳物业服务费用。业主所享有的物业管理服务是按市场化机制提供的有偿服务，一般不属于社区基本公共服务范畴。[①] 业主自治是业主联合起来，依法通过民主程序建立自治组织——业主大会和业主委员会（简称业委会），确立自治规范，自主决定本住宅小区范围内的公共物业事项，实现自主管理住宅小区的过程，是维护业主在住宅小区的共同利益，实现自我管理、自我服务、自我发展的一种自治形式，是满足业主对社区非基本公共服务和社区非公共服务需求的有效途径。[②] 创新业主自治，提高居民自我服务能力，满足居民多样化、多层次和多方面的服务需求，是保持社区多样性和活力的需要，是社区管理朝着人性化、现代化、法制化和科学化发展的客观要求。

20 世纪 90 年代以来，在北京各城区商品住宅小区如雨后春笋般迅速发展起来，住宅小区物业管理服务成为社区居民生活服务的重要形式。随着业主权利意识的增强，业主们围绕住宅小区规划被擅自变更、水电暖气供应不到位、房屋质量缺陷、房屋面积缩水、环境污染、噪音扰民、物业服务差、物业收费不合理、住宅小区治安差、公共区域物业收益被侵占等各种问题而进行的维权活动此起彼伏，业主自治的呼声不断高涨。但是，由于作为住宅小区最高权力机构的业主大会法律地位不明确，业主依法维护自身权益的诉求很难得到满足，其自我服务能力也受到很大限制。

北京市商品住宅小区物业管理服务纠纷产生的原因虽然是多方面的，但最主要的原因还在于没有充分发挥业主自治功能，业主自治缺乏法律保

---

① 根据物业的性质和特点、物业服务内容和水平、物业收费标准等情况，可以将物业服务区分为不同档次，但是，按市场化机制提供的物业服务与政府主导提供的社区基本公共服务是有严格区别的，它们是为了满足居民具有社区共同性、自主性、属地性和群体差异性的服务需求或具有个性化特点的服务需求而提供的，因此，属于社区非基本公共服务或社区非公共服务范畴。

② 拥有一定财产的业主一般不会满足于基础性、保障性和均等化提供的社区基本公共服务，他们对具有社区共同性、自主性、属地性和群体差异性的社区非基本公共服务以及更高层次、更具多样性和个性化的社区非公共服务有更加迫切的需求。

障。表现在：第一，业主自治组织决策门槛过高。按照原来的相关规定，业主大会对于物业管理区域内一些重要决策须经全体业主所持投票权 2/3 以上通过[①]，这么高的门槛使得业主大会对重要事项很难做出决策。第二，启动业主自治组织成立程序不合理。按照原来的规定，全体业主在入住之后才开始组织成立业委会，而此前开发商单方选定了物业公司，规定了物业费收费项目等事项，业主对物业的选择及价格制定并不知情，就很容易造成对物业公司的不信任，从而产生纠纷。第三，业主自治组织法律地位被虚化。按照原来的规定，业主大会虽然是代表全体业主利益行使权力和履行义务的主体，但实际上它只是一个“会议机构”，而不是一个实体组织，不能登记、不能开具发票、不能直接收取公共部位的收益等，因而，当业主为维护共同权益需要采取法律行动时，业主大会完全无能为力。

为了破解物业管理服务中出现的各种难题，维护业主合法权益，进一步推进物业管理服务规范化，提高业主自我管理、自我服务能力，近年来北京市采取有力措施，以创新思维积极推动业主自治，先后发布了《北京市物业管理办法》（北京市人民政府令第 219 号）、《北京市住宅区业主大会和业主委员会指导规则》（京建发〔2010〕739 号），还出台了《北京市住宅区业主大会和业主委员会备案登记管理办法》《北京市住宅区业主共有资金管理暂行办法》《北京市住宅区管理规约》《北京市住宅区业主大会议事规则》《北京市住宅区首次业主大会会议筹备组工作报告》等制定规范和示范文本以及《业主委员会备案单》等配套文件。其中，《北京市物业管理办法》明确成立业主大会的条件，对业主自治组织的成立实行“双启动”机制，规定物业管理区域内交付业主的专有部分达到建筑物总面积 50%以上的，建设单位（开发商）应向物业所在地街道办事处、乡镇政府报送筹备首次业主大会会议所需资料，并推荐业主代表作为临时召集人，召集占总人数 5%以上或者专有部分占建筑物总面积 5%以上的业主向物业

① 国务院于 2003 年颁布的《物业管理条例》规定，业主大会做出制定和修改业主公约、业主大会议事规则，选聘和解聘物业管理企业的决定，“必须经物业管理区域内全体业主所持投票权 2/3 以上通过”。对此项规定国务院于 2007 年做出了修改，将业主大会决定上述事项的门槛调整为“应当经专有部分占建筑物总面积过半数的业主且占总人数过半数的业主同意”，并以《国务院关于修改〈物业管理条例〉的决定》（中华人民共和国国务院令〔2007〕第 504 号）对修改后的《物业管理条例》重新发布。

所在地街道办事处、乡镇政府提出书面申请成立业主大会；占总人数5%以上或者专有部分占建筑物总面积5%以上的业主也可以自行提出书面申请成立业主大会。《北京市住宅区业主大会和业主委员会指导规则》对业主在物业管理活动中享有的权利和应履行的义务、业主大会成立的程序、业主大会议事规则、业主大会职责、业主委员会的产生及其主要职责等做出了明确规定。为了提高业主自治能力，更好地维护业主的合法权益，北京市鼓励和支持公益律师担任业主大会筹备组组长，但筹备组组长不再具有表决权，以利于业主自主决策。为了解决业主自治组织换届难问题，北京市放弃原来的业主委员会委员届别制，改为实行业主委员会委员任期制，每届任期不得超过六年，连选可以连任。任期届满，其委员资格自动终止。同时，在任期间，不再具备业主身份的，限制民事行为能力或者无民事行为能力的，被依法追究刑事责任，无法履行委员职责的，以书面形式向业主大会或者业主委员会提出辞职的，或属于业主大会议事规则规定的其他情形的，都将失去委员资格。业主委员会委员资格终止的，应当自终止之日起3日内将所保管的档案资料、印章及其他应当移交的财物，移交给业主委员会；拒不移交印章、相关财物和档案资料的，街道办事处、乡镇人民政府10日内应当责令移交，物业所在地公安机关应当予以协助。

关于业主大会的法律地位和“实体化”问题，《北京市住宅区业主大会和业主委员会指导规则》明确规定：“业主大会由物业管理区域内的全体业主组成，在物业管理活动中，业主基于建筑物区分所有权，依据法律、法规和规章以及管理规约和业主大会议事规则行使共同管理权利、承担共同管理责任。”同时，还规定：“本市试行业主大会登记制度。业主大会成立并完成业主委员会备案的，经专有部分面积占建筑物总面积过半数的业主占总人数过半数的业主同意，可以到市房屋行政主管部门办理业主大会登记，业主委员会凭业主大会登记证明，向区、县公安分局申请刻制业主大会印章。”依法登记后的业主大会，具有以其自身名义开设的共同管理资金账户，拥有其名下的独立财产，可以以自身名义从事经营活动，可以依法缴税和开具发票，能够独立承担民事责任等。这使得业主大会具备了完全的民事权利能力和行为能力，成了真正的具备法人资格的自治管理团体，为业主大会履行其法定职责，真正行使社区管理权奠定了基础，也为明确社区共有产权，理顺业主大会、业主委员会、业主、物业服务企业等各方之间的关系提供了前提。从此，业主大会真正成为一个代表全体业主利益的实体组织。推行业主大会登记制度之后，北京市还将进一步创造条件，继续推进业主大会法人制度试点。[①]

通过制定上述法规政策和配套文件，北京市建立了商品住宅小区前期物业管理、物业使用和维护、业主及业主大会等方面的相关制度规范，形成了有利于保障业主合法权益的政策法规体系，为推进业主自治、提高居民自我管理、自我服务能力提供了重要的制度前提。

四、推进社区居民自治与业主自治互联互动

社区非基本公共服务归根到底是社区自治范围内的事情，是居民依法直接行使民主权利，在社区范围内实现自我管理、自我服务、自我教育、自我监督，是社区组织发挥社区自治功能依靠居民自己的力量自主提供的公共服务。同时，社区按市场化机制提供的物业服务中也包含着部分属于社区非基本公共服务范畴的服务内容。

目前，在北京社区管理体制中实际上存在着两种自治形式：社区居民自治和业主自治。其中，社区居民自治的法理依据是居民的居住权（公民权），社区居民依法通过居民会议（或居民代表大会）和居委会等组织形式实现自治；业主自治的法理依据是居民的房屋所有权（物权），依法成立的业主大会和业委会是实现业主自治的组织形式。社区居民自治和业主自治都是满足居民具有社区共同性、自主性、属地性和群体差异性的非基本公共服务需求和个性化服务需求的有效手段，都需要通过组织创新、治理结构创新、服务体系创新、投入创新等创新形式进一步摆脱传统社区管

① 2011年5月12日，北京市怀柔区的业主大会登记试点工作全面启动。依据试点方案，业主大会成立后，全部到街道办事处、乡镇人民政府备案登记，领取业主大会登记证书，区质监部门依申请为已经登记的业主大会发放组织机构代码证书，区税务管理部门为业主大会办理税务登记及领购发票，银行也将为已登记的业主大会开立共同管理资金账户。6月17日，怀柔区于家园一区14～17号楼的业主大会成功进行了备案登记，在怀柔区泉河街道办事处领到了业主大会登记证书和业主大会印章刻制证明，成为全国首个具有独立民事主体资格的业主大会。这一试点开启了业主大会法人资格运行的先河。

理体制的束缚，增强自治功能，进而达到提高自我管理、自我服务能力的目标。总体上看，社区居民自治和业主自治有许多相同或相似之处：它们的根本目标是一致的，在实现目标过程中面临的主要问题有不少共同点，解决问题的方式也有许多相通之处。

但是，在过去很长一段时间，由于社区居民自治和业主自治这两种自治形式之间的关系没有理顺，由于一些基层干部和社区工作者对这两种自治形式存在一些模糊认识，由于社区内部各种矛盾、问题和利益纠葛纷繁复杂，在一些社区，居委会和业委会之间相互抵触的现象并不少见，有的社区甚至出现“一山难容二虎”的对立状态。具体表现在：（1）两种自治形式相互掣肘。凡是业委会要办的事，居委会就是不赞成，甚至想方设法加以阻挠；同样，居委会要办什么事，业委会也不配合。（2）两种自治形式相互对抗、相互排斥。业委会开展的工作和活动，居委会不参与、不支持、不表态；居委会开展的工作和活动也不愿和业委会打招呼，双方关系搞得很僵，以至于社区内许多问题变得越来越复杂，越来越难办。（3）以一种自治形式取代另一种自治形式。有的人认为，社区有居委会这一自治组织就足够了，没必要搞什么业委会，况且居委会有政府的强力支持作后盾，又有一套长期形成的基层群众工作经验，协调处理社区内各方面利益关系已经绰绰有余，搞业委会既无必要，又浪费资源，纯属多余；也有的人认为，商品住宅小区属于业主物权范畴，业主才是小区真正的主人，只有业主和业主共同成立的自治组织才会真正关心小区内的共同事务，居委会不会关心小区内由于物权引起的利益关系，因此根本没有存在的必要，更何况有个居委会不仅多了一个婆婆，还容易把传统社区管理体制下的政府行政干预带进来，不利于实现真正的居民自治。显然，上述种种现象的发生与社区自治目标是背道而驰的。

为了消除社区居民自治和业主自治这两种自治形式之间存在的不和谐因素，增进社区居委会和业委会之间的沟通和信任，提高社区自治和社区服务的整体水平，提高社区公共服务质量和物业服务质量，满足居民多样化、多层次和多方面的服务需求，近年来，北京市以推动社区服务管理创新为切入点，在加强社区规范化建设，加快推进住宅小区业主大会建设，创新居民自治形式和创新业主自治的同时，积极推动社区居委会与业委会互联、社区服务站与物业服务企业互动。[①] 北京市推进社区居民自治与业主自治互联互动的做法和经验主要表现在以下四个方面：

第一，依法推进社区居民自治和业主自治，使社区自治组织和业主自治组织在法律的轨道上运行。一方面，根据《中华人民共和国城市居民委员会组织法》《北京市社区管理办法（试行）》《北京市社区工作者管理办法（试行）》《关于推进社区规范化建设试点工作的实施方案》《关于进一步推进社区规范化建设试点工作的实施方案》等法律法规和政策，按照“职责明确、分工合理、优势互补、协调联动”的原则，对社区承担的各项工作进行全面梳理，合理划分社区组织的职责任务，将社区居委会在社区工作中主要承担的具体工作或服务项目细化为 6 个方面 33 项具体工作，进一步明确社区居委会作为基层群众性自治组织的定位。在社区组织分工中，居委会侧重于组织居民开展民主自治，以维护居民合法权益和社区共同利益为核心，增强社区自治功能，实现政府行政管理与基层群众自治的有效衔接和良性互动，不断提高社区居民依法直接行使民主权利、管理社区公共事务和公益事业的能力。另一方面，根据《物权法》《物业管理条例》《北京市物业管理办法》《北京市住宅区业主大会和业主委员会指导规则》等法律法规和政策，规范业主大会、业主委员会的成立及活动，规范物业管理活动，保护业主、业主大会和业主委员会及物业管理各方的合法权益，协助、指导全体业主正确行使共同管理权利，建立和完善权责一致、依法有序的住宅区业主自我治理机制，进一步明确业委会的工作职责。业委会作为业主大会的执行机构，接受业主的监督，依法履行下列职责：召集业主大会定期会议和临时会议；定期向业主大会报告物业管理情况；代表全体业主与业主大会选聘的物业服务企业签订物业服务合同；及时了解业主、物业使用人的意见和建议，监督物业服务；组织和监督专项维修资金的筹集、使用；监督物业共用部分的经营及经营收益的管理和使用；督促业主按照约定交纳专项维修资金、物业服务费和其他应当由业主共同分摊的费用；建立并妥善保管工作档案，为业主提供查阅、抄录和复

---

① 北京市推动社区居民自治和业主自治互联互动的做法与国家相关政策要求是完全一致的。国务院办公厅发布的《社区服务体系建设规划（2011—2015 年）》把发展社区便民利民服务作为社区服务工作重点之一，要求“大力推行物业管理服务，建立社区管理和物业管理联动机制，提高物业服务质量”。

制档案资料的便利；调解业主之间因物业使用、维护和管理产生的纠纷；对违反国家和本市相关规定以及管理规约、业主大会议事规则的行为，可以要求行为人停止侵害、排除妨碍、消除危险、返还财产；配合社区相关组织做好本物业管理区域内的社区建设工作。

第二，理顺社区居民自治和业主自治之间的关系，消除不利于加强社区自治的体制障碍。社区居民自治和业主自治是构成北京现代社区自治和基层民主发展的两个基本元素，两者各有相应的法律渊源和平等的法律地位，不存在相互统属关系，在社区自治工作中各有侧重，各有优势。但是，由于对社区自治和基层民主发展的内在规律缺乏认识，北京市过去出台的一些政策要求以其中一种自治形式统领另一种自治形式，造成了不必要的管理混乱和体制内耗。比如，北京市建委等部门于2008年发布的《北京市住宅区业主大会和业主委员会指导规则（试行）》规定“在物业所在地街道办事处、乡镇政府的指导下，社区居委会负责首次业主大会会议的筹备工作。社区居委会人员担任筹备组召集人（未成立社区居委会的，由街道办事处、乡镇政府指派工作人员担任），负责组织业主代表、开发建设单位、社区居委会、派出所等单位代表组建首次业主大会会议筹备组”，同时，根据北京市相关规定，在召开业主大会选出业委会之后，还要由社区居委会在相关材料盖章确认，业委会才能完成在物业所在地街道办事处、乡镇人民政府的备案并正式成立。实际上，这样的政策安排不仅让社区居委会感到为难，也让业主大会的召开和业委会的成立陷入了十分被动的境地。业主自治是现代社区自治发展到一定阶段的产物，是一项专业性较强的工作，对相关法律配套和政策安排有很高的要求。一些居委会成员由于缺乏这方面的知识，又怕承担责任，只好以种种理由作借口，迟迟不启动业主大会筹备工作，拖延业主大会的召开，甚至在业委会选出后也不予盖章确认，最终导致业主自治无法正常进行。针对这个问题，北京市2010年正式发布的《北京市住宅区业主大会和业主委员会指导规则》对相关政策安排做出了必要的调整和完善，将业主大会筹备工作的规定修改为：“街道办事处、乡镇人民政府应当自接到成立业主大会申请之日起60日内，指定首次业主大会会议筹备组组长，组织建设单位、业主代表成立首次业主大会会议筹备组。筹备组组长在筹备组中没有表决权。街道办事处、乡镇人民政府指定业主担任筹备组组长的，该业主不得参选业主委员会委员。本市鼓励和支持公益律师为业主大会的成立和活动提供法律服务。提倡街道办事处、乡镇人民政府指定具有专业知识和服务能力的律师或者其他人员担任筹备组组长。”北京市在业主大会筹备环节跳过社区居委会，直接由街道和乡镇推选确定业主大会筹备组组长，全程监督和指导业委会的成立，有利于打破业主自治组织难产的困局，有利于理顺社区居民自治和业主自治之间的关系，而且，公益律师等法律专业人士的介入更能体现业主自治的法制化和专业化要求。

第三，加强社区居委会和业委会之间的相互联系，在增进信任、促进合作的基础上，形成社区自治工作合力，提升社区自治整体水平。北京市根据居委会、业委会在社区范围内有着共同的服务群体、共同的依靠对象（都需要依靠社区居民集体的力量），且二者在社区管理和服务中的目标根本一致等特点，在相关规范化文件中着重要求加强二者之间在社区工作中的相互沟通和联系，建立制度化、长效化的联系机制，在相互信任的基础上推动形成相互监督、相互促进、共同发展的工作格局。《北京市社区管理办法（试行）》把业委会纳入到社区组织体系中来，并且从维护社区居民在物业服务中的合法权益出发，把“指导、监督业主大会、业主委员会和物业管理工作”作为居委会的主要职责之一，同时，又规定“业主大会、业主委员会作出的决定，应当告知相关的社区居委会、社区服务站，并接受社区居委会的指导与监督，听取社区服务站的意见和建议”。这些规定并不是要在居委会和业委会之间制造某种不平等，而是从社区实际出发，根据相关法律做出的制度安排。[①]《北京市住宅区业主大会和业主委员会指导规则》从四个方面提出加强业委会与居委会之间相互联系的要求：(1) 社区共同事务要信息共享，彼此知情。业委会召开会议时，可以邀请物业所在地的社区居委会参加。“物业管理区域内召开业主大会、业主委员会会议，应当告知相关的社区居民委员会，并听取其意见”。(2) 与社区居民自治相关事务，业委会要主动配合。“物业管理区域内，业主大会、

① 国务院颁布的《物业管理条例》第二十条规定：“业主大会、业主委员会应当配合公安机关，与居民委员会相互协作，共同做好维护物业管理区域内的社会治安等相关工作。在物业管理区域内，业主大会、业主委员会应当积极配合相关居民委员会依法履行自治管理职责，支持居民委员会开展工作，并接受其指导和监督。住宅小区的业主大会、业主委员会作出的决定，应当告知相关的居民委员会，并认真听取居民委员会的建议。”

业主委员会应当积极配合相关的社区居民委员会依法履行自治管理职责，支持社区居民委员会开展工作，共同做好物业管理区域内社区建设等相关工作”。(3) 与居民合法权益相关事务，居委会要加强监督。“社区居民委员会应当协助街道办事处、乡镇人民政府指导、监督社区内的业主委员会开展工作，维护居民的合法权益”。(4) 遇到困难要齐心协力，共同协商解决。“街道办事处、乡镇人民政府可以组织召开物业管理联席会议。由区县房屋行政主管部门、司法行政主管部门、公安派出所、社区居民委员会、业主委员会和物业服务企业等各方代表参加，共同协商解决物业管理活动中遇到的问题”。

第四，加强社区服务站与物业服务企业之间的业务联系和相互配合，形成两个服务平台之间相互协同的互动机制。北京市把社区服务站定位为“非营利公共服务机构”，作为政府在社区层面设立的公共服务平台，而物业服务企业是按市场规则运营的营利性组织，是受业委会聘请为居民提供物业服务的平台。这两者虽然在社区服务中定位不同，服务属性存在较大差异，但在社区非基本公共服务领域却有很大交集：社区服务站除了承接政府委托提供的社区基本公共服务之外，也依靠社区力量自主提供社区非基本公共服务，物业服务企业除提供个性化的社区非公共服务外，在一定条件下其服务内容也有部分可以作为社区非基本公共服务向居民提供。[①] 北京市在《关于推进社区规范化建设试点工作的实施方案》和《关于进一步推进社区规范化建设试点工作的实施方案》中明确社区服务站承担 12 个方面 35 项具体工作职责，其中包括参与社区治安维护、组织开展社区便民生活服务和协助开展社区基础管理工作等内容：(1) 参与社区治安维护方面的工作包括：落实各类安全防范措施、参与群防群治、维护社区治安；支持和配合社区居委会开展维护社区和谐稳定工作，协助有关部门做好社区流动人口和出租房屋管理工作等。(2) 组织开展社区便民生活服务方面

① 物业服务企业提供的服务内容是根据业主的共同委托以契约形式确定的。一旦业主大会法人制度建立起来，在业主的共同收益达到一定水平且业主之间能够对其收益的使用达成共识，共同约定用社区共同收益来支付满足社区非基本公共服务需求的相关服务的情况下，物业服务企业的服务内容就可以作为社区非基本公共服务来提供。从社区服务发展趋势看，随着社区自我管理、自我服务、自我发展能力的增强，原来依靠市场机制提供的部分社区非公共服务也可以转为由社区组织自主提供或者由社区和市场联合提供。适当扩大社区非基本公共服务提供范围，使居民通过集体的力量解决社区服务中的问题，这有利于进一步增强居民的社区归属感。

的工作包括：充分利用社区资源，动员社会力量，开展家政服务、为老服务等形式多样的便民利民服务，不断满足社区居民的生活需求，方便居民生活。（3）协助开展社区基础管理的工作包括：协助做好社区人口、单位、设施等各类信息的采集、管理和维护，协助开展社区统计工作，参与建设和管理社区基础设施。上述各项工作与社区物业服务企业的服务内容存在一定交叉。一方面，社区服务站在开展社区治安维护、社区便民生活服务和社区基础管理等工作时，特别需要物业服务企业的支持与配合。另一方面，物业服务企业在提供治安服务、生活服务、基础设施管理和维护等服务时，如果有社区服务站进行协助，就能够更加全面地掌握相关情况和居民的服务需求，从而提高服务和管理质量。实践证明，社区服务站与物业服务企业之间加强联系与配合，在服务提供过程中相互协同，有助于推进社区公共服务规范化建设和物业服务规范化建设，有助于提高社区公共服务质量和物业服务质量。正因为如此，北京市在社区建设中努力推动社区服务创新，鼓励社区服务站和物业服务企业加强业务联系，在彼此交叉的社区服务领域加强相互合作，不断提高服务效率和服务水平，以优质的服务更好地满足居民多样化、多层次和多方面的服务需求。

第七章

国内外社区公共服务民营化模式比较

社区公共服务民营化是把市场机制和社会力量引入社区公共服务领域的一种政策安排，是针对政府垄断下社区公共服务供给不足和公共服务供给的低效率而进行的制度变革，其核心内涵在于打破公共服务供给的垄断格局，促进市场竞争，提高公共服务绩效，以更好的服务质量、更高的服务效率、更公平的服务分配来满足社区居民的公共服务需求。社区公共服务民营化反映了现代社区发展的客观要求，是提高社区公共服务水平、促进社区和谐的有效途径。

现代社区公共服务比以往任何时候都更加需要注重效率、效益和公平。在社区资源有限的条件下，要改善社区公共服务供给状况，更好地满足社区居民多样化、多层次和多方面的公共服务需求，最大限度地增进社区和谐，主要有三个基本途径：其一，鼓励和引导社会力量参与提供社区公共服务，特别是社区非基本公共服务①；其二，提高社区公共服务供给

---

① 在社区公共服务体系中，基本公共服务和非基本公共服务都不可或缺。由于政府财力所限，社区基本公共服务在提供范围、提供内容和标准等方面都将受到严格的限制。相对而言，具有社区共同性、自主性、属地性和群体差异性的社区非基本公共服务提供范围和服务对象比较明确，提供内容和标准可以根据社区情况进行及时调整，因而具有较大的灵活性。因此，社区非基本公共服务是社区内覆盖面最广、需求量最大、与居民日常生活联系最密切、对居民生活品质影响最深刻的一类社区公共服务。除政府主导的社区基本公共服务外，其余社区公共服务基本上属于社区非基本公共服务范畴。社区居民公共服务需求的满足不仅取决于社区基本公共服务的供给状况，也与社区非基本公共服务的供给密切相关。

效率，包括社区基本公共服务和社区非基本公共服务，都要进一步提高供给效率；其三，根据权利与义务对等原则，充分体现社区公共服务供给的公平性，不仅均等化提供的社区基本公共服务要体现公平，具有社区群体差异性的社区非基本公共服务也要在社区群体内体现社会公平。这三个基本途径归根到底就是要打破社区公共服务供给的垄断局面，扩大社会参与，促进市场竞争和社会公平。国内外社区发展实践表明，在社区公共服务建设中引入市场竞争机制，促进社区公共服务供给多元化，可以提高社区公共服务质量和效率，提高社区公共服务供给水平，也可以增进社区公共服务供给的公平性。

近年来，北京市和全国其他地区通过“管办分离”“政社分开”等形式，加快转变政府职能，积极培育和发展社会组织，开展政府向社会组织购买服务，支持社会组织承接政府职能转移，大力推进社区公共服务民营化，形成了具有一定地方特色的社区公共服务民营化模式。北京作为全国首都和现代化国际化大都市，在加快建设世界城市过程中特别注意学习国内外先进经验[①]，在社区建设方面思路更开阔，各项政策更具有包容性。北京市不仅在政府主导的社区基本公共服务中引入市场机制，而且在社区自主提供的非基本公共服务领域，也通过政策引导，广泛吸引社会力量和社会资金兴办社区基础设施，积极探索社区公共服务民营化的有效形式，形成社区多元投入、多元服务、多元治理的多元化发展格局。

目前，国内社区公共服务领域的民营化实践在一定程度上借鉴了西方国家政府改革和公共服务民营化的有益经验。同时，由于具体国情不同，民营化的基础和条件不同，我国社区公共服务民营化的制度设计和运行模式与西方国家又存在明显区别。另一方面，国内不同地区、不同城市之间在社区公共服务民营化方面也存在不同发展路径或不同发展模式。这些模式与北京市的做法既有共同之处，又有一定差异。总之，国内外各种民营化模式各有优势，通过比较和借鉴，取长补短，有助于社区公共服务建设“北京模式”的进一步完善。

---

① 2009年以来，北京市社会建设部门组织专门队伍到澳大利亚、新西兰、美国、加拿大、英国、以色列、南非、新加坡、日本、香港地区、澳门地区考察学习，还对广州、深圳、上海等地社会工作和人才队伍建设情况进行专题考察。

第一节 社区公共服务民营化的时代背景

社区公共服务是整个社会公共服务的组成部分，具有公益性质，属于公共产品（社区基本公共服务）或俱乐部产品（社区非基本公共服务）。根据萨缪尔森等经济学家的观点，公共产品在消费上具有非竞争性和非排他性特征，俱乐部产品在特定范围内（如社区）也具有同样特征。由于公共服务的特殊属性，世界各国都把社区公共服务在内的公共服务的供给作为政府的主要责任。① 在西方国家，由于历史和社会原因，社会福利和公共服务政府单中心供给模式曾经盛极一时。② 但是，随着公共服务供求矛盾的尖锐化，政府单中心供给模式的缺陷日益暴露出来。在这种情况下，西方国家通过公共服务民营化寻找化解社会福利危机的对策，并最终放弃了公共服务政府单中心供给模式。我国的国情虽然与西方国家大不相同，但公共服务的政府垄断却存在着与政府单中心供给模式同样的缺陷。为了改善公共服务供给状况，我国也需要进一步推进社会管理体制改革，打破公共服务的政府垄断，建立多元化的公共服务供给模式。

---

① 在西方国家，社区服务被看作整个社会服务的组成部分，公共服务是政府工作的核心内容。在这些国家的相关政策和文献中，“社会服务”“社会福利服务”“社区照顾”“社会保障服务”“社区工作”“社区发展”等概念比较常见，而“社区公共服务”或“社区服务”概念则不常使用。其实，从广义的角度看，西方国家通常所说的“社会服务”“社区工作”等也是指以社区为基础的公共服务，是在社区范围内通过动员社区居民参与和开发社区资源来满足社区居民的各种需求，其内涵与我们所使用的“社区公共服务”概念是相通的或是有重叠的。

② 19世纪末20世纪初，在西方国家，随着工业化加速发展，社会经济不平衡状况加剧，罢工、示威、暴力对抗等社会冲突时有发生。为了应对由于贫困、疾病和失业等问题引发的社会矛盾和冲突，英国、德国等国家率先建立包括社会救助、社会保险等在内的社会保障制度，开始由政府承担起为社会成员提供社会福利的责任。第二次世界大战后，西方国家在社会福利和公共服务供给方面的政府干预逐渐占据主导地位，政府对经济和社会生活的干预范围不断扩大，干预力度不断加强，社会保障范围也不断扩大，公共福利开支大幅度上升，由此形成了社会福利和公共服务的政府单中心供给模式。到20世纪60年代，随着西方国家社会福利制度及相关法律法规的日益完善，社会保障和社会服务几乎覆盖到与公众生活相关的所有领域，政府单中心供给模式发展到鼎盛时期。

一、公共产品供给的政府责任

公共产品要在消费上实现排他几乎不可能，即使勉强做到排他，也要付出极其高昂的代价。另一方面，公共产品消费的边际成本为零，消费者“搭便车”现象难以避免，这就使得公共产品的提供不可能像私人产品那样存在可预期的获利空间，也不可能在市场上通过自由交易实现盈利，因此，按市场原则（或消费者付费原则）提供公共产品很容易导致市场失灵。

但是，任何社会都存在一定数量的弱势群体，他们需要社会给予特殊照顾却没有足够的支付能力，任何社会的任何一个公民都有基本的生存和发展的权利并需要社会给予保障。由此可见，无论在什么样的社会条件下，社会公众对公共产品的需求都是实实在在的，是不容忽视的。考虑到社会公众对公共产品的需求以及社会公平、公正等因素，公共产品的提供应该由政府承担主要责任，政府甚至可以成为唯一的公共服务供给主体。如果政府不履行提供公共产品的责任，社会将出现公共产品供给短缺，而公共产品的短缺将有可能使社会陷于混乱之中。

总之，由于公共产品供给上的市场失灵，政府必须承担起公共产品供给的主要责任，这样才能避免由于市场失灵而导致公共服务供给短缺，才能更好地实现公共服务供给的公平性和公正性。正因为如此，政府提供公共产品被认为是天经地义的事情。这样的观点不仅在经济学界长期流行，而且在过去相当长时间内一直被西方国家决策当局所采纳，成为推行社会福利制度和构建公共服务政府单中心供给模式的理论基础。在许多西方国家，社区虽然实行居民自治，但大部分社区服务还是被纳入政府提供的公共产品范围，其资金来源主要由政府来提供。

二、西方国家公共服务政府单中心供给模式的终结

在公共服务政府单中心供给模式下，政府集公共服务的出资人、生产

者和提供者于一身，形成了公共服务政府垄断的局面。在公共服务供给和需求相对均衡的情况下，政府单中心供给模式一般还能够维持正常运行。

20 世纪 70 年代以来，西方国家社会福利制度的缺陷越来越明显，在公共服务供给方面也面临着日益严重的危机。一方面，随着政府规模膨胀，财政压力日益加大，而公共服务政府单中心供给模式的垄断性和低效率又进一步加剧了政府的财政压力；另一方面，社会公众对于公共服务的需求有增无减，而且公众在享受社会福利的同时对于未来生活普遍抱有更高的期待，对公共服务的质量和效率也提出了更高的要求。由此一来，公共服务的供给缺口越来越大，加之公共服务需求日益膨胀，供求矛盾越来越尖锐。

为了解决公共服务政府单中心供给模式的垄断性和低效率问题，摆脱公共服务供给危机，各国纷纷推行政府改革，通过私有化（privatization）或建立公私合作伙伴关系（public-private-partnership，PPP）探索公共服务民营化或市场化改革的具体路径。民营化改革的目的并不是要免除政府提供公共服务的责任，而是要改变政府提供公共服务的方式，改变公共服务政府单中心供给模式所导致的政府垄断。[①]

这场政府改革运动首先从英美等国兴起，后来逐渐演变成席卷全球的浪潮，民营化也发展成为一种全球现象，总的趋势就是在公共服务的供给中引入市场机制，减少政府垄断，允许私营机构和其他社会组织共同参与竞争，通过供给机制的市场化改革，实现公共服务供给主体多元化。在西方发达国家，尤其是在美国，包括公共交通、垃圾处理、社区服务等在内的许多城市公共服务领域在很大程度上都实行了民营化，甚至连监狱管理都引入了市场机制。正如盖伊·彼得斯在《政府未来的治理模式》一书中所说："人们普遍假设提高政府组织效率的最佳甚至唯一的方法是用某种建立在市场基础上的机制代替传统的官僚体制"。公共服务民营化的结果在一定程度上印证了上述假设的合理性。据美国有关调查，公共服务领域

① ［美］E. S. 萨瓦斯在《民营化与公私部门的伙伴关系》一书中对民营化的兴起及其内涵进行了比较深刻的阐述，他指出："虽然民营化的概念目前界定不一，但其核心是更多依靠民间机构、更少依靠政府来满足公众的需求……旨在改善政府作为服务提供者的绩效，包括打破不必要的政府垄断，在街道清扫、垃圾收集处理、绿化维护等公共服务供给中引进竞争。"（6 页，北京，中国人民大学出版社，2003）

采取 PPP 模式进行民营化改革之后，政府支出节约了 10%～20%。与此同时，公共服务质量和效率也得到了显著提高。特别是在公共服务效率方面，与政府单中心供给模式相比，在 PPP 模式下公共服务项目实施更具有灵活性，而且对公共服务需求的回应速度更快。

西方国家围绕公共服务民营化进行的政府改革事实上已经宣告公共服务政府单中心供给模式的终结，并使得公共服务多中心供给成为可能。

三、国内打破公共服务政府垄断的政策导向

在国内，公共服务的供给体制与西方国家明显不同。长期以来，社会管理和公共服务的责任主要由计划经济体制下形成的事业单位与政府部门共同承担。这种传统的社会管理体制和公共服务供给模式与计划经济体制一样，也具有高度集中和政府垄断的特点，而且，由于事业单位改革进展缓慢，社会管理体制改革相对滞后，公共服务的政府垄断并没有得到根本改变。

在社区层面，公共服务的政府垄断主要表现为“社区工作行政化”。社区在法律上虽然属于基层群众自治范围，但在过去相当长一个时期内，一些地方政府对社区事务包揽过多，社区也被纳入到政府行政体系中来，在某些城市，社区甚至成为事实上的准一级政府。“社区工作行政化”造成了两个方面的后果：其一，社区对政府过度依赖，这在一定程度上加重了地方政府的财政负担；其二，社区自治功能严重弱化，这容易导致社区提供的公共服务内容脱离社区居民的实际需求，服务效果也不理想。

为了打破公共服务的政府垄断，解决“社区工作行政化”问题，近年来我国一些城市已经开始借鉴西方国家公共服务民营化的经验，在社区建设中积极探索提高公共服务质量和效率的新方法和新途径。与此同时，长期以来在人们思想中形成的关于民营化或市场化改革的意识形态禁忌已经在某种程度上被打破，民营化不再像过去那样被轻易打上“私有化”的标签，而是被看作打破公共服务领域的政府垄断，通过引入市场机制，形成公共服务多元供给格局的政策取向。

更重要的是，为了利用好当前我国经济社会发展的重大战略机遇，解决好社会转型和体制转轨过程中的突出矛盾和问题，我国政府积极推动以保障和改善民生为重点的社会管理创新，加快政府职能转变，加强基本公共服务体系建设。在公共服务领域，一些地方在中央政府支持下率先开展公共服务民营化改革试点，逐步积累经验。在此基础上，中央政府对创新公共服务供给模式，推动公共服务多元化发展做出了重要部署。2012 年 7 月 11 日，国务院发布的《国家基本公共服务体系“十二五”规划》（国发〔2012〕29 号）首先明确政府提供基本公共服务的责任，指出“享有基本公共服务属于公民的权利，提供基本公共服务是政府的职责”，同时，明确要求创新公共服务供给模式，“在坚持政府负责的前提下，充分发挥市场机制的作用，推动基本公共服务提供主体和提供方式多元化，加快建立政府主导、社会参与、公办民办并举的基本公共服务供给模式”。这一政策为打破公共服务领域的政府垄断、推进社区公共服务民营化改革指明了方向。

第二节　社区公共服务民营化模式的构建

社区公共服务的供给是一个相当复杂的过程，不仅要明确出资人的责任，而且要了解提供什么样的公共服务、提供多少数量的公共服务、在多大范围提供公共服务、以何种方式提供公共服务、公共服务与居民的服务需求是否匹配、提供公共服务之后如何进行监督、如何检验相关服务是否达到预期效果等等。这个过程包含着公共服务的“提供”（provision）和“生产”（production）这两个既相互联系又相互区别的环节，由此区分出公共服务供给过程的两种不同职能。社区公共服务民营化模式就是在区分公共服务“提供”和“生产”这两个不同环节、两种不同职能的前提下，在公共服务提供者和生产者合理分工的基础上构建起来的。

一、公共服务“提供”与“生产”的区分

在公共服务政府单中心供给模式下，政府既承担公共服务出资人的责任，又要完成公共服务从生产到提供的复杂过程。在这种供给模式中，政府既是公共服务提供者，也是公共服务生产者，这种双重身份必然造成公共服务供给垄断，其结果就是政府规模的日益膨胀以及公共服务的高成本和低效率。随着公共服务供求矛盾日益凸显，社会公众对单中心供给模式下的公共服务越来越不满意，也越来越不相信集公共服务出资人、提供者和生产者于一身的具有天然垄断地位的政府。他们希望通过一种制度安排，既保留政府作为公共服务出资人的责任，同时，把公共服务“生产”的复杂过程交给更有效率的服务机构或社会组织来承担。大量事实证明，很多公共服务如垃圾清运、道路维护以及公共交通服务等，由非政府组织承担比由政府自己承担更有效率。因此，人们认识到，公共服务的生产绝非只能通过政府完成，其他非政府组织、非营利组织、社区组织甚至私人企业和公民个人，在一定的制度安排下也可以参与到公共服务生产中来，成为公共服务的生产者。

对公共服务供给这个复杂过程的不同环节、不同功能进行科学区分不能仅仅依靠经验观察，还需要建立在坚实的理论基础之上。著名公共财政经济学家理查德·A·马斯格雷夫最早对公共服务的“提供”和“生产”这两个概念进行了区分。[①] 20 世纪 90 年代，美国公共经济学家埃莉诺·奥斯特罗姆以公共事务的治理之道的新理论提出了服务提供者（service provider）与服务生产者（service producer）分解理论，拓展了传统公共事务中的主体范畴。[②] 根据这一理论，在认识公共事务政府提供责任时，需要

① 理查德·A·马斯格雷夫 1959 年对公共需要的供应和公共需要的生产做出区分：“公共需要的供应……并不要求它必须有公共生产的管理，正如公共生产的管理并不要求它必须有公共需要的供应。在决定各自的适当范围时，应根据各自非常不同的标准。”（Richard A. Musgrave, “The Theory of Public Finance：A Study in Public Economy,” *American Journal of Clinical Nutrition*，1959，99（1））

② 参见［美］埃莉诺·奥斯特罗姆：《公共事物的治理之道》，上海，上海三联书店，2000。

明确区分公共服务“提供”与“生产”两个概念。公共服务的生产是指将资金、设备等有形资源和制度、政策等无形资源转化为产品和服务，使公共产品得以成为存在物或以服务形态输出的过程。公共服务的提供是指通过某种制度安排使消费者得到产品的行为，是一系列集体选择行为的结果，而制度安排和选择的内容包括是否提供某种公共服务、如何提供、何时提供以及提供的质量和数量等。通常情况下，政府作为公共服务提供者可以通过授权、资助、监督、税收优惠等方式将公共产品委托给专业的社会组织或私人企业进行间接的生产。上述理论为重新构建社区公共服务供给模式提供了新的视角。

在区分公共服务“提供”与“生产”之后，在社区公共服务中，原来单中心供给模式下直接对应的两个主体（政府与社区居民）和公共服务供求双方（供方与需方）之间的相互关系发生了显著变化。社区公共服务供给过程出现了三个相互独立又相互联系的主体：一是公共服务提供者（出资人、安排者），即政府、社区组织或其他代表社区共同利益的机构，它们将公共服务生产主体和需求主体联系在一起，使公共服务的供需双方能够建立对应关系，是社区公共服务政策的制定者和社区公共服务的管理者；二是公共服务生产者，即由政府或社区组织选定的服务主体或服务输出者，如社区自治组织、社区社会组织等非营利组织或接受委托的社区物业服务企业、其他各类社区服务企业等营利性组织，它们承担公共服务的生产和输送任务，直接回应和满足消费者的需要；三是公共服务需求者（消费者、接受者），即社区居民，他们是由具有共同的公共服务需求的个人组成的群体。在上述三个主体中，公共服务生产者这一主体的角色极为重要，有了它，公共服务的“提供”与“生产”之间的区分才能得以实现，因此，萨瓦斯认为，“它是整个民营化概念的核心，是政府角色界定的基础”①。

公共服务“提供”与“生产”的区分对于构建社区公共服务民营化模式，实现公共服务提供主体和提供方式多元化具有至关重要的意义。有了这样的区分，政府就可以从社区公共服务供给的生产环节中解脱出来。政

① ［美］E. S. 萨瓦斯：《民营化与公私部门的伙伴关系》，68页，北京，中国人民大学出版社，2003。

府作为政策制定者、出资人和监督者，负责向社区提供公共服务，但这些公共服务未必要由政府自行生产。在社区公共服务民营化的制度设计中，服务的生产者直接组织生产，或者直接向社区居民提供服务；服务提供者（或安排者）主要履行组织公共服务的职责，选择服务的生产者，并且在服务生产者和社区居民之间建立联系，分别指派服务生产者给社区居民，同时指派社区居民给服务生产者。总之，服务提供者和服务生产者按照制度规范和约定，明确分工，各司其职，通过这样的制度安排达到提高社区公共服务效率、改善社区公共服务供给状况的目的。

二、社区公共服务“提供者”与“生产者”的分工

在社区公共服务供给过程中，通过把公共服务“提供”与“生产”两个环节、两种职能区分开来，实现公共服务提供者与生产者之间的科学分工，为实施社区公共服务民营化创造了重要前提。在此基础之上，还需要分别明确公共服务提供者和生产者各自应该承担的职责。

社区公共服务的提供者，也是相关服务的出资人和安排者。对于社区基本公共服务而言，通过法律和政策明确其提供者为政府；对于社区非基本公共服务来说，则是指社区组织，或其他代表社区共同利益的机构。通常情况下，社区公共服务提供者主要承担以下职责：

（1）确定提供公共服务的必要性。政府或社区组织通过落实国家基本公共服务规划，或者通过民意调查、家庭走访、投票、网络问政等方式，提供多样化的制度安排，方便居民表达公共服务需求，了解哪些公共服务是国家规定必须提供的或者是社区内大多数居民急需的。凡是国家规定必须提供的和大多数居民共同需要的公共服务，都应该列入必须提供的公共服务范围。

（2）确定公共服务的质量和数量，提供相关服务所需要的资金规模，以及可靠的资金来源渠道。属于政府财政支持的项目要落实资金安排，属于需要向居民筹集的资金，应该充分听取居民意见，以确保居民是否愿意为相关公共服务付费。

（3）确定公共服务的消费边界或受益范围。不同的公共服务可能涉及

不同的受益人群，要明确哪些人可以享受某一项公共服务，哪些人则应该被排除在外。

（4）确定公共服务的提供方式。通过公开招标、合同谈判、委托专门评估机构进行成本效益评估等方式，落实各项公共服务的具体生产者。

（5）对生产过程和生产结果进行监督和评估。要对生产者的生产过程进行监督和评估，如果生产者不能按要求履行任务，可以根据事前约定，终止合约并追究生产者相应的责任，或通过司法途径解决问题。同时，还要对公共服务质量进行评估，以保证生产者生产的公共服务能满足居民的服务需求。

（6）制定相关服务消费规则。通过制定具有强制性的服务消费规则，规范居民的消费行为，确保公共服务在供求均衡的前提下得到合理使用。

社区公共服务的生产者，是经过服务提供者选定确认的服务主体，负责向居民提供相关公共服务，对社区居民的公共服务需求做出回应。生产者履行的职责要由相关法律法规和政策以及与公共服务提供者达成的协议或约定来明确。从国内外民营化改革实践来看，社区公共服务生产者一般通过以下约定或政策安排来履行其职责：

（1）委托协议。公共服务生产者接受公共服务提供者的委托，按照其委托要求提供相关服务。

（2）合同外包。公共服务提供者通过与相关专业机构签订合同，将某些公共服务项目（如社区服务设施建设项目、社区卫生服务项目、社区计算机及网络服务项目等）的生产任务外包出去，由承接项目的专业机构按相关专业要求实施项目。

（3）特许经营。对于社区垃圾处理、自来水供应、污水处理、电力供应以及社区文化娱乐项目等可以收费的公共服务，由政府通过发放特许证的方式准许某一企业来从事该公共服务的生产，生产企业根据居民的消费情况收取不同的费用，但该企业所提供的服务要达到国家规定的服务质量标准。

（4）财政补助。对于社区养老院、社区残疾人福利中心、社区幼儿园等公益性的便民利民服务项目，由政府根据提供服务的相关机构的经营规模适当给予补助，同时，这些机构提供的相关服务要真正做到便民利民，并且具有公益性。

（5）代金券。这是政府作为公共服务提供者发放给居民的一种有价凭证，如食品券、医疗保健券、教育券等，居民可用它代替现金从私营或公营的卖主那里购买相应数量的服务，提供相关服务的生产者可以相互竞争，但服务质量必须满足政府规定的相关标准。

（6）税收优惠。对于提供具有社会公益性质的社区服务的社会企业，政府只负责制定政策计划，提供一定的税收优惠，而其融资、建设、运营、管理等方面则完全委托给民间组织，相关企业依法经营，向社区提供相关公共服务。

总之，在区分公共服务“提供”与“生产”之后，通过明确提供者和生产者相关职责和合理分工，引入市场机制，把公共服务生产环节的单一主体转变为多元主体，形成社区公共服务多元供给、相互竞争的格局，社区公共服务民营化进程就开启了。

社区公共服务民营化模式实质上就是以社区公共服务需求为导向的、以市场竞争为动力的多元供给模式。社区公共服务供给的多元化增加了社区公共服务提供者（政府或社区组织）和消费者（社区居民）的选择权，使社区公共服务生产者面临市场竞争的压力，从而有助于提高社区公共服务供给效率，改善社区公共服务供给状况，也有助于增加社区服务的多样性，激发社区发展活力。

第三节　社区公共服务民营化模式的若干类型

根据民营化的制度设计，政府主导提供的社区基本公共服务和社区自主提供的非基本公共服务都可以从社区需要出发选择不同的服务生产者。不同的服务提供者针对不同的服务生产者采取不同的民营化模式，由此形成社区公共服务民营化模式的多种不同类型。根据我国社区公共服务分类和社区公共服务改革实践，从社区公共服务提供者和生产者合作关系的角度，可以将社区公共服务民营化模式划分为五种基本类型。其中，社区基本公共服务民营化模式主要有：（1）政府提供、社区组织生产模式；（2）政府提供、社会组织生产模式；（3）政府提供、企业生产模式等。社区非基本公共服务民营化模式主要有：（1）社区组织提供、企业生产模式；（2）驻社区单位提供、社区组织生产模式等。

一、政府提供、社区组织生产的基本公共服务民营化模式

在我国基本公共服务体系中，政府承担提供基本公共服务的法定职责。政府在履行相关职责过程中，涉及向社区居民提供的基本公共服务项目可以通过委托协议方式由社区组织进行生产，并通过社区组织与居民建立供需对应关系，将政府需要提供的基本公共服务内容输送给居民，对居民的服务需求做出回应。

政府提供、社区组织生产的基本公共服务民营化模式的运行机制如图7—1所示。

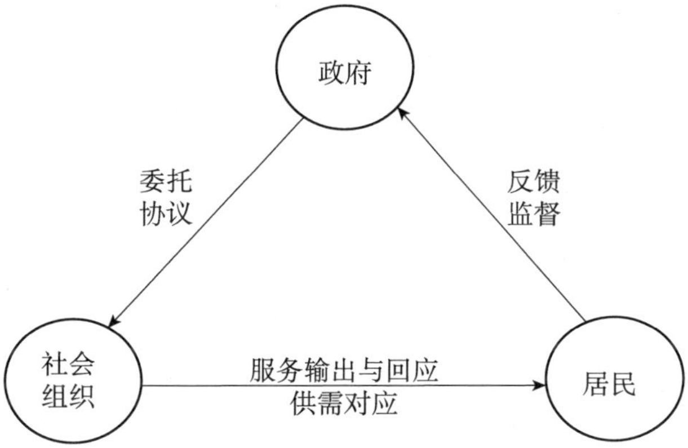

图7—1　政府提供、社区组织生产的民营化模式运行机制

这一模式的运行程序包括以下几个步骤：首先，政府在与社区组织进行平等协商基础上，将需要社区进行生产且社区组织有能力生产的基本公共服务项目以协议形式委托给社区组织，同时落实生产过程中的相关经费；其次，社区组织与符合相关条件的社区居民建立基本公共服务供需对应关系，按协议要求将政府委托的社区基本公共项目提供给社区居民，对居民的服务需求做出直接回应；再次，居民在得到相关服务之后将信息反馈给政府，并对相关服务做出评价，政府作为基本公共服务提供者也可以

在适当的时候对接受服务的居民进行回访，通过居民反馈了解服务进度、服务质量等情况，对社区组织进行监督。

社区组织承担社区基本公共服务生产任务具有多方面的优势：（1）社区组织是基层群众性自治组织，同时又与政府保持比较密切的联系，是沟通政府与社区居民之间联系的桥梁，因此，社区组织很容易得到政府和社区居民双方的信任，这是做好社区公共服务工作的前提；（2）经过长期建设，许多城市社区组织在服务设施、人员配备、组织机制等方面都具备进行社区基本公共服务生产的条件；（3）社区工作者长期在社区工作，基层经验丰富，了解社区居民的基本情况，也了解社区居民的基本公共服务需求，能够对居民的基本公共服务需求做出有效回应；（4）随着社区建设的逐步规范化，政府部门已经建立一些委托社区组织开展公共服务的机制，如根据“权随责走、费随事转”原则，只要符合社区准入条件，政府部门可以委托社区组织开展相关服务工作。

不过，社区组织在与政府建立合作关系方面也存在一些不利因素，表现在：（1）在一些地方，社区组织已经被内化为政府体制的一部分，失去了群众性自治组织的民间色彩，与政府之间变成了上下级关系，而不是平等的合作关系；（2）一些政府部门习惯于采取行政管理方式，以行政化取代市场化，下个文件就将自己承担的公共服务分派到社区去，而不愿意采取市场机制通过协议形式进行委托；（3）一些社区工作者不善于做社区工作，不了解社区居民的诉求，也没有能力承担社区基本公共服务生产任务。

二、政府提供、社会组织生产的基本公共服务民营化模式

政府在履行向社区居民提供社区基本公共服务职责时，涉及一些专业性、行业性、公益性的基本公共服务项目可以通过政府购买、合同外包或财政补贴等方式由社会组织进行生产，并通过社会组织与居民建立供需对应关系，将政府需要提供的基本公共服务内容输送给居民，对居民的服务需求做出回应。

在我国，各种类型的社会组织广泛分布在各行各业、各个领域。这些

社会组织具有社会化、专业化的特点，在满足人民群众多样化服务需求、缓解社会矛盾、促进产业发展和文化繁荣、凝聚社会力量等方面发挥着举足轻重的作用。近年来，随着政府管理体制改革和社会管理体制改革的深化，社会组织改革也在加快推进。在国家政策指导下，各地按照社会组织性质和业务类别，逐步建立起分类管理、分级负责的管理模式。相当一部分社会组织在与政府脱钩之后，经注册已经成为民办非企业法人，依法独立开展业务。一些社区志愿服务类、慈善公益类、生活服务类、社区事务类、文化体育服务类等与社区服务相关的社会组织得到较快发展，成为具有独立民事行为能力的法人，或在地方政府支持下根据相关政策实行备案，按照各自章程，自主开展社区服务活动。一些地方政府通过政府购买服务方式，积极支持具有公益性质、服务居民的政务类、服务类社区社会组织发展，发挥其扩大参与、提供服务、反映诉求和规范行为等方面的作用。上述情况表明，社会组织完全具备参与社区基本公共服务生产的条件，推行政府提供、社会组织生产的社区基本公共服务民营化模式具有现实可行性。

政府提供、社会组织生产的基本公共服务民营化模式的运行机制如图7—2所示。

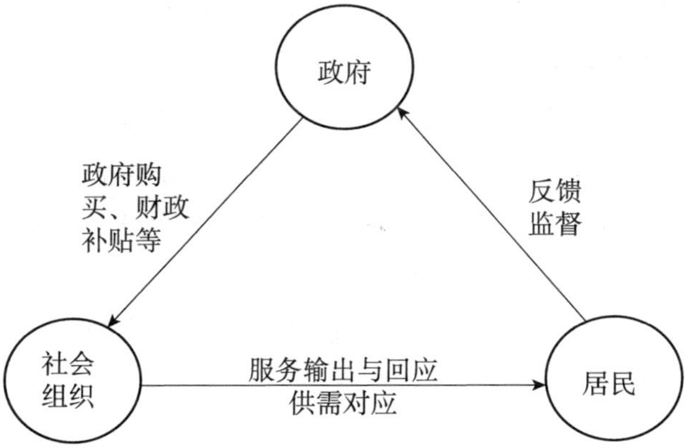

图 7—2　政府提供、社会组织生产的民营化模式运行机制

这一模式的运行程序与政府提供、社区组织生产的民营化模式相类似。

社会组织承担专业性、行业性、公益性的社区基本公共服务生产任务具有以下优势：(1) 专业性、行业性、公益性社会组织在教育、科技、文化、体育、医疗卫生、福利慈善、生态环保、社区服务等领域各有专长，在生产相关社区基本公共服务方面更能体现专业化要求；(2) 社会组织经过改革之后，通过政社分开，在机构、人员、资产、财务等方面已经从行政体系中独立出来，具备独立承担生产社区基本公共服务的条件；(3) 社会工作者大多有一技之长，他们专业知识丰富，能够对居民在相关领域的社区基本公共服务需求做出有效回应；(4) 许多地方政府已经建立以项目为导向的政府购买服务机制，将那些可由社会组织承接的事项委托给相应的社会组织，并实行“费随事转”。

但是，在传统社会管理体制下，社会组织并不具有独立性，而是被纳入到政府行政体系中。在社会组织改革滞后的地方，社会组织还没有与政府脱钩，还属于行政体系的一部分，政府不可能与社会组织建立平等的合作关系，因而也无法构建政府委托社会组织承接社区基本公共服务的民营化模式。

三、政府提供、企业生产的基本公共服务民营化模式

政府在履行向社区居民提供社区基本公共服务职责时，涉及一些适合市场化运作的基本公共服务项目可以通过合同承包、特许经营、财政补贴、代金券、税收优惠等方式由企业进行生产，并通过企业与居民建立供需对应关系，将政府需要提供的基本公共服务内容输送给居民，对居民的服务需求做出回应。

参与社区基本公共服务生产是企业承担社会责任的具体体现，政府应该制定政策鼓励更多企业参与进来。

政府提供、企业生产的基本公共服务民营化模式的运行机制如图 7—3 所示。

这一模式的运行程序与政府提供、社区组织生产的民营化模式相类似，但有以下几点不同之处：(1) 政府选择企业来承担社区基本公共服务项目一般通过公开招标方式进行，并从投标企业中选出符合要求的企业；(2) 代金券由政府向居民发放，再由居民在选择提供服务的企业时作为支付手段使用，而不是由政府直接交给企业使用；(3) 在正常情况下，企业从事社区基本公共服务生产出现的亏损，由政府根据相关政策给予适当补贴，或者通过税收优惠来进行弥补。

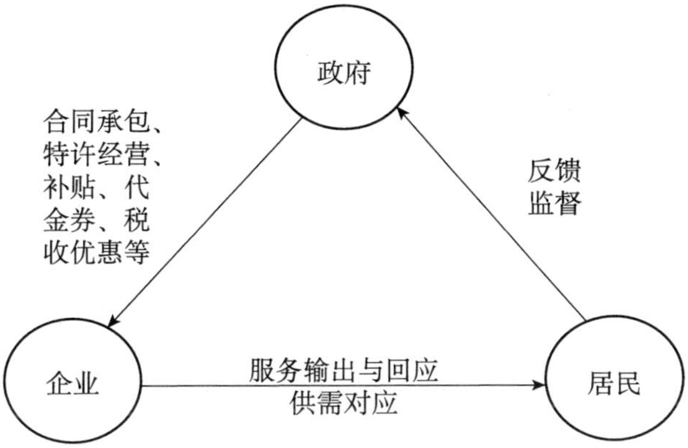

图 7—3　政府提供、企业生产的民营化模式运行机制

一般情况下，企业作为营利性机构，运行机制比较灵活，对市场需求反应灵敏。通过规范的招标程序选定的企业完全有能力承接政府委托的社区基本公共服务项目。但是，必须注意的是，社区基本公共服务具有公共性、基础性、保障性、福利性等特点，参与社区基本公共服务生产的企业在服务输送和回应居民服务需求时必须能够体现出社区基本公共服务的上述特点，而且要严格遵守政府提出的关于社区基本公共服务供给的相关规定，而不能单纯追求其营利目标。

四、社区组织提供、企业生产的非基本公共服务民营化模式

根据社区共识向社区居民提供非基本公共服务，这是社区组织应尽的职责。社区组织在履行向社区居民提供社区非基本公共服务职责时，并不一定要自行生产。对于适合市场化运作的社区非基本公共服务项目，社区组织可以通过合同承包等方式委托企业进行生产，并通过企业与居民建立供需对应关系，将社区组织需要提供的非基本公共服务内容输送给居民，对居民的服务需求做出回应。

社区组织提供、企业生产的非基本公共服务民营化模式的运行机制如图 7—4 所示。

这一模式的运行程序与政府提供、社区组织生产的民营化模式相类

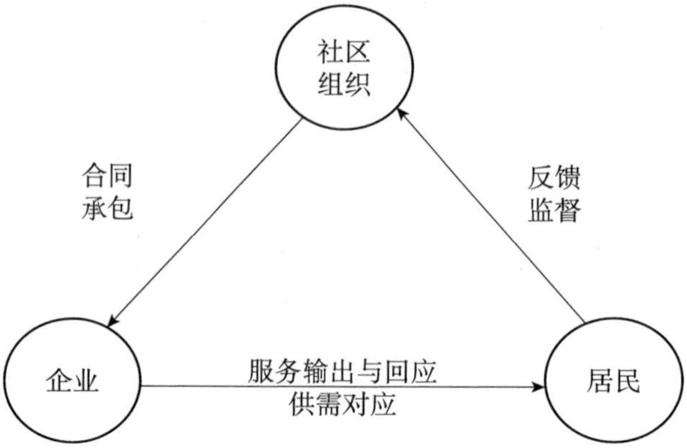

图 7—4　社区组织提供、企业生产的民营化模式运行机制

似。所不同的是，社区组织选择企业来承担社区非基本公共服务项目一般通过公开招标方式进行，并从投标企业中选出符合要求的企业。

在市场经济条件下，社区非基本公共服务比社区基本公共服务更有条件推行民营化：(1) 社区非基本公共服务可以由社区居民自主决策、自主筹资、自主提供，因此，社区组织对于社区非基本公共服务有更大的话语权；(2) 社区居民对于与自己生活密切相关的社区非基本公共服务有迫切需求，这些非基本公共服务大多与社区物业服务有关，如社区垃圾清运、社区保安、社区服务设施维护、社区电梯运行等，在许多地方，社区物业服务已经形成比较成熟的市场，因此适合进行市场化运作；(3) 随着社区自治功能的增强，一些社区组织已经具有独立民事行为能力，可以根据居民之间的共同约定，以社区组织名义选择合适的企业为居民提供相关服务。

但是，在社区组织发展滞后，社区自治功能较弱，社区居民不能对社区非基本公共服务进行自主决策、自主筹资、自主提供的地方，社区非基本公共服务的提供也很难推行民营化模式。

五、驻社区单位提供、社区组织生产的非基本公共服务民营化模式

驻社区单位是社区建设的重要力量，特别是在“单位制”与“社区

制”并存的情况下，一些社区实际上是由单位组成的，生活在社区里的居民大多属于特定单位的职工，因此，驻社区单位向居民（职工）提供社区非基本公共服务既有现实需求，也具备一定的客观条件。驻社区单位在履行向居民（职工）提供社区非基本公共服务职责时，并不一定要自行生产，可以通过与社区组织合作共建的方式，双方签订合作协议，委托社区组织进行生产，并通过社区组织与居民（职工）建立供需对应关系，将驻社区单位需要提供的非基本公共服务内容输送给居民，对居民的服务需求做出回应。

驻社区单位提供、社区组织生产的非基本公共服务民营化模式的运行机制如图7—5所示。

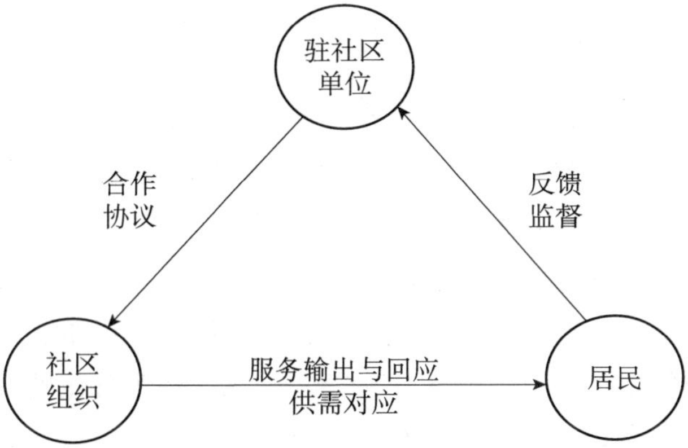

图7—5　驻社区单位提供、社区组织生产的民营化模式运行机制

这一模式的运行程序与政府提供、社区组织生产的民营化模式相类似。

一般情况下，驻社区单位与社区组织之间是平等的合作关系，这有利于双方对相关服务内容展开协商，按照共建共享、互惠互利原则，达成双方共赢的结果。

驻社区单位提供、社区组织生产的民营化模式是在“单位制”与“社区制”并存、驻社区单位有提供社区非基本公共服务的内在需求的特殊条件下产生的。如果驻社区单位不具备向居民（职工）提供社区非基本公共服务的条件，那么，这一民营化模式就不一定能够推行了。

第四节 西方发达国家（地区）的社区公共服务民营化模式

在西方发达国家，社区属于居民自治范围，但在不同国家、不同城市，社区治理方式有所不同，有的实行完全自治，有的则实行不完全自治（存在一定的政府干预色彩）。不管采取哪一种社区治理方式，在西方国家，社区作为城市公共服务供给平台的定位是基本一致的，在公共服务供给中政府并不是唯一的提供主体，而是普遍采取提供主体和提供方式多元化的社区公共服务民营化模式①，在民营化模式的运作中有两点也是基本相同的：其一，社区建设和公共服务所需资金主要由政府提供，同时广泛吸纳社会资金，增加社区建设和公共服务投入；其二，社区公共服务的“生产”大多采取市场化项目运作方式，而社区自治组织、非营利组织、私人企业都可以成为承接相关项目的生产者。

社区公共服务民营化模式在美国、英国、日本、新加坡、香港等国家（地区）都能够找到一些比较典型的样本。② 在这些民营化模式样本中，有一个共同特点：各国（地区）政府在推行民营化过程中，都致力于引入市场机制，打破公共服务供给的垄断，既不过分依赖某一类机构或组织，也不偏向于采取某一种类型的民营化模式，而是结合本国国情和社区实际，引导各类组织参与到社区服务中来，将各种类型的民营化模式综合运用，形成多元化、多类型协同发展的公共服务民营化格局，以此增强社区公共服务建设的整体合力。

---

① 在西方国家，社区公共服务提供主体包括政府和社区组织等，提供方式包括政府提供、政府与社区联合提供、非营利组织提供等多种方式，而社区公共服务生产过程则大多引入市场机制。值得注意的是，西方国家一般不对社区公共服务进行“基本”或“非基本”的细分，它们甚至没有严格的社区公共服务概念，而是将覆盖到社区的公共服务也看作整个社会公共服务的一部分，通常以“公共服务”（public service）、“社会服务”（social service）、“社会福利”（social welfare）、“社区发展”（community development）等称之。

② 我国香港地区政治经济体制与西方发达国家基本相同，在公共服务方面也推行与西方发达国家相类似的民营化模式，因此，在这里我们把香港地区与西方发达国家放在一起进行比较。

一、美国：构建以社区为基础的公私合作伙伴关系（PPP）

美国是西方国家中比较早地开展社区工作的国家，也是较早推行公共服务民营化的国家。城市社区一般没有政府基层组织或派出机构，而是实行高度民主自治，依靠社区自治组织来行使社区管理职能。社区范围内的公共事务通常由社区的最高权力机构——社区董事会（社区委员会）依法进行自我管理。政府在社区公共服务供给中所承担的了解社区居民需求、提供资金支持、监督服务提供等职责也通过法律给予明确。

美国社区公共服务供给机制的建立，在很大程度上取决于现代公私合作伙伴关系（PPP）的构建。通过 PPP 模式，引入市场竞争机制，将政府承担的公共服务生产职能推向市场，形成政府“掌舵”，市场“划桨”，公共部门、社区组织、非营利组织、私营部门和其他利益相关者共担风险、共享利益的公共服务供给格局，建立以市场运作为依托、以政府宏观管理为保障的公共服务运行机制。政府在社区公共服务提供过程中重点抓住三个基本环节：计划（planning）、融资（financing）和监控（monitoring）。而各个环节的运行都建立在规范化、法制化基础之上。

以纽约市为例，这个著名的世界城市共有 59 个社区，分布在曼哈顿、布鲁克林、布朗克斯、皇后及斯塔滕岛 5 个行政区中。社区并不完全实行自治，而是由市、区两级政府和社区委员会一起共同制定社区规划，依法构建政府行政指导、社区委员会自主治理、社区居民广泛参与的多元治理机制①，通过政府、社区委员会、非营利组织等建立公私合作伙伴关系，

---

① 根据《纽约城市宪章》，每一社区都成立一个社区委员会，委员会成员最多不超过 50 人（他们都是不领工资的“志愿人员”），每届任期两年，每年换届 25 人。社区委员会委员由区长任命，其中 1/2 委员先由本社区的市议会议员按照人口比例提名。委员会主任在预算内雇用 1 位社区经理和 2～4 名专职人员，以协助社区委员会履行各项职责。社区委员会除每年 7 月、8 月外，每月至少举行一次委员会会议、一次听证会。委员会实行多数人决定制度。在纽约市、区层面，市政府中的社区协助处、城市规划委员会，区政府中的行政委员会、服务委员会等依法履行指导社区建设职能。社区协助处设在市长办公厅内，其主要职能是为全市 59 个社区委员会在履行职责中提供帮助，加强市政府与各社区之间的沟通和对话协调，以及为社区委员会主任或社区经理提供所需要的帮助。

以 PPP 模式开展社区公共服务。

《纽约城市宪章》对社区公共服务的“提供”的各个环节做出了明确规定。(1) 社区公共服务计划环节。首先由社区委员会提出社区需求报告，同时市政府在涉及社区事务和处理市民所反映的问题时要与社区委员会进行合作。社区委员会须依法履行以下职责：充分了解社区居民的服务需求，特别是与社会、经济、健康、安全等问题相关的服务需求，同时，在社区居民与市、区政府之间发挥上传下达的沟通作用，就有关社区居民福利的问题与地方行政部门及行政首长进行协商，向市长、市议会、区长、区委员会提交年度社区需求报告以及其他与社区利益相关的报告，制定社区的总体规划和专项规划，并就整个城市规划中涉及本社区的问题提出意见或建议。(2) 社区公共服务融资环节。社区委员会须依法编制预算，同时市长要对各社区的财政资助额度提出建议，政府在城市财政支出预算中，要优先考虑社区服务的资金支持。在预算编制过程中，社区委员会通过向有关机构咨询、评估测算、举行公众听证会等，制定并向市长提交下一年度的社区资金需求和社区支出预算。除争取政府财政拨款外，社区委员会还可以与基金会、慈善机构、私人企业等建立伙伴关系，通过社会捐助、参与社区公益性项目、社区开发、服务收费、银行贷款等多种融资渠道，扩大社区公共服务资金来源。(3) 社区公共服务监控环节。社区委员会要对社区服务进行评估与监督。所有与本社区各项服务相关的资金项目，包括项目的规模和方案等，都由社区委员会评估，政府机构在本社区提供服务的数量和质量也由社区委员会进行评估。为此，社区委员会要与提供服务的项目负责人保持联系，随时了解项目进展情况和实施过程中存在的问题。

至于社区公共服务的“生产”，纽约市主要采取项目运作方式（即 PPP 模式），大部分项目由非营利组织来承担①，也有一些项目由私人企业承担。具体运作方式主要有三种：(1) 市政府根据社区委员会提出的社区

① 2005 年以来，纽约市年均志愿者总数达到 290 万人，志愿者占总人口的比例达到 19.2%。纽约社区中活跃着各种区域性非营利组织，它们作为志愿者的组织载体，吸纳社区居民广泛参与社区的服务性、互助性、兴趣性的建设活动。在纽约每个社区的网站上或分发给居民的社区印刷品中，都会定期公布临时需要招募志愿者的信息，社区居民也可以通过各种方式参加志愿者活动。庞大的志愿者队伍是纽约社区服务的主力军。

需求报告，与非营利组织进行项目合作，按照法律规定的规范程序出资购买非营利组织的服务项目。(2) 市政府根据社区委员会提出的服务需求报告制定服务目标、服务标准，委托非营利组织承担部分社区服务项目。市政府主要负责决策和拨款，并通过社区委员会进行监督，服务的“生产”则由非营利组织具体完成。(3) 以公私合营形式设立基金，如儿童发展基金、医学研究基金等，通过基金进行项目运作。

二、英国：以政府购买支持民间组织提供社区公共服务

英国也是较早开展社区服务工作的西方国家之一，在推进社区公共服务民营化方面，英国也采取与美国的 PPP 模式相似的做法，但政府在社区公共服务中的定位更加超脱，即主要提供政策和资金支持，服务项目的主办则以契约形式委托给民间组织（社区志愿者组织、社区非营利组织等），并通过签署《政府与志愿及民间组织合作框架协议》，加强与民间组织之间的合作。这种“政府出钱、民间出力”的民营化模式，既达到了“去政府机构化”的目标，又实现了社区公共服务的多元化供给，是现代社区治理中“小政府、大社会”模式的典范。

英国政府的超脱与其悠久的地方自治和社区自治传统有关。英国的政府治理以地方自治为基础，社区也实行完全自治。每个社区都有一个通过自筹资金建成的社区中心（community centre），为社区自治机构——社区委员会办公、居民商讨社区事务和举办各种娱乐活动提供场所。社区既是居民管理社区公共事务的平台，也是中央政府和郡、市、区等地方政府实施社会福利政策和提供社会服务的载体。通过这个载体，政府按法律规范以市场运作方式购买各类社区民间组织的服务并提供给社区居民。

为了推进社区公共服务民营化，英国建立了一整套政策法律体系，从社区服务项目申报、立项审批、资金投入，到项目实施和项目监管，各个环节都有比较明确的法律规定，使社区民间组织开展社区服务能够按法律规定的“游戏规则”进行。一旦出现违反“游戏规则”的事情，政府就依法进行惩戒，如在下一年度的财政拨款中减少拨款，乃至停止拨款。

以伦敦为例，这个欧洲最大的都会区，也是世界上开展社区服务较早

的国际大都市，下含33个行政区。近年来，市政府大力推行“邻里复兴战略”，将社区发展的目标定位为“扶持健康牢固与充满活力的社区，使不同种族、家庭、教育背景、阅历的民众都得到尊重，并在平等的基础上共同参与”。依托社区平台，市政府通过各类社区组织向居民提供多层次的社会服务，服务内容涵盖医疗、教育、住房、环境、公共安全等多个方面。[①] 作为社区自治组织，社区委员会与市政府之间的关系是平等协商关系，但双方联系非常紧密。伦敦市政府通过规划指导、组织项目和提供资金等支持社区民间组织开展社区服务。[②] 市政府每年都安排一定的财政基金以公开招标的形式拨给中标的社区民间组织。每年社区民间组织向市政府申报社区服务项目，市政府批准后给予相应的资金支持。对于投入经费较大的社区设施项目，完全由市政府出资建设。市政府或半政府机构（如伦敦地区慈善委员会）通过托管人理事会或委托专门的中介机构，对项目实施进行评价、指导和监管，对各类社区民间组织的人员培训、设施配置、服务标准和服务价格等进行定期检查。市政府根据社区民间组织的服务效果确定下一年度的财政拨款，奖优罚劣，对提供优质服务的社区民间组织继续拨款支持，并增加服务项目，对服务效果不好的就减少或停止拨款。除提供资金支持外，政府还运用税收政策和法律手段，加强对社区民间组织的管理和监督。

伦敦的社区民间组织非常发达，在整个都市社会生活中发挥着重要作用，并形成了一套完整的工作体系。它们活跃在都市社会生活的各个方面，是社区服务的主要提供者。社区居民在医疗保健、子女教育、社会治安等方面的基本服务需求，也通过社区民间组织与医疗、教育和警察等相关专业机构配合并得到相应的服务。社区民间组织在社区服务方面具有较

---

① 据统计，伦敦市每年约有15万名社区服务志愿者为人数超过100万的市民提供社区服务。社区民间组织服务内容非常广泛，基本上涵盖现代都市生活的各个领域，如扶贫救济、教育援助、宗教慈善、卫生健康、社会及社区福利、历史文化艺术遗产保护、环境保护和生态改善、动物保护及福利、业余体育运动、促进人权与和解、对无家可归者提供住处、推动科学研究和普及等。

② 在伦敦，社区服务往往以社会工作（也称社会照顾）的形式出现，而且，服务主体也是多元的。据2009年资料显示，伦敦地区注册的社会照顾和健康照顾服务机构一共有2 855家，其中只有不到7%是政府机构，志愿和慈善组织占到19.4%，私营机构和社会企业也占相当比例。在各种类型的社区服务中，只有成人安置计划（adult placement scheme）等特定的服务类型，政府承担较多责任，其他服务都是由私营机构、志愿和慈善组织来提供的。

强的优势，主要表现在：第一，它们与政府、企业和基金会建立了密切的合作关系，能够获得提供社区服务所需要的各种资源。其中，政府购买服务是它们主要的资金来源。2009 年，伦敦市社区志愿者组织的收入中，来自政府和企业（协会）的资助比例分别达到 36.89%和 29.13%。第二，它们有很强的组织能力和适应能力，能够根据服务项目需要把各类社区服务志愿者（CSV）组织起来，向社区居民提供多样化的社会服务。第三，它们都有一套比较成熟的运作机制。在伦敦，社区民间组织全部根据公开自愿的民主原则运作。它们自我筹集资金，自我制定服务宗旨，自我设计服务内容，自我寻找服务对象，或者以投标形式向政府承包服务项目。社区民间组织的志愿者可以自由加入，自由退出，自由选择志愿服务时间和服务内容。社区民间组织的捐赠也实行自愿原则，捐赠者有权知悉财物的使用去向，也有权要求使用者向自己报告财物的使用情况。此外，无论是社区组织的专职人员、托管人还是被委托管理的中介机构，都实行民主选举和监督。第四，它们都非常注重合作，有很强的合作精神。伦敦的民间组织既注重与政府合作，也非常重视发展与其他社区志愿组织之间的合作关系，它们经常组织参观学习，开展项目合作，通过各种形式的合作实现共赢。第五，它们都有比较完善的人才成长机制，通过资格认证、登记注册、品质管理、员工激励等一整套制度使从事社区服务的工作者普遍具备较高的专业化和职业化水平。

三、日本：以官民合作推进社区公共服务建设

日本“脱亚入欧”之后，成为位于亚洲的“西方国家”，其社区公共服务既受美英等国影响，又有明显的东方色彩。日本社区管理以自治为主，政府的主要职能是规划、指导并提供经费支持，行政色彩和社会自治特点在社区管理的许多方面交织在一起。据考察，在日本，一般市政府都设立专门的社区服务部门，全面负责社区公共服务的规划和指导工作。地方政府是社区公共服务的主要出资人和提供者，而社区公共服务的“生产”则主要依靠社区自治组织，同时各种非营利组织（NPO）和地缘性的儿童、妇女、青年及文化体育等“草根”组织也参与社区公共服务的“生

产”。总体来看，日本社区公共服务具有民办官助特点，官民合作是其推进社区公共服务民营化的主要动力。

在日本，町内会（自治会）是设置在地方自治体（市町村）区域范围内，将所在区域所有住户、企业组织起来，通过解决所在区域的公共问题，代表所在区域进行共同管理的居民自治组织。[①] 町内会（自治会）的资金来源包括政府财政补助、会费和社会捐助等，其中，政府财政补助是最主要的资金来源。以东京都为例，町内会（自治会）的政府财政补助被列入区一级地方政府财政预算，分为以下几类：一是町内会（自治会）活动经费补助，按实有家庭数量核定，每个家庭补助 300 日元；二是新建会馆、揭示板等项目补助，每年 600 万～2 000 万日元；三是环境美化项目补助，每年 400 万日元，用于购买清扫用具；四是地区集会活动项目补助，一般不超过 100 万日元；五是街头学习项目补助，每年 100 万日元，用于开展生活知识讲座，支付讲师费用等。除第一项外，其余都属于单项业务补助。

町内会（自治会）在政府资助下开展各类与社区居民生活需求相关的公共服务活动，主要内容包括：维护社区内各种设施，开展街道景观保护、绿化等活动；举办各种运动会和公民馆的各种文化、学习活动；举办交通安全、防灾讲座和训练；开展社区治安、青少年教育、社会福利等工作；开展居民交流活动；协调町内会（自治会）内部各种团体活动，协助各种团体共同举办文化活动；调节各种利益冲突，达成社区共识；听取居民意见并准确地反映给行政机构。

日本的非营利组织（NPO），亦称特定非营利活动法人，根据 1998 年颁布的《特定非营利活动促进法》设立，自主运营，在日本国内开展各种公益活动[②]，通过信息公开，接受市民的监督和选择。在社区公共服务方面，NPO 通过参与地方政府招标，以项目合作形式获得资金支持。NPO 的资金来源包括政府资助、企业和社会捐助和服务收费等，其中，服务收

---

① 町内会是传统社区的自治组织，自治会是新建小区的自治组织。

② 日本的非营利组织（NPO）与非政府组织（NGO）都依据《特定非营利活动促进法》获得法人地位，按法定范围开展活动。所不同的是，NPO 法人的活动范围限于日本国内，NGO 法人基于“地球市民”理念，开展跨越国境的志愿者活动，由此形成日本独特的“NPO 主内、NGO 主外”的发展格局。

费占70%左右。[①] NPO主要根据《特定非营利活动促进法》从事非营利活动，其服务范围与町内会（自治会）存在交叉重叠，服务内容包括：保健、医疗及增进福利服务；社会教育服务；街区建设服务；学术、文化、艺术及体育服务；环境保护服务；灾害救援服务；地域安全服务等。NPO作为社区组织的重要组成部分，与其他社会组织形成相互合作的共生关系。

日本社区公共服务的服务对象十分广泛，包括老年人、残疾人、妇女和儿童以及老年人家庭、残疾人家庭、单亲家庭和低收入家庭等。社区公共服务的提供方式大体有两种：一种方式是服务人员到服务对象家中进行单独服务；另一种方式是将服务对象集中到某一地点进行集中的服务。对于收费的服务项目，服务费由提供服务的有关机构统一收取，服务人员不能收取现金，而衡量其服务质量则主要看服务对象的投诉以及同行的监督。

总之，日本的社区公共服务不论是在法律法规制定方面，还是在组织机构的建立和具体的工作实施方面，都已形成比较完整的体系，而且，日本社区公共服务内容细致而全面，这在发达国家中具有一定的代表性。不过，与美英等国的社区公共服务民营化模式相比，日本的社区公共服务民营化模式行政色彩更浓一些。表现在：美英等国更强调在政府与非营利组织之间建立伙伴关系，运用市场机制形成社区公共服务提供的多元化，日本则更加注重地方政府行政与社区组织自治相结合，通过官民合作达到“双赢”——地方政府通过町内会（自治会）实施社会管理和提供社区公共服务，把政府公共服务职能延伸到社区，町内会（自治会）则通过承接政府公共服务项目，争取政府财政支援，保持其自身发展的可持续性。从近年来的发展情况看，日本这种官民合作的社区公共服务供给模式已经有所改变。随着各种非营利组织和地缘性“草根”组织的快速崛起，日本的地方政府在社区公共服务“生产”方面已经有更多选择，并由此发展出社区公共服务政策与社会保障政策、妇女政策相结合的多种新模式。

---

① 据日本内阁府调查，日本非营利组织大部分资金来源于服务报酬，占70.1%。现有非营利组织中，年收入不足100万日元的占30%，年收入1 000万日元以上的不到1/3。80%的非营利组织所收到的捐赠少于50万日元，完全没有捐款收入的占40%。资金不足已经成为制约日本非营利组织发展的主要问题。

四、新加坡：政府主导下的社区公共服务多元化供给

新加坡是一个多元种族、多元文化共同发展的城市国家，是世界上国土面积最小的20个国家之一，也是国际公认的“花园城市”。在新加坡，国家治理、城市治理和社区治理都充分体现“法治”精神。社区依法实行居民自治，政府依法通过城市规划、政策引导和资金支持在社区公共服务建设中发挥主导作用。但是，新加坡政府并不包揽社区公共事务，而是根据现代城市社区居民多样化、多层次和多层面的公共服务需求，依法界分社区公共服务供给中“提供”与“生产”两种职能，一方面明确政府作为社区公共服务提供者的职责，另一方面大力发展各类社会组织，努力培育“义工”精神，促进社区公共服务提供主体和提供方式多元化，形成了独具特色的政府、社区、市场混合型社区公共服务供给模式，开创了政府主导而不独断、社会多元而不疏离的社区和谐发展新格局。新加坡依法推进社区公共服务民营化，为现代城市社区公共服务法治化、多元化、协同化发展提供了一个很好的范例。

在公共服务建设中，新加坡从本国国情和社区居民服务需求出发，把公共服务“提供”和“生产”各个环节的精细设计融入到国家治理和城市规划当中，同时，对公共服务提供者和生产者的责任依法进行细分和明确，为推进公共服务民营化提供了现实基础和制度前提。为了促进多个种族和多元文化的相互包容，尽量避免社会冲突和文化冲突，新加坡把国家治理和政权建设从中央政府一直延伸到社区基层组织，政府治理责任也体现在社区建设的各个方面。尽管这种国家治理和政府治理模式使得社区自治成为不完全自治或有限自治，但是，社区公共服务建设也由此而获得政府强有力的支持。

在社区公共服务的“提供”方面，新加坡把社区公共服务建设分为硬件建设和软件建设两大部分，并分别进行提供。在社区硬件建设方面，属于社区公共设施等基础建设的，全部纳入城市规划，作为城市基础设施建设的一部分，由政府承担90%的建设费用，其余10%由社区组织自筹，属于社区公共设施配套、改造和维护的（如社区停车场改造等），政府以搭

配经费的方式，按1∶5比例投入（社区组织每筹集资金1新加坡元，政府搭配5新加坡元）；在社区软件建设方面，包括社区日常运营和各类公共服务的提供在内，政府也以搭配经费的方式，按1∶2比例投入（社区组织每筹集资金1新加坡元，政府搭配2新加坡元）。社区组织筹集资金可以通过市场化运作、企业捐款、居民出资或向社会公众募集等多种方式。可见，新加坡的社区公共服务建设已经形成政府投入为主的多元投入机制，政府是社区公共服务的主要提供者。

社区公共服务的“生产”也从硬件建设和软件建设两个方面展开。在硬件建设方面，新加坡结合城市规划，完全从满足社区居民的服务需求出发来进行社区公共设施规划和建设。新加坡政府在城市规划中制定了详细的社区公共设施配备标准，包括社区托儿所、小学、中学等教育机构，电影院、休闲地、足球场、教堂等文化体育设施和场所，居民委员会、民众联络所等社区组织机构和居民活动场所，菜市场、小型超市、购物中心等商业服务网点，私人诊所、社区医院等医疗服务机构，残疾人工作坊、敬老院等残疾人和老年人服务机构在内，各类公共设施均按社区居民人口规定用地比例、配套要求和建设标准，按规范化、标准化要求进行施工建造。在软件建设方面，新加坡根据居民对于社区自治、社区服务、社区物业管理等方面的需求，通过社区与选区的结合，运用自治机制、志愿机制、市场机制、宏观协调机制等多种社区治理机制，把政府、社区、社会、市场、企业和居民等与社区公共服务供给相关的各方面力量较好地整合起来，构建起独具特色的社区组织体系和社区公共服务供给体系，使所有社区利益相关方都有机会参与到社区公共服务的提供中来，成为社区公共服务的生产者和贡献者，形成社区公共服务多元供给格局。

在新加坡多元化的社区公共服务中，公共服务供给主体主要有社区自治组织、各类社会组织和社区物业管理组织等服务机构。

1. 社区自治组织

根据法律规定，新加坡每8～10座组屋[①]建立一个居民委员会或邻里

---

① 组屋是新加坡政府建屋局建造的公共住宅，供新加坡国内公民或永久居民购买居住。目前，组屋制度已覆盖新加坡80%以上的居民。

委员会（简称居委会），是居民自治组织，实行居民自我管理、自我服务。其中，处理家庭邻里纠纷和开展社区建设是居委会的重要工作。新加坡通过社区自治机制，化解组屋邻里矛盾，在居民、社会和政府之间建立沟通渠道。① 每个居委会设有居委会中心，由选举产生的居委会委员为居民提供服务，同时社区志愿者（新加坡称为义务工作者，简称“义工”）也参与提供服务，其服务内容包括邻里守望、民防演练、家政课程、教育旅游、文化娱乐等，形式多种多样。居委会还通过民众对话会和社区联欢会等形式使居住在同一组屋的居民彼此增进了解，促进邻里和睦、种族和谐和社会团结。

2. 各类社会组织

在实行社区自治的同时，新加坡还建立社区与选区相结合的社会组织体系。各种不同类型的社会组织与政府建立伙伴关系，为居民提供多样化、多层次、多方面的社区服务。这些社会组织主要包括以下三大类：第一类，公民咨询委员会。新加坡全国共划分为84个选区，每个选区设立1个公民咨询委员会，其主要职责是：负责选区内社区事务的协调；在居民与政府之间进行信息沟通，反映居民诉求，维护居民权益；募集社区基金；改善社区贫困和残障人士的福利；提供奖学金；援助社区建设项目等。第二类，民众俱乐部。每个选区设立1～2个民众俱乐部（原来叫“民众联络所”），为居民提供活动场所。民众俱乐部设管理委员会（简称管委会），由全国社区组织总机构——人民协会——委派职员进行管理，代表人民协会行使社会公益事业建设和管理民众俱乐部的职权。② 民众俱乐部下设乐龄（55岁以上）、妇女、马来、青年、印度小组，有托儿所、家庭服务中心③、邻里活动中心、日间乐龄托管中心、学生托管中心等社区服

① 在新加坡，每个居委会有15名委员，居委会委员在居民中选任，主席由选区议员委任。通过这种方式，使居委会与选区议员和政府部门建立密切联系。

② 民众俱乐部是公共财产的所有者，管委会可将公共设施低价出租，供民众开展社区活动之用，所得即为管理费。此外，民众俱乐部还通过接受捐赠和政府对基础设施的投入获得经费支持，但经费支出受到严格监督。其账户由人民协会指定和监管，每笔支出只有主席、副主席和财务共同签字才能生效。

③ 家庭服务中心是以居民为基础，提供家事服务的福利性机构，开展个人与家庭辅导、信息中介、家庭教育、专业服务及义工培训等服务。

务机构，举办的活动包括文化、教育、娱乐、体育、社交等各个方面。第三类，民间服务组织（“草根”组织）。[①] 在新加坡，活跃在全国各个社区，为居民提供志愿服务的义工超过1.5万人，这是社区服务的一支重要力量。由义工组成的1 800多个“草根”组织构成人民协会的基层网络。通过志愿机制和义工的身体力行，志愿服务在新加坡已深入人心，义工精神也激励着新加坡民众为社区服务积极奉献，不断增进社会包容与种族和睦，成为现代社区文明、和谐、进步的象征。

3. 社区物业管理组织

在新加坡，各市镇分别依法成立市镇理事会，履行社区物业管理和提供相关服务的法定职责。这是一种民间机构，服务内容包括社区公共环境日常保洁、园林养护、公共设施的日常维护和定期维修等。在获得政府授权后，市镇理事会有权对社区内违反公共秩序的行为进行处罚。

总之，新加坡在区分社区公共服务“提供”和“生产”的基础上，运用自治机制、志愿机制、市场机制、宏观协调机制等多种社区治理机制整合社区、社会、市场和政府公共服务资源而形成的社区公共服务民营化模式，实际上是政府、社区、市场混合型社区公共服务供给模式，它融合了美英等国的公私合作伙伴关系，又发挥政府和半官方组织（如人民协会）的宏观协调作用，是东西方文化和治理模式相互融合的典范。

五、香港地区：通过项目运作提高社区公共服务效率

香港地区是我国主权范围内与西方国家社会体制最接近的地方，其社区公共服务模式也因此而深受美英等国影响。在香港，社区公共服务“提供”和“生产”也像其他公共服务民营化模式一样被严格区分开来，并且

① 新加坡对民间组织制定了比较严格的法律，同时又让民间组织在法律框架下拥有自由发展的空间。只要不与现行法律发生冲突，发起人在民众俱乐部提交完备的申请资料和缴纳注册费用之后，即完成社团注册程序。

实现了公共服务提供主体和提供方式多元化。为了提高社区公共服务效率，香港依法建立了规范的资金筹集机制、项目运作机制、服务人员管理机制和服务质量监管机制等一整套公共服务供给体制机制，走出了一条多元供给、规范运作、严格监管的社区公共服务民营化之路。

1. 资金筹集

香港特区政府十分重视社区服务投入，民间慈善事业也十分发达。在香港，社区公共服务是非常重要的社会公益事业和慈善事业，需要大量资金。目前，香港社区公共服务的资金来源80%以上来自政府资助，其余部分来自民间慈善机构。香港特区政府和民间慈善机构筹集资金的主要形式是依法设立各种公益基金和慈善信托基金。香港特区政府的投入、企业的捐赠和个人捐助都汇集到相关基金账户，形成覆盖各领域、各阶层和各界别，广泛联系海内外，规范化、法制化和长效化的资金筹集渠道。其中，香港特区政府设立的“社区投资共享基金”和“携手扶弱基金”[①]，民间慈善机构设立的香港公益金和香港赛马会慈善信托基金等，都是规模较大的基金组织。香港特区政府和民间慈善机构筹集到的各类善款，取之于民用之于民。据统计，在香港社会服务联会的349个机构会员中，有137个接受政府资助，128个为香港公益金会员机构，57个接受香港赛马会慈善信托基金的捐款。此外，香港志愿者组织的经费也主要来自特区政府设立的基金、香港公益金和香港赛马会慈善信托基金。值得一提的是，香港赛马会作为一家非营利俱乐部组织，其组织香港赛马、六合彩及海外体育赛事博彩活动所得收入，除支付派彩、奖金、经营费用及法定税项，扣除为改善赛马及投注设施而进行的投资外，余下的款项全部捐给慈善机构及用于社区服务。目前，香港赛马会已经成为全球最大的社会企业之一。近10年来，香港赛马会每年捐款约10亿港元，资助数以百计的慈善项目和社区服务项目。

① “社区投资共享基金”由香港特区政府于2002年投入3亿港元设立，用于提供就业培训，推动社会参与，帮助弱势群体和社会企业发展。“携手扶弱基金”由香港特区政府于2005年投入2亿港元设立，用于推动政府、商界和社会福利界合作，建立伙伴关系，广泛吸纳商界及社会各界捐款，共同帮扶弱势社会群体，支持非政府机构推行社会福利项目。

2. 项目运作

在香港，社区公共服务的提供主要采取项目运作方式。运作过程严格按法律规定程序和规范要求进行，主要包括以下五个环节：（1）项目规划。香港特区政府及民间慈善机构非常关注市民（社区居民）的服务需求，通过民意调查、接受市民建议、专家咨询等多种方式广泛收集社区居民需求信息，在信息甄别基础上，对具有社会共同性、基本保障性、慈善公益性等属性的服务需求信息进行分类，根据市民（社区居民）对家庭及儿童福利服务、教育服务、文化娱乐服务、体育服务、社会保障服务、安老服务、康复及医疗服务、社区矫正服务、社区发展服务和社区青少年服务等各类服务的需求情况对服务项目进行规划，同时随着市民（社区居民）服务需求的变化及时调整相关服务项目内容。（2）项目发布。香港特区政府社会福利署作为向社会提供公共服务的政府部门，根据市民（社区居民）需求及项目规划每年都定期向社会发布公共服务项目，接受专业社会工作机构承办项目的申请。此外，民间慈善机构也依法发布服务项目，接受专业社会工作机构承办项目的申请。（3）资质审核及选定服务提供机构。在香港，分布在城市各个区域的 3 800 多家专业社会工作机构是为市民（社区居民）直接提供社会公共服务的主体，而且，社会工作者已经实现职业化和专业化。据统计，至 2012 年，香港具有执业资格的社会工作者达到 1.3 万余人。根据香港法律，没有社会工作者执业的服务机构不具备提供公共服务的法定资质，不能承接公共服务项目；只有具备资质的专业社会工作机构才可以申请公共服务项目。因此，香港特区政府和慈善机构需要依法对项目申请机构进行资质审核，在合格的机构中选择并确定具体承办公共服务的机构，同时，根据服务目标和项目情况为各承办机构提供必要的服务设施，拨付资助款项。（4）服务输送。经核准承办公共服务的专业社会工作机构根据项目要求，运用项目资金招募实施项目所需要的工作人员，包括社会工作者、社区志愿者（香港和新加坡一样，也称志愿者为义务工作者，简称“义工”）等。社会工作者利用其专业知识和技能开展公共服务活动，社区志愿者在社会工作者指导下开展工作。总之，社会工作机构通过社会工作者和社区志愿者将项目规定的服务输送给需要服务的市民（社区居民）之后，才能完成服务提供。（5）服务监督。一般情况下，市民（社区居民）在接受服务之后，会对服务提供者的服务态度和服务质量做出评价，这是对公共服务最直接的监督。另一方面，香港特区政府社会福利署及提供资金支持的民间慈善机构也会对服务过程进行跟踪，对社会工作机构及其工作人员进行指导、考核和监督。

3. 服务规范及服务人员管理

在香港，社区公共服务在专业社会工作机构组织下，主要通过社会工作者和志愿者来完成，因此，社会工作者和志愿者的专业素质对于提高服务效率和服务质量至关重要。(1) 对于社会工作机构，香港特区采取“以社管社”方式，一方面加强行业自律，另一方面通过成立社会服务联会、社会工作者注册局等社会组织，为社会工作机构提供相关服务，同时承担一定的管理和协调职能。(2) 对于社会工作者，香港特区从加强服务规范、提高服务效率和保证服务质量出发，制定了《社会工作者注册条例》《注册社会工作者工作守则》《评核准则及认可学历》等法规和政策，实行社会工作者强制注册制度①，同时成立社会工作者协会、社会工作者总工会等社会机构，围绕社会工作者登记、管理、培训、维权、监督和发展等与社会工作者素质相关的各个方面依法建立规范的社会工作者管理体系。(3) 对于志愿者（义工），香港以“助人自助，乐人自乐”为宗旨，成立义务工作发展局，鼓励和支持市民参加义务工作，并提供有关义务工作的专业服务，同时承担义工管理职能。

4. 服务质量监管

香港特区政府非常重视公共服务质量，根据香港实际并借鉴发达国家的经验，制定《服务质量标准及准则》和《津贴及服务协议》等规范文件，建立了公共服务监察制度。香港社会福利署等特区政府部门根据服务标准和协议，对承办社会公共服务的专业社会工作机构进行年度考核、审计和评估，根据考核结果确定下一年度的资助力度。考核不合格的社会工

① 香港法律规定，社会工作者注册登记由社会工作者注册局负责，同时，社会工作者注册局也受理对社会工作者的投诉，处理社会工作者违纪违规问题。未经注册及登记者，不得自称社会工作者，也不得从事依法由社会工作者承担的工作。

作机构将受到处罚，直至取消其申请承办公共服务项目的资格。民间慈善机构也会定期对承办其资助的社会服务项目的社会工作机构进行考核，并对服务质量不合格的机构进行淘汰。

总体上看，香港特区所推行的民营化模式与美国、英国等国注重发挥民间组织和市场机制作用的民营化模式比较接近，与日本、新加坡等国倾向于政府主导的民营化模式差别更大一些。香港特区在推进社区公共服务民营化过程中，围绕社区公共服务资金筹集、项目运作、服务规范及服务人员管理和服务质量监管建立的一整套体制机制，既体现了香港特区经济自由和社会开放的城市发展特点，又有效地保障了社区公共服务供给能力，提高了公共服务质量和效率。特别是，香港特区采取项目运作方式，通过构建合作伙伴关系，打破公共服务供给中的政府垄断，把传统的政府提供公共服务的“养人”模式转变为社会、市场和政府协同提供公共服务的“办事”模式，在保证公共服务质量的同时，使各种公共服务成本受到有效控制并被降低到合适的水平，为探索提高公共服务效率的有效途径，实现公共服务的长期可持续发展提供了有益经验。

第五节　国内社区公共服务民营化模式与实践

在国内，随着“单位制”向“社区制”转变，越来越多的城市居民需要通过社区来满足其公共服务需求。但是，由于长期以来社区公共服务建设相对滞后，全国各地都不同程度地存在社区公共服务供给能力不足，供给主体和供给方式单一，供给水平偏低，服务内容与居民需求脱节等问题，这种状况与计划经济和传统社会管理体制下形成的社区公共服务供给模式有关。近年来，一些地方借鉴西方国家推行公共服务民营化的有益经验，结合本地区实际对社区公共服务供给模式进行民营化改革①，取得了

① 比如，广州市自2007年以来市主要领导多次率团到新加坡和香港地区考察社会管理和公共服务情况，2009年，广州市出台了《关于学习借鉴香港先进经验推进社会管理改革先行先试的意见》等政策文件，开展了公共服务领域的民营化改革试点。

比较丰富的经验，形成了具有一定地方特色的民营化模式。

各地的民营化改革实践都是围绕提高社区公共服务效率来进行的，都注重结合地方实际，通过引入市场机制，推动社区公共服务提供主体和提供方式多元化，让社区组织和各类社会组织为政府分担提供公共服务的责任，同时加快政府职能转变，使政府的角色由“划桨”转向“掌舵”。各地推行社区公共服务民营化的形式，主要有以下几种：第一，通过增强社区自治功能，以社区承担部分政府公共服务职能的方式来推进社区公共服务民营化；第二，通过“管办分离”“政社分开”等形式，推动行政体系内的社会组织转变为民办非企业法人机构，同时，开展政府向社会组织购买服务，支持社会组织承接社区公共服务，以此推进社区公共服务民营化；第三，通过政府采购方式直接从市场上采购公共服务并向社区提供，通过企业参与推进社区公共服务民营化；第四，将社会资金引入社区公共服务领域，采取民办官助方式推进社区公共服务民营化。上述几种民营化形式在不同地方也有不同做法，有的地方是单项推进，有的地方选择多项并举，但总的来看，以多项并举者居多。从民营化改革的过程来看，一般采取先试点、后推广的方式来进行，这种改革模式与我国整个改革进程的渐进性是一致的。这样做的原因，一方面是出于改革进程中维护社会稳定的需要，另一方面，地方政府也希望通过试点和探索积累更多经验，为更大范围、更多领域、更加全面的民营化改革创造条件。

一、深圳：推行政府提供、社区组织生产民营化模式的改革实践

计划经济和传统社会管理体制下形成的社区公共服务供给模式，是政府提供、政府生产的垄断型公共服务供给模式。政府垄断是传统体制下造成社区公共服务低效率的深层次原因。从上个世纪90年代起，民政部在北京、上海、深圳、杭州、沈阳、武汉、哈尔滨等城市开展“社区建设实验区”试点，开始对计划经济体制下的社区治理体制和社区服务供给模式进行反思和改革，对构建与社会主义市场经济体制相适应的自治型社区治理体制和社区公共服务供给模式进行探索。各地在社区建设和社区公共服务

改革实践中，通过加强社区自治，增强社区自治功能和社区自我服务能力，逐步探索出实现政府公共服务“提供”与“生产”两种职能适当分离的一些有效途径，形成了政府提供、社区组织生产的社区公共服务民营化模式。

以深圳市为例。深圳“盐田模式”在社区治理方面进行了大刀阔斧的改革，通过“居站分设”加强社区自治，推进社区公共服务民营化，在一定程度上打破了社区公共服务供给的政府垄断。在“盐田模式”基础上，深圳在全市范围推行“居站分设”，将政府公共服务职能与社区自治明确区分开来。

根据“居站分设”的要求，深圳市政府在社区设立工作站，承担社区管理和公共服务职能，社区居委会作为群众组织，发挥“自我管理、自我服务、自我监督、自我教育”的自治功能，同时社区居委会可以成立社区服务站，作为非企业法人单位开展社区服务①，由此形成社区居委会、社区工作站和社区服务站的“一会两站”模式。

实际上，深圳市的社区公共服务民营化是一种有限度的、局部的民营化，表现在：第一，包括社区治安服务、社区人口和计划生育服务、社区文化服务、社区就业服务等在内的社区基本公共服务，主要由市政府设在社区的公共服务平台——社区工作站来承担，已经实现民营化的社区服务站主要承担社区自助互助服务性质的社区非基本公共服务；第二，市政府通过购买服务项目的方式，也通过社区服务站提供社会福利、社会保障、社区残疾人服务、社区老人服务和其他社会公益性服务等一部分公共服务；第三，社区居委会与业主委员会相互配合、相互支持，在与社区物业管理和服务相关的非基本公共服务领域向居民提供有偿服务，同时，社区居委会根据居民的需求和就近原则，按市场规则通过社区服务站开展便民利民的有偿服务。

深圳市政府在社区层面设立工作站这一制度设计表明，这种社区公共服务民营化模式仍然保留传统社区公共服务供给模式的主体部分，政府既

① 在深圳，社区服务站在性质上是民办非企业单位，属于非营利机构，经营范围包括图书室、健身室、棋牌室、培训室、星光老人之家、家政服务、中介服务、治安保卫、卫生环境等各类社区服务项目。社区服务站的利润只能用于本社区的公益事业和社区公共事务。

“掌舵”又“划桨”的情况依然存在。这在一定程度上导致了社区自治组织（社区居委会）和社区民间组织（社区服务站）的“边缘化”。具体表现在：第一，政府在社区公共服务中的“提供”与“生产”两种职能并没有完全区分，政府仍然掌握大部分社区公共服务资源，而且，社区公共服务的政府垄断格局并没有从根本上得到改变；第二，社区工作站的设置还产生了明显的“挤出效应”，使得社区居委会和社区服务站的发展受到不同程度的排挤，其他社区民间组织的发展空间也比较狭窄；第三，为了获得政府的支持，居委会仍然要依赖于街道办事处等政府机构，其自治功能并没有得到充分发挥，在社区自治过程中也不能真正体现居民的主体意识和参与意识，因而难以赢得居民的认同，社区公共服务资源也因此难以得到有效整合。不过，制度设计者认为，采取这一模式是一种比较稳妥的做法，因为在社会转型期，居委会这一社区自治组织还没有足够的能力履行公共服务职能，民间组织也不够发达，因此，在社区公共服务方面仍然需要政府主导，仍然需要进一步提高政府在社区公共服务中的行政执行力。在社区具备了较强的治理能力和公共服务能力之后，政府自然会从社区公共服务领域逐渐退出。

尽管深圳市的“居站分设”模式在社区公共服务民营化的制度设计上存在一些欠缺，但是，深圳市通过推进社区自治，进而推进社区公共服务民营化的改革路径，仍然不失为探索政府提供、社区组织生产这种公共服务民营化模式的有益尝试，对创新社区治理模式和公共服务供给模式具有重要的实践意义。

深圳市的“居站分设”模式对全国其他城市社区治理体制改革产生了深刻的影响。南昌、成都、济南、苏州、常州等地借鉴深圳经验，也采取与深圳市类似的民营化模式。上海、无锡等地在社区公共服务民营化改革方面又更进一步。这些城市将社区工作站定位为非营利性公益服务组织，一般要求进行民办非企业单位法人登记。街道办事处、社区居委会与社区工作站的关系是委托与被委托的关系，街道办事处、社区居委会是社区公共服务的提供者，社区工作站是社区公共服务的生产者，双方按社区公共服务项目分别订立服务购买合同，这种运作模式比深圳的“居站分设”模式更加符合公共服务民营化要求。

二、上海：推行政府提供、社会组织（民间组织）生产民营化模式的改革实践

各地在社区建设和社区公共服务改革实践中，通过“管办分离”“政社分开”等形式，推动政府行政体系内的社会组织转变为民办非企业法人机构，或者把原来行政化的社区服务机构改制为民间服务组织，同时，开展政府向社会组织（民间组织）购买服务，支持社会组织（民间组织）承接社区公共服务，从而实现社区公共服务“提供”与“生产”的分离，形成了政府提供、社会组织（民间组织）生产的社区公共服务民营化模式。这种民营化模式以上海市最为典型。

上海市是我国较早开展政府购买服务的城市之一。上海市各级政府普遍推行政府购买服务，只要社会组织（民间组织）能够有效提供的公共服务，都采取政府购买方式解决。与此同时，市政府采取有力措施鼓励、支持和引导公益性、支援性和服务类社会组织（民间组织）参与社区公共服务建设。到 2011 年，全市各类公益性社区社会组织（民间组织）有 2 263 家，在社区管理、社区参与和社区互助服务等方面发挥了重要作用。

经过多年发展，目前上海各级政府购买社会组织（民间组织）服务已经达到一定规模，其资金来源主要有三种渠道：一是专项业务基金。市、区（县）各级政府设立专项业务基金用于购买社会组织（民间组织）服务，如浦东新区设立了社会工作发展专项基金，每年向每个专业社会工作机构提供 10 万元办公经费资助。二是预算外资金。如上海虹口区四川北路街道每年投入 3 000 万元，用于购买社会组织在社区文化体育方面的服务。三是财政预算。上海市及各区县专门制定了政府购买公共服务的政策或文件，将政府购买社会组织（民间组织）服务的资金纳入政府财政预算管理。

上海市各级政府购买社会组织服务的方式主要有三种：(1)“费随事转”。上海市从特大型城市实际出发，将社区定位在街道和居民区。市、区（县）政府委托社区社会组织（民间组织）开展助老服务、慈善救助、外来人员管理、就业帮扶等公共服务，由相关政府部门为社会组织（民间

组织）提供相应的经费或补贴。(2) 项目发包。市、区政府部门将社区公益性文化服务项目等社区公共服务项目通过项目发包方式交给社会组织（民间组织）承担，变“以钱养人”为“以钱买项目”，调动社会力量、汇集社会资源，推动社区公共服务供给模式创新。(3) 公开招标。市、区政府通过公开招标将一些可以由社会组织（民间组织）承担的社区公共服务项目全部委托给社会组织（民间组织），既减轻了政府负担，又加强了政社合作，提高了社区公共服务效率。

上海的经验表明，政府购买社会组织（民间组织）服务是一种行之有效的公共服务民营化模式。但是，这种模式的推行有一个重要的制度前提，这就是政府与社会组织必须真正实现“管办分离”“政社分开”，同时推动社会组织转变为民办非企业法人机构，具有独立承担民事责任的法律地位。只有把作为社区公共服务提供者的政府与作为社区公共服务生产者的社会组织（民间组织）严格区分开来，在此基础上开展政府向社会组织（民间组织）购买服务，支持社会组织（民间组织）承接社区公共服务，才能达到创新社区公共服务供给模式的改革目标。

在各种类型的民营化模式中，政府提供、社会组织（民间组织）生产并由政府购买社会组织（民间组织）服务这种模式具有较强的灵活性和可操作性，因此更便于推广，在转变政府职能、激发社会组织活力、提高公共服务供给效率等方面发挥着越来越重要的作用。近年来，政府购买社会组织（民间组织）服务这种民营化模式已经在全国各地广泛开展起来。

三、广东：推行政府提供、企业生产民营化模式的改革实践

在社区公共服务供给模式改革中，通过引入市场机制，让企业来承担社区公共服务生产职能，在履行政府提供公共服务职责的同时，促进政府职能转变，使政府的角色由“划桨”转向“掌舵”，这是最直接最有效的公共服务民营化模式。但是，由于企业的营利目的与社区公共服务的公益属性之间存在一定冲突，这种民营化模式只有在政府与企业之间达成相互妥协的情况下才具有可行性。对政府方面来说，妥协的办法就是允许企业能够依法获取合理（哪怕是最低水平）的利润；对企业方面来说，妥协的

办法就是放弃利润最大化目标，依法以与社会组织（非营利组织）相同的方式提供公益性社区服务。在国外，非营利组织或社会企业就是参与公共服务“生产”的一类企业。如英国的社会企业，就是拥有基本的社会目标而不是以最大化股东和所有者的利益为动机的企业，这类企业要将所获得的利润全部用于企业经营和社会服务，而不是在股东和所有者中进行分配，它以商业运作模式进行运作，同时又有明确的社会目标，并树立以顾客为本的经营理念，在参与公共服务提供过程中能够充分发挥其在相关服务领域的专业化水平。

近年来，我国各地在转变政府职能、建设服务型政府过程中也对政府提供、企业生产的民营化模式进行了探索，广东省的实践就是其中一例。

2012 年 5 月 24 日，广东省发布《政府向社会组织购买服务暂行办法》，规定：“参与政府购买服务的社会组织应具备以下条件：（一）依法设立，能独立承担民事责任；（二）治理结构健全，内部管理和监督制度完善；（三）具有独立的财务管理、财务核算和资产管理制度；（四）具备提供公共服务所必需的设备和专业技术能力；（五）有依法缴纳税收和社会保障资金的良好记录；（六）在参与政府购买服务竞争前三年内无重大违法违纪行为，年检或年度考核合格，社会信誉良好；（七）法律、法规规定的其他条件。”同时规定：“政府向社会组织购买服务根据《中华人民共和国预算法》、《中华人民共和国政府采购法》、《中华人民共和国合同法》等有关规定组织实施。”除重大项目、重大民生事项或党委、政府因工作需要临时确定的重要事项需向社会组织购买服务的，由财政部门委托第三方机构通过公开招标方式组织实施外，其余购买服务项目中，属于政府采购范围的，购买主体应按照《中华人民共和国政府采购法》等相关规定，通过公开招标、邀请招标、竞争性谈判、单一来源采购等方式实施；不属于政府采购范围的，除单笔金额较小的项目外，均应通过公开竞争方式实施。

从上述规定看，广东省所推行的政府购买社会组织服务模式与政府提供、企业生产的民营化模式比较相似，具体表现在：第一，符合广东省《政府向社会组织购买服务暂行办法》所规定的条件的“社会组织”是依法独立经营的民办机构。从经营机构属性上看，我国相关法律所界定的企业法人也符合广东省所规定的“社会组织”条件。[①] 第二，广东省关于参与提供公共服务的社会组织的定位与《中华人民共和国政府采购法》关于供应商的要求基本一致。[②] 从服务供给能力方面看，企业作为服务供应商也符合广东省关于社会组织的相关要求。第三，广东省规定，政府向社会组织购买服务的主体有三类：一是使用国家行政编制，经费由财政承担的机关单位；二是纳入行政编制管理，经费由财政承担的群团组织；三是依法行使行政管理职能或公益服务职能，经费由财政全额保障的事业单位。换言之，上述三类属于政府行政体系内的购买主体都是公共服务的提供者，与此相对应，公共服务生产者只能是政府行政体系之外那些不吃财政饭的民间机构，即包括私人企业在内的“社会组织”。

广东省政府所规定的政府购买社会组织服务的内容十分广泛，包括：（1）教育、卫生、文化、体育、公共交通、住房保障、社会保障、公共就业等领域适宜由社会组织承担的部分基本公共服务事项；（2）社区事务、养老助残、社会救助、法律援助、社工服务、社会福利、慈善救济、公益服务、人民调解、社区矫正、安置帮教和宣传培训等社会事务服务事项；（3）行业资格认定和准入审核、处理行业投诉等行业管理与协调事项；（4）科研、行业规划、行业调查、行业统计分析、社会审计与资产评估、检验、检疫、检测等技术服务事项；（5）法律服务、课题研究、政策（立法）调研、政策（立法）草拟、决策（立法）论证、监督评估、绩效评价、材料整理、会务服务等辅助性和技术性事务；（6）按政府转移职能要求实行购买服务的其他事项。所谓“其他事项”，一般是指重大项目、重大民生事项或各级党委、政府因工作需要临时确定的重要事项。上述事项

---

① 《中华人民共和国民法通则》第三十七条规定：“法人应当具备下列条件：（一）依法成立；（二）有必要的财产或者经费；（三）有自己的名称、组织机构和场所；（四）能够独立承担民事责任。”《中华人民共和国企业法人登记管理条例》第七条规定：“申请企业法人登记的单位应当具备下列条件：（一）名称、组织机构和章程；（二）固定的经营场所和必要的设施；（三）符合国家规定并与其生产经营和服务规模相适应的资金数额和从业人员；（四）能够独立承担民事责任；（五）符合国家法律、法规和政策规定的经营范围。”

② 《中华人民共和国政府采购法》第二十二条规定：“供应商参加政府采购活动应当具备下列条件：（一）具有独立承担民事责任的能力；（二）具有良好的商业信誉和健全的财务会计制度；（三）具有履行合同所必需的设备和专业技术能力；（四）有依法缴纳税收和社会保障资金的良好记录；（五）参加政府采购活动前三年内，在经营活动中没有重大违法记录；（六）法律、行政法规规定的其他条件。”

中相当一部分内容与社区公共服务密切相关。

除广东省外，全国其他地区从转变政府职能需要出发，也在尝试通过企业等经营性机构来承担部分社区公共服务的“生产”职能。其中，比较适合企业经营的社区非基本公共服务项目是一个重要突破口。

第六节　国内外社区公共服务民营化模式比较与启示

社区公共服务民营化是一个复杂的系统工程，涉及政府、社区、社会、市场、企业、居民等与社区公共服务供给和需求相关的方方面面。自从民营化兴起以来，包括西方发达国家在内，各国（地区）都在结合本国（地区）情况对民营化的具体形式和模式进行探索。由于各国（地区）经济社会条件、文化传统、公民素质、法律体系、政府结构等与民营化相关的宏观环境互有区别，而且，在实施民营化过程中，各国（地区）都需要考虑社区公共服务需求者的偏好、提供者的供给能力、市场竞争状况、生产者的参与意愿等各种因素，因此，迄今为止，世界上还没有出现一个各国（地区）一致奉行的固定不变的社区公共服务民营化模式。但是，从各国（地区）民营化实践来看，其民营化的制度设计都深受公共服务“提供”与“生产”分解理论的影响，在公共服务“提供”与“生产”相互区分的背后，都有一套相互联系、相互制约、相互监督与制衡的政策法律体系。

一、国内外社区公共服务民营化模式的共同之处

在西方发达国家，社区属于居民自治范围，公共服务的提供则由政府承担主要责任。二战后，政府提供公共服务的方式发生了很大变化。这些变化主要表现在两个方面：其一，政府逐步把国家负担、高度集中的社会福利和公共服务转向由政府与社会共同分担，以此减轻政府的财政负担；其二，政府把社区作为落实福利政策和提供公共服务的载体，逐步把社会

福利和公共服务覆盖到社区，以多样化、多种类的社会福利和公共服务形式，为社区居民提供多样化、多方面的服务选择，同时鼓励社区居民参与，培育社区居民的自治精神。

在我国国内，社区作为居民自治区域的定位和公共服务供给的责任承担与西方发达国家是基本一样的，但是，政府提供公共服务方式的构建及公共服务供给模式的变革却比西方国家都晚了许多，因此，从公共服务民营化经验积累的角度看，我国国内显然要比西方发达国家更加欠缺一些。西方发达国家推行社区公共服务民营化已经有数十年，其在社区建设中积累的具有普遍规律性的有益经验值得我们认真学习和借鉴。特别是，西方发达国家在社区建设中依法推行社区居民自治、依法推进社区公共服务多元化、依法加强社区服务监督和保障社区居民权益的做法更值得我们重视。从各地社区公共服务民营化实践来看，西方国家推行公共服务民营化的理论和经验对我国社区公共服务民营化改革确实也产生了重要的影响。

从民营化的制度设计和运行机制看，国内外社区公共服务民营化模式有诸多相似之处，主要表现在：

第一，在推行民营化过程中，都要通过政府与社区组织、社会组织（非营利组织）、私人企业等民间机构订立契约，以委托协议、购买服务、财政补贴等方式，鼓励民间机构参与社区公共服务的供给。民间机构在公共服务民营化进程中发挥重要的推动作用。

第二，社区公共服务民营化都需要引入市场机制，在多个社区公共服务生产者之间形成竞争格局，从中选出质优价廉、诚实守信的生产者。

第三，社区公共服务民营化都需要制定完善的法律和政策，依法保证民营化进程的公开透明、公平公正。

第四，随着政府角色从社区公共服务的提供者向购买者转变，政府的职能也发生了重大变化。在推行民营化之后政府主要履行社会福利和公共服务政策制定者、财政提供者和服务监管者的职能。

总而言之，社区公共服务民营化模式是在区分社区公共服务“提供”与“生产”两种不同职能的前提下构建起来的。无论在国内，还是在西方发达国家，在民营化的制度设计上都要首先区分社区公共服务“提供”与“生产”两种不同职能，都涉及将市场机制引入公共部门，都在推动政府角色由“划桨”转向“掌舵”，都致力于提高社区公共服务水平和公共服务效率。

二、国内外社区公共服务民营化模式的差异

由于具体国情、社会发展阶段、社会管理体制不同，我国推行社区公共服务民营化的基础和条件与西方发达国家有很大区别。在西方国家，界分社区公共服务“提供”与“生产”的法律体系已经建构起来。各国政府都承担着向社区“提供”公共服务的主要责任，但是，政府主要负责“掌舵”，“划桨”的任务则通过社区自治组织和各类民间组织参与社区服务来完成，其社区公共服务民营化模式具有综合性、多类型混合发展的特点。在我国内地，目前社区公共服务民营化基本上还处于从试点到逐步推广的阶段，各地出现的民营化模式往往是在推进某个方面的民营化改革过程中形成的，有的民营化模式还带有个案性、分散性、局部性的特点。而且，在国内，与社区公共服务民营化相关的法律法规和政策也不够配套和健全。

具体而言，与西方国家的民营化模式相比，我国社区公共服务民营化模式在实施条件、政策意图、改革内容和结果等与民营化的制度设计和运行机制相关的各个方面都存在明显差异，主要表现在以下四个方面：

第一，民营化的背景和政策意图不同。西方国家处于后工业化时期，经济增长乏力，财政赤字严重，包括社区服务在内的整个社会福利制度面临巨大的资金缺口，一些社区公共服务项目已经难以为继。在这样的时代背景下推行民营化，其目的主要是为了减轻政府财政负担，维持社区服务和社会福利制度的有效运行。我国的情况明显不同，从全国来看，我国总体上还没有完全实现工业化，许多地方还处于工业化中后期，经济增长势头强劲，政府财政压力虽然也面临一定压力，但还不至于出现巨大的资金缺口。更重要的是，我国覆盖全国城乡居民的社会保障制度还处于初建阶段，社区公共服务体系还很不完善，在这样的时代背景下推行民营化，政府的政策意图主要是要通过合理配置公共服务资源，运用更有效的机制调动社会各方面的力量参与社区建设，建立起多元化、可持续、充满活力的社区公共服务体系。

第二，民营化的目标和内容不同。西方国家的民营化主要围绕政府单中心供给模式下社区公共服务低效率问题而进行，改革内容主要是公共服务“存量”部分，包括对现有部分公共服务设施和项目实行私有化。我国的民营化主要是为了解决传统社会管理体制下社区公共服务供给能力不足以及公共服务的低效率问题，由于社区公共服务建设起步较晚，公共服务“存量”不多，改革内容主要是围绕公共服务“增量”进行。

第三，民营化的社会环境和条件不同。西方国家已经普遍建立社区自治制度、社会福利制度和社会保障体系，在公民权利、产权保护、服务监督等方面的相关法律配套也比较完善。我国社区自治制度不够健全，城乡公共服务存在较大差距且基础相当薄弱，社会保障体系也不够健全，与公民权利、产权保护、服务监督相关的法律和政策还在探索之中，远远没有达到完善的程度。

第四，民营化追求的结果不同。西方国家是在社会普遍比较富裕的情况下为了缓解社区公共服务供求矛盾而搞民营化，它们要的是“锦上添花”。我国是在社会普遍不富裕的情况下为了解决社区公共服务供给不足而推行民营化，我们要的是“雪中送炭”。

总之，由于国内外民营化模式存在上述明显差异，在我国社区公共服务民营化实践中，既需要借鉴西方国家的有益经验，也需要结合我国的具体国情和本地区实际情况，通过进一步深化改革，不断探索符合现代社区发展规律和我国社区具体实际的民营化模式，在实践的基础上推进社区公共服务供给模式的不断完善。认清我国的具体国情，了解我国社区公共服务民营化模式与西方国家公共服务民营化模式的区别，在借鉴西方经验和做法的时候，做到知己知彼，择善而从，取长补短，可以帮助我们更好地完善社区公共服务民营化的制度设计，构建符合国情和社区实际的社区公共服务民营化模式和运行机制。

三、国内外民营化改革经验对北京社区公共服务建设的启示

北京市在社区公共服务建设中积极探索提高社区公共服务效率的有效形式，并且从推动社区公共服务提供主体和提供方式多元化出发，进行了

社区公共服务民营化改革的有益尝试。目前，在社区公共服务民营化实践方面，北京市还处于起步和探索阶段。虽然近年来在政府购买社会组织服务方面已经取得了较快的进展，但与国内其他地区相比，民营化改革的制度设计还有待于进一步完善，改革力度还需要进一步加大，与社区公共服务民营化相关的政策法律还需要进一步配套起来。

第一，在制度设计方面，北京市应该将社区服务机构民营化，进一步完善新型社区公共服务供给模式。2008 年，北京市在构建新型社区公共服务供给模式时，有三种模式可以选择：第一种模式，是将社区自治组织（居委会）与社区服务机构（服务站）合并，形成一个综合性的社区自治和服务机构，这种模式与传统社区管理体制下的社区公共服务供给模式没有太多区别。第二种模式，是把社区服务站纳入政府公共服务体系，作为政府在社区设立的公共服务平台，由政府派出机构——街道办事处负责管理，社区服务站则协助街道办事处承担政府职能。这种模式在深圳、南昌、成都、济南等地已经推行开来，有一定的经验可以借鉴。第三种模式，是把社区服务站作为民办非企业单位，实行社区公共服务市场化改革，这种模式其实就是上海、无锡等地推行的民办模式。在上述三种模式中，北京市认为第一种模式已经过时，不可取，第三种模式还不具备条件，完全走市场化还不现实，最终选择第二种。北京市通过“居站分开”，把社区服务站从社区居委会剥离出来，实行居委会与服务站职能分开，同时又把社区服务站纳入政府公共服务体系。这种制度设计确实非常有利于将政府公共服务推进到社区去，但也不可避免地带来了与深圳“居站分设”模式几乎相同的制度缺陷。近几年，北京市加大社区投入力度，大力发展社区公共服务，同时积极鼓励和支持社区社会组织等各类民间组织的发展，为进一步推进社区公共服务民营化改革奠定了重要基础。在这种情况下，将社区服务站改制为社会组织，推行社区公共服务民办模式的条件已经基本具备。因此，北京市应该在适当的时候进一步推进社区公共服务民营化改革，进一步完善新型社区公共服务供给模式的制度设计。

第二，在改革力度方面，北京市应该加快社会组织改革步伐，进一步扩大政府购买公共服务的内容和范围。社区公共服务民营化改革与社会组织的发展密切相关，只有社会组织蓬勃发展起来，具有很强的公共服务“生产”能力，政府职能转变才能落到实处。在北京市推进社区公共服务建设的一系列制度设计中，显然对社会组织发展与社区建设之间的共生关系已经有充分认识。为了加快推进社会组织改革与发展，北京市制定了《关于加快推进社会组织改革与发展的意见》，要求采取以下措施促进各类社会组织健康发展：一是完善社会组织结构和布局；二是优化发展社团类社会组织；三是有序发展民办非企业单位和基金会；四是培育发展社区社会组织；五是规范发展市场中介组织；六是健全社会组织监管机制。上述几个方面的政策措施都非常具有针对性，但是，由于这些措施原则性太强，不够细化，不够具有可操作性，因此，在具体实施过程中遇到很多实际困难却没有办法解决。北京市应该借鉴上海和广东等地的经验，进一步加快社会组织改革步伐，把所有能够通过民办社会组织承担的公共服务都通过政府购买方式落实给社会组织，切实做到社区工作“去行政化”，把传统社会管理体制下那种通过“养人”来提供公共服务的社区公共服务供给模式改变为通过“买项目”来提供公共服务的新型社区公共服务供给模式。

第三，在政策法律配套方面，北京市应该进一步加强社区公共服务民营化的相关制度建设，建立和完善社区公共服务质量标准、服务评价、监督和问责等相关制度和政策。我国国内社区公共服务民营化改革与西方发达国家民营化之间的差距，主要表现在社区公共服务民营化的制度供给不足，与社区公共服务民营化相关的各项改革不够配套，甚至存在政府相关部门出台的政策相互掣肘的情况。因此，要使社区公共服务民营化成为增强社区公共服务供给能力、提高社区公共服务效率的有效途径，还需要认真借鉴西方发达国家在推行民营化过程中加强制度建设的经验，在转变政府职能的同时，提高政府“掌舵”的能力，增加制度供给，使社区公共服务民营化在比较配套和完善的制度环境下有序运行。

第八章

社区公共服务设施规划与建设

社区公共服务设施是提供社区教育、医疗卫生、文化体育等公共服务的依托载体，是城市公共服务设施在社区的延伸，是体现社区居民生活质量的重要标志。社区公共服务设施的供给规划和建设是社区公共服务建设的重要内容，决定着社区公共服务设施供给数量和水平，直接或间接地对居民的生活环境和社会福利产生影响，也关系到城市的长期可持续发展。在现代城市发展中，人们越来越认识到社区公共服务设施规划和建设的重要性，认为社区公共服务设施的供给应最大限度地与居民对社区公共服务设施的需求相适应，在社区公共服务设施规划和建设中既要满足居民对社区公共服务设施的基本需求，又要体现社区发展的多样性和多层次性，同时在社区公共服务设施的空间布局上要体现公共资源分配的社会公平和公正。

北京市是我国较早开展城市居住区公共服务设施（也称“配套公建”）规划并且把社区建设纳入城市总体规划的城市之一。从规划角度看，居住区是以人口规模来划分的，而以居委会辖区划分的社区通常是较小规模的居住区，因此，居住区涵盖着社区。最近十多年来，北京市对城市居住区公共服务设施规划进行了多次调整，以适应经济快速发展和城市人口增长的需要。为了提高城市建设水平，北京市在城市总体规划中明确提出建设世界城市的发展目标[①]，

---

① 《北京市城市总体规划（2004—2020 年）》提出北京城市发展的阶段目标：“按照国家实现现代化建设战略目标的总体部署，第一阶段，全面推进首都各项工作，努力在全国率先基本实现现代化，构建现代国际城市的基本构架；第二阶段，到 2020 年左右，力争全面实现现代化，确立具有鲜明特色的现代国际城市的地位；第三阶段，到 2050 年左右，建设成为经济、社会、生态全面协调可持续发展的城市，进入世界城市行列。”

而且在“十二五”时期社会建设规划纲要中提出创建干净社区、安全社区、服务社区、规范社区、健康社区、文化社区，让社区居民生活更美好的社区建设目标。“十二五”时期是北京全面建成小康社会、进一步推进世界城市建设的关键时期。世界城市不仅要有雄厚的经济实力，发达的交通和物流体系，领先世界的产业技术，海纳百川的国际人才包容能力，而且要有安全、稳定、宜居的社区环境和比较完善的社区公共服务设施，要给社区居民提供方便、快捷、舒适的生活条件。显然，北京的城市发展目标和社区建设定位对社区公共服务设施的规划和建设提出了更高要求。

第一节　人口增长与社区公共服务设施需求

人口规模是决定社区公共服务设施需求最重要的因素。上世纪 90 年代以来，北京市城市化进程快速推进，成为我国城市化程度较高的地区。截至 2012 年，全市城市化率已经达到 86.2%。城市化在导致人口规模扩张的同时，也带来了城市生活方式的变革，居民衣食住行等生活需求以及对各类社区公共服务设施的需求也大幅增加。

一、人口增长及其空间分布

1990 年，第四次全国人口普查时北京市总人口为 1 081.9 万人；2000 年，第五次全国人口普查时全市总人口增加到 1 381.9 万人，与 1990 年的人口规模相比增加了 300 万人，增长 27.7%；2010 年，第六次全国人口普查时全市常住人口达到 1 961.2 万人，与 2000 年的人口规模相比增加了 579.3 万人，增长 41.9%，与 1990 年的人口规模相比，增加了 879.3 万人，增长 83.3%。而且，从目前情况看，北京市人口规模不断增长的趋势还在继续。

根据北京市统计局发布的数据，2012 年全市常住人口已经增加到

2 069.3 万人，与 1990 年的人口规模相比将近翻了一番。如果选取 1999 年、2002 年、2005 年、2008 年和 2012 年的常住人口规模样本进行比较，可以发现，北京市人口规模呈累计性快速增长的扩张趋势（见表 8—1）。2002 年、2005 年、2008 年和 2012 年全市人口规模分别比 1999 年增长 13.2%、22.3%、34.8%和 64.6%，这 12 年间全市常住人口增加 812.1 万人，相当于增加了一个 800 多万人口的大型城市。

表 8—1　　北京市常住人口数量及其增长情况（1999—2012 年）

年份	常住人口（万人）	常住人口累计增长（万人）	常住人口增长比例（%）
1999	1 257.2	—	—
2002	1 423.2	166	13.2
2005	1 538	280.8	22.3
2008	1 695	437.8	34.8
2012	2 069.3	812.1	64.6

说明：常住人口累计增长以 1999 年人口数量为基数进行累计；常住人口增长比例是各年份人口增长数量与 1999 年基数之比。

资料来源：北京市统计局发布的 1999 年、2002 年、2005 年、2008 年和 2012 年《国民经济和社会发展统计公报》。

从表 8—2 可以看出，在 2000 年至 2010 年间，北京市新增人口主要集中于城市功能拓展区（朝阳区、海淀区、丰台区等区域）和城市发展新区（通州区、昌平区、大兴区等区域）。相对而言，位于首都功能核心区的东城区和西城区人口规模变动较小，而位于生态涵养发展区的门头沟区、怀柔区、平谷区、密云县和延庆县人口规模则呈现缓慢上升趋势。

表 8—2　　北京市城市功能区及各区县人口增长情况（2000—2010 年） 单位：万人

<table>
<tr><th>城市功能区</th><th>区（县）</th><th>“六普”（2010 年）</th><th>“五普”（2000 年）</th><th>区县增加人口数量</th><th>各功能区增加人口数量</th></tr>
<tr><td rowspan="2">首都功能核心区</td><td>东城区</td><td>91.9</td><td>88.2</td><td>3.7</td><td rowspan="2">4.7</td></tr>
<tr><td>西城区</td><td>124.3</td><td>123.3</td><td>1</td></tr>
<tr><td rowspan="4">城市功能拓展区</td><td>朝阳区</td><td>354.5</td><td>229</td><td>125.5</td><td rowspan="4">316.6</td></tr>
<tr><td>丰台区</td><td>211.2</td><td>136.9</td><td>74.3</td></tr>
<tr><td>石景山区</td><td>61.6</td><td>48.9</td><td>12.7</td></tr>
<tr><td>海淀区</td><td>328.1</td><td>224</td><td>104.1</td></tr>
</table>

续前表

城市功能区	区（县）	“六普”（2010 年）	“五普”（2000 年）	区县增加人口数量	各功能区增加人口数量
城市发展新区	房山区	94.5	81.4	13.1	262
	通州区	118.4	67.4	51	
	顺义区	87.7	63.7	24	
	昌平区	166.1	61.5	104.6	
	大兴区	136.5	67.2	69.3	
生态涵养发展区	门头沟区	29	26.7	2.3	20.9
	怀柔区	37.3	29.6	7.7	
	平谷区	41.6	39.7	1.9	
	密云县	46.8	42	4.8	
	延庆县	31.7	27.5	4.2	

说明：2000 年东城区人口数量含原东城区 53.6 万人、原崇文区 34.6 万人；西城区人口数量含原西城区 70.7 万人、原宣武区 52.6 万人。2010 年东城区人口数量含原东城区 57.3 万人、原崇文区 34.6 万人；西城区人口数量含原西城区 67.4 万人、原宣武区 56.9 万人。

资料来源：《2000 年北京市第五次全国人口普查主要数据公报》和《北京市 2010 年第六次全国人口普查主要数据公报》。

二、城市化条件下居民对社区公共服务设施的需求

在城市化的带动下，北京市经济发展突飞猛进，形成了以第三产业为主的产业结构，人们的生活方式也发生了深刻的变化。公共服务的城乡差别正在被公共服务城乡一体化所取代。

据统计，在 1999—2012 年间，北京市经济总量由 2 169.7 亿元增加到 17 801 亿元，增长了 7.2 倍；地方财政收入由 320.5 亿元增加到 3 314.9 亿元，增长了 9.3 倍；城镇居民人均可支配收入由 9 182.8 元增加到 36 469 元，增长了近 3 倍；农民人均纯收入由 4 316.4 元增加到 16 476 元，增长了 2.8 倍；城镇居民人均住房使用面积由 15.44 平方米增加到 29.26 平方米，增加了 89.5%；农村居民人均生活用房面积由 28.65 平方米增加到 49.08 平方米，增加了 71.3%（见表 8—3）。

表 8—3　　北京市经济发展、城乡居民收入水平和居住条件的变化情况（1999—2012 年）

年份	国内生产总值（亿元）	地方公共财政收入（亿元）	城镇居民人均可支配收入（元）	农民人均纯收入（元）	城镇居民人均住房使用面积（平方米）	农村居民人均生活用房面积（平方米）
1999	2 169.7	320.5	9 182.8	4 316.4	15.44	28.65
2002	3 130	534	12 463.92	5 880	18.2	32.6
2005	6 814.5	919.2	17 653	7 860	19.5	36.9
2008	10 488	1 837.3	24 725	10 747	28.74	39.4
2012	17 801	3 314.9	36 469	16 476	29.26	49.08

资料来源：北京市统计局发布的 1999 年、2002 年、2005 年、2008 年和 2012 年《国民经济和社会发展统计公报》。

随着城市经济发展和居住水平的不断提高，居民对社区公共服务设施的需求也在大幅提升。虽然北京市不同城市功能区及各区县之间人口分布和增长趋势并不均衡，但是，在社区公共服务设施的需求方面，居住在不同区域的居民却表现出相对的一致性，即都希望社区拥有更多、更完善的公共服务设施。之所以出现这样的“趋同”现象，原因在于：第一，随着全市经济总量和地方政府财政收入的快速增长，人们期待着政府能够拿出更多资金来改善社区公共服务设施。而且，居民收入水平的提升和居住条件的改善，客观上也要求与居民生活服务相配套的公共服务设施有相应的增加。第二，随着城乡一体化的逐步实现，生活在城市不同区域的居民对于公共服务均等化问题越来越关注，而基础性的社区公共服务设施也属于公共服务均等化所涵盖的范围。第三，首都功能核心区虽然人口增长缓慢，但这一区域大多属于旧城区范围，社区公共服务设施比较老旧，居民对于社区公共服务设施更新改造的需求较大；在城市功能拓展区和城市发展新区中新建居住区所占比例较大，居民有条件要求按新的更高标准配套建设更加完善的社区公共服务设施；而生态涵养发展区包含相当数量的农村社区，农村居民对于改善居住条件和配套建设社区公共服务设施也有较高的期待。上述情况表明，在城市化和经济快速增长条件下，全市社区公共服务设施需求总量呈现大幅增加的趋势。

根据 2010 年北京市社会办对 645 个试点社区的调查，居民对社区停车管理、社区卫生服务站建设、幼儿入托和早教服务、老旧小区物业管理、社区公交服务、社区维修、社区便民服务信息网络、居民活动中心、便民早点店、水电燃气费代缴点、天然气安全检测、小区路面改造等服务设施和服务项目的需求十分迫切。北京市海淀区一项针对社区居民需求的调查发现，社区居民对社区公共设施、社区道路交通、社区医疗服务的满意度分别只有22%、20.9%和25.2%。在社区公共设施建设方面，大多数居民希望增加文化活动场所（占68%），增加公共活动场地（占60.2%），有部分居民要求增加社区健身器材（占37.1%）和改善公共场所照明（占33%）。在社区道路交通方面，相当多的居民要求治理社区内乱停车现象（占45.6%），有不少居民要求治理占道经营（占31.1%）、治理交通拥堵（占31.1%）、增加公交路线（占32.1%）、建立和完善自行车专用道（29.7%）等。在社区医疗服务方面，近60%的居民要求加强社区卫生服务站和社区医院建设，改善社区医疗条件，提高社区医疗服务水平。此外，相当多的社区居民期待改善社区就业服务，要求提供就业岗位（占55.8%）、提供培训机会（占52.7%）、发布就业信息（占55%）等，也有不少居民对方便社区买菜（占38.6%）、改善银行网点布局（70%）、完善家政服务工作（31.7%）等提出要求。总之，社区居民对生活便利服务的需求相当高，几乎所有居民都希望自己生活的社区具备完善和便利的生活服务设施。

北京大学课题组于2011年11月至2012年9月期间在东城区、西城区、朝阳区、房山区等城区对部分社区居民进行问卷调查和访谈，发现社区居民对生活服务的需求有相当一部分与社区公共服务设施有关。从调查结果看，有不少社区居民感到在社区停车、社区养老、社区看病、社区入托、社区就业等方面存在较大困难，在社区出行、社区购物方面存在的困难相对小一些（见表8—4）。

表8—4　　社区居民生活不便和困难及对应的社区服务设施需求情况

选项	百分比（%）	对应的社区服务设施需求
停车难	90	社区停车场、停车库、停车位
养老难	84	社区托老所、老年人活动室
看病难	81	社区医院、社区卫生服务站
入托难	78	社区托儿所、幼儿园
就业难	73	社区组织办公和服务用房

续前表

选项	百分比（%）	对应的社区服务设施需求
出行难	67	社区道路、就近的公交车站
购物难	59	社区便利店、社区超市、菜市场等

说明：就业难问题具有一定复杂性，需要政府、社区、市场等各方面共同解决。由于社区组织也承担为居民提供就业服务的职责，因此就业难问题所对应的社区服务设施为社区组织办公和服务用房。

社区居民感到生活不便和困难的问题正是其相关服务需求得不到满足的表现。由于社区停车场（停车库、停车位）、社区托老所（老年人活动室）、社区医院（卫生服务站）、社区托儿所（幼儿园）、社区组织办公和服务用房等社区公共服务设施供给不足，停车难、养老难、看病难、入托难、就业难等问题在许多社区都存在。社区居民反映的出行难问题除新建居民区由于社区道路建设滞后带来的不便外，主要是由于社区外的交通拥堵造成的。居民购物难问题在一些社区也存在，但由于这方面的服务已经实行市场化，社区便利店、社区菜市场、社区超市等服务设施可以通过市场提供，因此，居民在购物方面遇到的困难相对小一些。上述调查结果与北京市社会办的调查发现是基本一致的。这表明，近年来随着城市发展和居民生活水平的提高，居民对社区公共服务设施的需求呈现不断上升的趋势，一旦社区公共服务设施供给不能满足居民需求，社区公共服务设施供求矛盾就会凸显出来。

第二节　社区公共服务设施规划及其调整

社区公共服务设施规划是增加社区公共服务设施供给、解决社区公共服务设施供求矛盾的重要前提，是有效回应社区居民需求的重要途径。最近 20 多年来，随着城市化加快推进和社会主义市场经济体制的逐步建立，在城市人口快速增长的同时，社区已经日益成为城市公共服务供给的基层平台，而住宅商品化也日益成为城市住宅建设的主要模式。1993 年，我国发布了《城市居住区规划设计规范》国家标准（GB 50180—93）并于 2002 年对该标准进行了局部修订。这一标准对北京市社区公共服务设施规划和建设产生了重大影响，为回应居民对社区公共服务设施的需求提供了重要依据。为了实现住宅商品化条件下社区公共服务设施的合理配置，为居民提供适宜的居住环境，满足居民的物质和精神生活需要，北京市先后于1994年、2002年和2006年多次发布并调整城市居住区公共服务设施规划。[①] 其中，1994年的居住区公共服务设施规划是以国家标准为依据并结合北京市新建居住区公共服务设施建设的具体实际制定的，此后的两个规划都是基于前期规划进行的调整和补充。现行规划执行的是2006年调整后的规划方案。

一、"94规划"的主要内容

"94规划"以国家标准发布之前北京市于1985年制定的《关于新建居住区公共设施配套建设的规定》（京政发〔1985〕149号）为基础，同时，以国家标准《城市居住区规划设计规范》为依据对社区公共服务设施进行重新分类，对不同类型公共服务设施配建标准进行了调整。其内容主要包括：

（1）将公共设施改为公共服务设施，项目分类相应改为八大类：教育、医疗卫生、文化体育、商业服务、金融邮电、社区服务、行政管理和市政公用。其中将银行、邮电从商业服务中分出，列为金融邮电类；增设社区服务类（取代国标中的其他类），将综合服务站、牛奶站、社会福利工厂等部分项目列入社区服务类；将公交场站等列入市政公用类；将附属工程改为市政公用类；取消公用设施类。

（2）教育类各项目，依据人口结构情况千人座数略有减少，但每座的建筑面积标准相应提高，以适应教育事业发展需要。每座面积平均提高1

---

① 北京市政府于1994年12月23日发布《关于本市新建改建居住区公共服务设施配套建设实行指标管理的通知》（京政发〔1994〕72号），这是计划经济向市场经济转型过程中本市最早的一个社区公共服务设施规划文件，简称"94规划"。2002年8月5日，北京市政府发布《关于印发本市新建改建居住区公共服务设施配套建设指标的通知》（京政发〔2002〕22号），对"94规划"进行了修订，形成一个新的规划，简称"02规划"。2006年4月10日北京市规划委发布《北京市居住公共服务设施规划设计指标》（市规发〔2006〕384号），又在"02规划"基础上再次修订，形成新的规划，简称"06规划"。为了便于研究，我们将上述三个规划统称"三大规划"。

平方米，即托幼园所每座面积提高 11%～16.7%，中小学每座面积提高 20%～27.8%。

（3）适当提高文化体育设施指标，以适应群众文化生活的需要。集中分居住区级和小区级两级设置，并与社区文化设施统一考虑，避免重复设置；居住区级文化设施由主管部门管理，小区级文化设施由街道社区管理。

（4）商业服务设施的项目、指标设置以宏观控制为主。一个居住区设置一个由若干骨干项目组成的居住区购物中心（包括综合食品商场、综合百货商场、综合服务楼和集贸市场）；一个小区设置一个由综合食品店、百货店、餐饮和集贸市场构成的小区购物中心；另外，设置由小副食、小食品、小百货和小饭铺组成的若干综合便民店，形成“大集中小分散”的居民购物网络。

（5）市政公用设施中市政站点的设置，以技术要求为设置依据，只列项目内容，确定总控制指标，不具体规定各单项指标。

（6）增加社区服务设施指标，其中自行车存车处每千人提高 400～460 平方米；增加了小区电信设施、小区门诊部；提高了邮电、医疗卫生方面的指标；环卫设施和文化、教育设施指标也有较大提高。

二、“02 规划”的重要调整

“02 规划”是以“94 规划”为基础制定的，适用于北京旧城以外地区新建改建城市居住区公共服务设施的规划设计和规划管理。该规划将社区公共服务设施分为居住区级和居住小区级两个层级，其中，居住区级规模为 4 万～6 万人，居住小区级规模为 1 万～2 万人。同时，对社区公共服务设施类型除按使用属性划分外，还按效益进行划分，即按使用性质分为教育、医疗卫生、文化体育、商业服务、金融邮电、社区服务、行政管理和市政公用等八类配套公建，按效益分为公益性配套公建和营利性配套公建。公益性配套公建，即非营利性设施，以指令性指标控制该类配套公建的建设；营利性配套公建，即居住区日常生活必需的商业服务性设施，以指导性指标引导该类配套公建的建设。

经调整后，“02 规划”对居住区级、居住小区级配套公建的配置提出以下具体要求：

1. 教育类公共服务设施设置

（1）幼（托）儿园应按其服务范围均衡分布，设在方便家长接送的地段。幼（托）儿园应有独立院落和出入口，其建筑应满足规定的日照要求。（2）中学、小学应按其服务范围均衡布置，小学的设置应避免小学生穿越城市干道。教学楼应满足规定的日照要求。学校运动场与邻近住宅要保持一定的间隔。（3）学校操场应向社区开放，物业管理用房和社区服务设施应集中建设，综合利用有限的土地资源，以实现资源共享。

2. 商业服务设施、文化体育设施的设置

（1）居住区级商业服务、金融邮电和文化体育（运动场除外）等配套公建应集中布置，设在交通便利的中心地段，形成居住区级公共活动中心。（2）社区菜市场应设在室内，设在运输车辆易于进出的相对独立地段，并与住宅保持一定的间隔，避免干扰。（3）居住区级公共活动中心、综合超市、社区菜市场和人流较多的公共建筑，应按照现行有关规定就近配建公共停车场（库）。（4）居住小区级商业服务设施可设在小区的主要出入口，与居民的出行路线相吻合。

3. 停车位等交通设施设置

根据《北京市人民政府办公厅转发市规划委关于提高本市新建改建居住区居民汽车场库配套指标意见的通知》（京政办发〔1999〕26 号）的规定，并区别北京旧城内外地区分别配置居民停车位指标：在三环路以外的（包括旧区改造和零星加建的住宅）地区，按每千户 500 个车位标准设置；在三环路以内、二环路以外地区，按每千户 300 个车位标准设置；二环路以内旧城及危旧房改造区、历史文化保护区等特殊地区车位标准应另行研究。中高档商品住宅按每户 1 个车位标准设置，高档公寓和别墅按每户 1.3 个车位标准设置。

三、“06 规划”的进一步调整

“06 规划”是在“02 规划”基础上经重新修订发布的，其突出特点是，强调居住公共服务设施的设置应贯彻可持续发展和节约用地的原则，本着节地、节能、节水、节材的“四节”精神，使用性质相近或可兼容的公共服务设施尽量综合设置。该规划基本上保留了前期规划中对居住区的层级划分和公共服务设施分类，但又有所调整。居住区层级在原来的居住区级（4 万～6 万人）和居住小区级（1 万～2 万人）基础上进一步细化，即按居住人口规模（或建设规模）分为 3 万～5 万人、0.7 万～2 万人、0.3 万～0.5 万人和居住建设项目四级。在公共服务设施类型中，保留原来的教育、医疗卫生、文化体育、商业服务、市政公用五个大类，取消金融邮电类，将相关内容分别并入商业服务类和市政公用类，将社区服务和行政管理两类合并为社区管理服务类，同时适应北京市人口老龄化的趋势和城市交通发展需要新设社会福利类和交通类两个大类，这种调整更加突出了社区服务设施的公共性和公益性。调整后的社区公共服务设施仍为八类。经过上述调整，“06 规划”要求对不同层级的居住区配建相应类型的公共服务设施。

1. 第一级，即 3 万～5 万人居住区

这一层级配建教育类公共服务设施（包括幼儿园、小学、初中、高中）、医疗卫生类公共服务设施（包括社区卫生服务站、社区卫生服务中心）、文化体育类公共服务设施（包括室内文体活动中心、室外文体活动场）、商业服务类公共服务设施（包括菜市场、其他商业服务）、社区管理服务类公共服务设施（包括社区服务中心、街道办事处、派出所及巡察、社区居民委员会、社区卫生监督所、物业管理用房）、社会福利类公共服务设施（包括养老院、老年活动场站、残疾人康复托养所）、交通类公共服务设施（包括公交首末站、出租汽车站、存自行车处、居民汽车场库）和市政公用类公共服务设施（包括邮政所、邮政局、电信机房、开闭所、配电室、燃气调压站、有线电视基站、密闭式清洁站、公厕、垃圾分类投

放站、锅炉房、热力点、污水再生利用装置）等八类共 36 项公共服务设施。

2. 第二级，即 0.7 万～2 万人居住区

这一层级配建教育类公共服务设施（包括幼儿园、小学、初中）、医疗卫生类公共服务设施（包括社区卫生服务站）、文化体育类公共服务设施（包括室内文体活动中心、室外文体活动场）、商业服务类公共服务设施（包括菜市场、其他商业服务）、社区管理服务类公共服务设施（包括社区服务中心、社区居民委员会、物业管理用房）、社会福利类公共服务设施（包括托老所、老年活动场站）、交通类公共服务设施（包括公交首末站、出租汽车站、存自行车处、居民汽车场库）和市政公用类公共服务设施（包括邮政所、开闭所、配电室、燃气调压站、有线电视光电转换间、密闭式清洁站、公厕、垃圾分类投放站、锅炉房、热力点、污水再生利用装置）等八类共 28 项公共服务设施。

3. 第三级，即 0.3 万～0.5 万人居住区

这一层级配建医疗卫生类公共服务设施（包括社区卫生服务站）、文化体育类公共服务设施（包括文体活动站、综合文体活动场地）、商业服务设施、社区管理服务类公共服务设施（包括社区服务中心、社区居民委员会、物业管理用房）、交通类公共服务设施（包括存自行车处、居民汽车场库）和市政公用类公共服务设施（包括配电室、有线电视光电转换间、垃圾分类投放站）等六类共 12 项公共服务设施。

4. 第四级，即 0.3 万人以下的居住建设项目

这一层级配建医疗卫生类公共服务设施（包括社区卫生服务站）、文化体育类公共服务设施（包括文体活动站、综合文体活动场地）、商业服务设施、社区管理服务类公共服务设施（包括社区居民委员会、物业管理用房）、交通类公共服务设施（包括存自行车处、居民汽车场库）和市政公用类公共服务设施（包括配电室、有线电视光电转换间、垃圾分类投放站）等六类共 11 项公共服务设施。

除上述四个层级居住区外，“06 规划”还规定，规划用地内的居住人

口规模2万～3万人的居住地区，除按第二级（即0.7万～2万人居住区）设置项目外，还应根据所增人数和周围设施状况，增设第一级（即3万～5万人居住区）的部分项目和指标①；规划用地内的居住人口规模0.5万～0.7万人的居住地区，除按第三级（即0.3万～0.5万人居住区）设置项目外，还应根据所增人数和周围设施状况，增设第二级的部分项目和指标；规划用地内的居住人口规模少于0.3万人的居住地区，除按第四级（即0.3万人以下的居住建设项目）设置项目外，还应根据所增人数，提高部分项目规模。

总体上看，从“94规划”到“02规划”“06规划”，北京社区公共服务设施规划呈现出逐步细化的趋势，规划内容也越来越贴近居民需求。这种调整反映了首都现代化建设和城市发展的需要，也是对社区居民物质文化需求的回应。但是，近年来，随着首都现代化建设加快推进，城市空间不断拓展，人口规模快速增长，社区公共服务设施需要总量大幅提升，社区公共服务设施供给与居民需求之间的差距也在不断扩大。居民在社区生活中遇到的停车难、养老难等困难问题并非偶然，而是公共服务设施供给不足的直接反映。这说明现行社区公共服务设施规划与居民需求之间有所脱节，部分规划内容也存在一定的滞后性。

第三节 社区公共服务设施规划和建设面临的挑战

北京作为全国首都和发展中的世界城市，在社区公共服务设施规划和建设方面已经走在全国前列，但是，若以世界城市的标准来衡量，差距还不小。特别是，在人口规模不断扩张，甚至难以有效控制的情况下，要规划和建设符合世界城市要求的安全、舒适、宜居的社区环境，改变社区公共服务设施供给短缺局面，增加社区公共服务设施供给数量，丰富社区公共服务设施类型，提高社区公共服务设施供给水平，促进社区公共服务设

① “06规划”要求人口规模超过5万人的居住区增设地区级公共服务设施，而地区级公共服务设施已经超出社区公共服务设施规划范畴。

施供给的公平性等等，都是非常棘手的难题。

一、人口规模过度膨胀带来的挑战

居住公共服务设施的设置水平应当与居住人口规模相对应，这是社区公共服务设施规划和建设必须遵循的一个基本原则。人口规模越大，需要纳入规划并进行配套建设的公共服务设施就越多。如果人口规模增长过快，社区公共服务设施规划和建设跟不上人口规模的“变化”，就容易导致社区公共服务设施供给短缺。如何应对人口规模过度膨胀所带来的需求增长问题，这是北京市社区公共服务设施规划和建设中所面临的最大挑战。

根据《北京市城市总体规划（2004—2020年）》，到2020年，全市总人口规模规划控制在1 800万人左右，年均增长率控制在1.4%以内。其中户籍人口1 350万人左右，居住半年以上外来人口450万人左右。实际上，这一控制目标在2010年就已经突破了。根据第六次全国人口普查数据，2010年，全市常住人口为1 961.2万人，同2000年第五次全国人口普查数据相比，十年内全市共增加604.3万人，增长44.5%。平均每年增加60.4万人，年平均增长率为3.8%。全市常住人口中，居住半年以上外来人口为704.5万人，占常住人口的35.9%。这些数据表明，无论是全市总人口规模，还是外来人口总量，都已提前10年突破城市总体规划控制目标。而且，人口规模快速膨胀的趋势还在继续。2012年，全市常住人口达到2 069.3万人。如果以常住人口年均增长60万人的速度持续下去，那么，到2020年，全市总人口规模很可能突破2 500万人。毫无疑问，如此庞大的人口规模给社区公共服务设施供给带来了巨大压力。

另一方面，在人口规模快速扩张的同时，人口空间分布过于集中、人口结构日趋老龄化以及外来人口的社区融入也是社区公共服务设施规划必须面对的问题。

据统计，至2012年，北京市61.5%的常住人口集中在东城、西城、朝阳、海淀、丰台、石景山等“城六区”，这一区域人口密度达到每平方千米7 837人，超过伦敦（每平方千米5 437人）和东京（每平方千米

5 984 人）。其中，东城和西城二区人口密度更高达每平方千米 2.2 万人。而东城、西城等“城六区”中的许多社区处于北京历史文化保护区（旧城区）范围，没有纳入到现行的新建居住区公共服务设施规划当中，成为规划“盲区”。近年来，北京市通过旧城改造、老旧小区改造等方式对这些区域的公共服务设施进行修整和完善，但从整体上看，在这些人口集中的旧城区内社区公共服务设施的供给仍然比较滞后。

从北京市常住人口年龄结构看，到 2012 年，全市 60 岁及以上人口 286.8 万人，占常住人口的 13.9%，其中，65 岁及以上人口 190.4 万人，占常住人口的 9.2%。这些数据表明，北京市人口老龄化趋势已经十分明显。老年人口的快速增长使其对社会福利类社区公共服务设施的需求也迅速增加。北京市在“06 规划”中针对本市已经进入老龄化社会的客观现实增设了包括老年人生活服务设施和残疾人服务设施在内的社会福利类公共服务设施，而且养老院的设置也从“02 规划”的 5 万人/处调整为 3 万～5 万人/处，并提高了千人指标。此外，增设老年活动场站、托老所等设施，提高残疾人康复托养所千人指标，并由“02 规划”的 5 万～10 万人/处调整为 5 万人/处。尽管如此，北京市适合老年人需要的社会福利类公共服务设施的供给与居民需求之间的差距仍然较大。

在北京市总人口中，居住半年以上的外来人口约占三分之一。外来人口的不断增长也是导致北京市人口规模快速膨胀的重要因素之一。这些外来人口在北京市居住和生活，对社区公共服务设施形成现实需求，而以往的社区公共服务设施规划主要针对户籍人口来编制，其配建指标也主要考虑户籍人口的需求。这在一定程度上制约了社区公共服务设施的供给数量和水平，成为导致公共服务设施供给不足的一个因素。

二、居民需求变化带来的挑战

社区公共服务设施的设置归根到底是为了满足居民的需求。只有以居民需求为导向进行社区公共服务设施规划和建设，才能更好地体现公共服务设施供给的有效性和公平性。因此，在纽约、伦敦、东京等世界城市，其社区公共服务设施配置都高度重视居民的需求。然而，居民需求是一个经常变动的因素，特别是在中国社会转型和经济体制转轨时期，在城镇化、现代化和信息化交互影响的条件下，居民需求的变化更加显著。毫无疑问，这种变化将给社区公共服务设施规划和建设带来新的挑战。

对于社区公共服务设施，居民需求的变化突出表现在需求升级和需求多样化等方面。这是城市化和市场经济发展的必然结果。最近十多年，是新中国成立以来北京市经济发展最快的时期，也是城乡居民收入增长最快的时期。1999—2012 年间，北京市城镇居民人均可支配收入增长了近 3 倍，人均住房使用面积增加了 89.5%；农民人均纯收入增长了 2.8 倍，农村居民人均生活用房面积增加了 71.3%。随着居民收入水平的提高和居住条件的改善，城乡居民都对提高生活品质和改善公共服务设施抱有更高期待。其需求变化主要表现在：

（1）居民家庭生活需求和消费模式已经由温饱型向小康型转变。吃、穿、用方面的需求占家庭支出的比重逐年减少，文化教育、旅游、医疗保健、交通、通信、住房、保险等已经成为居民新的消费热点，其需求比重不断增加。

（2）居民对于休闲娱乐设施的需求不仅在数量上大幅增加，在品类上也日趋多样化。随着居民生活水平的不断提高，居民的生活方式发生了深刻的变革，据调查，一般城市居民三口之家每天用于备餐的时间从 1993 年的 125 分钟下降到 2001 年的 45 分钟。生活闲暇化与消费结构的改变、家务社会化以及人口老龄化，使城市居民的闲暇时间显著增加。对于居住社区内的休闲服务设施的需求也会显著增加。在文化娱乐方面，咖啡厅、酒吧、水吧等休闲类设施在商业服务设施中的比重不断增加；按摩、桑拿、美容美发等服务行业也开始出现在小区；健身房、棋牌娱乐室、球类活动室等参与性较强的娱乐用房在新建居住小区也屡见不鲜；网吧、图书室等文化设施也受到不同程度的重视。在一些高档社区，居民甚至要求兴建室内攀岩、室内篮球、室内羽毛球场、恒温室内游泳池等大型体育设施。

（3）居民对商业服务设施的需求也发生了明显变化。由于家电的大量使用，由于家庭人口规模越来越小而人均居住面积在不断增加，使得家庭存储能力大大增强。居民购买日用主副食品和日杂用品无须天天进行，其购买方式也由少量多次向多量少次转变。随着居民购物次数的减少，对商业服务设施的距离要求降低，于是服务半径可以适当增大，有条件的居住区在日用百货类商业设施的规模和布局上应向大型化、高端化发展，同时在社区附近可以设置规模小巧、灵活便捷的小型超市，以满足居民多样化的购物需求。

（4）居民私家汽车不断增加，对相应的公共服务设施的需求也大幅增加。随着居民收入的逐年增加，大量的私家汽车已经“开”入寻常百姓家。目前，北京居民家庭轿车拥有率已经达到了相当高的水平。随着小汽车“挤”入住区，社区内停车空间与停车需求之间的矛盾越来越尖锐，而安全、环境、景观和车辆管理等方面的问题也随之产生。北京现行的社区公共服务设施规划要求居住区存自行车处和居民汽车场库仍按“02 规划”执行，且要求地面停车率（小汽车地面单层停车位与居住户数的比率）按不大于 10%的标准控制。居民汽车场库在三环路以外的（包括旧区改造和零星加建的住宅）地区，按每千户 500 个车位标准设置；在三环路以内、二环路以外地区，按每千户 300 个车位标准设置；中高档商品住宅按每户 1 个车位标准设置，高档公寓和别墅按每户 1.3 个车位标准设置。实际上，三环以内地区是北京市人口最集中和家庭汽车拥有量较高的区域，而车位设置标准由外向内大幅递减与居民需求是相悖的。显然，这一规划要求对居民家庭汽车拥有量的快速增长估计不足，这也许是造成目前部分社区特别是中心城区居民“停车难”的一个原因。

（5）信息网络化对居民需求产生深刻影响。在信息化时代，社区更像一个小社会，其公共服务设施的功能要求也将更加全面和完善，某些公共服务设施的 24 小时服务将是一种必然的趋势。随着互联网的普及，网上购物、网上支付等消费方式越来越盛行，社区管理的网络化也越来越普及。网络化的发展将给居住社区内公共服务设施的规划、布局和建造，以及社区管理方式带来深刻变革。北京现行社区公共服务设施规划对于信息化给社区发展和社区居民生活带来的影响似乎也估计不足。

三、区域之间及城乡之间发展不均衡带来的挑战

北京市是我国城市化程度较高的地区，但是，在不同城区之间以及城乡之间，经济发展和人口分布很不均衡。这种不均衡既影响到社区公共服

务设施的供给能力，也影响到社区公共服务设施的需求。而公共服务设施作为公共产品，在空间布局上要体现公共资源分配的社会公平和公正。如何根据城乡公共服务均等化要求，把握好区域之间、城乡之间社区公共服务设施供给与需求的平衡，提高社区公共服务设施整体水平，实现公共服务设施可达性公平、利用公平和结果公平等空间公平目标，这是社区公共服务设施规划和建设必须解决的问题。

从北京人口分布及区域与城乡发展情况看，在城市中心地区（首都功能核心区），人口集中度最高，再往外（城市功能拓展区、城市发展新区、生态涵养发展区），人口密集度逐渐降低。而人口集中度高的城市中心地区，经济发展水平相对较高，居民对社区公共服务设施的需求量也较大，但是，这一区域的社区多处于历史文化保护区内，社区公共服务设施配置空间局限较大。在人口密集度较低的区域，情况大不相同，其经济发展水平相对较低，居民对社区公共服务设施的需求呈分散化状态，而且公共服务设施供给能力较弱。

从北京市已经发布并实施的居住区公共服务设施规划来看，从“94 规划”到“06 规划”，对于城市中心地区中处于历史文化保护区等特殊地区的公共服务设施配置，都采取“例外”方式处理；对于历史文化保护区以外城镇地区新建改建居住地区公共服务设施，则要求按照“满足居民基本生活需要而必须设置的公共服务设施的最低限度的控制指标”进行配套建设。历次公共服务设施建筑面积人均指标、用地面积人均指标如表 8—5 所示。

表 8—5　　　　　　北京市居住区公共服务设施配套建设指标的变化

类别 / 年份及指标	平均每位居民			
	建筑面积（平方米）		用地面积（平方米）	
	居住区级（居住人口3 万～5 万人）	居住小区级（居住人口0.7 万～2 万人）	居住区级（居住人口3 万～5 万人）	居住小区级（居住人口0.7 万～2 万人）
1994 年规划指标	3.6	3.0	4.6	3.6
2002 年规划指标	2.76	1.8	4.37	2.8
2006 年规划指标	3.0	2.2	3.1	2.5

资料来源：北京市规划委员会办公室，2006。

与“02 规划”相比，现行规划在社区公共服务设施人均建筑面积上有所提高，但用地面积有所减少；与“94 规划”相比，各项指标都有所减少。这样的规划安排显然是出于节约用地的考虑。但是，在人口分布和区域发展不均衡条件下，在人口集中区域很可能没有足够的土地用于配置居民所需要的公共服务设施，而在人口相对较少而经济发展相对滞后的区域可能又没有足够的财力来完成公共服务设施配建指标。看来，要实现社区公共服务设施配置的空间公平目标，还需要针对区域与城乡发展及人口分布不均衡情况建立一个与社区发展实际相适应的公共服务设施配置均等化机制。

四、基层重心薄弱带来的挑战

社区是基层公共服务设施供给的重心，是联系居民与社区公共服务供给主体的纽带。在北京市，社区通常是指居委会辖区，而不是街道或乡镇辖区。[①] 社区人口规模比较接近目前居住区公共服务设施配建规划中的第三级和第四级，即 0.3 万～0.5 万人和 0.3 万人以内。[②] 这是城市公共服务设施供给的基层环节，然而，在现行规划中，这也是公共服务设施供给中最薄弱的环节。

北京市新建居住区公共服务设施配建模式呈现这样的特点：居住区层级越高，人口规模越大，公共服务设施项目配建越多。相反，居住区层级越低，人口规模越小，公共服务设施项目配建也越少。在人口达到 3 万～5 万人的居住区（第一级），规划要求配建 36 项公共服务设施；在人口规模为 0.7 万～2 万人的居住区（第二级），规划要求配建 28 项公共服务设施；在人口规模为 0.3 万～0.5 万人的居住区（第三级），规划要求配建 12 项公共服务设施；在人口规模为 0.3 万人以下的居住建设项目（第四级），规划要求配建 11 项公共服务设施。因此，总体上看，居住区公共服务设施配

① 我国各地对社区范围的界定存在很大差异，比如，在上海市，社区范围就是以街道或乡镇辖区来界定的，这与北京的社区范围明显不同。

② 根据《北京市社区管理办法（试行）》，社区是指经过社区体制改革后做了规模调整的社区居委会辖区。目前社区规模一般在 1 000～3 000 户之间，比《城市居民委员会组织法》规定的 100～700 户的规模要大得多。

建项目随人口规模的缩小而逐级递减。

实际上，现行规划中的第三级和第四级配建公共服务设施与居民服务需求之间的联系更加直接，也更加紧密。从满足居民服务需求出发，这两个层级的配套公建应该作为城市居住区公共服务设施规划和建设的重点。实际情况并非如此。目前北京市在居住区公共服务设施规划和建设中往往把第三、四级作为公共服务设施供给的末端，在这两个层级的规划中都没有把教育类公共服务设施（如幼儿园）和社会福利类公共服务设施（如托老所）纳入配套公建。[①] 由于这两个层级与居民日常生活关系最密切，又是幼儿与老年人比较集中的居住区域，相关配套公建的缺失无疑使这两个层级成了整个公共服务设施供给链条中最薄弱的环节。这也许是造成社区“入托难”“养老难”等问题的一个原因。

第四节　推进社区公共服务设施建设的新思路

北京市社区公共服务设施规划为社区公共服务设施配套建设提供了重要的技术规范和政策支持。但是，由于居民对社区公共服务设施的需求增长过快，由于社区公共服务设施规划和建设相对滞后，社区公共服务设施供给短缺问题一直是城市发展的一大困扰，也影响到社区居民的生活质量。近年来，北京市抓住机遇，加强以改善民生为重点的社会建设，采取了一系列完善社区公共服务设施的政策举措，取得了积极成效。

一、社区规范化建设对公共服务设施建设的促进作用

社区公共服务设施在社区公共服务供给中具有双重作用：既是满足居

① 对于幼儿园，《北京市居住公共服务设施规划设计指标》规定：“幼儿园宜独立设置，应按其服务范围均衡分布，设于方便家长接送的地段。”但这只是比较笼统的一般性规定，并没有作为第三、四级社区配套公建加以落实。托老所的配建规划也存在同样的问题。

民需求的服务载体，又是提供社区公共服务的基础条件。为了提高社区公共服务设施供给水平，北京市出台了“1＋4＋X”系列文件，大力加强社区规范化建设。

针对基层重心薄弱，公共服务设施供给不足问题，《北京市社区管理办法（试行）》规定：“以社区常住人口规模、地域面积和功能定位为基本依据，采用新建、改造、调整、共享等多种方式，规划和配置好社区各类公共服务设施。充分考虑新建社区与原有社区、中心地段社区与边缘地区社区、商务区与纯居住区的不同条件和不同需求，实行统筹兼顾、合理配置。确保社区办公和服务用房与住宅区建设、旧城改造同步规划、同步设计、同步检查验收、同步投入使用。”这一规定为加强社区公共服务设施规划和建设提供了重要的政策和法律依据。尽管全市人口规模快速膨胀趋势短期内还难以得到控制，区域之间和城乡之间发展不平衡状况也很难在短期内完全消除，但是，这一规定的出台对于加强社区基层这一公共服务设施建设的薄弱环节还是可以发挥重要的作用。

从 2009 年起，北京市将规范社区基础设施配置纳入社区规范化建设范围。要求通过新建、改扩建、购买以及落实配建指标、资源整合利用等多种方式，使社区办公和服务用房达到 350 平方米左右。经过市、区（县）、街道（乡镇）等各方面努力，到 2011 年底全市所有社区办公和服务用房等基础设施配置都达到了规范化要求。

二、进一步加强社区公共服务设施规划和建设的思路

北京市在社区公共服务建设中提出“建立社区多元投入机制”的政策主张，要求探索建立政府投入与社会投入相结合、无偿服务与有偿服务相结合、社会化与产业化相结合的社区事业投入和发展机制，广泛吸引社会力量和社会资金兴办社区基础设施。这一政策主张为进一步加强社区公共服务设施规划和建设提供了新思路。根据世界城市发展经验，在社区公共服务设施建设中构建多元投入机制，形成多元供给格局，是提高社区公共服务设施供给水平的可行路径。而多元投入机制的建立需要从科学界定社区公共服务设施的公私属性入手。

实际上，北京市居住区规划中的教育、医疗卫生、文化体育、商业服务、社区管理服务、社会福利、交通和市政公用等八类配套公建既包括社区基本公共服务设施，也包括社区非基本公共服务设施（如社区物业管理用房）和部分社区非公共服务设施（如小型超市等社区商业服务设施）。因此，应该调整划分社区公共服务设施分类的思路，根据居民对社区服务设施的需求，把社区服务设施按公私属性重新进行界分，分为社区公共服务设施和社区非公共服务设施两大类。其中，社区公共服务设施又可以分为两种类型，即满足居民对社区公共服务设施一般需求的社区基本公共服务设施和满足居民对社区公共服务设施特殊需求的社区非基本公共服务设施。因此，包括社区公共服务设施和非公共服务设施在内的社区服务设施可以分为以下三类：社区基本公共服务设施、社区非基本公共服务设施和社区非公共服务设施。

根据居民对社区公共服务设施的需求情况和划分社区公共服务设施的新思路，我们把各项与社区居民日常生活关系密切的公共服务设施重新进行分类，以明确各项服务设施的公私属性及其对应的使用属性（见表8—7），进而明确各类社区公共服务设施供给主体及责任分担。

表8—7　　社区公共服务设施的公私属性和使用属性

项目名称	按公私属性分类			按使用属性分类
	基本公共服务设施	非基本公共服务设施	非公共服务设施	
幼儿园		●	●	教育类
社区卫生服务站	●			医疗卫生类
文体活动站	●	●		文化体育类
综合文体活动场地		●		
菜市场			●	商业服务类
便利店、小型超市、再生资源回收点、银行储蓄所等商业服务设施			●	
社区居民委员会	●	●		社区管理服务类
物业管理用房		●		
托老所		●		社会福利类
老年活动场站	●	●		

续前表

项目名称	按公私属性分类			按使用属性分类
	基本公共服务设施	非基本公共服务设施	非公共服务设施	
存自行车处		●		交通类
居民汽车场库		●		
配电室		●		市政公用类
有线电视光电转换间		●		
垃圾分类投放站		●		

说明："●"表示按公私属性分类时该项目所具有的相应属性。

从表8—7可以看出，按社区公共服务设施使用属性划分的教育、医疗卫生、文化体育、商业服务、社区管理服务、社会福利、交通和市政公用等各类配套公建，分别与居民的基本公共服务需求、非基本公共服务需求或非公共服务需求相对应，并且可以按公私属性界分为社区基本公共服务设施、社区非基本公共服务设施或社区非公共服务设施。

根据相关法律和政策，除社区基本公共服务设施应该由政府提供外，社区非基本公共服务设施和社区非公共服务设施可以由社区组织、社会组织或市场组织（企业或个人）提供，也可以由不同的供给主体同时提供。这种供给格局与社区公共服务的多元化趋势是一致的。具体来说，教育类的幼儿园虽然不属于基本公共服务提供范围，但可以由社区居民共同出资建设，也可以由企业或个人投资举办；医疗卫生类的社区卫生服务站属于政府提供的基本公共服务范畴；文化体育类的文体活动站和综合文体活动场地主要由社区组织提供，但政府也有向居民提供基本的文化体育服务设施的责任；商业服务类中的菜市场、便利店、小型超市等提供生活便利服务的设施可以由企业或个人出资兴建，而再生资源回收点、银行储蓄所等特殊行业的相关服务设施可由社区组织或金融企业举办；社区管理服务类中的社区居委会办公和服务用房应该纳入政府提供的基本公共服务范围，同时也可以作为社区居民共同财产的一部分，与物业管理和服务用房一样，由社区居民共同参与提供；社会福利类的托老所可以由社区居民共同提供，而老年活动场站则应由政府和社区共同提供；交通类的存自行车处和居民汽车场库都应由社区居民共同分担；而市政公用类的配电室、有线电视光电转换间和垃圾分类投放站也应由社区居民共同提供。

总而言之，按公私属性界分社区公共服务设施类型，可以反映居民对社区公共服务设施的多层次、多样化和多方面的需求，有助于明确各种类型和各种层次社区公共服务设施的提供主体，从而有助于落实各类社区公共服务设施建设的支出责任，实现对居民多层次和多样化服务需求的全面回应。另一方面，在社区公共服务设施建设中，必须坚持规划先行原则和以人为本原则。不管社区公共服务设施提供主体是谁，也不管各项设施的支出责任如何分担，都应该从满足社区居民服务需求出发，将符合社区居民服务需求的各项公共服务设施纳入规划范围。

第九章

社区公共服务绩效评价与监督问责体系建设

在社区公共服务建设中，围绕“居民群众满意”这一目标开展服务评价，构建全面、科学、公正的绩效评价体系，建立社区公共服务问责制和监督体系，是建设现代化新型社区的客观要求，也是完善社区公共服务“北京模式”、促进社区和谐稳定的需要。

按照国务院关于推进政府公共服务进社区的部署，各地从2006年起已经陆续将政府公共服务延伸到城乡社区。但是，长期以来，在我国社区公共服务建设中存在“一头热”现象。一些地方重投入轻产出，任务要求多，评价监督少。这种现象正是社区公共服务绩效评价和监督问责体系不健全的表现。由于缺乏科学有效的绩效评估和监督问责机制，社区公共服务供给效能低下、供给数量不足、供给水平差等问题比较突出，而社区公共服务可测性差、评价难、问责难、责任缺失等问题的存在，也严重影响了社区公共服务水平的提高。正因为如此，国务院在《国家基本公共服务体系“十二五”规划》中，明确要求把绩效评价作为基本公共服务体系整体性制度安排的一个重要组成部分，要求各地建立健全基本公共服务绩效评价和行政问责制度，加强对市县级政府公共服务的绩效评价和监督问责。在城乡一体化和政府公共服务覆盖社区的条件下，加快公共服务绩效评价和监督问责体系建设已经提上政府工作日程，成为当前我国社区公共服务建设中的一项十分紧迫的任务。

北京市在社区公共服务建设方面一直走在全国前列，形成了政府主导、多方参与、规范运作、协同提供、共建共享的社区服务多元化发展格局。其中，社区基本公共服务和社区非基本公共服务共同构成社区公共服务二元体系，与之相对应的社区公共服务问责制和监管体系建设也在积极探索之中，并取得了初步成效。作为全国首都和现代化国际化大都市，北京有条件在社区公共服务建设的各个方面继续保持领先地位，对全国社区公共服务建设发挥更好的示范作用，而加强社区公共服务绩效评价和监督问责体系建设，是进一步推进社区公共服务体制机制创新，提高社区公共服务建设水平的重要途径。

第一节　社区公共服务绩效评价的重要性和迫切性

所谓公共服务绩效，是对公共服务行为（投入）和结果（产出）的综合衡量。社区公共服务绩效评价主要考察社区公共服务主体在社区范围开展各种公共服务项目所取得的成绩或成效，这是对相关责任主体进行监督问责的重要前提。近年来，北京市按照“一分、三定、两目标”的社区建设总体思路，全面加强社区规范化建设，同时投入大量人力、财力和物力打造社区公共服务平台。社区已经成为承接政府公共服务和加强社会建设的重要基础。在这样的时代背景下，加强社区公共服务绩效评价具有十分重要的现实意义和现实紧迫性。

一、社区公共服务绩效评价的重要性

（1）社区公共服务绩效评价是社区公共服务体系建设的重要组成部分，也是国家推进社区公共服务建设的一项重要政策。国务院在《关于加强和改进社区服务工作的意见》（国发〔2006〕14 号）中首次明确提出要“大力推进公共服务体系建设，使政府公共服务覆盖到社区”，同时要求加强对社区服务活动的监督管理，建立健全反映社区服务设施、服务管理、

居民需求及满意程度等工作评估体系。《国家基本公共服务体系“十二五”规划》明确把绩效评价作为基本公共服务体系整体性制度安排的一个重要组成部分，同时把“群众满意”作为“十二五”时期国家基本公共服务体系建设的主要目标之一，要求各地建立健全基本公共服务绩效评价和行政问责制度，加强对市县级政府公共服务的绩效评价和监督问责。在城乡一体化条件下，各地市县级政府公共服务大多已经延伸到社区层面。因此，根据“十二五”时期国家基本公共服务体系建设的要求，社区公共服务绩效评价也应纳入市县政府公共服务绩效评价体系建设中来。

（2）社区公共服务绩效评价是转变政府职能和建设现代化新型社区的客观要求，也是完善社区治理机制的需要。近年来，北京市从保障和改善民生出发，努力推进政府职能转变，强化政府的社会管理和公共服务职能，并按照现代化新型社区建设要求，加强社区公共服务平台建设，在社区全面开展就业服务、社会保障服务、社会救助服务、公共卫生服务、文化教育体育服务、公益法律服务、流动人口服务、治安服务以及环境绿化美化服务等多层次多方面的公共服务。为了确保社区公共服务项目与社区建设目标相一致，使社区公共服务更好地满足居民的服务需求，北京市要求把建立健全监督评价机制作为完善社区治理机制的重要内容，具体包括：完善民主监督制度，组织居民有序开展监督评价活动；完善社区事务公示制度，公开办事制度和办事程序，保障居民群众的知情权、参与权、选择权、监督权；充分发挥社区内人大代表和政协委员的作用，对社区事务进行有效监督；完善评议标准、评议方法，逐步建立健全评议监督体系。而开展社区公共服务绩效评价正是落实上述监督评价机制的具体途径。

（3）社区公共服务绩效评价是推进社区公共服务多元化和有效回应居民多样化服务需求的重要手段，是促进社区和谐稳定的重要举措。在社区公共服务“北京模式”中，政府发挥着主导作用，同时社区组织、社会组织、企业和个人等各方面力量也参与到社区公共服务的提供中来，由此形成社区公共服务多元供给格局。其中，政府、社区组织分别作为社区基本公共服务和社区非基本公共服务提供主体，依据相关法律和政策分别履行各自的职责。就社区基本公共服务而言，在政府公共服务覆盖到社区，把社区作为提供基本公共服务的基层平台之后，社区公共服务绩效评价问题随之凸显。与此同时，社区组织作为社区非基本公共服务提供主体也面临服务供给如何更好地满足居民需求的问题。实践证明，对社区公共服务提供者（政府和社区组织等）在社区范围内投入公共服务的数量、质量、效益、效果进行全面、科学和公正的评价，可以促进社区公共服务提供者与需求者（社区居民）之间的良性互动，可以推动社区公共服务提供者向社区提供更多更好的公共服务和公共产品。因此，开展社区公共服务绩效评价和监督问责有助于提升社区公共服务供给能力，有助于加强政府、社区组织与社区居民的沟通和联系，有助于赢得社区群众对社区组织及基层政府的信任与支持。

二、社区公共服务绩效评价的迫切性

（1）社区公共服务绩效评价是社区公共服务体系中相对薄弱的环节，应该迎难而上，加以重点突破。社区公共服务绩效评价体系建设滞后问题在全国各地都很普遍。原因主要有两个方面：其一，社区公共服务体系是随着政府公共服务向社区延伸而逐步建立起来的。在政府公共服务体系中，社区公共服务处于整个公共服务供给链条的末端。由于目前政府绩效管理还处于试点和探索阶段，这项工作要推进到社区层面还需要一个过程。这是导致社区公共服务绩效评价体系建设相对滞后的一个主要原因。其二，社区公共服务绩效评价是一项复杂的系统工程，需要社区公共服务提供者（政府、社区组织）与接受者（居民）共同参与，并且对服务内容、服务方式、服务标准等与社区公共服务供给相关的各个方面形成一定共识。在社区公共服务供给相关方面还没有形成共识的情况下，社区公共服务绩效评价也很难向前推进。北京市在社区公共服务建设的许多方面已经走在全国前列，而且形成了符合时代发展要求、具有中国特色和首都特点的社区公共服务建设模式，有条件开展先行先试，为构建具有中国特色的社区公共服务绩效评估和监督问责体系树立一个典范。

（2）原有社区建设评价模式已经不能适应现代社区发展的需要，应该根据社区建设实际，以创新思维加快推进社区公共服务绩效评价体系建设。北京市是较早开展社区服务的城市之一，也是较早开展社区建设评价的城市。2002年，北京市东城区率先推出“一类社区评估标准”，从社区组织、社区民主制度、社区基础设施、社区服务功能、社区治安、社区卫生、社区文化和社区环境等8个方面分别提出若干评价指标，达到标准的社区即被评为“一类社区”。从2006年起，北京市在全市范围推行“和谐社区建设指导标准”。该标准包括基本标准和特色标准两大类。基本标准反映和谐社区的基本情况，包括文明向上、安全健康、生活便利、环境整洁、民主自治等5个基本方面内容；特色标准反映和谐社区工作特色、社区整体形象，包括保障机制、特色创新、评估机制3个特色方面内容。上述两个“标准”是在政府公共服务覆盖到社区之前建立的，是为解决社区公共服务在供给数量有限条件下如何提高供给效率和效果而设计的。从2009年起，北京市在政府公共服务推向社区的同时，按照“一分、三定、两目标”的总体思路在城乡社区开展社区规范化建设试点，重点在社区服务站建设、社区工作职能、社区运行机制、社区志愿服务、社区工作者管理、社区基础设施配置、社区经费投入等7个方面对社区建设进行全面规范。通过推进政府公共服务进社区和加强社区规范化建设，北京市社区公共服务供给格局发生了巨大变化，无论是公共服务项目类型，还是公共服务供给方式、供给范围和供给数量都不同以往。在新的公共服务供给格局中如何开展社区公共服务绩效评价，这是一个亟待解决的问题。

（3）政府绩效管理的推进对社区公共服务绩效评价形成倒逼机制。2011年6月，监察部印发《关于开展政府绩效管理试点工作的意见》，选择北京市、吉林省、福建省、广西壮族自治区、四川省、新疆维吾尔自治区、杭州市、深圳市八个地区，作为地方政府及其部门绩效管理试点。2011年9月，北京市政府发布《关于做好政府绩效管理试点工作的意见》（京政发〔2011〕53号），为推进政府绩效考评制度做出了具体部署。2012年7月，北京市人民政府办公厅发布《关于“十二五”期间区县政府绩效管理工作的实施意见》（京政办发〔2012〕38号），在全市各区县全面推行政府绩效考评制度，构建包括战略绩效、行政效能、服务效果和创新发展四个方面（简称“三效一创”）的区县政府绩效管理评价体系，其中战略绩效包括经济发展、民生改善、社会管理、文化建设、生态建设五个评价维度，“和谐社区”（“六型社区”创建）被纳入战略绩效的第三评价维度“社会管理”，在绩效管理评价体系指标权重中占6分，占整个“战略绩效”

100分的6%。随着政府绩效管理的推进，社区公共服务绩效评价在社区管理乃至整个社会建设中的重要性和紧迫性也日益凸显，加快社区公共服务绩效评价体系建设已经提到社区建设日程上来。

第二节　构建社区公共服务绩效评价体系的基本思路

北京社区公共服务绩效评价体系建设根据国家基本公共服务体系“十二五”规划提出的要求，从北京社区建设实际出发，以实现好、维护好、发展好居民群众在社区的共同利益为出发点和落脚点，坚持以社区居民为本的服务理念，通过对各类社区公共服务的全面考察，对社区公共服务成效进行综合评价，促进社区公共服务供给的有效扩大，推动城乡社区公共服务均衡发展，提高社区公共服务的规范化、专业化和信息化水平，使社区群众对社区公共服务的满意度不断提高。

一、以“社区群众满意”为主要目标

社区公共服务绩效评价是社区公共服务供给水平持续提升、服务质量持续改进和提高的过程，也是社区公共服务供求双方良性互动并使社区公共服务不断获得社区群众认可和支持的过程。

“社区群众满意”是社区公共服务建设的主要目标，也是衡量社区公共服务绩效的重要尺度。在社区公共服务绩效评价体系中，“社区群众满意”反映的是以社区居民为中心的社区公共服务理念和服务价值问题，在绩效评价中具体体现在：（1）对公共服务主体服务行为评估的公众导向；（2）公共服务提供数量、类型以社区居民需求为基本依据；（3）更加注重对社区居民需求的回应性；（4）注重调查和明晰服务质量以及对服务的满意度；（5）将服务水平和评估结果告知社区居民；（6）为社区居民提供选择公共服务的机会；（7）建立便于社区居民参与和反馈意见的信息系统和服务系统等。但是，在社区公共服务绩效评价中应就事论事，避免把“社

区群众满意”抽象化。

北京市在社区公共服务建设中始终坚持“以人为本、服务群众”的基本原则，在社区公共服务提供过程中要求做到以社区群众的需求为导向，以社区群众的参与为动力，以社区群众的拥护为准则，使社区群众在社区建设中得实惠，让社区成员共享社区发展成果，努力实现社区居民困有所助、难有所帮、需有所应。根据这一要求，北京市在社区规范化建设中对社区党组织、社区居委会和社区服务站所承担的主要职责进行了细化，其中，社区党组织主要承担7个方面29项职责，社区居委会主要承担6个方面33项职责，社区服务站主要承担12个方面35项职责。社区党组织、社区居委会和社区服务站主要职责的细化使“社区群众满意”更便于指标化，也更加具有可操作性。

二、从社区实际出发，分类构建，分类评价

社区公共服务绩效评价就是要对社区公共服务主体在社区范围开展各种公共服务项目所取得的成效做出客观、公正、准确的综合评判，对公共服务行为（投入）和结果（产出）进行综合衡量，在全面分析社区公共服务的回应性和群众满意度的基础上，对社区公共服务供给与居民需求之间的匹配情况做出评价，对社区公共服务的持续改进提出具体建议。在社区服务多元化条件下，绩效评价也应该多元化，即针对不同类型的社区公共服务主体分别构建不同的绩效评价指标体系，进行分类评价。

近年来，北京市为了加强社区公共服务建设，一方面加快转变政府职能，按照“居站分离”原则积极推进政府公共服务进社区，加强社区规范化建设，一方面对社区公共服务体系进行分类指导、分类构建，推动形成政府主导的社区服务多元化发展格局，其中，在社区公共服务方面形成了两大体系，即以政府为公共服务主体的社区基本公共服务体系和以社区组织为公共服务主体的社区非基本公共服务体系。政府提供社区基本公共服务的目的在于满足社区居民的一般社会性、公共性、基础性、福利性、均等性服务需求，社区组织提供非基本公共服务的目的在于满足社区居民的社区共同性、自主性、属地性、群体差异性服务需求。由于社区基本公共

服务和社区非基本公共服务分别对应社区居民不同类型的服务需求，其服务目的、服务内容和服务提供方式都有所不同，因此，只有分类构建社区公共服务绩效评价体系，对不同的社区公共服务主体进行分类评价，才能体现社区公共服务绩效评价的客观性、公正性和准确性。目前，一些地方在开展社区公共服务绩效评估过程中把社区基本公共服务和社区非基本公共服务混淆在一起，用同一个标准来衡量不同类型的社区公共服务，把社区居民具有特定的社区属地性和群体差异性的服务需求当作基础性和均等性的服务需求，要求政府“以居民需求为导向”不加区别地加以提供，并以此来考核政府公共服务“绩效”。这种做法显然是不够客观公正的，也是不准确的。

总之，北京市社区公共服务绩效评价体系建设应从社区实际出发，根据“居站分离”之后社区基本公共服务与社区非基本公共服务各成体系的客观情况，分别构建社区基本公共服务绩效评价体系和社区非基本公共服务绩效评价体系，以及相应的监督问责体系。

三、社区公共服务绩效评价“二元体系”总体框架

在“居站分离”和社区服务多元化条件下，社区公共服务绩效评价体系应与社区公共服务建设基本格局相一致。按照这样的思路构建的社区公共服务绩效评价总体框架由两个既相对独立又相互联系的系统构成。这个总体框架也可以看作社区公共服务绩效评价二元体系，或社区公共服务二元评价体系，其基本结构如图 9—1 所示。

北京社区公共服务绩效评价二元体系的内涵是：在社区公共服务绩效评价体系中，社区群众满意度是最重要、最核心的评价指标，但是，这项指标并非笼统地涵盖所有社区公共服务内容，而是具体细分为“居民对基本公共服务满意度”和“居民对非基本公共服务满意度”两项指标。这两项指标是对社区基本公共服务和社区非基本公共服务进行分类评价的结果。在分类评价过程中，对每一类社区公共服务都分别考察其提供主体、提供责任、资金来源、保障和调整机制以及对相关类型的社区居民服务需求的回应性。具体包括以下几个方面：

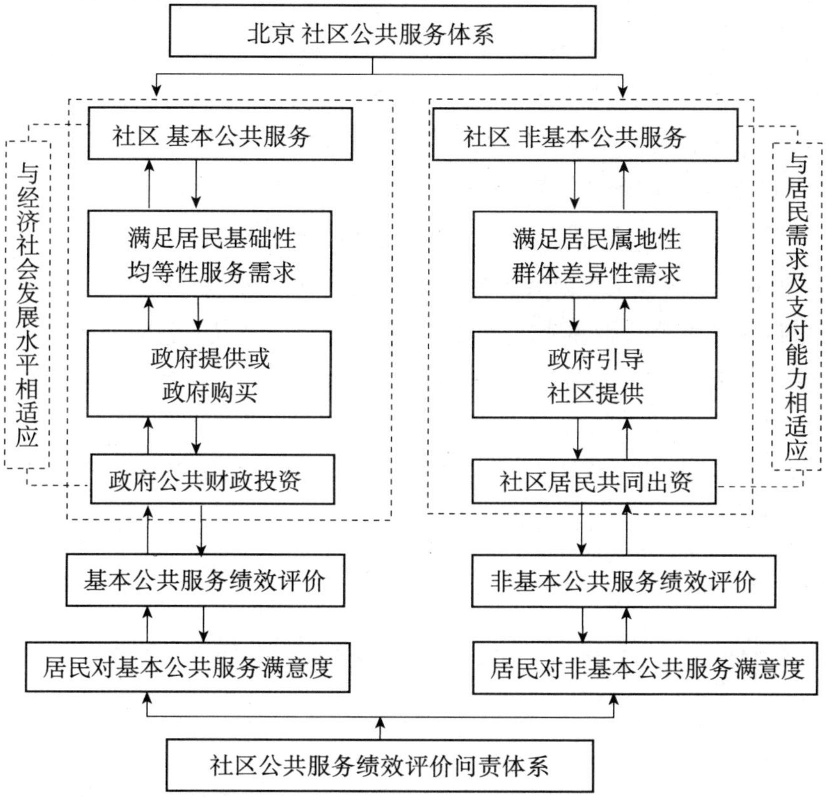

图 9—1　社区公共服务绩效评价和监督问责体系总体框架

第一，政府是社区基本公共服务提供主体。在社区公共服务绩效评价体系中，首先要将提供基本公共服务的责任主体明确落实在政府身上。社区基本公共服务由政府直接提供或间接提供（即通过购买基本公共服务方式或其他符合有关规定的方式来提供）。政府需要把提供社区基本公共服务项目所需资金列入到财政预算中，通过政府公共财政投入来实现提供基本公共服务项目的目标，而且公共财政资金的运用要做到公开透明，并且符合“3E”标准。① 同时，政府公共财政对于社区基本公共服务项目的投入必须与地方经济社会发展水平相适应，实行动态调整。

① “3E”标准是指经济（economy）、效率（efficiency）、效益（effectiveness），这是一种包含不同价值观点的标准体系，已经被广泛应用于政府部门和其他公共服务机构的绩效评价中。“3E”标准的应用可以促进公共服务提供主体按照既定绩效标准来完成既定任务，有利于控制公共服务成本，使各项公共服务支出更加合理。

第二，社区组织是社区非基本公共服务提供主体。在社区公共服务绩效评价体系中，也要将提供非基本公共服务的责任主体明确落实在社区组织和社区居民身上。社区非基本公共服务由社区组织提供，政府主要发挥引导作用。社区居民在社区组织的领导下根据相互约定形成的社区共识共同出资，或实行市场化运作，通过社会资本投资来完成。无论采取何种筹资方式，涉及社区居民共同利益的相关资金使用都要做到公开透明，并且要符合“3E”标准。社区非基本公共服务的目标在于满足居民的非基本公共服务需求。社区非基本公共服务项目建设要与居民的需求及其支付能力相适应。

第三，社区公共服务绩效评价体系建设要与完善监督问责机制结合起来。在社区公共服务绩效评价体系中，要以居民对基本公共服务和非基本公共服务的满意度评价为基础，统一构建社区公共服务问责制和监管体系，且公共服务问责制和监管体系要覆盖公共服务提供和供给的全过程。

第三节　社区基本公共服务绩效评价指标体系

社区基本公共服务绩效评价必须通过一定的指标体系来实现，其基本架构包括评价指标系统、评价项目内容和绩效等级划分标准等，主要考核提供社区基本公共服务的政府部门履行公共服务职能情况，开展社区公共服务的财政支出是否符合“3E”标准，以及对社区居民基本公共服务需求的回应性。

目前，我国社区基本公共服务绩效评价指标体系建设还比较薄弱，北京市在这方面也还处于探索阶段，并取得了一些重要进展。首先，通过制定加强社会建设“1＋4＋X”系列文件和发布《社区基本公共服务指导目录》等举措，在全市范围形成了开展社区基本公共服务的广泛共识，为构建社区基本公共服务绩效评价指标体系提供了政策依据①；其次，通过推

① 北京市社会建设工作领导小组办公室于2010年9月8日发布的《关于实施〈北京市社区基本公共服务指导目录（试行）〉的意见》指出，社区基本公共服务指导目录为社区居民群众享受政府基本公共服务提供了“基本菜单”，是衡量评价社区基本公共服务水平的“重要标杆”，是社区基本公共服务的“准入尺度”，是政府实现社区基本公共服务全覆盖的“行动计划”。

进社区规范化建设试点工作，全面提升社区公共服务质量和水平，为探讨符合现代化新型社区质量管理体系标准的社区基本公共服务绩效评价体系进行了有益尝试；再次，通过智慧社区建设，努力提升社区公共服务信息化和智能化水平，为社区基本公共服务绩效评价体系建设奠定了重要的技术基础。近年来，北京市在社区规范化标准化建设基础上，提出“六型社区”建设标准，并将和谐社区创建工作纳入区县政府绩效评价体系中，为推进社区基本公共服务绩效评价体系建设创造了良好的条件。虽然北京市迄今还没有形成一个完整的社区基本公共服务绩效评价指标体系，但是，在社区基本公共服务效率评价、质量评价、满意度评价和公平性评价等诸多方面为社区基本公共服务绩效评价指标体系的建构奠定了重要基础。

一、社区基本公共服务“3E”（经济、效率、效益）评价指标

1. 经济指标

经济指标主要考核政府在社区基本公共服务建设方面的财政投入和资金使用情况。经济评价要求政府部门在提供社区基本公共服务过程中树立成本意识，节约开支，花较少的钱办更多的事。目前，北京市在社区基本公共服务建设方面的投入主要包括两个部分：一是社区基本公共服务项目建设投入，二是社区管理和公共服务平台建设投入。这两个方面的投入都需要分别设计相应的经济评价指标，其中，第一部分投入的经济评价指标包括《北京市社区基本公共服务指导目录（试行）》中满足居民基本公共服务需求的相关服务项目的支出，涉及这些支出的指标主要有：（1）社区就业服务项目支出；（2）社区社会保障服务项目支出；（3）社区社会救助服务项目支出；（4）社区卫生和计划生育服务项目支出；（5）社区文化教育体育服务项目支出；（6）社区流动人口和出租房屋服务项目支出；（7）社区安全服务项目支出；（8）社区环境美化服务项目支出。第二部分投入的经济评价指标包括围绕人、地、物、事、组织等社区管理和公共服务平台建设所需要的各项支出，涉及这些支出的指标主要有：（1）社区工

作者的工资、福利待遇支出；（2）社区服务设施建设管理、运营、维护等经费支出；（3）社区信息网络建设及管理、运营、维护等经费支出，社区办公和服务必要的设备购置费支出；（4）社区公益事业专项补助支出；（5）社区党组织、社区居委会和社区服务站的工作经费支出。此外，社区基本公共服务经济评价指标还应该包括政府对社区建设规划方面的政策投入和指导等“软件”建设方面的支出。

2. 效率指标

效率指标主要考核政府在一定时间内所完成的社区基本公共服务项目数量，是从产出角度衡量社区基本公共服务投入、运作及其社会效果等数量方面的测定指标。效率评价要求政府在提供社区基本公共服务项目过程中既是经济的，又是有效率的。近年来，北京市从建设中国特色世界城市的战略高度，结合本市社区建设实际，围绕社区组织体系、社区治理机制、社区服务平台、社区运行保障、社区服务设施、社区队伍建设等社区公共服务建设的关键环节，制定并实施社区公共服务制度规范和标准，全面推进社区公共服务规范化和标准化建设，建立全方位、智慧型社区居民需求回应机制，展现了社区公共服务建设方面的高效率和高水平，创造了社区公共服务建设一年一大步、三年实现全面规范化要求的发展奇迹。社区基本公共服务效率指标的建构需要将社区基本公共服务建设取得的成效进行量化考核，北京市在这方面的工作还有待进一步完善。

3. 效益指标

效益指标主要考核政府为满足居民对社区基本公共服务的需求而进行的各项投入与所取得的社会经济成效之间的比例关系。其中，最重要的是社会效益。北京市在社区公共服务建设中着重加强了基本公共服务的供给，体现在效益方面，则要通过一系列效益指标加以衡量，包括社区幼儿园、社区服务站、社区卫生服务设施、社区道路、水电暖等基础设施硬性指标，也包括社区居民人均受教育程度、社区秩序维护、社区居民就业率、政府信息公开等软性指标。

二、社区基本公共服务质量评价指标

质量评价指标主要考核政府在社区基本公共服务建设中能否以较高标准来实施服务内容，为社区居民提供优质服务。这一指标既包含社区公共服务决策质量指标，也包含具体服务供给质量指标，是衡量社区基本公共服务水平的关键。就服务供给质量指标而言，不仅要关注社区基本公共服务提供过程，更要关注服务的最终结果。

具体来说，在社区基本公共服务提供过程中，服务供给质量指标应包括：(1) 服务内容及确定程序；(2) 服务及时性与准确性；(3) 服务态度的好坏；(4) 服务承诺的实现；(5) 服务提供的透明度；(6) 服务提供速度；(7) 服务品质；(8) 服务人员素养与专业性。

北京市社区公共服务决策质量和决策水平从近年来开展的社区规范化建设可见一斑。北京市社区规范化建设从试点到推广，都紧紧围绕提升社区公共服务质量和水平展开，收到了良好成效。特别是在创建“社区规范化建设示范点”活动中，北京市从社区服务站建设平台化、社区工作事项明晰化、社区运行机制联动化、社区志愿服务常态化、社区队伍建设专业化、社区设施使用最优化、社区经费管理科学化等 7 个方面对进一步提升社区公共服务质量提出了具体要求，其中，“社区工作事项明晰化”对涉及社区公共服务提供过程的质量规范做出了如下规定：社区党组织、居委会、服务站各自承担的职责任务细化到具体事项，对居民群众关心的服务事项和服务资源制作宣传活页或小册子等。在社区“一站式”服务大厅墙面、社区公示栏等显著位置，或社区网站公示以下内容：(1) 社区基本情况介绍；(2) 社区平面图（网格图），社区党组织、居委会、服务站的组织架构图，社区工作人员形象栏；(3) 社区服务事项流程图；(4) 社区各类便民服务电话；(5) 本社区居民应知晓的其他相关内容。这些规定内容都与社区公共服务提供过程和结果密切相关。

三、社区基本公共服务居民满意度评价指标

政府在社区提供基本公共服务必须以确保居民群众共同利益的实现为己任，以社区群众满意为根本价值取向。因此，居民满意度指标是社区公共服务绩效评价的核心指标。这一指标能够直接体现社区基本公共服务的效果，是“实现好、维护好、发展好居民群众在社区的共同利益”这一社区公共服务目标的客观要求。

居民满意度既是社区公共服务的基本行为准则，也是社区居民对政府服务绩效评价的重要评估向度，要求评价绩效的参照系是社区居民而不是政府及其工作人员。居民满意度评价所依据的绩效指标，应当从社区居民的立场和价值选择予以确定。居民满意度评价指标包括居民对社区治安状况、社区环境、社区医疗保健、社区文化体育、社区社会保障、社区公共设施、社区人际关系方面的服务综合体验满意率等正指标，也包括居民投诉次数等负指标。社区基本公共服务居民满意度正指标在很大程度上取决于政府是否真正为居民群众办实事，所提供的服务内容是否具有广泛的社会共识且真正为居民群众所需要，简言之，取决于社区基本公共服务对居民需求的回应性。而社区基本公共服务居民满意度负指标则可以反映社区基本公共服务供给过程及结果与社区基本公共服务目标相背离并引起居民群众不满的情况。

为了提高社区基本公共服务对居民需求的回应性，北京市在正式发布社区基本公共服务指导目录之前对社区公共服务供给及居民的服务需求开展了比较深入细致的调查。2009 年 8—10 月，市委社会工委、市社会办先后到朝阳、东城、西城等 8 个区县及其所属部分街道社区进行社区公共服务专题调研，并组织朝阳、东城、西城等 15 个区县进行社区公共服务统计调查，对各社区已经开展的公关服务项目类型进行汇总分析。2010 年 3 月，市委社会工委、市社会办向市政府 38 个职能部门、18 个区县和 645 个试点社区发放了《北京市社区公共服务体系建设基本情况调查统计表》，全面了解社区公共服务供给现状，并着重了解居民群众对社区公共服务设施和服务项目的需求情况，尽力争取使社区公共服务项目供给能够最大程

度地凝聚社会共识。在上述各项调查研究工作基础上，市委社会工委、市社会办进一步对照国务院、民政部和本市已经出台的60多个政策文件和有关部门规章，力求使每一个社区公共服务项目内容都有市级以上的政策依据。通过开展扎扎实实的调查研究，最终形成包括社区就业服务、社区社会保障服务、社区社会救助服务、社区卫生和计划生育服务、社区文化教育体育服务、社区流动人口和出租房屋服务、社区安全服务、社区环境美化服务、社区便利服务和其他服务等10大类60项社区基本公共服务，并明确了承担相关服务供给的33个政府主要责任部门。社区基本公共服务指导目录的制定为构建社区基本公共服务居民满意度评价指标、开展针对社区基本公共服务的居民满意度调查提供了重要依据。

四、社区基本公共服务公平性评价指标

社区基本公共服务具有一般社会性、公共性、基础性、福利性、均等性的特点，是面向全体社区居民提供的服务。政府在履行基本公共服务职责过程中对享有基本公共服务权利的公民必须做到一视同仁。社区基本公共服务公平性指标主要考核政府在不同社区之间以及同一社区内部在提供社区基本公共服务过程中是否能够贯彻公平原则，使社区居民在享有社区基本公共服务方面得到公正、公平的对待，同时，也考核政府是否对老、幼、病、残等社会弱势群体给予适当关照。

近年来，北京市在促进社区基本公共服务提供的公平性方面采取了一系列重要举措，一方面，大力推进城乡公共服务一体化，特别是重点加强城乡结合部社区建设，在旧村拆迁、撤村建居的同时，逐步规范社区组织体系、社区工作者队伍、社区服务设施、社区服务体系建设，不断提高城乡结合部地区的社区服务管理水平。对于实行整建制农转居模式的社区，北京市要求将社区办公和服务用房、活动场所和居民公益性服务设施建设，纳入城市规划、土地利用规划和社区发展相关专项规划，并与社区卫生、警务、文化、体育、养老等服务设施统筹规划建设；对于实行村居并行模式的社区（村），则要求配套建设邮政、公安消防、公交站点、停车场所、垃圾集中收储转运站等公共基础设施和卫生服务站、学校、幼儿

园、菜市场（或菜店）、便利店等各类服务设施，逐步使农民享有与城市居民同等的生活条件。另一方面，大力加强对社区内部弱势群体的帮扶和照顾。对“零就业家庭”劳动力开展一对一帮扶服务。为社区80周岁以上老年人、16～59周岁无工作的重度残疾人和60～79周岁的重度残疾人每人每月发放100元养老（助残）券，用于购买生活照料、家政服务、康复护理等方面的基本生活服务。为社区有需求的残疾人家庭实施无障碍设施改造，给居家生活的残疾人提供洗澡、如厕、做饭、户内活动等方面的便利；协调产权人（部门）对社区居委会、服务站、卫生服务机构等居住区内公共服务设施和居民楼入口进行无障碍改造。上述举措从一个侧面反映出北京市在社区基本公共服务公平性方面所取得的进展，为全面、客观地开展社区基本公共服务公平性评价奠定了重要基础。

第四节 社区非基本公共服务绩效评价指标体系

社区非基本公共服务绩效评价也需要通过一定的指标体系来实现，相关评价指标系统、评价项目内容和绩效等级划分标准等与社区基本公共服务绩效评价有诸多相类之处，主要考核提供社区非基本公共服务的社区组织履行公共服务职能情况，开展社区非基本公共服务的相关财务支出是否符合“3E”标准，以及对社区居民非基本公共服务需求的回应性。

社区非基本公共服务归根到底是社区自治范围内的事情，是居民依法直接行使民主权利，在社区范围内实现自我管理、自我服务、自我教育、自我监督，是社区组织发挥社区自治功能依靠居民自己的力量自主提供的公共服务。同时，社区按市场化机制提供的物业服务中也包含着部分属于社区非基本公共服务范畴的服务内容。① 长期以来，我国社区公共服务建

① 物业服务中具有社区共同性、自主性、属地性、群体差异性特点的服务属于社区非基本公共服务范畴。除此之外，物业服务中也包含专为居民家庭或个人提供的具有个性化特点的非公共服务。因此，按市场化机制提供的物业服务是社区非公共服务和社区非基本公共服务的集合体。

设面临的突出问题，就是社区自治功能弱化，社区组织在提供社区非基本公共服务方面缺乏自主性。这个问题既有深刻的体制机制原因，也与社区发展水平和人们对社区非基本公共服务的认识有关。在认识方面，主要表现在社区非基本公共服务的内涵界定不清。什么是社区非基本公共服务？什么不是社区非基本公共服务？如何区分社区非基本公共服务与社区基本公共服务？这些问题还不够明确。在没有正确揭示和把握社区非基本公共服务内涵的情况下，在实际工作中很容易导致服务边界不清，提供服务的责任主体也难以落实。因此，构建社区非基本公共服务绩效评价指标体系、对社区非基本公共服务开展绩效评价似乎无从下手。针对这一问题，北京大学课题组进行了比较深入的研究，从界分公私利益和服务属性的角度揭示了社区非基本公共服务的内涵，为正确区分社区基本公共服务和社区非基本公共服务做出了合理解释。①

近年来，北京市社区公共服务建设的大量实践也充分反映出正确划分服务边界和明确服务责任主体的重要性，为构建社区非基本公共服务绩效评价指标体系创造了必要条件。实际上，北京市《社区基本公共服务指导目录》所划定的社区公共服务类型和范围不仅包含社区基本公共服务内容，也包含部分社区非基本公共服务或社区非公共服务内容，如“社区便利服务”中的社区便民商业服务、社区家政服务和社区代收代缴服务，“其他服务”中的社区心理咨询服务和社区信息网络服务，或者具有社区共同性、属地性和群体差异性等特点（社区非基本公共服务），或者具有私密性、个体性、个别差异性、多样性等特点（社区非公共服务），属于应该由社区组织自主提供或由受益者自行付费提供的服务项目，而不应作为政府均等化提供并由公共财政负担的服务项目。此外，随着住宅商品化和新型住宅小区的大量兴起，居民在社区中兼有住户身份与业主身份的情

---

① 社区基本公共服务是建立在一定社会共识基础之上，为满足居民的基本公共服务需求，由政府或政府授权的社会组织提供的具有一般社会性、公共性、基础性、福利性和均等性等特点的公共服务，这类公共服务不受社区居民居住地限制；社区非基本公共服务是建立在一定社区共识（社区成员之间的共同约定）基础上，为满足居民的非基本公共服务需求，由社区自治组织自主提供的具有社区共同性、自主性、属地性、群体差异性等特点的公共服务，这类服务属于社区俱乐部产品，必然受到社区范围的限制。

况越来越普遍，业主自治的条件也越来越成熟。[①] 居民（业主）既有条件也有能力享有更加多样化和更高水平的社区非基本公共服务。在这种情况下，北京市因势利导，积极推动社区居民自治与业主自治互联互动，为加强社区非基本公共服务建设，探索构建社区非基本公共服务绩效评价指标体系，推进社区非基本公共服务绩效评价，加强社区非基本公共服务监督，创造必要的体制机制条件。围绕社区组织——居民自治组织（社区居委会）和业主自治组织（业委会）——开展社区非基本公共服务构建的绩效评价指标应包括“3E”评价指标、服务质量评价指标和业主满意度评价指标。

一、社区非基本公共服务“3E”（经济、效率、效益）评价指标

1. 经济指标

开展社区非基本公共服务所需资金主要来源于居民（业主）共同出资，在资金使用上要树立成本意识，节约开支，花较少的钱办更多的事，并且接受居民（业主）监督。经济指标主要考核业社区组织（包括业委会所聘用的物业服务公司）在社区非基本公共服务建设方面的资金投入和使用情况。我国《物权法》规定，业主有权就以下涉及共同利益的事项做出共同决定：制定和修改业主大会议事规则；制定和修改建筑物及其附属设施的管理规约；选举业主委员会或者更换业主委员会成员；选聘和解聘物业服务企业或者其他管理人；筹集和使用建筑物及其附属设施的维修资金；改建、重建建筑物及其附属设施；有关共有和共同管理权利的其他重大事项。这些事项或多或少地与社区非基本公共服务建设方面的资金投入和使用有关。根据全国物业管理示范住宅小区标准和北京市 2010 年发布的

① 业主自治是业主联合起来，依法通过民主程序建立自治组织——业主大会和业主委员会（简称业委会），确立自治规范，自主决定本住宅小区范围内的公共物业事项，实现自主管理住宅小区的过程，是维护业主在住宅小区的共同利益，实现自我管理、自我服务、自我发展的一种自治形式，是满足业主对社区非基本公共服务和社区非公共服务需求的有效途径。

《住宅物业服务标准》(DB 11/T 751—2010)，以物业服务为主要内容的社区非基本公共服务建设投入主要包括以下内容：(1) 房屋管理与维修养护服务支出；(2) 共用设施设备管理服务支出；(3) 保安服务、消防服务、车辆管理服务支出；(4) 环境卫生管理服务支出；(5) 绿化管理服务支出；(6) 社区文化建设支出；(7) 日常管理服务支出。此外，社区非基本公共服务经济评价指标还应该包括社区组织参与对社区非基本公共服务建设的相关规划和政策指导等“软件”建设方面的支出。

2. 效率指标

效率指标主要考核社区组织（包括业委会及其聘请的物业服务企业）在一定时间内所完成的社区非基本公共服务项目数量，是从产出角度衡量社区非基本公共服务投入、运作及其效果等数量方面的测定指标。北京市《住宅物业服务标准》(DB 11/T 751—2010) 则将物业服务标准划分为五个等级，每个等级对应不同的服务产出水平，一级标准是最低等级，每一级标准高于且包含相应低一级的标准。这些服务标准反映了对服务效率的要求，并且就“基本制度规范”“共用部位及共用设施设备运行、维修养护”“消防安全防范”“绿化养护”“环境卫生”“公共秩序维护”“装修装饰管理”等方面的服务产出设计了具体考核标准。这些标准的制定为衡量以物业服务为基本内容的社区非基本公共服务产出水平提供了重要尺度，为构建社区非基本公共服务效率评价指标奠定了重要的技术基础。

3. 效益指标

效益指标主要考核社区组织为满足居民对社区非基本公共服务的需求而进行的各项投入与所取得的社会经济成效之间的比例关系。全国物业管理示范住宅小区标准把“管理效益”作为一项考核指标，在总评分 100 分中占 5 分，其中，物业管理服务费用收缴率 98%以上的，可得 2 分，每降低 1 个百分点扣 0.5 分；符合提供便民有偿服务、开展多种经营要求的，可得 2 分，基本符合的得 1 分，不符合的得 0 分；本小区物业管理经营状况实现盈利的得 1 分，持平的得 0.5 分，亏本的得 0 分。这种考核方法侧重于物业服务企业的经济效益，而物业服务具有社会属性和公共属性，只有在物业服务企业提供的服务获得业主广泛认可，发挥出应有的社会效益之后，企业盈利才有切实的保障，因此，在社区非基本公共服务效益评价中除应考虑经济效益外，更应考虑社会效益。

二、社区非基本公共服务质量评价指标

社区非基本公共服务质量评价指标主要考核社区组织（包括业委会及其聘请的物业服务企业）在社区非基本公共服务建设中能否以较高标准来提供服务内容，为社区居民提供优质高效的服务。质量评价指标涉及的范围和内容应包括：(1) 服务内容及确定程序；(2) 服务及时性与准确性；(3) 服务态度的好坏；(4) 服务承诺的实现；(5) 服务提供的透明度；(6) 服务提供速度；(7) 服务品质；(8) 服务人员素养与专业性等。

北京市《住宅物业服务标准》(DB 11/T 751—2010) 实质上是关于物业服务的一个质量标准，服务内容涵盖了物业服务的各个主要方面。其中，关于服务设施、人员资质、客户服务和相关制度建设方面的服务产出和质量要求包括以下内容：(1) 服务设施。设置客户服务场所，配置基本办公设备。公示物业服务企业资质证书或复印件、项目负责人照片，物业服务事项、服务标准、收费项目、收费标准等相关信息。客户服务场所工作时间，工作日不少于 8 小时，其他时间设置值班人员；设置并公示 24 小时服务电话。(2) 人员资质。从业人员按照相关规定取得职业资格证书。项目负责人具有 2 年以上物业服务企业或相关企业管理工作经历，为本市项目负责人信用信息档案登记在册人员。(3) 客户服务。涉及业主或使用人正常生活的重要物业服务事项，应在主要出入口、各楼单元门内张贴通知，履行告知义务。对违反治安、规划、环保等方面法律、法规规定的行为，应劝阻并报告相关行政主管部门。水、电急修 20 分钟内，其他报修按双方约定时间到达现场；由专项服务企业负责的设备设施应在 30 分钟内告知；业主或使用人提出的意见、建议、投诉在 3 个工作日内回复。每年公开征集 1 次物业服务意见，公示整改情况；配合相关部门进行公益性宣传。(4) 制度建设。建立共用部位及共用设施设备维修养护、消防安全防范、绿化养护、环境卫生、公共秩序维护等管理制度；建立突发公共事件应急预案；建立物业服务工作记录。每年第一季度公示上一年度物业

服务合同履行情况、收支情况、本年度收支预算。总体上看，北京市《住宅物业服务标准》是衡量以物业服务为基本内容的社区非基本公共服务质量和水平的重要依据，也可以作为考核社区非基本公共服务质量的评价依据。

三、社区非基本公共服务居民满意度评价指标

社区组织在提供社区非基本公共服务方面必须以实现好、维护好、发展好居民群众在社区的共同利益为己任，以社区群众满意为根本价值取向。无论是对社区居委会的绩效考核，还是对业委会的绩效考核，都应该把居民满意度评价指标作为其提供社区非基本公共服务绩效评价的核心指标。这一指标能够直接体现社区非基本公共服务的效果，是衡量社区非基本公共服务绩效的重要尺度。而且，居民满意度评价指标，应当根据社区居民（业主）的立场和价值选择予以确定。

居民满意度评价指标的设定既要反映居民对社区非基本公共服务的需求，也要体现社区非基本公共服务供给内容与居民需求之间的匹配性。北京市《住宅物业服务标准》所涉及的以物业服务为基本内容的社区非基本公共服务，反映了居民（业主）对社区公共服务设施、社区治安、社区绿化、社区环境卫生、社区公共秩序维护等方面的各种诉求，而且对每一项服务内容都按照五个等级分别提出具体的服务标准。针对这些服务内容开展的居民满意度评价，应包括居民（业主）对社区公共服务设施、社区治安状况、社区绿化、社区环境卫生、社区公共秩序维护等方面的综合体验满意率等正指标，也应包括服务争议和纠纷、居民（业主）投诉次数等负指标。社区非基本公共服务居民满意度正指标在很大程度上取决于社区组织是否真正为居民（业主）办实事，所提供的服务内容是否具有广泛的社区共识且真正为居民（业主）所需要，简言之，取决于社区非基本公共服务对居民（业主）服务需求的回应性。而社区非基本公共服务居民满意度负指标则可以反映社区非基本公共服务供给过程及结果与社区非基本公共服务目标相背离并引起居民（业主）不满的情况。

总之，在社区层面，社区居委会和业委会都是社区组织（居民自治组

织和业主自治组织），是提供社区非基本公共服务的主体。虽然社区居委会、业委会分属两个系统，其资金来源、人员构成和运行机制各不相同，但是，只要能够实现社区居民自治与业主自治互联互动，只要二者都共同致力于社区非基本公共服务，那么，开展社区非基本公共服务绩效评价就可以在一个相对统一的框架下进行。目前，在北京社区"三位一体"治理架构下，社区居委会独立开展社区居民自治的能力并没有充分展现，加之社区居委会开展公共服务所需资金主要来源于政府财政拨款，其人员录用也主要由政府相关政策做出安排，这种制度安排也使得对社区居委会提供公共服务的绩效评价总是要与政府公共服务绩效评价联系在一起。在社区居委会自治职能逐步增强起来之后，其自主提供社区非基本公共服务的能力也将进一步强化，而实现社区居委会与业委会互连互动，则是减少社区居委会对政府的依赖、增强社区自治功能的需要。因此，在社区居委会和业委会实现互连互动条件下，以社区组织作为社区非基本公共服务提供主体构建社区非基本公共服务绩效评价体系就具有现实可行性。

第五节　加强社区公共服务问责制和监管体系建设的思考

公共服务问责制和监管体系与公共服务绩效评价体系是紧密联系在一起的。在构建社区公共服务绩效评价体系的同时，也需要加强社区公共服务问责制和监管体系建设，形成社区公共服务供给的监督问责机制，解决社区公共服务责任缺失和问责难问题，这样才能使社区公共服务供给质量和水平得到切实保障。然而，在目前阶段，北京社区公共服务绩效评价体系建设还处于初步探索阶段，与之相配套的监督问责体系建设也相对滞后。而政府绩效管理和行政问责制的实施[①]，事实上已经对加强社区公共服务问责制和监管体系建设形成倒逼机制，要求在转变政府职能和推进政

① 北京市从2011年10月1日起正式实施《北京市行政问责办法》（北京市人民政府令第233号）。

府公共服务进社区过程中，把公共服务监督问责机制建设延伸到社区层面。

一、以绩效评价为基础，稳步推进社区公共服务问责制和监管体系建设

问责和监管，归根到底是为了提高社区公共服务质量和水平。而绩效评价是与社区公共服务质量密切相关的基础性工作。全面、科学和公正的绩效评价可以为衡量社区公共服务质量和水平提供客观依据。因此，围绕社区公共服务质量进行的问责和监管应该以绩效评价为基础，这是稳步推进社区公共服务问责制和监管体系的一个重要起点。

北京社区公共服务体系是一个包括社区基本公共服务和社区非基本公共服务的二元体系。在这个二元体系架构下围绕“居民满意”目标进行的绩效评价，在社区公共服务主体的责任承担、资源投入、服务过程与服务质量、服务效率、服务改进等方面有具体明确的规范化要求。无论是政府主导的社区基本公共服务，还是社区组织自主提供的社区非基本公共服务，都可以通过绩效评价获得定性或定量的评价结果。以绩效评价结果为依据，才能扎扎实实推进问责制和监管体系建设。

二、以社区为平台，分类构建，分类问责和监管

社区既是社会生活的基本单元，也是公共服务供给的基本单元。无论是政府主导的社区基本公共服务，还是社区组织自主提供的社区非基本公共服务，都需要通过社区平台输送给居民群众，其服务质量、服务效率、服务水平以及居民群众对服务效果的评价都在社区得到反映。因此，社区也是进行公共服务绩效评价和监督问责的基本单元，应该从社区实际出发，根据社区公共服务的不同类型，分类构建社区公共服务问责制和监管体系。

1. “问责三角形”关系

在社区基本公共服务与社区非基本公共服务二元供给体制下，不同类型的公共服务在服务范围、服务内容和服务标准等方面有所不同，但在社区公共服务供给中都涉及服务提供者、服务生产者和服务接受者三方当事人。[①] 根据世界银行 2004 年度发展报告提出的公共服务问责机制分析框架，与公共服务供给相关的三方当事人构成了公共服务“问责三角形”关系，其基本结构如图 9—2 所示。

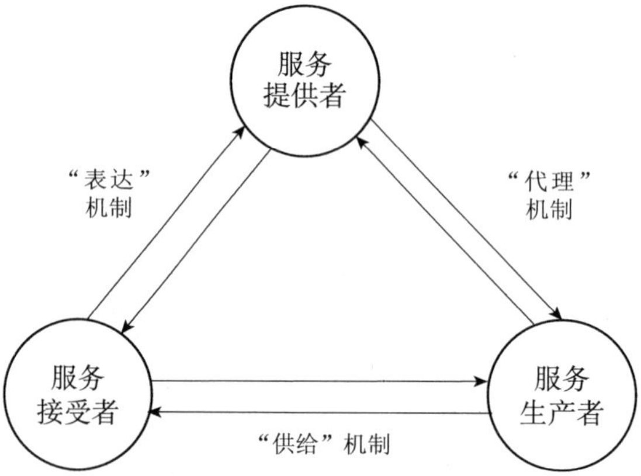

图 9—2　社区公共服务“问责三角形”关系基本结构

在北京社区公共服务供给中，同样存在公共服务“问责三角形”关系，但不同类型的社区公共服务，其“问责三角形”关系的内涵并不相同。在社区基本公共服务体系中，政府（服务提供者）、政府设在社区的基层平台——社区服务站（服务生产者）和居民群众（服务接受者）之间构成“问责三角形”关系；在社区非基本公共服务体系中，社区自治组织（服务提供者）、社区自治组织聘请的物业服务企业（服务生产者）和居民群众（服务接受者）之间构成“问责三角形”关系。因此，在不同类型的社区公共服务体系中，应该分别构建基于不同的“问责三角形”关系的公共服务问责制和监管体系。

---

① 由于社会分工的影响，公共服务供给越来越表现出“提供”与“生产”分离的倾向，使公共服务供给一方出现“提供者”与“生产者”两种不同角色。

2. 分类构建问责机制

在社区公共服务“问责三角形”关系中，存在四种基本的问责机制，即服务接受者与服务提供者之间的“表达”机制，服务提供者与服务生产者之间的协议和“代理”机制，服务接受者与服务生产者之间的“供给”机制，服务提供者内部的“管理”机制。由于社区基本公共服务和社区非基本公共服务提供主体不同，这四种问责机制在不同类型的公共服务供给中的表现形式也有所不同。

就社区基本公共服务而言，其表现形式为：(1) 居民群众（服务接受者）与政府（服务提供者）之间的“表达”机制；(2) 政府与社区服务站（服务生产者）之间的协议和“代理”机制；(3) 居民群众与社区服务站之间的“供给”机制；(4) 政府内部的“管理”机制。

就社区非基本公共服务而言，其表现形式为：(1) 居民群众（服务接受者）与社区自治组织（服务提供者）之间的“表达”机制；(2) 社区自治组织与社区物业服务企业（服务生产者）之间的协议和“代理”机制；(3) 居民群众与社区物业服务企业之间的“供给”机制；(4) 社区自治组织内部的“管理”机制。表 9—1 反映了不同类型社区公共服务在问责机制表现形式上的差异。

表 9—1　　不同类型社区公共服务在问责机制表现形式上的差异

社区公共服务类型	社区公共服务问责机制
社区基本公共服务	(1) 居民群众（服务接受者）与政府（服务提供者）之间的“表达”机制； (2) 政府与社区服务站（服务生产者）之间的协议和“代理”机制； (3) 居民群众与社区服务站之间的“供给”机制； (4) 政府内部的“管理”机制。
社区非基本公共服务	(1) 居民群众（服务接受者）与社区自治组织（服务提供者）之间的“表达”机制； (2) 社区自治组织与社区物业服务企业（服务生产者）之间的协议和“代理”机制； (3) 居民群众与社区物业服务企业之间的“供给”机制； (4) 社区自治组织内部的“管理”机制。

3. 全程监督，强化监管

社区公共服务监督问责是贯穿社区公共服务供给全过程的一种制度规范。无论哪一种类型的社区公共服务，都需要以前瞻性、全局性的眼光来构建社区公共服务监管体系，使公共服务从决策到结果的各个环节都受到全面监督。

从社区公共服务“问责三角形”关系可以看出，要使问责机制发挥作用，还需要将相关问责机制落实到社区公共服务全过程，其中包括以下几个环节：第一，对社区公共服务提供者（政府和社区自治组织）在公共服务决策前所进行的服务需求调查、信息通报和前期论证行为；第二，在服务提供者（政府和社区自治组织）、服务生产者（社区服务站、物业服务企业）实施公共服务行为过程中所进行的对社区公共服务生产、供给过程中的具体服务行为及其表现（包括服务态度）所进行的评估；第三，在服务提供者（政府和社区自治组织）、服务生产者（社区服务站、物业服务企业）完成公共服务提供之后进行的反馈和质询。通过社区公共服务监督问责，政府和社区自治组织分别作为社区基本公共服务和社区非基本公共服务提供者要就其公共服务决策、公共服务行为和公共服务结果进行解释和正确性的辩护，如果发生失职或失误，也要据此接受相应的惩罚。

三、以行政问责为切入点，加强社区公共服务的制度保障

在北京社区公共服务体系中，政府发挥着主导作用，是社区基本公共服务的提供主体。随着政府公共服务向社区推进，社区基本公共服务已经成为政府公共服务的重要组成部分。近年来，北京市加快推进行政问责制建设，把市、区（县）各级行政机关的工作人员和法律、法规授权的具有公共事务管理职能的组织及国家行政机关依法委托从事公共事务管理活动的组织中从事公务的人员（统称行政人员）不履行、违法履行、不当履行行政职责情况纳入行政问责范围。行政问责制的推行将直接或间接地推动社区基本公共服务问责制和监管体系建设。通过政府行政人员率先垂范，全面推进社区公共服务问责制和监管体系建设的条件将越来越成熟。

1. 行政问责的主要情形

行政问责是对行政人员履行行政职责的一种强有力的制度约束。行政问责机制建立之后，一旦出现行政问责情形，承担行政职责的相关当事人将依法受到追究。

《北京市行政问责办法》所规定的行政问责情形主要有三大类共 26 种，包括：(1) 应当履行而未履行行政职责的 10 种情形；(2) 违法履行行政职责的 13 种情形；(3) 不当履行行政职责的 3 种情形。如表 9—2 所示。

表 9—2　　北京市行政问责的三大类 26 种情形

行政问责类型	行政问责情形
应当履行而未履行行政职责	(1) 对依申请、请求、申诉的行政行为，未按照规定受理、审查、决定的； (2) 未按照规定检查、检验、检测、检疫的； (3) 对发现的违法行为未制止、纠正的； (4) 对依法应当给予行政处罚或者采取行政强制措施的违法行为，未予处理的； (5) 收到公民、法人或者其他组织的投诉、举报后，未按照规定调查、处理的； (6) 应当履行保护公民、法人和其他组织人身权和财产权等法定职责，而未履行的； (7) 行政相对人询问有关行政许可、行政给付条件、程序、标准等事项，拒绝答复的； (8) 未履行行政复议职责、行政诉讼应诉职责、行政赔偿或者行政补偿职责，损害政府与行政相对人关系的； (9) 未履行信息公开义务、告知义务或者保密义务的； (10) 国家和本市规定的其他不履行行政职责的情形。
违法履行行政职责	(1) 违反议事规则，个人或者少数人对重大事项做出决定，或者改变集体做出的决定的； (2) 无依据实施影响公民、法人和其他组织合法权益或者增加公民、法人和其他组织义务的行政行为的； (3) 违反规定的步骤、顺序、方式、形式等规定程序实施行政行为的； (4) 超过法定时限或者合理时限履行职责的； (5) 超越法定权限实施行政行为的； (6) 隐瞒、截留、挪用、私分或者变相私分行政征收、征用款物的； (7) 违法查封、扣押、没收、征收、征用财物的； (8) 不具有行政执法资格或者违反规定使用执法证件的； (9) 违反规定乱收费，或者要求行政相对人接受有偿服务、购买指定商品以及承担其他非法定义务的； (10) 违反规定制作法律文书、使用票据的； (11) 违法委托其他组织或者个人履行职责的； (12) 实施行政行为无事实根据，或者主要事实不清，主要证据不足的； (13) 国家和本市规定的其他违法履行行政职责的情形。

续前表

行政问责类型	行政问责情形
不当履行行政职责	(1) 工作作风懈怠、工作态度恶劣的; (2) 对于明显相同情况的相对人不同对待,歧视特定相对人,或者为实现行政管理目标采取的行政方法、手段明显失当等滥用自由裁量权履行行政职责的; (3) 国家和本市规定的其他不当履行行政职责的情形。

表9—2所列举的行政问责情形将行政不作为、违法行政行为和不当行政行为进行了全面细化,这将有助于促进政府机关及其行政人员依法履行行政职责,推进依法行政,也有助于提高政府行政效能,加快服务型政府建设。

2. 强化社区公共服务的制度保障

行政问责制与政府的社会管理和公共服务职能密切相关,是强化政府社会管理和公共服务职能的重要手段。政府在社区提供的公共服务也属于政府公共服务职能的一部分,行政问责制的推行将有助于增强政府行政人员在社区提供公共服务的服务意识和责任意识,从而提高社区公共服务决策水平和服务水平。

《北京社区基本公共服务指导目录(试行)》明确了市、区(县)主要责任部门在社区就业服务、社区社会保障服务、社区社会救助服务、社区卫生和计划生育服务、社区文化教育体育服务、社区流动人口和出租房屋服务、社区安全服务、社区环境美化服务等公共服务中所承担的责任,并且对每一个社区公共服务类型都细化了服务项目和服务内容。这为相关政府职能部门履行公共服务职能提供了具体的“行动计划”,而行政问责制的推行则可以有效防范“行政不作为”的发生,为“行动计划”的实施提供了重要的制度保障。

表9—3将“行政不作为”(应当履行而未履行)引起的行政问责情形与相关社区公共服务内容进行了简单对比。在实施行政问责制之后,如果承担社区公共服务职能的政府部门及其工作人员存在“行政不作为”情形,就可以启动行政问责机制对其进行追责。

表 9—3　　北京市行政问责情形与社区公共服务内容的对应关系

应当履行而未履行的行政问责情形	相关的社区公共服务内容
（1）对依申请、请求、申诉的行政行为，未按照规定受理、审查、决定的	社区社会保障服务、社区社会救助服务、社区治安服务等
（2）未按照规定检查、检验、检测、检疫的	社区卫生服务、社区环境服务、社区市政公共设施建设服务等
（3）对发现的违法行为未制止、纠正的	社区流动人口服务、社区出租房屋相关服务、社区治安服务、社区消防安全服务等
（4）对依法应当给予行政处罚或者采取行政强制措施的违法行为，未予处理的	社区环境保护服务、社区出租房屋相关服务、社区治安服务、社区消防安全服务等
（5）收到公民、法人或者其他组织的投诉、举报后，未按照规定调查、处理的	社区消防安全服务、社区安全稳定服务、社区治安服务、社区流动人口服务、社区出租房屋相关服务等
（6）应当履行保护公民、法人和其他组织人身权和财产权等法定职责，而未履行的	社区消防安全服务、社区安全稳定服务、社区治安服务、社区流动人口服务、社区出租房屋相关服务等
（7）行政相对人询问有关行政许可、行政给付条件、程序、标准等事项，拒绝答复的	社区就业服务、社区社会保障服务、社区社会救助服务等
（8）未履行行政复议职责、行政诉讼应诉职责、行政赔偿或者行政补偿职责，损害政府与行政相对人关系的	社区环境综合治理服务、社区治安服务、社区消防安全服务、社区市政公共设施建设服务等
（9）未履行信息公开义务、告知义务或者保密义务的	社区公共卫生和基本医疗服务、社区治安服务、社区财务公开等

实际上，社区基本公共服务的提供是政府主动作为的结果。而政府行政人员的“行政不作为”将直接制约着社区基本公共服务的提供。因为，当“行政不作为”情形发生时，社区居民享有的基本公共服务权利将造成损害，违法行为将得以进行，居民的合法诉求将得不到回应。这时候，只有启动行政问责机制对“行政不作为”加以纠正，才能使居民的合法权益得到维护，使纵容违法者受到追究，使居民反映合法诉求的渠道通畅起来。因此，行政问责制的推行是社区公共服务建设健康发展的有力保障。

第十章

北京社区公共服务的基本现状及主要问题

作为社会建设的重要内容，社区公共服务建设一直是北京市政府工作的重要内容。2007 年 12 月，北京市社会建设工作办公室与中共北京市委社会工作委员会成立，专门负责本市的社会建设和社区公共服务服务的相关工作。近年来，北京市在社区公共服务建设方面出台了各项政策和措施，付出了巨大的努力，并取得了显著的成就。但是，面对新形势，北京社区公共服务建设也面临着许多问题，亟待我们去研究和解决。本章我们主要从北京社区公共服务建设的实践出发，主要分析社区便民服务、社区公共安全服务、社区卫生服务、社区教育服务、社区流动人口服务、社区文化服务、社区养老服务以及社区社会保障服务等方面的基本现状及存在的主要问题，以期为解决这些问题提出相对建议和对策。

第一节 北京社区便民服务的基本现状及主要问题

为了完善北京市的社区便民服务，北京市各相关部门也出台了许多政策以促进社区便民服务的发展，如 2011 年《北京市六型社区指导标准细则》（试行）中的《北京市服务社区指导标准细则（试行）》，2011 年《北京市“十二五”时期商业服务业发展规划》，2011年《关于推进社区商业便民服务工作的通知》以及2012年《关于进一步开展农村社区建设典型示范社区创建活动的意见》，这些政策和措施对推进北京社区便民服务建设有着重要意义。

一、北京社区便民服务的基本现状

社区便民服务与居民的生活息息相关，做好社区便民服务工作对丁扩大消费、改善民生、增加就业、化解社会矛盾、促进和谐社会建设具有重要意义。当前，北京社区便民服务建设取得了显著的成效，主要体现在“一刻钟社区服务圈”覆盖面不断扩大，社区服务中心功能日趋完善，社区商业服务建设不断加强等。

(一)“一刻钟社区服务圈”覆盖面不断扩大

近年来，北京市将“以人为本、服务在先”作为加强社会管理创新的核心内容，初步构建包括民生服务保障体系、社会矛盾预防化解体系、基层社会服务管理体系、社会组织服务管理体系、流动人口和特殊人群服务管理体系、公共安全保障体系在内的“六大服务管理体系”，以提高社区服务管理的精细化水平。截止到2014年6月，北京市“一刻钟社区服务圈”已经覆盖了60%的社区，北京市委社会工委书记宋贵伦说，“一刻钟社区服务圈”力争在“十二五”期间覆盖北京70%的社区，在“十三五”期间实现全覆盖。[①] 其中，据北京市东城区社会建设工作办公室统计数据显示，截至2014年底，东城区建成“一刻钟社区服务圈”90个，实现187个社区全覆盖。“一刻钟社区服务圈”不仅为广大的社区居民带来好处，更是一种社会管理体制的新格局。政府不再是大包大揽的“家长”，而是通过向企业和社会组织购买服务的形式提供给居民，体现了“社会事务社会办”，实现了“小政府、大社会”的理念。

---

① 参见毛伟豪、李德欣：《北京：一刻钟服务圈覆盖六成社区》，见新华网，2015-06-02。

（二）社区服务中心功能日趋完善

社区服务中心的职能可以分为两大类，一类是承接原来由政府部门承担的服务职能，如社会救助、再就业、文化体育、敬老养老等服务，一类是结合居民需求等提供的一些服务。[①] 可见社区服务中心具有综合性的职能，既包括公益性服务，也包括部分便民服务，对于社区便民服务建设具有重要意义。可以说，社区服务中心的质量在一定程度上代表了一个社区的便民服务水平。北京市社区服务在实践中，依托 96156 社区公共服务平台、北京家政服务网提供服务，街道社区服务中心还利用社区内的呼叫热线，解决社区居民生活中的各种服务需求。城市街道的社区服务中心是便民服务的重要提供者，承接了大量的服务职能，如家政服务、培训服务、社区服务网点建设、法律服务、销售除“四害”药品等，不少社区服务中心还具有物业管理、图文设计制作等职能。截至 2011 年底，全市共有社区服务机构 5 411 个，其中包括社区服务中心 180 个，社区服务站点 5 231 个。社区从业人员 27 376 人，社区服务志愿者组织 8 012 个，城市便民、利民服务网点 12 490 个，社区服务机构建筑面积共计 123.8 万平方米。[②]

（三）社区商业服务建设不断加强

随着城市经济的发展，政府已开始将社区商业服务的建设纳入日程。如 2004 年北京市投入社区商业建设领域的商业结构调整资金超过 4 300 万元，提出社区商业的重点是规划、建设好配套齐全的社区商业中心。截至 2007 年，北京市连锁企业共有连锁门店 6 071 家，其中城区连锁超市、便利店有 5 158 家，生活服务项目网点 600 个，社区覆盖率达到 85%左右。北京市 59.2%的社区有社区超市，49.3%的社区有社区菜市场，55.5%的社区有干洗店，65.9%的社区有理发店，60.3%的社区有小饭馆。[③] 总体

① 参见胡建：《北京市社区服务研究调查》，徐州，中国矿业大学硕士论文，2006。

② 参见《2011 年北京市民政事业发展统计报告》，见北京市民政信息网，http：//www.bjmzj.gov.cn/news/root/tjnb/2012－05/104237.shtml? NODE _ ID=root。

③ 参见沈千帆：《北京市社区公共服务研究》，163 页，北京，北京大学出版社，2011。

而言，北京市社区服务建设成就显著。调查显示，北京市基础设施的总体水平呈上升趋势。从2006年到2009年，北京市居民对社区服务的评价由71.2分上升到75.3分。①

（四）多方共促社区便民服务建设

北京市民政局在官方网站首页醒目位置设立了社区服务的专项，社区服务中包括志愿服务供需对接、社区志愿者组织、社区志愿服务项目、社区为老服务项目、社区大课堂、社区服务在线申请、社区精品服务等多个项目。这些服务项目与首都社区志愿服务网直接相连，实时反映各项活动及所需的志愿者数量和相关要求。北京市丰台区东高地街道梅源社区的居委会为了方便居民在节假日遇到突发情况能够顺利找到人，印制了“社区便民服务卡”，上有辖区物业、城管、派出所、保安、医院急救中心、火警及居委会等多个常用电话。为了方便老年人，“社区便民服务卡”特别采用了鲜艳的卡纸和偏大的字体。免费发放的“社区便民服务卡”，为社区居民的生活带来了更多的便利。

二、北京社区便民服务存在的主要问题

近年来，北京市社区的便民服务取得了较大的发展，社区商业悄然兴起，社区家政服务的发展也非常迅速，各种社区服务中心、社区服务平台都在不断地建设完善中，但是由于各种历史、现实原因，北京的社区便民服务还是存在着一些有待改善之处。

（一）社区便民服务设施规划不够完善

随着北京市工业化的不断推进和城市化的快速增长，城市人口急剧增加，居住需求日益扩张。在缺乏有效的规划和引导的情况下，大规模的住

① 参见沈千帆：《北京市社区公共服务研究》，160页，北京，北京大学出版社，2011。

宅建设和市场化的运作呈现出混乱、无序甚至是失控的局面，出现种种问题。首先，北京市在社区规划方面还不够重视，不少社区如何建设、发展完全由开发商们做主，导致各种配套基础设施不完善。其次，北京对社区空间功能的规划思路还有待进一步提升，缺乏便民服务功能空间。北京现有的社区规划模式在很大程度上遵循了西方城市理论中的现代功能主义思想，这种模式不利于构建居民对社区的认同，造成社区效率与活力低下。此外，社区规划理念前瞻性不足。社区规划不仅仅是基于现有环境的考虑，还要有对未来社会发展的思量，缺乏长远眼光的规划会成为将来社区问题的伏笔。

（二）社区便民服务供给机制相对单一

以社区服务中心为主要提供方的便民服务供给模式存在一定问题。首先，社区服务中心希望为居民提供“一站式”的便利服务，而“一站式”社区便利服务很难满足社会弱者的需要，地域面积较大和服务对象较多的社区，需要在社区以下的层次建立服务站。此外，社区服务中心体制要求社区服务工作在不同机构之间转接，客观上增加了成本、降低了效率。其次，各级社区服务中心是在行政力量的推动下，形成的政府化的社区服务体系，面对的是所有社区居民，承担的多是公共服务职能，很难满足社区居民的多样化和个性化服务需求。此外，由于相关政策和法规的限制，我国社区非营利组织发展滞后，社区志愿者的数量有限，难以满足社区居民对于便民服务的需求。同时，许多社区为了保证社区安全和社区环境，禁止小商小贩进入，增加了居民生活的不便。此外，以社区服务中心为主的社区便民服务供给模式，造成居民可选择范围狭窄、便利服务供给不足，还极易走向彻底商业化，背离社区服务的目的与意义。

（三）政府在社区便民服务管理中作用有限

目前，社区管理基本上是由街道和社区居委会两级实施的，街道办事处是政府的派出机构，社区居委是基层群众性自治组织。这种管理模式在当前阶段有其合理性，但也造成了一些问题。首先，社区管理行政化色彩过强，政府职能错位。在北京的一些实践中，社区组织结构不合理的现象仍没有得到改善，行政化倾向仍然严重。社区居委会承担的行政职能越来越多，政府职能在社区管理中易出现“越位”和“错位”，不利于社区自治，忽视了社会追求公平与正义的多元价值取向。其次，管理制度不够健全。街道办事处对自身的行政服务和管理范围认识不足，没有明确的制度规范指导。社区内的市、区属机关和企事业单位与街道办事处之间的关系也缺乏有效的政策和法律依据规范，造成社区事务管理中相互推诿或相互扯皮现象频发。此外，政府管理机构权威性不足。街道办事处、社区居委会对社区管理的认识不够，更多的是执行上级机关的任务，缺乏对居民需求的回应，同时也使得社区居民与基层政府机构日渐疏离，影响政府管理的权威。

（四）老旧社区便民服务管理有待加强

北京社区便民服务存在的问题，在老旧社区表现尤为突出，老旧社区的服务管理已经成为社区服务管理的薄弱环节和短板，严重影响经济社会发展。首先，老旧社区数量大，服务基础差。其次，物业服务问题突出，其中的典型问题就是物业管理覆盖率低，物业服务质量低下。此外，社区商业问题在新老社区也普遍存在。老旧社区由于缺乏管理，小商小贩可以自由进出，社区商业较为“繁华”，基本能够满足居民的日常需求。但是管理的缺失也造成了商业环境的混乱，老旧社区脏乱差现象明显，社区治安也受到不良影响。

第二节 北京社区公共安全服务的基本现状及主要问题

社会稳定和发展是当今世界的主题。许多国家政府对其社区公共安全问题高度关注，加强了对社区公共安全服务体系建设的支持和对相关安全产业的投入，有效推动了社区公共安全建设的进程。当前，北京为适应经济社会发展新形势，在加强和创新社区公共安全管理和服务方面，逐步构建了与和谐社会相适应的社会管理和服务新格局，在创新生态机制培育等诸多方面进行了有益的尝试，对推动北京社区公共安全服务建设有着积极作用。

一、北京社区公共安全服务的基本现状

社区公共安全服务是社区公共服务建设中不可缺少的组成部分。近年来，北京市通过多元化的社区公共安全治理模式和公众参与式的社区安全管理模式，加强社区公共安全服务建设，促使北京市的社区安全服务体系建设不断健全，社区公共安全基础建设不断完善，社区居民安全感持续居全国前列。

（一）多元化的社区公共安全治理模式

北京社区公共安全属于中国特色的多元治理的“混合”模式，主要表现为在社区治理中官方色彩与民间自治相结合，政府对社区公共安全事务的治理较为宽松。政府对社区公共安全服务发展基本上采用间接手段，其主要职能是对社区进行规划、指导、监督和提供经费支持。除了市政府专设负责社区的官方政策机构外，还有半官方的居民委员会（村委会）和自治性的社区服务组织。前者由选出的有威望和信誉的社区居民代表组成，权责仅限于社区内，主要维护当地公共安全利益，在政府和居民中起上传下达的作用，后者则受政府指导或委托，为社区居民提供社会公共安全服务，并在具体实施各项服务工作中体现公共安全自治性。在促进社区公共安全服务发展和管理上，北京市政府基本也采取了政府规划、资助，社区具体实施的管理模式，在世界范围新公共服务的治道变革潮流中，具有一定的代表性。

（二）公众参与式的社区安全管理模式

社区参与是社区公共安全服务进一步提升的关键，北京市依靠2008年奥运会、残奥会和抗震救灾的强大推力，动员全社会力量共同维护首都公共安全，社区安全管理参与成为居民社区参与的重要形式。无论是参与此类服务的居民人次、在居民总数中所占比例，还是取得的实际效果，都走在全国的前列。首先，社区公共安全服务活动从单一走向多样化，社区居民主动参与消防演习、社会综合治理、社区安全生产监督管理和社区食品药品安全监察等，还包括通过微博等新型渠道提供公共安全服务等。其次，社区公共安全服务活动的管理主体也从单一发展为多元。随着社区服务参与的不断发展，社区党支部、业主委员会、物业公司甚至普通的社区居民都参与到社区公共安全服务活动的组织和管理中。再次，积极引入市场竞争，北京市在促进保安公司建设和依法允许部分社会调查公司、私家侦探等新生事物发展方面做了很多工作，提供了较为宽松的发展环境，弥补了社会提供的社区公共安全供给的不足。最后，社区公共安全志愿者人数以及志愿者组织快速发展。在市相关部门的大力支持和推动下，一些社区已经发展了各种类型的志愿服务组织，开展的社区公共安全志愿服务类型也逐步扩充到包括社区巡逻、法律咨询、消防教育、家庭安全隐患处置，甚至包括突发事件应急管理等。通过志愿者的公共安全社区义务服务，或者通过其他服务，北京社区公共安全基础直接或间接地得到了维护。

（三）社区安全服务体系建设不断健全

北京明确了国际化都市和国际化社区的建设目标。现代化国际大都市首先应该是个安全的大都市。为此，北京突出了公共安全服务体系建设的目标。2004年9月10日，北京市朝阳区麦子店街道办事处提出了建设全国首个国际化社区的发展规划：建立适应国际化社区所需的社区组织体系，利用自治组织及非政府、非营利组织，完善包括社区公共安全服务在内的社区服务网络，形成了制度化的中外交流活动；全面引入了国际标准，在社会公共管理方法、基础设施建设、社区卫生和社区安全维护方面达到国际标准，基本实现国际化社区建设的目标。英国的“经济学人智库”（Economist Intelligence Unit，EIU）推出了《2012 全球最宜居城市排行榜》。这项评选的评价体系中治安的评分比重占 25%，北京连续两年位列全球最适宜居住城市第 72 位，为中国内地城市首位。北京之所以在这次评选中获得中国内地宜居城市第一名，得益于北京在以治安为核心的所有指标中有相对优秀的表现，北京的宜居指数总分为 76.9 分。①

（四）社区公共安全基础建设不断完善

政府规划和财政投入是高水平社区公共安全服务的有效保证。北京市非常重视社区公共安全设施建设，包括传统的交通、消防、治安等队伍教育培训和设施等服务基础建设方面。为了保证北京市的治安稳定，北京实施了“平安北京项目”，建成了北京安保运营服务中心，承担全市防控网的社会化建设运营服务工作。已经沿二环、三环、四环、五环及多条进京线路架设监控探头，利用光纤互联到北京安保运营中心，实现对北京治安的监控和管理。建设了依靠电信通遍及全市的光纤网络及互联网数据中心，构建了覆盖全市各内保单位、治安单位、文保单位及各社会面的全方位整体防控网络体系及数据灾备中心。通过一系列的举措，北京社区的基础服务能在服务过程中及时发现和解决有关社区公共安全的矛盾冲突，夯实群众基础，同时通过良好的“物防”设施，为警察等国家专门职能部门的管理和服务提供情报，强化了治安防控，改善了社区安全状态，提高了居民公共安全满意度。

（五）社区居民安全感持续居全国前列

国家统计局北京调查总队的统计显示，2007 年至 2012 年一季度，市民安全感指数均超过 91%，2012 年第一季度市民安全感指数达 93%（见

① 参见《2012 全球宜居城市排行：内地北京居首》，见 http：//www.town.gov.cn/cszx/201210/16/t20121016_587001.shtml，2012-10-16/2012-11-16。

表 10—1），在全国社会城市的类似调查中稳居前列。

表 10—1　　2007 年至 2012 年一季度市民安全感指数

时间（年）	2007	2008	2009	2011	2012（一季度）
安全感指数	91.7%	93.5%	92.7%	92.3%	93%

资料来源：刘珍妮：《市民安全感指数五年均超 91%》，载《新京报》，2012－06－29。

居民安全感高的主要原因是社区治安状态良好，而深层根源是公共安全管理和服务状况良好。北京市对物业公司、保安公司、社会调查公司等涉及社区公共安全供给的社会企业以及社会组织严格依法规范，对其合法的参与社区公共安全服务的行为，予以支持和引导，使得社区公共安全服务的提供符合社区的要求。同时，北京市紧抓综合治理等社区公共安全管理和服务的关键环节。市公安局发布数据，2010 年之后，市公安局先后推出中心警务站、"平安"微博等便民利民举措共计 3 900 余项。这些模式得以在全市推行，也从完善社区治安环节对社区公共安全服务予以具体的诠释。2011 年，社区民警驻区制、巡逻警务站勤务模式相继推出，2 300 多名社区民警驻扎在 2 300 多个社区内，直接服务于居民，同时有 24 小时"屯兵街头"的移动巡警来确保市民安全，一有案情，能迅速出勤。北京市公安局命案破案率达到 98.51%，位居全国第一。[①] 同时加强网络社区公共安全的管理，至 2012 年已对 239 家在京重点网站的交互式平台建立了首都网警执法账户，初步实现了虚拟社会公开执法的有效覆盖。正是此类周到的安民服务，为居民对北京社区治安等公共安全服务满意度的评定，奠定了良好的基础。

二、北京社区公共安全服务存在的主要问题

当前，北京市经济综合竞争力、GDP 增长速度、人均 GDP 数量都处于全国领先地位。与此同时，北京公共安全状况也出现了一些与经济高

① 参见王帝：《北京市公安局副局长："把侵财案件压下去，让群众满意度继续提升"》，载《中国青年报》，2012－09－05。

速、稳健发展不相适应的问题和矛盾，影响北京“首善之都，平安北京”的建设和发展。

（一）流动人口影响社区稳定

社区是由户籍人口和流动人口构成的二元社会，其社会成员因代表的身份、地位、收入、权力等不同而形成在思维方式、思想观念和社会心态等方面的不同，容易造成心理失衡。城乡社区居民之间，户籍人口之间，大量的外来人口、常住外来人口与本地人口之间的公共安全服务需求表现出内容和形式的差异，对社区稳定造成一些不利影响。

（二）社区利益冲突问题不断

改革开放后，北京社会结构和利益格局的调整，不可避免地带来利益矛盾的增多和社会冲突的加剧。[①] 人民内部物质利益矛盾也成为当前北京社区公共安全服务中的主要冲突问题。[②] 不断出现的新的社区公共安全问题，使得社区公共安全治理已经超出了单纯的治安综合治理范围。就北京社区公共安全服务来说，目前治安仍是其主要部分，但其范畴涵括了违法犯罪防控、安全隐患、意外伤害、社区矫正、社会和族群断裂、民间纠纷调解、社区防灾减灾、应急事件处理等诸多方面的问题，以及许多利益攸关、关系社区公共安全服务发展进程的内容。

（三）安全势态仍然比较严峻

近年来，北京市的道路交通、生产安全、火灾、铁路交通、农业机械死亡事故的数量都在相对减少，刑事案件破案率同比上升。但是，社区是许多公共安全事件发生的地点，发生的原因多为社区居民矛盾冲突，致害

① 参见孙立平：《利益时代的冲突与和谐：和谐社会是利益均衡基础》，载《南方日报》，2004-12-30。

② 参见郑杭生：《正确处理新形势下的社会矛盾》，载《南方日报》，2006-05-25。

人和受害人多为社区居民，危害范围也多为社区。另外，驻社区企业内部治安问题，土地资源征用、环境污染等原因造成的居民与企业利益纠纷等现象随之而来。同时，交通、消防、治安等传统公共安全的服务需求压力较大，加上互联网等新兴事物带来了许多新的公共安全方面的管理和服务问题，导致北京社区公共安全服务需求与供给的矛盾较为突出。

第三节 北京社区卫生服务的基本现状及主要问题

2006年2月21日，国务院发布了《国务院关于发展城市社区卫生服务的指导意见》，将发展社区卫生服务作为深化城市医疗卫生体制改革、有效解决城市居民看病难、看病贵问题的重要举措，作为构建新型城市卫生服务体系的基础，着力推进体制、机制创新，为居民提供安全、有效、便捷、经济的公共卫生服务和基本医疗服务。为贯彻落实这个文件，中共北京市委、北京市人民政府下发了《关于加快发展社区卫生服务的意见》（京发〔2006〕19号），提出到2008年，建成城乡统筹发展、服务网络健全、人员素质较高、服务功能完善、运行机制科学、监督管理规范、保障措施有力的社区卫生服务体系，城乡居民可在社区便捷地享受到公共卫生和基本医疗服务，有效缓解群众看病难与看病贵问题，为形成“小病在社区、大病到医院、康复回社区”的有序医疗卫生服务格局，建立新型医疗卫生服务体系奠定基础。

一、北京社区卫生服务的基本现状

北京社区卫生服务建设在短短的几年之内取得了令人瞩目的成绩，基本形成覆盖全市的社区卫生服务网络，社区卫生服务机构的功能也在不断完善，逐步建立成较为完善的社区卫生服务体系。

（一）社区卫生服务机构覆盖面不断扩大

2007年，北京有1 126家社区卫生服务中心（站），到2011年，北京社区卫生服务中心（站）有1 744家（见表10—2）。[①] 这些社区卫生服务中心（站）主要由政府举办的一级医院、部分二级医院和国有企事业单位所属的基层医疗机构进行转型、改造或改制而成。

表10—2　　北京卫生事业基本情况（2000—2011年）　　单位：个

年份	卫生机构	卫生院	医院	疾控中心（防疫站）	妇幼保健院（所、站）	社区卫生服务中心（站）
2000	6 176	674	458	30	8	
2001	5 969	673	458	30	9	
2002	4 998	647	461	24	19	35
2003	5 075	646	459	29	19	36
2004	4 835	657	503	29	19	43
2005	4 818	692	519	28	18	93
2006	4 878	705	541	28	18	90
2007	6 189	686	535	31	18	1 126
2008	6 523	660	537	31	19	1 282
2009	6 603	638	522	31	19	1 395
2010	6 539		550	31	19	1 587
2011	9 699		569	32	19	1 744

说明：1. 2010年起，原卫生院数据并入社区卫生服务中心（站）等其他卫生机构。

2. 2010年及以前，本表不含村卫生室及部队卫生机构情况。自2011年开始，卫生机构中包括村卫生室。

资料来源：北京市统计局、国家统计局北京调查总队编：《北京统计年鉴2012》，北京，中国统计出版社，2012。

（二）社区卫生服务机构的功能不断完善

北京社区卫生服务的功能主要包括公共卫生服务及基本医疗服务。其

① 参见北京市统计局、国家统计局北京调查总队编：《北京统计年鉴2012》，北京，中国统计出版社，2012。

中，公共卫生服务主要包括：卫生信息管理、健康教育、传染病预防控制、慢性非传染性疾病管理、精神卫生服务、老年保健、儿童保健、妇女保健、计划生育技术咨询指导、残疾人康复指导、康复训练、突发公共卫生事件处理等。基本医疗服务主要包括：一般常见病、多发病诊断治疗、护理和诊断明确的慢性病的治疗，社区现场应急救护，家庭医疗，临终关怀，康复指导，双向转诊及适宜的中医药服务等①，这是较为全面的社区卫生公共服务功能。

社区卫生服务中心一般开设临床科室（包括全科诊室、中医诊室、康复治疗室、抢救室和预检分诊室等）、预防保健科室（包括预防接种室、儿童保健室、妇女保健与计划生育指导室等健康教育室）以及医技及其他科室（主要包括检验室、B超室、心电图室、药房、治疗室、处置室、观察室、健康信息管理室和消毒间等）。每个社区卫生服务中心至少有6名执业范围为全科医学专业的临床类别、中医类别执业医师，9名注册护士。社区卫生服务站一般开设全科诊室、治疗室、处置室、预防保健室和健康信息管理室等。每个社区卫生服务站至少配备2名执业范围为全科医学专业的临床类别、中医类别执业医师。每名执业医师至少配备1名注册护士。从目前来看，社区卫生服务机构基本上是提供了小而全的与医院无差别的功能，因此，不仅在一般居民的心目中，即使在很多社区卫生服务机构自己的认识中，也形成了社区卫生服务中心就是小的等级较低的医院这种模糊认识，不利于社区卫生服务中心工作的开展。当前，北京已经基本形成覆盖全市的社区卫生服务网络，人员队伍基本到位。

二、北京社区公共卫生服务存在的主要问题

北京社区公共卫生的发展取得了很多的成就，但是也还存在一些亟待解决的问题，如机构总数尚显不足，机构分布不尽合理，功能特色尚不显

① 见北京社区卫生服务网，http：//www. bjchs. org. cn/html/fuwuzhinan/20120503/5691. html。

著，不同身份适用不同的医保政策，激励机制缺失，与医保制度的融合尚待提高等。

（一）社区卫生服务建设区域发展不平衡

国务院2006年颁发的《国务院关于发展城市社区卫生服务的指导意见》要求，在大中型城市，政府原则上按照3万～10万居民或按照街道办事处所辖范围规划设置1所社区卫生服务中心，根据需要可设置若干社区卫生服务站。[①] 根据《北京统计年鉴2012》，2011年末，北京全市共有2 773个社区居委会，而北京市社区卫生服务中心有326个，社区卫生服务站有1 690个，二者合计2 016个。北京的生态涵养发展区内每个街道有约6个社区卫生服务中心；城市发展新区内每个街道有约4个社区卫生服务中心；城市功能拓展区内每个街道有近2个社区卫生服务中心；首都功能核心区内每个街道有0.66个社区卫生服务中心（见表10—3）。

表10—3　　2012年北京市各区县社区卫生服务机构　　单位：个

	街道办事处	社区居委会	社区卫生服务机构合计	社区卫生服务中心	社区卫生服务站	每街道办事处卫生服务中心数
全市	140	2 773	2 016	326	1 690	2.33
首都功能核心区	32	460	153	21	132	0.66
东城区	17	205	62	6	56	0.35
西城区	15	255	91	15	76	1.00
城市功能拓展区	70	1 399	599	125	474	1.79
朝阳区	23	375	238	47	191	2.04
丰台区	16	291	148	23	125	1.44
石景山区	9	140	42	9	33	1.00
海淀区	22	593	171	46	125	2.09

① 见卫生部妇幼保健与社区卫生司网站，http：//www.moh.gov.cn/publicfiles/business/htmlfiles/mohfybjysqwss/s6746/200804/18180.htm。

续前表

	街道办事处	社区居委会	社区卫生服务机构合计	社区卫生服务中心	社区卫生服务站	每街道办事处卫生服务中心数
城市发展新区	25	634	754	101	653	4.04
房山区	8	122	215	24	191	3.00
通州区	4	105	85	17	68	4.25
顺义区	6	83	194	25	169	4.17
昌平区	2	181	110	16	94	8.00
大兴区	5	143	150	19	131	3.80
生态涵养发展区	13	280	510	79	431	6.08
门头沟区	4	103	42	11	31	2.75
怀柔区	2	32	74	16	58	8.00
平谷区	2	29	150	18	132	9.00
密云县	2	83	46	19	27	9.50
延庆县	3	33	198	15	183	5.00

资料来源：社区居委会数来源于北京市统计局、国家统计局北京调查总队编：《北京统计年鉴2012》，北京，中国统计出版社，2012。社区卫生服务机构数来源于北京市社区卫生服务管理中心发官方网站北京市社区卫生服务网，http：//www.bjchs.org.cn/sqwsfwzx.jhtml。

（二）社区卫生服务中心覆盖人口数不一

从每个社区卫生服务中心覆盖人口数来看，2012 年北京每个社区卫生服务中心大约覆盖 6.19 万人。按功能区来看，首都功能核心区内，每个社区卫生服务中心覆盖 10.24 万人；城市功能拓展区内，每个社区卫生服务中心大约覆盖 7.89 万人；城市发展新区内，每个社区卫生服务中心大约覆盖 6.24 万人，但是其中的昌平区每个社区卫生服务中心覆盖了 10.86 万人；生态涵养区内，每个社区卫生服务中心覆盖了 2.37 万人。

表 10—4　　2012 年北京市社区卫生服务中心覆盖人口数

	常住人口（万人）	社区卫生服务机构合计	社区卫生服务中心	社区卫生服务站	社区卫生服务中心覆盖人口数（万人）
全市	2 018.6	2 016	326	1 690	6.19

续前表

	常住人口（万人）	社区卫生服务机构合计	社区卫生服务中心	社区卫生服务站	社区卫生服务中心覆盖人口数（万人）
首都功能核心区	215.0	153	21	132	10.24
东城区	91.0	62	6	56	15.17
西城区	124.0	91	15	76	8.27
城市功能拓展区	986.4	599	125	474	7.89
朝阳区	365.8	238	47	191	7.78
丰台区	217.0	148	23	125	9.43
石景山区	63.4	42	9	33	7.04
海淀区	340.2	171	46	125	7.40
城市发展新区	629.9	754	101	653	6.24
房山区	96.7	215	24	191	4.03
通州区	125.0	85	17	68	7.35
顺义区	91.5	194	25	169	3.66
昌平区	173.8	110	16	94	10.86
大兴区	142.9	150	19	131	7.52
生态涵养发展区	187.3	510	79	431	2.37
门头沟区	29.4	42	11	31	2.67
怀柔区	37.1	74	16	58	2.32
平谷区	41.8	150	18	132	2.32
密云县	47.1	46	19	27	2.48
延庆县	31.9	198	15	183	2.13

资料来源：社区居委会数来源于北京市统计局、国家统计局北京调查总队编：《北京统计年鉴2012》，北京，中国统计出版社，2012。社区卫生服务机构数来源于北京市社区卫生服务管理中心发官方网站北京市社区卫生服务网，http：//www.bjchs.org.cn/sqwsfwzx.jhtml。

第四节　北京社区教育服务的基本现状及主要问题

社区教育是提升市民文明程度的重要途径。社区教育服务有助于社区教育的发展，可以为社区居民提供终身的、优质的、特色的和满足个性需求的教育，从而实现北京市建设学习型城市的远大目标。当前，北京市面对社区居民对社区教育不断增长的需求，持续加快社区教育服务建设，促进社区教育的优质化、多样化和均衡化，充分发掘、重新整合、有效配置和充分利用一切优秀的社区教育资源，促进社区教育的快速发展。

一、北京社区教育服务的基本现状

纵观北京社区教育，如果按人口和区域范围比例，北京社区教育的总体发展水平居全国之首，有六个“全国社区教育示范区”，分别是：西城区、东城区、朝阳区、海淀区、顺义区、房山区。北京社区教育的发展思路是通过示范区的建设带动其他区域的社区教育发展，从而使北京市尽早成为学习型城市，推动北京市迈向国际大都市的进程。

（一）西城区社区教育

2010 年 6 月，经国务院批准，北京市将原西城区和原宣武区合并，设立了新的西城区，区委、区政府提出“服务立区、金融强区、文化兴区”的发展战略，进一步明确了区域功能定位。从 2009 年开始，西城区每年开展社区教育实验项目，通过项目带动推动学习型城区建设的实践创新，全区共计开展实验项目百余个。2011 年，西城区有 6 个项目成为“全国社区教育实验项目”，其中有 3 个实验项目被评为“全国优秀实验项目”，截至 2011 年，评选学习型社区 127 个、区街两级学习型家庭 33 055 个。全区 90%以上的中小学校、幼儿园等教育机构，通过开放场馆和阅览室、选派教师下社区、开展志愿者服务等形式，让优质教育资源辐射基层社区，惠及辖区居民。

西城区通过完善社区教育网络，形成了由西城区社区学院、街道社区教育学校和社区市民学校组成的三级网络。在区级层面，经济科学大学和红旗业余大学承担社区学院的功能，是西城区社区教育的中枢与核心载体，发挥了管理协调、教育指导、市民终身教育、学习型城区研究与终身学习成果认证等“五大中心”的作用。在街道层面，建立了 9 家实体化的社区教育学校，由区教委和所在辖区街道办事处实行双重管理，实行校长负责制，承担了各类大型活动和日常学习，使社区教育各项学习与活动落到了实处。在社区层面，建立了 255 个市民学校，承担了特色课程培育、“一居一特”创建等功能，在开展社区学习活动中发挥了积极作用。西城区还根据本区特点，定制具有西城社区教育特色的课程体系，并编写和制作社区教育专用书籍和电化配套教材。

为进一步推动市民终身学习的深入开展，西城区从需求调研和成果管理两个环节入手，积极探索新的工作模式。一方面，抓好前端的需求调研，摸清街道居民的个性学习需求。同时，对全区 200 多名社区专职教师进行了问卷调查，为进一步改进市民学习的内容和形式、提升社区教育的针对性奠定了基础，更好地实现了资源与需求的有效对接。另一方面，注意抓好市民终身学习成果的后台管理，建立了学习成果认证制度，实现不同类型学习成果的互认和衔接，初步搭建起终身学习的“立交桥”，努力探索基于学习成果的个人素质评价和人力资源综合评价机制。西城区率先推出“市民终身学习积分卡”，实现终身学习的信息存储、学分认证、学分积累、学分兑换、学习信用管理等功能。

此外，西城区还设立了政府奖励资金，建立社区教育专项奖励机制，对社区教育先进集体个人进行表彰奖励。西城区还发挥信息网络的平台作用，改版了学习型西城网站，丰富了居民学习资源，实现了系统学习和自我管理，其中月坛街道、金融街街道作为全国数字化学习社区试点街道，率先建立了街道一级的社区教育网站。

（二）顺义区社区教育

顺义是北京重点建设的新城区，近年来，区委、区政府围绕“现代国际空港、区域产业引擎、绿色宜居新城”的发展目标，大力发展社区教育，深入推进学习型顺义建设，促进区域政治、经济、文化、社会和生态文明建设进一步发展。

顺义区将发展社区教育、创建学习型顺义工作列入国民经济和社会发展规划、社区建设规划和教育事业规划，形成了以区社区教育中心为龙头、25 所镇（街道）成人学校为骨干、502 所村（居）委会成人学校为基础的三级纵向社区教育网络。充分利用顺义网城、顺义绿港就业快车、顺义职业技能培训网、顺义中小学德育网、顺义教育信息网等区域网络学习资源，为市民学习提供便利。建设了顺义学习网，成为开展网络社区教育的新平台。区财政设立学习型顺义建设专项经费，区教委增加各镇、街道开展社区教育工作投入，各镇、街道每年也要投入一定费用，用于开展社区教育工作。同时，顺义区选派多名中小学教师到镇、街道，负责社区教育的组织、管理、教学等工作，加强对社区教育工作者的培训，采取外出考察学习、理论进修、组织研讨会等形式，着力提高社区教育工作者的理论水平和工作能力。

（三）朝阳区社区教育

2008 年，朝阳区成为教育部首批认定的全国社区教育示范区之一。朝阳社区学院在加快推进社区教育发展、构建终身教育服务体系和建设健康向上的人文环境中积极发挥龙头作用，成为服务朝阳区创建全国文明城区、建设“新四区”和学习型城区的重要阵地，为朝阳区社会经济发展做出了积极贡献。学院在全面服务社区教育的同时，特别注重社区教育品牌的培育。通过多年开展社区教育的探索与实践，社区教育内容不断丰富，社区教育形式不断创新，学院服务社区教育的能力逐步提高，学院社区教育品牌的影响力也不断扩大。

朝阳区流动人口数量巨大，是北京市的流动人口大区，如何让“首都新市民融入新生活”是朝阳社区学院一直在研究的课题。早在 2004 年朝阳社区学院就组织本院教师深入工地、市场和社区为流动人口开展文明素质培训。2008 年，朝阳社区学院还在区流管办的支持下成立了京城第一家流动人口女子读书社。朝阳社区学院的流动人口培训由于起步早、覆盖面广、针对性强、贴近流动人口生活工作实际，受到了流动群体的欢迎。当前朝阳区的流动人口培训已建立了长效机制，被评为全国社区教育示范项目。2011 年 7 月，朝阳区家庭教育指导中心在朝阳社区学院挂牌成立，负责指导全区各中小学、幼儿园和社区开展家庭教育工作。这标志着朝阳区在全国率先将家庭教育纳入社区公共服务体系和社区教育管理体系，也标志着朝阳区公益性、全覆盖、多渠道、社区性的家庭教育工程的全面启动。

目前，北京的社区网络已全面建成，为社区搭建的各种网络平台的种类居全国之首，其中包括北京学习型城市网、首都市民终身学习平台、基础教育平台等。各区的网络还有自己的适合本区居民的品牌和频道，有效地推动了北京社区教育发展。

二、北京社区教育服务存在的主要问题

北京市社区教育虽然取得了长足的发展，但仍然存在一些问题和困难，如社区教育服务供给不足，社区教育服务布局不够合理等。

（一）社区教育服务供给能力不足

当前，北京市社区教育发展较快，但是仍不能满足人口增长和人民群众对教育需求的实际需要。优质教育资源不足，基础设施较少，社区在职教师与服务群体的比例偏低。社区教育总投入占总教育的比重还比较低，社区教育城乡差异问题依然存在，社区教育服务能力尚需进一步提高。与国外发达地区相比，美国社区教育的品牌是社区学院，北欧的国家社区教育品牌是学习圈，日本的品牌被称为公民馆，新加坡的品牌是社区教育中心，那么代表首都水平的社区教育品牌究竟是什么？尽管北京社区教育在实践中产生了很多品牌，但都不足以成为能在世界有影响力的品牌，社区教育及终身教育活动和与之相关的社区文化体育服务内容还不够丰富。

（二）社区教育服务布局不够合理

当前，社区教育服务布局不尽合理，社会教育服务资源空间布局还不能适应城市建设、产业发展和人口分布变化的需要。优质资源主要集中在中心城区，城乡结合部、农村等区域社区教育的教育资源配置相对不足，社区教育服务资源尚未覆盖到全部流动人口，推进基本公共服务均等化依然任重道远。社区教育服务要把教育延伸、拓展到全市的社会基层，使每个社区单元都能满足社区居民对终身教育的需求，特别是大批离开了学

校、离开了单位的社区成员的教育培训需求。社区教育的内容距离建设北京世界城市的要求还有些距离，缺乏市民文明程度的提升的具体措施和政策要求。构建终身教育的立法方面已经滞后，直接影响整个城市社区教育的发展进程。

第五节　北京社区流动人口服务的基本现状及主要问题

北京作为中国首都和政治经济中心，聚集着各种商业、服务、科研、医疗等行业的资源，吸引着来自全国各地的求职务工者向这里汇集。随着北京市经济社会的发展，常住外来人口已占到北京市常住人口总量的1/3，成为北京市建设发展的主要力量。庞大的流动人口对当地的社会经济发展做出了巨大的贡献，同时其日益增长的衣食住行等各方面的需求也给城市管理带来挑战。

一、北京社区流动人口服务的基本现状

北京市流动人口从来源、来京原因、在京分布等方面呈现出一定的特征：流动人口来源地分布广泛，来京人口数量增速快；流动人口来京以务工经商为主，举家迁移现象突出；流动人口主要集中在城市功能拓展区和城市发展新区。社区作为流动人口的日常生活工作的场所，在流动人口管理和服务中面临的问题最多最直接，了解流动人口的服务需求对加强社区流动人口服务建设有着重要意义。

（一）流动人口户籍和居住服务

流动人口在北京生存和发展面临的第一个问题便是户籍。根据《北京

市外地来京人员户籍管理规定》，北京市对行政区域内无北京市常住户口，从其他省、自治区、直辖市来京暂住的人员（简称外地来京人员）实行暂住登记和暂住证制度。目前，北京市在为流动人口提供服务与管理的过程中，建立起了市、区（县）、街道（乡镇）、社区（村）流动人口和出租房屋管理四级工作网络，在市、区（县）、街（乡镇）分别成立流动人口和出租房屋管理委员会和办公室，在社区和流动人口较多的村设立流动人口和出租房屋服务站，流动人口和出租房屋服务站工作职责是负责社区内流动人口、出租房屋的管理服务工作。同时，根据《北京市社区基本公共服务指导目录（试行）》的规定，综治办、流管办为流动人口提供社区出租房屋相关服务，为流动人口提供便民服务。

（二）流动人口就业服务

社区作为流动人口的聚居区，是为流动人口提供服务的平台，为外来务工人员提供各种就业信息、住房租赁信息，为失业人员提供登记和再就业培训服务。社区服务站以社区为依托，开展与就业服务相关工作，了解流动人口的就业信息，发布企业劳动力需求信息，使对劳动力的需求和劳动力的供给在社区实现对接。同时，社区为外来务工人员提供就业培训，定期为流动人口进行就业政策宣讲、职业技能培训、劳动维权和法律知识培训，能够提高流动人口就业服务的可获得性，增强培训的效果，增加流动人口对社区的认同感和归属感。

（三）流动人口社会保障服务

目前，北京市依托社区服务站在社区进行社会保障服务，社区服务站的主要职责是：开展社区社会保障工作，协助有关部门为社区低保对象、残疾人、离退休人员、失业人员、老年人、优抚对象、困难群众等提供政策咨询、社会救助和相关服务；开展企业离退休人员社会化管理服务工作，加强对退休人员自管组织的管理；开展社会保险政策咨询及相关服务；协助处理劳动保障信访、监察、维权、统计等工作，维护劳动者合法权益，同时办理最低生活保障、临时救助、申办经济适用房和两限房等社区福利工作。

（四）流动人口子女教育服务

北京市流动人口子女教育主要实行以流入地政府管理为主的原则，由各级政府及有关部门承担起流动人口适龄儿童入学工作职责。社区作为流动人口居住生活区，在为流动人口子女上学服务的过程中，可以利用自身熟悉本地教育资源的优势，为流动人口家庭提供信息，如义务教育法规政策的宣讲、本地教育资源状况介绍，并协助流动人口办理在当地入学的相关手续，为其提供温馨便利的咨询服务。

（五）流动人口计划生育服务

从2006年开始，北京全市开展了流动人口在京出生监测工作，掌握流动人口在京出生状况，通过与流管部门的协作，将查验、登记、代办婚育证明及告知孕检等计划生育工作内容统一纳入到社区（村）流动人口和出租房屋服务站和管理员的职责任务中。目前，流动人口基本公共卫生服务均等化工作已在全市范围内推广，包括人口宣传倡导、计划生育、优生优育、奖励优待等，服务京籍和非京籍人员将被“一视同仁”，社区必将在这一过程中发挥更多的作用。

（六）流动人口公共卫生服务

应根据2006年北京市出台的《关于进一步加强流动人口管理与服务工作的若干意见》，全面贯彻落实科学发展观，按照“公平对待、合理引导、完善管理、搞好服务”的原则，结合流动人口卫生防疫管理工作面临的新形势和新任务，逐步将流动人口中的务工经商人员及其家属的卫生防病、妇幼保健和医疗服务等纳入部门和社区职责范围，切实加强管理，做好服务。由此可以看出，社区是北京市流动人口管理和服务的重要平台。

二、北京市社区流动人口服务存在的主要问题

近年来，北京市社区流动人口服务与管理工作虽然取得了一定成效，但跟形势发展和人民群众的需求相比，仍有许多问题和不足。主要体现在三个方面：一是针对流动人口提供公共服务的数量和质量不足；二是流动人口管理体制及运行机制滞后；三是治安管理的科学性和法定性不足。具体体现在如下几个方面：

（一）管理服务理念有待转变

在对流动人口服务方面，许多职能部门以防范为主，在理念上存在“重管理轻服务”的偏见，认为流动人口服务管理就是治安管控，就是控制人口规模膨胀，防止流动人口违法犯罪，忽视了对流动人口的服务和融合，由此导致工作难以深入开展，对流动人口服务引导不够，使大量流动人口游离在社会保障、教育宣传、政治参与等边缘。由于经济、文化和习俗差异，对流动人口“歧视多于尊重”“戒备多于信任”的现象仍有存在。此外，流动人口服务和管理没有纳入社区常态化工作，导致流动人口服务管理工作经常忽紧忽松，很多工作难以真正落实。

（二）法律和制度保障不到位

调查中，我们发现用工单位以临时工、季节工为借口，不与流动人口签订劳动合同现象依然存在；即使签订合同，在工资待遇、劳保福利、社会保险、工伤处理等方面也不能依照合同执行。近年来，欠薪、拖薪及付薪低于最低工资标准的现象在一定范围内仍有发生。同时，流动人口子女就学仍存在一定困难，部分流动人口子女因找不到学校或负担不起学费而辍学。

（三）协同共管机制尚不健全

当前北京市流动人口服务管理机制中存在的核心难题是流动人口协同共管机制尚不健全。由于流动人口治理是一项系统工程，涉及发展改革、财政、卫生、公安、民政、农业、建设等 20 多个政府部门及工会、共青团、妇联、计划生育协会等人民团体和社会组织，管理主体多元分散、协调不力，导致服务管理效率不高。尽管目前北京市及各个区（县）都相继成立了党委政府统一领导、属地管理、部门配合、齐抓共管的工作机制和联席会议制度，并且完善了部门责任考核体系和倒查体系，但上述工作机制、会议制度、考核体系、倒查体系在具体落实上常常遇到障碍，很多政策和制度流于形式，难以真正落到实处。

（四）基层服务管理面临困境

当前社区服务站在流动人口服务管理方面面临多重困境，其中在人员使用上面临的困境是：一方面，政府要求尽量使用“4050”人员或下岗退休人员，但这些人员参与流动人口服务管理工作的积极性不高，基本能力素质也无法适应工作需要，基层服务站在工作上只能依靠少数年轻工作人员。另一方面，由于服务站既没有正式编制，工资待遇又低，无法吸引高素质的年轻人长期踏实开展工作。此外，基层服务站大多没有自己的办公场所和基本办公设备，只能与村（居）委会或者警务站一起办公。这种人员、资金、设施困境使得基层服务站无法有效完成信息采集和治安管理等基本工作，很难做好专业服务性工作。

（五）管理服务机制缺乏创新

流动人口的不配合，也是当前北京市流动人口服务管理工作中面临的突出难题。不但基层服务站“被动上门管理”不被流动人口理解，而且“主动上门服务”也难获理解和支持。归根结底，工作机制缺乏创新是主要原因。因此，要主动创新流动人口服务管理的工作方式和工作载体，倡导树立流动人口服务管理的新理念，努力拓展流动人口服务管理的工作内容。

（六）属地化管理服务难落实

当前，流动人口的管理主要采用属地化管理模式，而目前北京市对流动人口的管理体制比较混乱，容易出现多头管理，有利益可图时会争着办，而在违反政策的相关统计上报时，却互相推诿，不愿承担责任；另一种情况则是行政区划界线与实际街、乡管理范围不尽一致，出现地区管理工作上的真空，不利于流动人口管理。在机构和人员配置方面，对流动人口的现行管理中，各机构人员的配置情况一般是按照当地户籍人口规模确定，使得流动人口现居住地机构设置和人员配置不能适应流动人口增长形势。流动人口流入后，导致现居住地工作量增大。多数流动人口多的地方只能聘用临时人员组成工作队伍，开展流动人口管理服务工作。在这种模式下，政府不能有效地掌握流动人口的动态，对流动人口的信息不确定而有可能导致调控决策失误。

第六节　北京社区文化建设的基本现状及主要问题

社区文化是城市文化和整个社会文化建设的重要组成部分，北京的社区文化从不同侧面折射出北京作为国际大都市的特色，从不同层面反映出北京市民丰富多彩的精神生活，健康向上的精神世界。社区文化服务建设是国家公共文化服务体系中的重要组成部分，是社区公共服务建设的重要内容和关键环节，也是“世界城市”建设的重要内容。

一、北京社区文化服务的基本现状

了解北京市社区文化建设的基本现状，对加强社区文化建设有着重要意义。以下从建设主体、服务需求、服务供给以及服务政策等四个方面来梳理北京社区文化服务的基本现状。

（一）北京市社区文化建设主体现状

社区文化服务建设有三个利益相关主体：生产者、提供者和消费者。具体而言，主体主要包括政府、市场组织、非政府组织（NGO）以及社区居民等四大主体。目前，在北京市社区文化服务建设中，这四大主体拥有者不同的角色定位，各自发挥着具体的作用，推动着北京市社区文化服务建设的不断发展。其一，政府在北京市社区文化服务建设中发挥着核心作用。在北京市政府的推动下，北京市社区文化服务水平不断提高，设施建成率大幅提升。市和区县文化馆、图书馆实现全覆盖；街道乡镇和社区农村文化设施覆盖率达到 96.4%；公共图书馆计算机信息服务网络覆盖全市；首图二期工程和北京市文化活动中心项目稳步推进；基础文化服务设施建设达到全国领先水平。其二，市场组织在北京市社区文化服务建设中发挥着重要生产者的作用。市场组织参与社区文化服务建设主要采用合同生产、特许经营和凭证服务生产等几种方式。其三，非政府组织在社区文化服务建设中发挥着补充生产者的作用。目前，北京市社区文化服务建设中的非政府组织主要为兴趣性的志愿者组织，例如，各种养鸟、种花、读书等组织和社区票友队、健身武术队、老年文艺表演队、艺术活动组、球类活动组等以文化、艺术、健身为内容的自发组织。其四，社区居民在社区文化服务建设中发挥着消费者的作用。社区文化服务建设离不开社区居民的参与，同时，应该以社区居民的公共文化需求为中心，进行制度设计，实现社区文化服务的合理有效供给。目前，北京市社区文化服务建设特别注重社区居民的有效参与。

（二）北京市社区文化服务需求现状

北京市社区文化服务的需求呈现出多元化发展趋势。一方面，北京市社区文化服务需求持续增加；另一方面，北京市居民文化娱乐需求持续增长。此外，据 2012 年 5 月北京市统计局、国家统计局北京调查总队“北京市民的公共文化参与和文化需求调查”发现，目前仍然存在诸多制约北京市社区文化服务需求的因素，如公共文化设施在区域、城乡之间的分布不均衡，文化消费价格居高不下，公共文化机构在运行管理等“软”服务建设上还有待改善以及闲暇时间不足等。

（三）北京市社区文化服务供给现状

北京市社区文化服务的供给主要体现在以下三个方面：第一，社区文化服务水平不断提高。北京市通过狠抓公共文化四级服务设施建设、丰富基层公共文化服务内容、提升公共文化服务信息化水平、广泛开展基层文化志愿服务等手段，推动全市公共文化服务事业步入现代化快速发展轨道，率先在全国发挥建设城乡均衡公共文化服务体系的示范引领作用。第二，社区文化服务建设中的文化基础设施不断完善。作为国家文化中心，北京市一直以来高度重视公共文化事业的发展，逐步形成了国家级、市区级、社区级等满足不同群体需求的层次分明的文化设施结构体系。第三，社区文化服务供给方式不断创新。目前，北京市社区文化配套设施规划建设在以开发建设单位配套建设为主的基础上，实现政府投资建设和开发商共同参与，逐渐呈现出多种规划实施和建设方式共进的趋势。

（四）北京市社区文化服务政策现状

2005 年以来，北京市委、市政府、市社区建设和城市管理体制改革领导小组办公室、市社工委先后出台政策和措施，提出了社区文化服务建设的各项要求和目标。2011 年，《北京市国民经济和社会发展第十二个五年规划纲要》对社区文化服务提出了更为具体的要求，包括社区文化站达标覆盖、重点加强大型社区等区域文化设施配置等方面。随着经济社会的不断发展，北京市日益重视社区文化服务建设，逐渐明确社区文化服务的基本内涵，实现社区文化服务建设的精细化发展，并将各项相关政策落到实处。

二、北京社区文化服务存在的主要问题

北京作为中国的首都、政治文化中心，其社区文化的建设起步较早，一些社区的发展思路和模式的探索已经走在了全国社区文化建设的前列。然而，从整体上讲，社区文化服务发展尚属初级阶段，存在着认识不统一、供给主体不明确、供需脱节、配套保障不到位等多种问题。

（一）对于社区文化服务的认识尚待进一步提升

目前看来，对于社区文化服务的认识并未达成统一。这主要包括两个方面：首先是对于社区文化服务本身的概念、内容、作用并没有系统地进行梳理和总结，包括对社区文化服务和社区体育、社区教育没有进行明确的划分，社区文化服务中服务的主体和内容不明确，尤其是对于适合于北京当前乃至在今后若干年建设世界城市的总体规划背景下的社区文化服务，尚处于探索阶段。其次是对于社区文化服务在社区建设以及城市建设中的重要性缺乏统一的认识。相对于社区养老、社区卫生、社区社会保障等社区服务而言，社区文化服务似乎尚未得到足够的重视。

（二）社区文化服务的供给主体需进一步明确

社区文化服务的供给主体不明确是当前社区文化服务存在诸多问题中的首要问题，是所有矛盾中的主要矛盾。这主要包括两个方面：一是社区文化服务中哪些是政府提供的公共服务，哪些是可以通过市场机制获取的市场服务，哪些是社区居民自给自足的自我服务，这是一个困难的理论问题，也是一个棘手的现实问题。二是社区文化服务是社区建设的一个方面，而目前对于谁是社区建设的主体尚未达成共识。目前，学术界的主流观点是社区自治，认为应当将社区建设的主体从政府还给社区自身。然而，目前社区建设的现实情况是，社区居民参与社区活动热情不高，社区组织化程度较低，社区自治是一种美好的理想而无法真正实现。因此，另

一种观点认为，政府应该成为社区文化服务的真正主体，社区服务是政府不可推卸的责任。这两种观点哪种更适合中国的现实情况，尚未有定论。

（三）社区文化服务的供求与需求存在一定程度的脱节

目前，北京市社区文化服务供需脱节的现象依然比较突出，主要体现在两个方面：一是有些社区居民需求的社区文化服务没有供给，即供不应求。从我们的调查问卷结果来看，大多数社区居民非常希望社区能够为他们提供良好的文体活动空间，修建良好的文体设施，并希望社区能够举办公益讲座、文体活动，而现有的社区文体设施并不能够满足他们对于文化服务的需求，社区内部也并没有形成一种温馨和谐的文化氛围。二是有些社区提供的文化服务并不为居民所需求，即某些服务供过于求。这主要是由于当前我国城市社区的管理机制，依然是行政化占主导，尚未形成社区居民自治的目标，这就导致社区文化服务的供给与社区居民自身的文化需求可能并不重合，供给者对于需求缺少回应性。

（四）社区文化服务的相关配套保障尚未完全到位

社区文化服务的相关配套保障主要包括人、财、物三个方面，即人才队伍保障、经费保障、设施建设保障。当前，社区文化服务相关配套保障依然无法满足现实的需要。目前，北京的各个社区每年都会选拔一些应届毕业生作为社区工作者，培养他们成为将来的社区管理人员。但由于工作任务重、报酬低、缺乏激励机制，大多数大学生知难而退，有的上任两天就提出辞职，而剩下的一些并没有把社区建设作为他们的事业，而主要是看重了社区工作者所享有的优惠政策。另外，一些社区居民反映，该社区原本为数不多的可供居民进行文体娱乐的空间经常被挪用、借用，文体活动中心所承担的作用太多，除了文体娱乐，有时还不得不被用作会议、储藏室、报告厅等等，这使得原本有限的空间更显得捉襟见肘，难以满足居民的文化需求。由于社区自身的资源和空间有限，而社区所辖的一些单位、学校的图书馆、运动场馆又未能向居民开放，实现社区资源共享，造成场馆利用率低，社区文化服务硬件保障不到位。

第七节 北京社区养老服务的基本现状及主要问题

随着社区建设及社区服务的日益完善和发展，社区养老服务作为社区服务的基本内容，既符合传统家庭养老观念，又较好地契合现实社会经济条件，成为养老服务提供的重要载体。为解决老年人的养老服务问题，北京市根据老年人的实际需求，结合北京经济社会发展水平，借鉴国内外发展养老服务的经验做法，确定了“9064”养老服务模式，初步建立了“以居家养老为基础，以社区服务为依托，以机构养老为补充”的养老服务体系，并把建立市、区（县）、街（乡）、居（村）四级养老服务中心（站）列入“十二五”规划。同时，北京积极探索社区养老的模式，出现了典型的“汽南模式”和“德胜模式”的社区居家养老。北京市的社区养老发展到现阶段，已经具备了很多有利条件，但从整体上看，全市的社区养老服务水平还比较低，发展不平衡，与人口老龄化发展的要求不适应，当前推行社区养老的过程中还存在不少困难。

一、北京社区养老服务的基本现状

北京社区养老服务经过多年的探索发展已经初具规模，初步形成以设施服务、定点服务和上门服务为主要形式，以日常生活照料、医疗保健、心理保健、文化娱乐、参与社会以及权益保护等为主要内容的服务格局，在硬件设施、组织机构和人员支持上获得了空前提高。[①] 北京城市社区养老优待办法的实施，通过引导老年人建立起健康的生活方式，扩大活动范围，积极参与社会发展，使老年人体会到“出行更省钱，就医更方便，身心更健康，生活更幸福”，使社区成为“老有所养、老有所医、老有所教、

① 参见于燕燕主编：《中国社区发展报告（2008—2009）——北京蓝皮书》，北京，社会科学文献出版社，2009。

老有所学、老有所为、老有所乐”的基础保障。

（一）社区老年卫生服务

北京社区卫生服务机构对老年人实行“三优先”（就诊、出诊、建立家庭病床）服务。2009 年为老年人设立健康档案 185 万余份，新建家庭病床 802 张，免收老年人挂号费 58.27 万人次，免费查床 3 912 次，免费体检 20.7 万次。2011 年社区卫生服务机构为老年人建立健康档案 241.2 万份，免收普通门诊挂号费 910.6 万人次，优先出诊 22.7 万人次，新建家庭病床 964 张，免费查床 4 009 人次，为 26.8 万名符合优待政策的老年人免费体检；157 万名老年人接受健康管理服务。按照市民政局颁发的《北京市“十二五”时期老龄事业发展规划》，全市将规范建设 6 000 个社区（村）托老（残）所，与养老机构共同组成床位达 6 万张，养老（助残）餐桌达到 1 万个，实现两项服务全覆盖。

（二）社区老年文化服务

北京社区围绕“老有所学、老有所乐”的工作目标，大力开展以思想交流、精神慰藉为主的社区老年文娱活动，文化内容丰富多彩，如各种文化艺术节、书画比赛、时装表演、秧歌、合唱，特别是针对老年人开展的读书会、老年大学、老年问题讲座，极大提高了社区老年人的文化层次，满足了其精神需要。与此同时，社区还设立聊天室、心理咨询师，针对老年人因丧偶或子女不在身边而孤单寂寞，因收入减少而生活困难，因婆媳不和或同子女的矛盾而闷闷不乐等心理问题，及时为老年人进行心理疏导。

（三）社区老年福利服务

2009 年，北京市民政局出台了《北京市市民居家养老（助残）服务（“九养”）办法》，由各级主管部门通过公开招标方式，选择餐饮企业承担服务，为老年人和残疾人提供安全的配餐和就餐服务，并为行动不便的老年人和残疾人提供家庭送餐服务。市民政局和市残联将有计划地对街道（乡镇、地区办事处）和城乡社区（村）中的部分养老（助残）餐桌给予补贴。为解决老年人和残疾人日间生活照料困难，北京市政府利用现有的社区服务中心、社区“星光老年之家”（老年活动站）、社区“残疾人温馨家园”、职业康复中心等服务场所和社会空闲房屋及家庭空间建立社区托老（残）所，利用社区居民家庭空间开办以生活互助和文体娱乐等为主要内容的互助点，提供老年人和残疾人的日间托管服务。

（四）社区老年综合服务

针对老年人的特殊性，综合服务主要包括便民利民服务、家政服务、礼仪服务、便民餐点、信息咨询服务、综合修理服务等，涉及老年人生活的各个方面，与老年人生活联系最密切，最能体现老年人的生活需求。目前，北京市各级社区服务中心和老年活动中心对老年人提供优惠服务。按照市民政局颁发的《北京市“十二五”时期老龄事业发展规划》，全市195个街道（乡镇），“十二五”期间将新建或扩建不少于1 500平方米的社区服务中心，其养老服务中心用房面积将不少于500平方米。

二、北京社区养老服务存在的主要问题

在现阶段，社区养老虽然有了很大发展，但还存在着认识不足、发展不平衡、基础设施落后、专业化水平不高等问题，无法满足市场需求，这就需要政府和社会以老年人的需求为中心，从生活、生理和情感等各方面给予老年人关怀，营造市场运行机制，加强社区养老的基础设施建设，培训社区养老专业人员，提供不同群体相应的社区服务，逐步完善北京的社区养老。

（一）对社区养老认识不足

我国一直以来推崇的是传统的家庭养老，“养儿防老”的思想根深蒂

固。因此，不仅是普通百姓，甚至是一些相关的职能机关和管理部门都没有真正意识到开展和完善社区养老服务的重要性和迫切性。也就是说，并没有把建设社区养老服务体系当作建设社会主义精神文明和物质文明的一部分，没有把建设社区养老服务体系上升到关系整个社会稳定发展和谐的高度来看待。一方面，由于一些官员和群众对老龄化严峻的现状缺乏清醒的认识，对社区养老这一新模式无法理解；另一方面，有的社区发展落后，没有条件开展社区养老，思想跟不上形势，只能依靠家庭的力量解决养老问题。在人口日益老龄化和高龄化的严峻形势下，如果不能处理好养老问题，会对我国的经济发展、社会建设和社会稳定造成重大影响。

（二）社区养老服务资金比较短缺

随着人口老龄化进程不断加快，高龄人口数量逐渐增多，老年人对居住、医疗护理、文化体育设施等方面提出更多、更高的需求，而这些都对养老资金提出了更高的要求。社区养老服务从本质上讲具有社会福利性质，长期以来，尽管国家投入逐年加大，但由于目前其他方面资金来源渠道尚不确定，服务补贴标准偏低，所以常常面临资金不足、不能支撑其运作与相关设施购置的尴尬局面。以往十几年的情况表明，兴建社区服务设施和开展社区养老服务活动都依赖于区、街、居委会千方百计筹集资金，而相当多的区、街、居委会经济实力较弱乃至财政困难，势必影响社区服务的发展。此外，许多社区服务项目以无偿或低偿服务为主，自身积累能力较差，甚至连维持现有设施发挥正常功能也比较困难，加上聘请专门的管理人员，容易使社区养老的运行出现资金短缺的问题。

（三）社区服务队伍整体素质有待提高

社区工作并不是人们通常认为的那种社会地位低下、素质要求不高的职业，而是一种对专业知识和专业技能要求极高的专业。目前，我国从事社区养老工作的绝大部分是没有受过专业训练、不具备专业知识或者是下岗和再就业的工作人员。社区两委往往还承担着街道办事处交付的各项政府服务功能，而社区工作人员缺乏为老年人服务的经验，难以适应老年人这一特殊群体。[①] 另一方面，目前我国社区养老服务中的志愿者队伍普遍缺乏，甚至有的社区没有志愿者队伍，缺乏公众支持基础。没有社区公众的广泛支持与参与，社区养老服务工作的开展步履艰难。

第八节　北京社区社会保障服务的基本现状及主要问题

北京市人力社保局、民政局、残联、卫生局、商务委、住建委等政府部门，在社区层面重点针对老年人、残疾人、退休人员、低保人员等社会弱势群体开展了内容广泛的社区社会保障公共服务活动，并按照不同的功能和服务对这些活动做了分类。从国内横向比较看，北京市社区社会保障服务的水平较高，在全国处于领先地位。从国际横向比较看，北京市社区社会保障在服务项目上还有待完善。相比于西方发达国家和香港等先进地区的服务项目，北京市社区社会保障服务还不够细，一些服务项目有待进一步完善。

一、北京社区社会保障服务的基本现状

“十一五”时期，北京市加快包括社区社会保障服务在内的社会保障体系建设，按照“保基本、全覆盖，先保险、再救助，逐步完善提高”的思路，创新保障制度，填补社会保障制度空白，实现了社会保障制度全覆盖。社会保障制度从职工保障向全民保障、从城乡二元保障向城乡一体化保障、从单一层次保障向多层次保障发展，切实有效地保障和改善了民生，促进了经济社会协调发展。

---

① 参见赵杰昌：《资金短缺成社区居家养老发展瓶颈》，载《社区》，2011（19）。

（一）创新社会保障制度，率先实现制度全覆盖

北京市率先实现养老保险制度城乡一体化，创新建立“个人账户与基础养老金”相结合的新型农村养老保险制度，并在新型农村养老保险制度的基础上建立了城乡居民养老保险制度，城乡居民养老保险实现了制度模式、缴费标准、保险待遇城乡一体化。北京市率先实现医疗保险制度全覆盖，为“一老一小”和无业居民建立了城镇居民基本医疗保险制度，整合城镇职工医疗保险制度，把区县公费医疗人员并入城镇职工基本医疗保险制度。目前，北京市形成了以职工基本医疗保险、城镇居民基本医疗保险和新型农村合作医疗为主体，覆盖城乡全体居民的基本医疗保障制度框架。此外，北京市的失业、工伤、生育保险保障能力也得到进一步提升。

（二）创新养老助残模式，社会福利水平提高

按照“9064”养老服务模式，政府购买社会化养老服务，满足老年人就餐和托老需求，出台鼓励引导社会力量兴办养老服务机构的优惠政策，全面落实老年人优待办法，65 岁以上老年人可以免费乘公交、逛公园、游博物馆；建立残疾人专项生活补助制度和残疾居民参加社会保险补贴制度，残疾人的基本生活、养老、医疗等需求得到制度性保障，率先实现残疾儿童少年康复服务全覆盖。

（三）健全社会救助制度，实现社会救助无盲点

北京市以最低生活保障为基础，专项救助制度相配套，临时救助和社会互助为补充的城乡社会救助体系进一步完善。进一步扩大救助范围，医疗、教育、住房等专项救助政策基本覆盖到全市城乡低收入群众。建立新型农村五保供养制度，全市五保供养对象全部实现了从集体互助向公共财政保障转变。实施农村住房救助，加快推进农村危旧房翻建工程，为数万农村社会救助对象解决了住房困难。在全国率先成立首都慈善公益组织联合会，将 12 月 3 日确定为首都慈善公益日，推动慈善事业蓬勃发展。

（四）提高社会保障待遇，共享社会发展成果

北京市的社会保险基金管理水平和社会保障待遇水平不断提高。首先，城镇各项社会保险基金收入增长很快，建立了行政监督、内部监督、专门监督和社会监督“四位一体”的社会保险基金监管体系，确保了基金安全。其次，社会保障待遇水平大幅提升，享受职工基本养老保险待遇人员平均养老金待遇，城乡居民月人均养老保险待遇、失业保险金标准、工伤保险伤残津贴、护理费和供养亲属抚恤金标准以及城镇职工、城镇居民基本医疗保险住院最高支付限额，城镇职工门诊、住院医疗、社区就医报销比例，退休人员门诊医疗费用报销比例，新型农村合作医疗住院最高补偿标准，城乡居民最低生活保障标准也都有很大的提高。优抚对象抚恤补助标准实现城乡一体化，义务兵优待金标准实现城乡一体化，并且标准都有了很大提高。

二、北京市社区社会保障公共服务存在的主要问题

北京市现有的城市社区社会保障服务虽然有一定的发展基础，但是由于体制和历史的原因，还存在着许多问题，已构成了北京市社区社会保障服务进一步发展的制约因素，不利于其功能的有效发挥。

（一）社会保障网络化管理系统相对滞后

当前，北京市的社会保障网络化管理系统相对滞后，社区社会保障服务体系一体化尚未完全实现。目前，随着北京进入建设世界城市的新阶段、公众利益诉求多元化，北京市社保制度的开放性越来越强，这就要求社会保障制度以及社区社会保障服务体系包容各类人群并可实现社保区域间的转移接续，尤其是北京市人口流动性比较强，越来越多的农村人口涌入，同时专业人才间由于发展需要也会存在岗位变动、人口流动的情况。当前北京市社区社会保障服务的管理网络技术还没有完全适应这一新的情

况，由此影响到人们享受社会保障的权利，其中医疗保险受影响最大。

（二）管理人员对社会保障政策认知不够

部分社区社会保障服务政策执行人员对社会保障政策缺乏正确的认知，影响到了服务的质量。政策执行人员只有充分认知社会保障政策，才会坚定地、创造性地、完善而准确地执行社会保障政策，保证政策获得预期的执行效果。执行者对政策的认同、对政策执行行为的投入、创新精神、对工作的负责、较高的政策水平和管理水平是政策得以有效执行的重要条件所在。如果政策执行人员不能正确认知社会保障政策，就很有可能在政策执行上出现问题。然而，大多数社区基层人员文化水平不高，对社会保障理论及政策的认识与理解粗浅，缺乏相关的专业知识和技能，导致政策执行水平比较低。

（三）社区社会保障服务运作过度行政化

当前，北京社区社会保障服务运作模式过度行政化，社会化程度不够。在社区社会保障层面，这种模式在功能上是政府职能的下延，组织上是依托政府支持下的事业单位，服务形式上仍完全以行政化服务为主。这种模式运作中的最大缺陷是：社会保障的资源来源和资源流向均局限于政府体制之内，来源的单一性和流向的封闭性导致资源有限化以及利用效率低下。目前这种过度行政化的社区社会保障服务运作模式，很难建构一种多元化、流向开放的社区社会保障运作机制，也无法产生一种有效的激励手段让各类社区主体，包括企业、居民或其他社区组织，提供他们所拥有的、社区社会保障服务所急需的资源。

（四）社区社会保障资源的配置效率较低

由于社区社会保障体制的部门分割及协调性差，容易造成社区社会保障操作系统资源重复配置。在北京市，社区社会保障的具体实施主要涉及多个职能部门，既有人力资源与社会保障、民政、教育、工商、市政、卫生、城管、税务部门实施的救助，也有司法、工会、共青团、妇联、计生等部门提供的救助，各部门在具体政策执行时，一般以部门为单位各自为政，这些部门之间的职责界定不清，经常发生矛盾，不可避免地造成应保未保的现象，有时甚至会发生互相推诿的情况。同时，社区社会保障服务职能还不够明确，组织管理体系也不够健全，给社区社会保障服务工作的推进造成了很大困难。而且社区社会保障尚未真正纳入社区建设整体之中，因而难以有效整合社区保障资源。

（五）社区社会保障非政府组织介入不足

北京社区社会保障服务还普遍缺乏有活力的非政府组织的介入。国外大量介入社区社会保障服务的独立于政府之外的非政府组织，大多起源于教会、慈善机构和民间的自助力量。北京社区社会保障服务的供给和生产中的非政府组织本身无论从数量上还是从质量上看，发育都不很成熟，主要表现为非政府组织机构少、动员社会资源的能力差、法制和政策滞后等，由此导致北京市绝大多数社区基层社会保障的运作都是准事业单位性质，社区服务机构体制上存在弊端，社区民间组织缺乏。再加上它们大都从政府组织转变过来，与政府的关系还没有真正理顺，政府仍习惯于计划经济时代的传统做法，自觉或不自觉地将非政府的社会组织作为依附于政府的附属单位或下属单位，并且直接干预这些组织的自主权。

此外，北京社区社会保障服务缺乏有力的法律保障。社区保障服务在北京市发展多年，在现实社会生活中的作用越来越突出，但是这一不断发展壮大的事业在国家的社会保障体系、社会福利事业中究竟占据什么地位、扮演何种角色、发挥何种作用等问题，在法律上一直没有明确的规定。

第十一章

研究结论和政策建议

改革开放以来，社区在我国社会格局中的地位发生了巨大变化。在社会转型中，传统的社会管理格局被打破，“单位制”日渐式微，“社区制”蓬勃发展，社区已经由过去计划经济体制下的处于弱势化和边缘化地位，转变为现代社会的基本单元和社会成员获得公共服务的重要场所，成为承接经济体制改革、社会体制改革和政府管理体制改革所剥离的社会管理与公共服务职能的重要平台，成为政府职能转变过程中落实政府公共服务、加强社会建设的基础环节，也成为社区居民自我管理、自我服务、自我教育和自我约束的重要途径。社区公共服务建设是时代发展的必然要求，是传统社会转向现代社会的必经之路。

社区公共服务建设实质上是社区层面上的公共服务供给问题，涉及政府、社区、社会、市场和居民之间的关系以及社区定位、社区公共服务属性、社区公共服务供给体制机制等理论和实践问题。在社区公共服务供给短缺的情况下，只有正确处理好政府、社区、社会、市场和居民之间的关系，明确社区定位和社区公共服务属性，创新社区公共服务体制机制，才能调动各方面力量参与社区公共服务建设的积极性，从而提高社区公共服务的有效供给。

北京市在社区建设中，紧紧抓住社区公共服务建设这个核心环节，把社区建设纳入社会建设系统工程中来，通过整合社会建设资源，调动政府、社区、社会组织、经济组织和社区工作者等各方面积极性，形成社区建设合力。在统一规划、部署、实施社会建设系统工程过程中，按照“一分、三定、两目标”的总体思路着力推进包括社区公共服务建设在内的社区规范化建设，形成了以社区为依托，以社区居民服务需求为导向，以合理界分社区各方面利益关系为切入点，以政府主导、多方参与、规范运作、协同提供、共建共享为主要特征的社区公共服务“北京模式”。

本课题在深入调研的基础上，对“北京模式”的创新性、社区公共服务属性和分类、社区公共服务规范化和标准化、社区公共服务财政投入、社区公共服务创新机制、社区公共服务绩效评价等与社区公共服务供给相关的一系列问题展开研究，取得了重要的研究成果。本研究所得出的结论和建议是在对北京社区公共服务建设的丰富实践进行总结提升和科学论证的基础上形成的，对于加强北京社区公共服务建设具有重要的指导意义。

一、研究结论

根据《北京社区公共服务建设研究》项目研究计划和研究目标，本课题主要从“北京模式”的创新性与不足、社区公共服务的分类提供、社区公共服务规范化和标准化、社区基本公共服务财政投入机制、社区非基本公共服务创新、社区公共服务民营化模式、社区公共服务设施规划与建设、社区公共服务绩效评价与监督问责以及北京社区公共服务建设的实践等方面展开研究，并得出如下研究结论：

（一）“北京模式”的创新性与不足

（1）北京市在社区建设的长期探索中形成的公共服务模式——“北京模式”——是一个新的社区建设模式，是社区公共服务建设理念创新、管理体制创新、治理模式创新和服务方式创新的结果，是科学运用市场经济条件下首都社区公共服务建设发展规律，大胆创新社区公共服务供给模式的有益尝试，是适应社区居民多样化、多层次的服务需求，在政府主导下分类推进社区公共服务建设，有力促进社区各项服务事业发展，提高社区服务主体协同能力，形成社区建设合力，不断促进社区事业繁荣发展的有益探索。这是本研究得出的基本结论。

（2）“北京模式”还存在一些不足之处。比较突出的问题是，政府对社区服务边界缺乏清晰的界定，致使提供社区服务的各类服务主体责任不清。政府既是社区公共服务主体，也是社区公共服务的规划者。在没有清晰界定社区公共服务属性、范围和内容的情况下，在没有明确区分各种类型的社区服务的情况下，政府以“改善和保障民生”的名义把一些不应该由政府承担的社区服务项目和服务内容也一概承担下来。这既加重了政府负担，又对社区自治功能的发挥造成了一定影响。实际上，在社区范围内，政府不该做、做不了和做不好的事情，可能正好是社区组织、社会组织、市场组织应该做、做得了和做得好的事情。

（3）正确界定社区服务边界，依法区分不同社区服务主体的责任，是克服“北京模式”缺陷的不二选择。这涉及对社区居民服务需求和社区各种利益关系的认识，也涉及政府、社区、社会、市场和居民在社区公共服务建设中的定位，还涉及政府管理体制和社区管理体制机制问题。解决这些问题，需要从以下几个方面着手：第一，科学界定社区公共服务的属性和范围，正确界分社区服务和社区公共服务，处理好社区公共服务与社区非公共服务之间的关系；第二，进一步加强社区居民自治，提高市民的社区意识和社区现代化水平；第三，进一步细化和完善社区公共服务项目内容，把那些不具有基本公共服务属性或基本公共服务属性不明显的服务项目从政府提供的社区公共服务清单中剔除出来，转由社区组织提供或由市场提供；第四，结合北京社区公共服务建设的实际情况，构建社区公共服务建设高层次综合协调机制，通过机构精简、合并和优化，进一步推动社会建设领域机构改革和社会管理体制创新。

（二）社区公共服务的分类提供

（1）社区居民多样化、多层次的服务需求对加快社区公共服务体系建设、实现服务供给多元化提出了现实要求，也有力地促进了“北京模式”的开放性和包容性。

（2）与社区居民的基本公共服务需求、非基本公共服务需求和非公共服务需求相对应，多元化的社区公共服务供给体系应包括社区基本公共服务体系、社区非基本公共服务体系和社区非公共服务体系。其中，社区基本公共服务体系和社区非基本公共服务体系共同构成社区公共服务“二元体系”。

（3）北京市为促进社区服务多元化发展采取了一系列重要举措。其主要内容包括两大方面：一方面加快推进政府主导的社区基本公共服务体系建设，一方面通过构建“一刻钟社区服务圈”等多种形式，积极推动社区组织、社会组织、企业、个人和驻社区单位等各方面力量参与社区服务和社区建设。社区公共服务多元化发展在保持现代社区的多样性，更好地满足社区居民多样化、多层次和多方面的服务需求等方面发挥了重要作用。

（三）社区公共服务规范化和标准化

（1）社区公共服务规范化和标准化是北京市社区规范化建设和智慧社区建设的核心内容，是全面、及时、有效回应社区居民的服务需求，实现社区公共服务最佳效果的制度创新、组织创新和管理创新活动，是提高政府效能和社区公共服务水平的重要途径，是“北京模式”时代特征和生命力的重要体现。

（2）北京市把社区公共服务制度规范和标准概括为“一分、三定、两目标”的总体要求，并制定社区规范化建设试点实施方案，从社区服务站建设、社区工作职能、社区运行机制、社区志愿服务、社区工作者管理、社区基础设施配置、社区经费投入等七个方面对社区公共服务建设所涉及的规范化内容进行细化，在短短三年时间内在全市社区全面实现了社区组织体系规范化、社区治理机制规范化、社区服务规范化、社区运行保障规范化、社区服务设施标准化和社区队伍建设规范化。

（3）在社区规范化建设基础上，北京市积极推进智慧社区建设，以更高标准、更高要求构建全方位、智慧型社区居民需求—回应机制，利用物联网、云计算、移动互联网、信息智能终端等新一代信息技术，不断创新社区服务方式，同时继续发挥传统社区服务方式的积极作用，通过全面提升社区公共服务规范化和标准化建设水平实现对社区居民服务需求的全方位回应和各类社区服务的智能化提供，逐步形成全方位、智慧型社区居民服务新格局。

（四）社区基本公共服务财政投入机制

（1）社区基本公共服务是政府主导、依托社区向居民提供的公共服务，是国家基本公共服务在城乡基层的实现形式，是增强居民社会认同感、促进社会和谐稳定的重要手段。向社区居民提供基本公共服务是转变政府职能、依法履行政府职责的需要。

（2）北京市在社区基本公共服务方面的财政投入是一项惠民工程，各项投入都直接或间接地使社区居民从中受益。近年来，北京市从建设服务型政府和满足社区居民基本公共服务需求出发，先后出台了一系列推进政府公共服务进社区和加强社区公共服务体系建设的财政支持政策，不断加大社区基本公共服务财政支持力度，为增强社区基本公共服务能力提供了重要的保障。社区基本公共服务财政投入主要包括两个部分：第Ⅰ部分：由市、区（县）政府根据已经形成的社会共识、经济社会发展水平、社区居民基本公共服务需求等情况依法确定社区基本公共服务范围和类型，针对社区基本公共服务项目提供的财政性资金（社区居民直接受益）；第Ⅱ部分：市、区（县）政府以社区为依托，为社区管理和公共服务平台建设提供的财政性资金（社区居民间接受益）。

（3）政府对社区基本公共服务财政投入的两个部分相辅相成，增强了居民的社会认同感和社会凝聚力，促进了社区和谐与社会和谐，产生了显著的社会效益：1）政府通过财政投入提供基本公共服务，对居民做出及时、有效的需求回应并由此形成双方之间的良性互动；2）政府通过财政投入保障和改善民生，使社区居民基本公共服务需求得到满足，从而使财政投入有效发挥凝聚人心和维护社会安全稳定的功能；3）政府通过财政投入增强社区基本公共服务能力，促进社区内生服务能力的形成；4）政府通过财政投入带动社会资金投入社区服务领域。

（五）社区非基本公共服务创新

（1）社区非基本公共服务是社区范围内具有公益属性的俱乐部产品，是政府无力提供（超出社区基本公共服务范围）、市场不愿提供（获利少甚至无利可图）而社区居民又有共同需求的公共服务类型，也是“北京模式”注重公益、立足基层、兼顾差别、倡导社区包容的具体体现。

（2）在北京市着力增强社区自治功能、提高社区自我服务能力的一系列政策举措中还没有明确提出“社区非基本公共服务”概念。虽然如此，其增强社区自治功能的相关政策包含着发展社区非基本公共服务的内容，更包含着创新社区非基本公共服务机制的政策导向，即通过政府和社区组织的相互衔接和良性互动，实现政府行政功能与社区自治功能优势互补，实现社区基本公共服务与社区非基本公共服务相互协同。

（3）社区非基本公共服务的发展进一步丰富了“北京模式”的科学内涵，有助于满足社区居民服务多层次、多样化和多方面的服务需求，增强社区居民的归属感，在社区建设中形成社区基本公共服务、社区非基本公共服务和社区非公共服务各有侧重、相互联系、共同发展的多元化社区服务发展格局。

（六）社区公共服务民营化模式

（1）社区公共服务民营化是把市场机制和社会力量引入社区公共服务领域的一种政策安排，是针对政府垄断下社区公共服务供给不足和公共服务供给的低效率而进行的制度变革，其核心内涵在于打破公共服务供给的垄断格局，促进市场竞争，提高公共服务绩效，以更好的服务质量、更高的服务效率、更公平的服务分配来满足社区居民的公共服务需求。社区公共服务民营化反映了现代社区发展的客观要求，是提高社区公共服务水平、促进社区和谐的有效途径。

（2）社区公共服务民营化是转变政府职能的需要。近年来，北京市和全国其他地区通过“管办分离”“政社分开”等形式，加快转变政府职能，积极培育和发展社会组织，由政府向社会组织购买服务，支持社会组织承接政府职能转移，大力推进社区公共服务民营化，形成了具有一定地方特色的社区公共服务民营化模式。北京作为全国首都和现代化国际化大都市，在加快建设世界城市过程中特别注意学习国内外先进经验，在社区建设方面思路更开阔，各项政策更具有包容性。北京市不仅在政府主导的社区基本公共服务中引入市场机制，而且在社区自主提供的非基本公共服务领域，也通过政策引导，广泛吸引社会力量和社会资金兴办社区基础设施，积极探索社区公共服务民营化的有效形式，形成社区多元投入、多元服务、多元治理的多元化发展格局。

(3) 社区公共服务民营化是完善“北京模式”的需要。一方面，由于具体国情不同，民营化的基础和条件不同，我国社区公共服务民营化的制度设计和运行模式与西方国家存在明显区别。另一方面，国内不同地区、不同城市之间在社区公共服务民营化方面也存在不同发展路径或不同发展模式。这些模式与北京市的做法既有共同之处，又有一定差异。国内外各种民营化模式各有优势，通过比较和借鉴，取长补短，有助于社区公共服务建设“北京模式”的进一步完善。

(七) 社区公共服务设施规划与建设

(1) 社区公共服务设施是提供社区教育、医疗卫生、文化体育等公共服务的依托载体，是城市公共服务设施在社区的延伸，是体现社区居民生活质量的重要标志。社区公共服务设施的供给规划和建设是社区公共服务建设的重要内容，决定着社区公共服务设施供给数量和水平，直接或间接地对居民的生活环境和社会福利产生影响，也关系到城市的长期可持续发展。

(2) 在现代城市发展中，人们越来越认识到社区公共服务设施规划和建设的重要性，认为社区公共服务设施的供给应最大限度地与居民对社区公共服务设施的需求相适应，在社区公共服务设施规划和建设中既要满足居民对社区公共服务设施的基本需求，又要体现社区发展的多样性和多层次性，同时在社区公共服务设施的空间布局上要体现公共资源分配的社会公平和公正。

(3) 北京市是我国较早开展城市居住区公共服务设施规划并且把社区建设纳入城市总体规划的城市之一。最近十多年来，北京市对城市居住区公共服务设施规划进行了多次调整，以适应经济快速发展和城市人口增长的需要。为了提高城市建设水平，北京市在城市总体规划中明确提出建设世界城市的发展目标，而且在“十二五”时期社会建设规划纲要中提出创建干净社区、安全社区、服务社区、规范社区、健康社区、文化社区，让社区居民生活更美好的社区建设目标。但是，在人口规模过度膨胀、居民需求不断升级、区域和城乡社区发展不平衡、社区基层重心比较薄弱的情况下，北京社区公共服务设施规划和建设正面临严峻的挑战。

(八) 社区公共服务绩效评价与监督问责

(1) 在社区公共服务建设中，围绕“居民群众满意”这一目标开展服务评价，构建全面、科学、公正的绩效评价体系，建立社区公共服务问责制和监督体系，是建设现代化新型社区的客观要求，也是完善社区公共服务“北京模式”、促进社区和谐稳定的需要。

(2) 社区公共服务绩效评价体系建设是我国社区公共服务建设的一个薄弱环节。在我国，长期以来社区公共服务建设中重投入轻产出，任务要求多，评价监督少的现象相当普遍。由于缺乏科学有效的绩效评估和监督问责机制，社区公共服务供给效能低下、供给数量不足、供给水平差等问题比较突出，而社区公共服务可测性差、评价难、问责难、责任缺失等问题的存在，也严重阻碍了社区公共服务水平的提高。

(3) 在北京社区公共服务建设中，绩效评价和监督问责体系建设也比较滞后，而原有社区建设评价模式已经不能适应现代社区发展的需要，应该根据社区建设实际，以创新思维加快推进社区公共服务绩效评价体系建设。

二、政策建议

(1) 加强对社区公共服务“北京模式”的研究，进一步丰富其科学内涵，提升其内在价值，使“北京模式”成为具有时代特征、中国特色和首都特点的社会建设新格局的重要标志。

(2) 根据社区居民服务需求来源、服务需求指向、服务需求属性、服务需求边界和服务需求价值，准确划分社区服务需求类型和范围，正确界分社区服务和社区公共服务，处理好社区基本公共服务、社区非基本公共服务与社区非公共服务之间的关系，找准政府、社区、社会、市场和居民在社区建设中的定位，准确划分各类社区服务主体提供社区服务的责任。

（3）根据中共十八大精神，树立正确的社区自治理念，把社区自治落到实处，把社区治理、社区公共事务和公益事业等社区自治事务作为社区非基本公共服务交由社区来承担。进一步明确，凡是社区自治事务都应还权于社区，由社区自主承担。进一步理顺政府、社区和市场之间的关系，明确政府、社区和市场在社区建设中的合理分工，使政府、社区和市场三种力量按照各自在社区建设中的定位协调发展，避免政府力量和市场力量过度扩张而挤压社区自治空间，造成社区自治功能萎缩。通过社区居民自我管理、自我服务、自我教育、自我监督来实现社区非基本公共服务的自我提供，是社区居民的民主权利，也是社区自治的应有之义，应该依法予以保障。

（4）进一步推广社区居民自治和业主自治试点经验，构建有利于推进社区自治的体制机制。从推进社区自治、提高居民现代化水平出发，加快创新社区自治机制，进一步完善“北京模式”社区治理结构，应该作为社区建设的一项重要工作来抓。首先，要发挥社区党组织在创新社区自治机制中的作用，在社区党组织领导下凝聚社区群众力量，培育社区居民自治意识，形成基于共同需要、共同利益和共同责任的社区文化认同，为社区自治奠定基础。其次，要通过社区居委会把社区居民自治意识和广泛的社区文化认同转化为自觉自愿的自我管理、自我服务、自我教育、自我监督机制，在社区居民广泛参与和民主协商基础上制定具有约束力的《居民自治章程》和《居民公约》。再次，要通过进一步推广试点经验，研究探索建立社区民办非企业法人制度，作为与社区自我管理、自我服务的自治地位相适应的新型社区组织形式，通过制度创新，不断完善社区自治体制机制，使北京社区自治模式真正成为符合我国基本国情和首都社区发展需要、有助于提高市民现代化水平的新模式。

（5）进一步细化和完善社区基本公共服务项目。第一，调整社区基本公共服务项目清单，充实社区基本公共服务项目内容。以“1060”工程中的社区基本公共服务项目内容为基础，对现有社区基本公共服务项目进行进一步细化和分类，保留其中真正具有社区基本公共服务属性的项目，把具有社区非基本公共服务属性和社区非公共服务属性的项目分别剥离出来，交给社区和市场来提供。同时，对那些具有社区基本公共服务属性、符合社区基本公共服务项目设置条件和社区居民基本公共服务需求，且政府部门有能力提供的项目，在充分论证基础上可以补充到社区基本公共服务清单中来，进一步充实社区基本公共服务的内容。第二，制定社区基本公共服务项目提供标准。根据国家法律法规和北京市、区（县）的相关政策规定，制定与政府公共财政能力相符的社区基本公共服务项目提供方案，明确各类社区基本公共服务项目的提供主体、提供方式和提供标准。社区基本公共服务项目提供标准应该至少不低于国家规定的保障标准。第三，划分社区基本公共服务项目支出责任。社区基本公共服务项目建设所需支出应列入市、区（县）各级政府预算，负责相关项目建设的市、区（县）政府职能部门按相关法律法规和政策规定承担相应的支出责任。第四，明确社区基本公共服务项目覆盖范围和水平。根据北京市社区公共服务建设目标，结合城乡一体化条件下各类社区人口结构和分布状况，明确社区基本公共服务项目覆盖人群和覆盖水平，以满足社区居民（特别是城乡低收入家庭）最基本的生存和发展需要。第五，建立社区基本公共服务项目评价机制。以社区居民对社区基本公共服务的满意度为主要指标，构建社区基本公共服务评价体系，形成以社区居民为主体、多方参与的社区基本公共服务评价机制，提高社区基本公共服务评价的科学性、客观性和公正性。第六，建立社区基本公共服务项目动态调整机制。根据国家有关政策，结合市、区（县）社会经济发展水平和政府财力情况，综合考虑社区居民实际需求和物价水平，建立社区基本公共服务项目与居民实际需求相匹配、社区基本公共服务提供标准与政府财力负担相适应并适当兼顾物价波动因素的社区基本公共服务项目动态调整机制，使社区基本公共服务项目不断得到完善。

（6）进一步推进社区非基本公共服务创新。第一，通过社区组织创新和社区治理结构创新，实现社区非基本公共服务体系与社区基本公共服务体系相互衔接。通过社区服务站这个社区公共服务平台对社区非基本公共服务和社区基本公共服务内容进行分类与整合。第二，通过社区组织创新、社区服务体系创新和社区投入创新，实现社区非基本公共服务体系与社区非公共服务体系之间、社区居民自治与业主自治之间的互联互动。在物业服务平台与公共服务平台之间建立信息共享机制和联系纽带，构建社区居委会与业委会互联、服务站与物业服务企业互动的机制。根据不同社区的具体情况，在社区共识基础上将符合社区非基本公共服务需求且社区有能力提供的部分物业服务纳入社区非基本公共服务提供范围。第三，通过社区组织创新、社区治理结构创新、社区服务体系创新、社区投入创新和社区工作者管理创新等多种创新形式，进一步增强社区民主自治功能，发挥社区居民会议常务会、社区议事协商会议、社区事务听证会等社区民主制度的作用，扩大居民参与，提高社区党组织、社区居委会、社区服务站等社区组织对居民服务需求的回应能力。第四，通过社区服务体系创新、社区组织创新、社区治理结构创新、社区投入创新等多种创新形式，推进社区业主自治，开展社区业主大会法人制度试点，依法维护社区居民的共同利益，进一步提高社区自我管理、自我服务、自我发展能力。第五，通过社区组织创新、社区治理结构创新、社区服务体系创新、社区投入创新等多种创新形式，积极发展社区非营利组织，激发社区社会组织、社区志愿者组织、驻社区单位等参与社区建设和社区服务的积极性。

（7）加快推进社区公共服务民营化。社区公共服务民营化是一个复杂的系统工程，涉及政府、社区、社会、市场、企业、居民等与社区公共服务供给和需求相关的方方面面。目前，北京市推进社区公共服务民营化的条件已经成熟，应该进一步加快社区公共服务改革创新步伐。第一，在制度设计方面，北京市应该将社区服务机构民营化，进一步完善新型社区公共服务供给模式。北京市通过“居站分开”，把社区服务站从社区居委会剥离出来，实行居委会与服务站职能分开，同时又把社区服务站纳入政府公共服务体系。这种制度设计确实非常有利于将政府公共服务推进到社区去，但也不可避免地带来了与深圳“居站分设”模式几乎相同的制度缺陷。近几年，北京市加大社区投入力度，大力发展社区公共服务，同时积极鼓励和支持社区社会组织等各类民间组织的发展，为进一步推进社区公共服务民营化改革奠定了重要基础。在这种情况下，将社区服务站改制为社会组织，推行社区公共服务民办模式的条件已经基本具备。因此，北京市应该在适当的时候进一步推进社区公共服务民营化改革，进一步完善新型社区公共服务供给模式的制度设计。第二，在改革力度方面，北京市应该加快社会组织改革步伐，进一步扩大政府购买公共服务的内容和范围。北京市应该借鉴上海和广东等地的经验，进一步加快社会组织改革步伐，把所有能够通过民办社会组织承担的公共服务都通过政府购买方式落实给社会组织，切实做到社区工作“去行政化”，把传统社会管理体制下那种通过“养人”来提供公共服务的社区公共服务供给模式改变为通过“买项目”来提供公共服务的新型社区公共服务供给模式。第三，在政策法律配套方面，北京市应该进一步加强社区公共服务民营化的相关制度建设，建立和完善社区公共服务质量标准、服务评价、监督和问责等相关制度和政策。要使社区公共服务民营化成为增强社区公共服务供给能力、提高社区公共服务效率的有效途径，还需要认真借鉴西方发达国家在推行民营化过程中加强制度建设的经验，在转变政府职能的同时，提高政府“掌舵”的能力，增加制度供给，使社区公共服务民营化在比较配套和完善的制度环境下有序运行。

（8）加快推进智慧社区建设，构建全方位、智慧型社区居民需求—回应机制。综合运用广受社区居民欢迎的传统服务方式和现代信息技术手段，在对社区居民服务需求进行科学分类的基础上，构建与社区居民基本公共服务需求、非基本公共服务需求和非公共服务需求相对应的需求—回应机制，实现对社区居民服务需求的全方位回应。其中，政府作为社区基本公共服务提供主体，致力于构建社区基本公共服务需求—回应机制，社区组织作为社区非基本公共服务提供主体，致力于构建社区非基本公共服务需求—回应机制，同时，积极发展经营性社区服务产业，使更多企业和个人成为社区非公共服务提供主体，通过市场构建起社区非公共服务需求—回应机制。

（9）进一步加强社区公共服务设施规划和建设。根据北京市人口规模快速膨胀、居民对社区服务设施需求升级和需求多样化、区域之间和城乡之间发展不平衡以及社区基层服务设施供给严重短缺等情况，应借鉴世界城市发展经验，在社区公共服务设施建设中构建多元投入机制，形成多元供给格局，努力提高社区公共服务设施供给水平。第一，应该调整划分社区公共服务设施分类的思路，根据居民对社区服务设施的需求，把社区服务设施按公私属性重新进行界分，分为社区公共服务设施和社区非公共服务设施两大类，其中，社区公共服务设施又可以分为两种类型，即满足居民对社区公共服务设施一般需求的社区基本公共服务设施和满足居民对社区公共服务设施特殊需求的社区非基本公共服务设施。第二，根据居民对社区公共服务设施的需求情况和划分社区公共服务设施的新思路，我们把各项与社区居民日常生活关系密切的公共服务设施重新进行分类，以明确各项服务设施的公私属性及其对应的使用属性，进而明确各类社区公共服务设施供给主体及责任分担。第三，根据相关法律和政策，除社区基本公共服务设施应该由政府提供外，社区非基本公共服务设施和社区非公共服务设施可以由社区组织、社会组织或市场组织（企业或个人）提供，也可以由不同的供给主体同时提供。具体来说，教育类的幼儿园虽然不属于基本公共服务提供范围，但可以由社区居民共同出资建设，也可以由企业或个人投资举办；医疗卫生类的社区卫生服务站属于政府提供的基本公共服务范畴；文化体育类的文体活动站和综合文体活动场地主要由社区组织提供，但政府也有向居民提供基本的文化体育服务设施的责任；商业服务类中的菜市场、便利店、小型超市等提供生活便利服务的设施可以由企业或个人出资兴建，而再生资源回收点、银行储蓄所等特殊行业的相关服务设施可由社区组织或金融企业举办；社区管理服务类中的社区居委会办公和服务用房应该纳入政府提供的基本公共服务范围，同时也可以作为社区居民共同财产的一部分，与物业管理和服务用房一样，由社区居民共同参与提供；社会福利类的托老所可以由社区居民共同提供，而老年活动场站则应由政府和社区共同提供；交通类的存自行车处和居民汽车场库都应由社区居民共同分担；而市政公用类的配电室、有线电视光电转换间和垃圾分类投放站也应由社区居民共同提供。

（10）进一步加强社区公共服务绩效评价和监管体系建设。根据国家基本公共服务体系“十二五”规划提出的要求，从北京社区建设实际出发，以实现好、维护好、发展好居民群众在社区的共同利益为出发点和落脚点，坚持以社区居民为本的服务理念，通过对各类社区公共服务的全面考察，对社区公共服务成效进行综合评价。北京社区公共服务绩效评价体系建设应坚持以“社区群众满意”为主要目标，从社区实际出发，分类构建，分类评价。第一，将“社区群众满意度”评价指标具体细分为“居民对基本公共服务满意度”和“居民对非基本公共服务满意度”两项指标。在分类评价过程中，对每一类社区公共服务都分别考察其提供主体、提供责任、资金来源、保障和调整机制以及对相关类型的社区居民服务需求的回应性。第二，构建社区基本公共服务绩效评价体系，对政府主导提供的社区基本公共服务进行独立评价。第三，构建社区非基本公共服务绩效评价体系，对社区组织自主提供的社区非基本公共服务进行独立评价。第四，社区公共服务绩效评价体系建设要与完善监督问责机制结合起来。在社区公共服务绩效评价体系中，要以居民对基本公共服务和非基本公共服务的满意度评价为基础，统一构建社区公共服务问责制和监管体系，且公共服务问责制和监管体系要覆盖公共服务提供和供给的全过程。

（11）进一步加大社区公共服务财政投入，提高社区公共服务财政资金使用效益。财政资金投入所形成的社区基本公共服务项目必须以满足社区居民的基本公共服务需求为前提，项目设置要有明确的政策依据和目标导向性，要突出项目供给与需求之间的相互匹配，要加强政府对社区居民服务需求的回应与互动。对社区公共服务财政投入效益的评估要综合考虑居民需求回应、社区安全稳定、社区内生服务、社会投入带动等各方面因素。

（12）在市委市政府领导下，进一步完善北京社区建设领导体制，在现有社会建设协调机构基础上，构建高层次综合协调机制，按“大部制”机构改革思路成立市级社会建设委员会，作为全面负责全市社会建设各项工作的综合职能部门，增强综合协调能力，协调解决包括社区公共服务建设在内的社会管理和公共服务跨区域跨部门跨行业的重大问题。

此外，针对北京市社区公共服务建设实践中存在的具体问题，我们提出如下政策建议：

（13）加强北京社区便民服务建设的政策建议：重视社区便民服务的建设工作，鼓励政府、社区、开发商、社区居民的共同参与；进一步加强社区规划，完善基础便民设施建设；构建多元化的便利服务供给机制，在推进社区便民服务供给主体多元化的过程中，需要处理好基层政府机构、社区服务中心、小商小贩、志愿者与非营利组织的关系；加快政府职能转变，完善社区管理机制。政府应该让企业、社会组织、公民共同参与社会管理，实现社区服务主体多元化，构建政府与社会、公民之间良性互动的服务体系；进一步优化新旧社区的便民服务体系，政府要继续投入大笔资金对老旧社区进行全面整治，探索完善老旧社区服务管理的长效机制，合理规划老旧商业布局，构建社区居民对服务提供者的监督渠道。

（14）加强北京公共安全服务建设的政策建议：整合社会各方资源，推动服务机制创新。社区公共安全服务，需要建立领导统一、职能部门分工明晰、社区责权定位准确、全民参与的大安全格局及其科学配套的机制，以保障党政资源的合理配置和优化，从传统管理到依法治理；完善服务队伍建设，拓展社区管理渠道。强化社区自治组织建设，支持民间组织健康成长，加强管理服务企业人员，完善政府参与管理队伍；推进安全文化建设，提升安全服务特色。注重安全文化渗透，注重居民素质提高，注重多样的公共安全教化；创新安全管理模式，抬升整体服务水平。创造居民全员参与社区公共安全机会，创新协作联动管理形式，创新社区公共安全基础设施投资方式方法；创造条件加入安全社区；牢靠把握敏感问题，加强舆情应对能力。对一些主导社区公共安全形势的突出问题，如食品安全问题、治安问题、社区心理安全问题、社区公共安全服务社会化问题等，需要加强政府和社区的共治机制；密切关注重点社区，如多民族社区、同乡化社区、虚拟社区、企业社区、宗教地社区、旅游地社区等，巩固人民群众基础，培养共同的公共安全服务意识和社区归宿感。

（15）加强北京社区卫生服务建设的政策建议：加大投入，加快社区卫生服务机构的建设；合理规划，促进社区卫生机构均衡发展；注重内涵，加强人才队伍建设，改善社区医务人员和社区医疗卫生统计人才短缺现象，建议高校从源头上加大针对社区卫生服务需求的全科医生及卫生统计人才培养力度，同时改革卫生人才评价机制，向社区卫生服务人员倾斜；逐渐扩大北京社区基本药物目录，满足群众合理用药需求；分类考核，提高A类医疗机构中社区卫生服务中心的比重；进一步促进社区卫生服务机构与医保制度的融合；提高北京社区卫生服务的公平性；鼓励职工和退休人员走进社区卫生服务机构；鼓励社会资本进入社区卫生服务机构建设。

（16）加强北京社区教育服务建设的政策建议：继续深入研究社区教育内涵，社区教育是什么教育？怎么样做才符合北京地区实际和社区居民的需求？怎样才能找到社区教育自身可持续发展的生命之源？如何开展社区教育，才能确立社区教育不是其他的教育可以替代的？对于这些问题的思考是明确社区教育地位和理念的前提。建立和完善社区教育的法律政策体系，尽早制定出符合我国国情的社区教育基本法或者终身教育法，积极构建全民学习、终身学习的服务支撑平台，推进终身教育体系建设。整合资源，凝聚社区教育的合力。在政府层面，要加大对社区教育服务的资金投入；在社区层面，要加强社区教育宣传和创新社区教育服务方式；在社会层面，要充分发挥志愿者在社区教育服务中的作用。创新政府社区教育服务投入模式。针对不同的服务又可以采取政府直接出资购买服务和政府出资并引导社会组织长期运作这两种方式。

（17）加强北京社区流动人口服务建设的政策建议：以和谐社区为目标，更新流动人口服务管理的理念和方式，管理理念从歧视转向平等，管理方式从管制转向服务，寓管理于服务之中，从流动人口义务本位转向流动人口权利本位；改善社区流动人口服务的体制格局，优化组织协调框架，将流动人口服务管理的重心放在基层社区，实行服务、管理、教育、维权“四位一体”的全程服务、综合治理；调动流动人口参与社区管理的积极性，引导社区融合与自治，强化职业技能培训，建立流动人口素质教育体系，在流动人口相对集中的社区和企业，政府要推动其加入工会、协会等自治组织，指导创新各种融合性组织形式及载体，强化流动人口“自我管理、自我教育、自我服务”；创新社区流动人口服务模式，对服务绩效进行考核，规范服务管理流程；构建流动人口服务综合信息共享平台，将流动人口信息化管理纳入实有人口信息工作，整合现有公安、计生、劳动和社会保障等部门的信息资源，消除信息“孤岛”，建立全区流动人口数据库，实行“一口采集，多口使用”“一方采集，多方使用”的信息采集与共享机制，建立融采集、统计、分析、查询、交换等多种功能为一体的综合性信息网；构建流动人口表达需求的诉求机制，建立流动人口和出租房屋主需求定期调查制度，建立流动人口和出租房屋主需求答复制度；制定并实施流动人口基本公共服务均等化政策，建立社区流动人口基本公共服务均等化工作领导小组，加强统筹协调，以社区化管理方式提高对流动人口的社会参与、服务水平；加强城市流动人口的社会保障制度的平等性，对流动人口社会保障分类分层，建立适用于城市流动人口的社会保障体系。对在城市有稳定收入和稳定居所的流动人口，应逐步纳入城市社会保障体系的覆盖范围。确立强制性工伤保险制度和失业保险制度，并将受职业病危害的人员纳入工伤保险范围，加强流动人口的养老保险工作，逐步消除户籍管理制度导致的城市和农村户口的二元化管理。

（18）加强北京社区文化服务建设的政策建议：加深对社区文化服务的认识，明确社区文化服务的定位；适度加大投入，鼓励创新，着力提高社区文化服务的供给能力，制定对公共文化基础设施和公共文化事业单位的投入和扶持政策，采取新建、扩建、改建等办法，加快推进以街道文化站、社区文化中心、社区文化广场、社区文化活动室等为主体的社区文化设施建设，形成结构合理、功能健全、实用高效的社区文化设施网络，配好配齐街道党委宣传委员、宣传干事。设立社区文化服务岗位，重点招录有文化艺术特长、愿意在基层从事公共文化服务工作的大专院校毕业生，逐步实现每个社区有一名专职文化指导员，大力发展文化志愿者和文化义工队伍，建立一支稳定的、专兼职结合的基层公共文化服务队伍；鼓励和引导社区居民参与社区文化服务建设，政府应当认识到自身在社区文化服务中的角色定位，针对社区成员的文化需求，开展多种形式的文化交流活动，应当积极鼓励社区居民根据自身的文化爱好组建社区业余文化团队，自行组织文化活动；丰富社区文化服务内容，凸显具有首都特色的社区文化内涵。

（19）加强北京社区养老服务建设的政策建议：多渠道筹措资金是社区养老服务获得发展的物质保障。改革资金来源的单一渠道，多渠道筹措资金，构造社会广泛参与机制，按照“社会事业社会办”“谁投资谁受益”的原则，大力推进投资主体、投资方式多元化；将社区养老服务纳入城市发展与社区建设的总体规划。积极探索并建立与市场经济相适应的社区养老社会化服务管理体制，建立和完善以居家养老为基础、社区服务为依托的专业化养老服务体系。在实施城市整体规划时，把社区养老等服务机构的建设纳入考虑范围，提供相应的经办场所。同时，在供水、供电、供暖等方面给予补贴和优惠，进而扶持托老站、老年餐桌、老年护理站等社区养老设施更好发展；营造市场运行机制，走社会化、产业化相结合的道路。加强社区养老服务设施网络建设，使各社区都具有功能完善的老年服务设施，实现社区养老服务设施规模化经营，使其由初级阶段的零散型、个体型走向集团化、规模化，充分发挥其辐射作用，创造品牌效应，从而使社区养老服务更具专业化特色。① 此外，北京社区养老从整体而言还处于起步和探索阶段，任重而道远，这就需要政府、社会和个人的共同努

---

① 参见曾昱：《社区养老服务的发展方向：专业化、产业化和规模化》，载《西北人口》，2008（3）。

力，争取越来越多的老年人安享晚年。其一，加强政府主导作用，全面统筹和推进社区养老事业。政府及相关部门制定好社区养老事业的政策和发展规划，并将其纳入经济和社会发展的整体规划之中；加强政府的主导作用，提高对社区养老服务事业的投入力度。各级政府部门及其领导应该高度重视社区养老服务事业的发展，进一步加强社区养老事业的领导，并保证每年给予财政上的支持，建立社区专项养老基金，拨专款用于社区老年服务事业的发展和相关设施的建设。其二，提高社区资金投入，切实加强社区养老的基础设施建设。其三，引导社会对社区养老的认识，加紧培养社区养老专业人员。其四，针对不同类型的老年人群，提供不同层次的社区养老服务。其五，健全社区养老服务评估机制，推动社区养老服务体系构建。

（20）加强北京社区社会保障服务建设的政策建议：整合北京市社区社会保障服务制度，包括新农合和城镇居民医疗保险制度，做好外来人口的衔接，进一步明确社区社会保障服务机构和人员的定位，完善社区社会保障服务项目内容，制定北京市社区社会保障服务的分类原则，增加政府对社区社会保障服务购买的意识和投入以及完善社区社会保障服务考核机制。此外，还需要增强社区社会保障公共服务体系的开放新和包容性，构建一体化社会保障体系；强化以人为本、合法、公平的社区社会保障服务理念；加强制度设计，促进社区社会保障公共服务体系协调；增强社区社会保障公共服务的经济支持功能和公共服务能力；进一步完善社区社会保障公共服务法律制度体系；加强社区社会保障服务多元化资源的有效整合；完善社区社会保障公共服务的公共财政投入机制。同时，拓宽社会保障基金筹集渠道，改革社会保障基金管理模式。

附　录

感谢信

亲爱的朋友：

您好！我们来自北京大学，是北京市哲学社会科学规划重大项目“北京社区公共服务建设研究”的课题组成员。为了共同建设我们美好的家园，全心全意为社区居民服务，我们怀着美好理想和满腔热情，来到您身边。

古往今来，人们向往人间天堂，梦想世外桃源。和您一样，我们的理想也是让大家能够生活在平安社区、便利社区、魅力社区、和谐社区、富裕社区、宜居社区、绿色社区、美丽社区、文明社区、健康社区、文化社区、科学社区、智慧社区、快乐社区、民主社区、绿色社区、国际社区、温馨社区、发展社区。

建设和谐社会和幸福社区，既是我们共同的理想，也需要大家一起来努力。为了更好地促进北京社区公共服务建设，实现公共管理决策的民主化、科学化和法制化，有必要问政于民、问政于贤、问政于法。因此，我们专门展开全市社区公共服务建设及相关政策问卷调查。我们深知您公务在身，家务繁忙，日理万机，我们也深知我们的调查会耽搁您一点点闲暇时间，但您的参与对建设美好社区至关重要。我们真诚地希望您能在百忙之中为问卷提供真实的信息和宝贵建议。我们课题组全体成员郑重承诺：所有信息严格保密，仅供研究和决策参考之用。

谢谢您的积极参与和重要贡献！

北京大学社区公共服务建设课题组全体成员

2011 年 11 月 11 日

北京社区公共服务建设调查问卷

说明：问卷包括选择题和开放式问题，请在选项上画圈或根据提问进行回答。

受访者基本情况

1. 性别：

A. 男　　B. 女

2. 年龄：

A. 0～18 岁　　D. 55～70 岁
B. 19～35 岁　　E. 71 岁及以上
C. 36～54 岁

3. 国籍：

A. 中国　　B. 外国（请填写：　　）

4. 户籍：

A. 北京　　B. 其他省市（请填写：　　）

5. 家庭人均月收入：

A. 480 元以下　　E. 2 501～3 000 元
B. 481～1 500 元　　F. 3 001～5 000 元
C. 1 501～2 000 元　　G. 5 001 元及以上
D. 2 001～2 500 元

6. 职业/就业状况：

A. 在政府机关工作　　E. 自由职业
B. 在教科文卫等事业单位工作　　F. 待业
C. 在企业工作　　G. 离、退休
D. 从事个体经营　　H. 其他

7. 受教育程度：

A. 初中及以下　　B. 高中（中专）

C. 大专
D. 本科
E. 硕士
F. 博士及博士以上

8. 家庭经济状况：

A. 较差，属于低收入困难家庭
B. 一般，每月挣来的钱刚够花
C. 较好，每月有余钱储蓄
D. 较富裕，经常旅游购物
E. 小康，生活富足，经常接济他人

9. 家庭成员中：

A. 有子（女）上幼儿园
B. 有子（女）上小学或中学
C. 有老年人需要照顾
D. 有残疾人需要照顾
E. 有病人需要照顾
F. 有劳动力在待业

一、社区意识调查

1. 您认为社区是：

A. 街道
B. 居委会
C. 居民区
D. 小区
E. 家属院
F. 大院
G. 城区
H. 街区
I. 胡同
J. 集镇
K. 市区
L. 县区
M. 网格
N. 不知道

2. 您认为北京有多少个社区：

A. 100 以下
B. 101～200
C. 201～300
D. 301～500
E. 501～1 000
F. 1 001～2 000
G. 2 001～3 000
H. 3 000 以上

3. 您在本社区居住多久：

A. 1 年以内
B. 2 年以内
C. 3 年以内
D. 4 年以内
E. 5 年以内
F. 10 年以内
G. 10 年以上

4. 您所在社区的名称是：

5. 您所在街道的名称是：

6. 您所在区（县）的名称是：

7. 您为什么居住在本社区：

A. 祖居

B. 迁居

C. 自购商品房

D. 单位分房

E. 亲友借住

F. 租住

G. 其他：

8. 您知道市政府哪些部门主管社区工作吗？

A. 市民政局

B. 市政府办公厅

C. 市发展和改革委员会

D. 市财政局

E. 市人力资源和社会保障局

F. 市社会建设工作办公室

G. 市园林局

H. 市规划局

9. 您认为市委、市政府推进社区公共服务建设有何意义？

A. 满足居民群众服务需求

B. 提高居民生活质量

C. 强化政府公共服务职能

D. 改善社会管理

E. 加快实施“人文北京、科技北京、绿色北京”发展战略

F. 推动世界城市建设

G. 构建和谐社会

H. 实践为人民服务的根本宗旨

I. 建设服务型政府

J. 加速实现全面小康社会

K. 其他：

10. 您认为北京社区公共服务建设的基本目标是什么？

A. 完善社区建设体制机制

B. 大力推进社区公共服务体系建设

C. 让广大居民更多更好地享受社区建设带来的实惠和便利

D. 满足社区居民群众的服务需求

E. 加快建成设施完备、功能完善、服务高效、管理精细的社区服务体系

F. 提高居民群众的满意度和幸福感

G. 基本实现社区基本公共服务的全覆盖

H. 其他：

11. 您知道北京社区公共服务建设的主要内容吗？

A. 不知道

B. 知道一点

C. 比较清楚

D. 非常了解

12. 您知道北京社区公共服务建设的主要措施吗?

A. 不知道　　C. 比较清楚

B. 知道一点　　D. 非常了解

13. 您知道北京市政府 2011 折子工程吗?

A. 不知道　　C. 比较清楚

B. 知道一点　　D. 非常了解

14. 您知道北京市社区基本公共服务指导目录的主要内容吗?

A. 不知道　　C. 比较清楚

B. 知道一点　　D. 非常了解

二、社区公共服务需求与动机调查

1. 作为生活在本社区的居民，您对社区服务有何需求?您感到社区生活不便和困难之处有:

A. 购物难　　J. 噪音大

B. 上学难　　K. 空气差

C. 就业难　　L. 环境脏

D. 看病难　　M. 管理乱

E. 入托难　　N. 治安差

F. 创业难　　O. 设施差

G. 停车难　　P. 服务差

H. 养老难　　Q. 其他:

I. 出行难

2. 您在社区面临的各种生活难题中，最困难的是:

A. 上学难　　H. 出行难

B. 就业难　　I. 呼吸难

C. 看病难　　J. 购车难

D. 入托难　　K. 购房难

E. 养老难　　L. 就餐难

F. 购物难　　M. 挣钱难

G. 停车难　　N. 如厕难

O. 创业难　　P. 其他：

3. 作为社区居民，您希望政府提供哪些社区公共服务？

A. 社区就业服务
B. 社区社会保障服务
C. 社区医疗卫生服务
D. 社区教育服务
E. 社区文化体育服务
F. 社区流动人口服务
G. 社区安全服务
H. 社区环境服务
I. 社区便利服务
J. 社区老年人、残疾人服务
K. 社区基础设施建设
L. 越多越好
M. 其他：

4. 您认为政府应该提供什么样的社区文化体育服务？

A. 社区文化站、文化广场和文化俱乐部
B. 社区图书馆、社区报栏
C. 社区影院
D. 社区电视台
E. 社区广播站
F. 社区网站
G. 社区报刊
H. 社区体育馆（场）、健身房
I. 群众体育健身服务
J. 组织社区群众性文化体育活动
K. 宣传、推广各类公益文化的慈善事业
L. 宣传社会文明，弘扬优秀文化
M. 其他：

5. 您认为政府应该提供什么样的社区就业服务？

A. 劳动就业咨询
B. 职业介绍
C. 职业培训
D. 职业指导
E. 就业岗位开发
F. 创业指导
G. 职业信息管理
H. 困难家庭和"零就业家庭"的就业扶助
I. 其他：

6. 您认为政府应该提供什么样的社区社会保障服务？

A. 基本养老保险服务
B. 城镇职工基本医疗保险服务
C. 失业保险服务
D. 工伤保险服务
E. 生育保险服务
F. 最低生活保障服务
G. 儿童、残疾人和老年人的社会福利服务
H. 军转人员的优抚服务
I. 社区互助互济服务
J. 其他：

7. 您认为政府应该提供什么样的社区卫生和医疗服务？

A. 防疫和疾病控制
B. 看病、打针、输液
C. 出售药物
D. 健康档案服务
E. 家庭医生服务
F. 转诊服务
G. 计划生育服务
H. 急救服务
I. 导医服务
J. 其他：

8. 您认为政府应该提供什么样的社区教育服务？

A. 社区大学、社区学院
B. 就业及技能培训
C. 安全、环保、思想道德及法律法规类教育
D. 健康教育
E. 婴幼儿早期教育
F. 中小学生课外教育
G. 科普教育
H. 心理咨询服务
I. 行为矫正、矫治帮教
J. 兴趣爱好、文化娱乐教育
K. 其他：

9. 您认为政府应该提供什么样的社区流动人口服务？

A. 有关法规政策宣传
B. 房屋租赁信息
C. 就业信息服务
D. 子女教育服务
E. 居住登记和信息采集服务
F. 计划生育服务
G. 维权和救助服务
H. 服务流程告知服务
I. 开具在本社区居住有关证明的服务
J. 其他：

10. 您认为政府应该提供什么样的社区环境服务？

A. 社区环境管理的规划和立法
B. 垃圾分类、储运及处理
C. 水污染监控与治理
D. 噪声污染监控与治理
E. 辐射污染监控与治理
F. 光污染监控与治理
G. 社区绿化美化服务
H. 社区节能服务
I. 宠物管理和文明驯养指导服务
J. 市政公共设施建设服务
K. 环境宣传教育活动
L. 其他：

11. 您认为政府应该提供什么样的社区安全服务？

A. 人身安全
B. 财产安全
C. 信息安全
D. 公共设施安全
E. 交通安全
F. 消防安全服务

G. 工作场所安全
H. 社区应急服务
I. 社区警务设施和警力配备服务
J. 社区治安警情通报
K. 社区巡逻和防控服务
L. 社区教育矫正服务
M. 社区帮教安置服务
N. 社区禁毒宣传服务
O. 社区青少年自我保护和不良青少年帮教服务
P. 社区法律服务
Q. 社区安全稳定服务
R. 社区物技防设施建设服务
S. 其他：

12. 您认为政府应该提供什么样的社区便利服务？

A. 社区菜市场
B. 社区超市
C. 社区食堂和餐饮服务
D. 社区银行服务
E. 社区代收代缴服务
F. 社区家政服务
G. 社区洗衣、缝补等服务
H. 社区美容美发服务
I. 社区各种修理服务
J. 社区邮政和通信服务
K. 社区娱乐服务
L. 其他：

13. 您认为政府应该提供什么样的社区老年人、残疾人服务？

A. 配餐、就餐和送餐服务
B. 生活照料服务
C. 家政服务
D. 康复护理
E. 无障碍服务车
F. 精神关怀服务
G. 相关电话咨询服务
H. 急救服务
I. 其他：

14. 您认为政府应该提供什么样的社区基础设施服务？

A. 供水、排水及污水处理设施
B. 供电
C. 供暖
D. 供燃气
E. 宽带
F. 有线电视
G. 公路建设
H. 公共交通
I. 通信设施
J. 网络平台
K. 垃圾回收及转运设施
L. 公共厕所
M. 其他：

15. 除了目前政府所提供的基本公共服务以外，您还希望社区提供哪些服务？

A. 婚丧嫁娶服务
B. 房屋中介服务

C. 票务代理服务
D. 停车、洗车服务
E. 打印复印服务
F. 照片洗印服务
G. 法律援助服务
H. 工商税务代理服务
I. 管家服务
J. 社区物流、仓储服务
K. 搬家服务
L. 其他：

三、社区公共服务供给状况调查

1. 您在社区中通过什么渠道来解决生活中遇到的难题？

A. 向市政府反映
B. 向区（县）政府反映
C. 向社区服务中心（站）求助
D. 向街道办事处求助
E. 向居委会求助
F. 向业主委员会反映
G. 向物业公司反映
H. 靠自己
I. 靠邻居
J. 靠朋友
K. 靠社区工作者
L. 靠志愿者
M. 靠社区所在单位
N. 其他：

2. 目前您所在社区已经提供的公共服务有哪些？

A. 社区就业服务
B. 社区社会保障服务
C. 社区医疗卫生服务
D. 社区教育服务
E. 社区文化体育服务
F. 社区流动人口服务
G. 社区安全服务
H. 社区环境服务
I. 社区便利服务
J. 社区老年人、残疾人服务
K. 社区基础设施建设
L. 其他：

3. 目前您所在社区已经提供的就业服务有哪些？

A. 劳动就业咨询
B. 职业介绍
C. 职业培训
D. 职业指导
E. 就业岗位开发
F. 创业指导
G. 职业信息管理
H. 困难家庭和“零就业家庭”的就业扶助
I. 其他：

4. 目前您所在社区已经提供的社会保障服务有哪些？

A. 基本养老保险服务
B. 城镇职工基本医疗保险服务

C. 失业保险服务
D. 工伤保险服务
E. 生育保险服务
F. 最低生活保障服务
G. 儿童、残疾人和老年人的社会福利服务
H. 军转人员的优抚服务
I. 社区互助互济服务
J. 其他：

5. 目前您所在社区已经提供的卫生和医疗服务有哪些？

A. 防疫和疾病控制
B. 看病、打针、输液
C. 出售药物
D. 健康档案服务
E. 家庭医生服务
F. 转诊服务
G. 计划生育服务
H. 急救服务
I. 导医服务
J. 其他：

6. 目前您所在社区已经提供的教育服务有哪些？

A. 社区大学、社区学院
B. 就业及技能培训
C. 安全、环保、思想道德及法律法规类教育
D. 健康教育
E. 婴幼儿早期教育
F. 中小学生课外教育
G. 科普教育
H. 心理咨询服务
I. 行为矫正、矫治帮教
J. 兴趣爱好、文化娱乐教育
K. 其他：

7. 目前您所在社区已经提供的文化体育服务有哪些？

A. 社区文化站、文化广场和文化俱乐部
B. 社区图书馆、社区报栏
C. 社区影院
D. 社区电视台
E. 社区广播站
F. 社区网站
G. 社区报刊
H. 社区体育馆（场）、健身房
I. 群众体育健身服务
J. 组织社区群众性文化体育活动
K. 宣传、推广各类公益文化的慈善事业
L. 宣传社会文明，弘扬优秀文化
M. 其他：

8. 目前您所在社区已经提供的流动人口服务有哪些？

A. 有关法规政策宣传
B. 房屋租赁信息
C. 就业信息服务
D. 子女教育服务
E. 居住登记和信息采集服务
F. 计划生育服务

G. 维权和救助服务
H. 服务流程告知服务
I. 开具在本社区居住有关证明的服务
J. 其他

9. 目前您所在社区已经提供的安全服务有哪些?

A. 人身安全
B. 财产安全
C. 信息安全
D. 公共设施安全
E. 交通安全
F. 消防安全服务
G. 工作场所安全
H. 社区应急服务
I. 社区警务设施和警力配备服务
J. 社区治安警情通报
K. 社区巡逻和防控服务
L. 社区教育矫正服务
M. 社区帮教安置服务
N. 社区禁毒宣传服务
O. 社区青少年自我保护和不良青少年帮教服务
P. 社区法律服务
Q. 社区安全稳定服务
R. 社区物技防设施建设服务
S. 其他:

10. 目前您所在社区已经提供的环境服务有哪些?

A. 社区环境管理的规划和立法
B. 垃圾分类、储运及处理
C. 水污染监控与治理
D. 噪声污染监控与治理
E. 辐射污染监控与治理
F. 光污染监控与治理
G. 社区绿化美化服务
H. 社区节能服务
I. 宠物管理和文明驯养指导服务
J. 市政公共设施建设服务
K. 环境宣传教育活动
L. 其他:

11. 目前您所在社区已经提供的便利服务有哪些?

A. 社区菜市场
B. 社区超市
C. 社区食堂和餐饮服务
D. 社区银行服务
E. 社区代收代缴服务
F. 社区家政服务
G. 社区洗衣、缝补等服务
H. 社区美容美发服务
I. 社区各种修理服务
J. 社区邮政和通信服务
K. 社区娱乐服务
L. 其他:

12. 目前您所在社区已经提供的老年人、残疾人服务有哪些?

A. 配餐、就餐和送餐服务
B. 生活照料服务
C. 家政服务
D. 康复护理

E. 无障碍服务车
F. 精神关怀服务
G. 相关电话咨询服务
H. 急救服务
I. 其他：

13. 目前您所在社区已经提供的基础设施有哪些？

A. 供水、排水及污水处理设施
B. 供电
C. 供暖
D. 供燃气
E. 宽带
F. 有线电视
G. 公路建设
H. 公共交通
I. 通信设施
J. 网络平台
K. 垃圾回收及转运设施
L. 公共厕所
M. 其他：

14. 目前除了政府所提供的基本公共服务以外，您所在社区提供的其他服务还有哪些？

A. 婚丧嫁娶服务
B. 房屋中介服务
C. 票务代理服务
D. 停车、洗车服务
E. 打印复印服务
F. 照片洗印服务
G. 法律援助服务
H. 工商税务代理服务
I. 管家服务
J. 社区物流、仓储服务
K. 搬家服务
L. 其他：

四、社区公共服务绩效调查

1. 您心目中的理想社区是：

A. 平安社区
B. 便利社区
C. 魅力社区
D. 和谐社区
E. 富裕社区
F. 宜居社区
G. 美丽社区
H. 文明社区
I. 健康社区
J. 文化社区
K. 科学社区
L. 智慧社区
M. 快乐社区
N. 幸福社区
O. 民主社区
P. 发展社区

Q. 绿色社区
R. 国际社区
S. 温馨社区
T. 其他：

2. 您认为建设美好社区主要依靠哪些力量？

A. 市政府
B. 区（县）政府
C. 社区服务中心（站）
D. 街道办事处
E. 居委会
F. 业主委员会
G. 物业公司
H. 社区居民
I. 社区工作者
J. 社区志愿者
K. 社区所在单位
L. 社区内重要企业
M. 其他：

3. 您认为衡量一个好社区的标准有哪些？

A. 环境好
B. 邻居好
C. 治安好
D. 交通好
E. 服务好
F. 设施好
G. 学校好
H. 医院好
I. 位置好
J. 房子好
K. 领导好
L. 其他：

4. 您对所在社区的评价是：

A. 梦想社区
B. 和谐社区
C. 理想社区
D. 优秀社区
E. 良好社区
F. 合格社区
G. 不合格社区
H. 差劲社区
I. 糟糕社区
J. 其他：

5. 您对所在社区服务设施和服务质量的评价等级是：

A. 超豪华社区
B. 五星级社区
C. 四星级社区
D. 三星级社区
E. 二星级社区
F. 一星级社区
G. 普通社区
H. 问题社区
I. 其他：

6. 您所在社区提供的基本公共服务是否适合您的需要？

A. 很适合
B. 比较适合

C. 基本适合
D. 不太适合
E. 很不适合
F. 不清楚

7. 您在生活中遇到的急事、难事能否通过所在社区得到及时解决?

A. 能
B. 有时能
C. 不能
D. 不好说

8. 您所在社区的公共服务是否快捷便利?

A. 很快捷，很便利
B. 比较快捷和便利
C. 基本便利
D. 不太快捷、便利
E. 很慢，很不方便
F. 不好说

9. 您所在社区提供基本公共服务的质量和水平如何?

A. 非常好
B. 比较好
C. 还行
D. 比较差
E. 非常差
F. 不清楚

10. 您对所在社区公共服务工作人员的服务态度是否满意?

A. 很满意
B. 比较满意
C. 基本满意
D. 不太满意
E. 很不满意
F. 不好说

11. 您对所在社区提供的哪一项公共服务最满意?

A. 社区就业服务
B. 社区社会保障服务
C. 社区医疗卫生服务
D. 社区教育服务
E. 社区文化体育服务
F. 社区流动人口服务
G. 社区安全服务
H. 社区环境服务
I. 社区便利服务
J. 社区老年人、残疾人服务
K. 社区基础设施建设
L. 其他:

12. 您对目前社区基本公共服务的整体满意度是:

A. 很满意
B. 比较满意
C. 基本满意
D. 不太满意
E. 很不满意
F. 不好说

13. 您对社区公共服务感到满意的主要原因是:

A. 服务能够切合需求
B. 服务能有效解决问题
C. 服务态度好
D. 服务效率高

E. 服务水平高
F. 服务人性化
G. 服务不收费
H. 其他：

14. 您对社区公共服务不满意的主要原因是：

A. 不符合需求
B. 不能有效解决问题
C. 服务态度差
D. 服务效率低
E. 服务水平低
F. 服务扰民
G. 没有服务

15. 您对所在社区除基本公共服务以外的其他服务的总体满意度：

A. 很满意
B. 比较满意
C. 基本满意
D. 不太满意
E. 很不满意
F. 不好说

16. 您对社区提供公共服务的知情度是：

A. 很了解
B. 比较了解
C. 一般
D. 不太了解
E. 基本不了解

17. 在提供社区公共服务的过程中，是否需要您的参与和协助：

A. 经常需要
B. 有时需要
C. 较少需要
D. 不需要

18. 您是否容易参与所在社区公共服务的监督：

A. 很容易监督
B. 较容易监督
C. 较难监督
D. 很难监督
E. 不知道如何监督

五、完善社区公共服务的政策建议调查

1. 您对建设美好社区、和谐社区有什么建议？

2. 您对提高社区公共服务水平有什么建议？

3. 您对完善社区就业服务有什么建议？

4. 您对完善社区社会保障服务有什么建议？

5. 您对完善社区医疗卫生服务有什么建议？

6. 您对完善社区教育服务有什么建议？

7. 您对完善社区文化体育服务有什么建议？

8. 您对完善社区流动人口服务有什么建议？

9. 您对完善社区安全服务有什么建议？

10. 您对完善社区环境服务有什么建议？

11. 您对完善社区便利服务有什么建议？

12. 您对完善社区老年人、残疾人服务有什么建议？

13. 您对完善社区基础设施建设有什么建议？

………………………………………………………………………………

感谢您的大力支持与耐心配合！

问卷部分到此结束，以下内容由工作人员填写。

本问卷采集的相关信息

采访人姓名：

采集时间：

受访人所在区（县）：

受访人所属街道名称：

受访人所在社区名称：

相关信息及补充说明：

该问卷信息有效性评估：□有效　□无效

参考文献

一、中文参考文献

[1] 埃莉诺·奥斯特罗姆，等．公共服务的制度建构．毛寿龙，译．上海：上海三联书店，2000.

[2] 埃莉诺·奥斯特罗姆．公共事务的治理之道．余逊达，陈旭东，译．上海：上海三联书店，2000.

[3] 奥肯·阿瑟．平等与效率：重大的抉择．陈涛，译．北京：中国华夏出版社，1987.

[4] B·盖伊·彼得斯．政府未来的治理模式．吴爱明，夏宏图，译．北京：中国人民大学出版社，2001.

[5] 白钢．城市基层权力重组．北京：中国社会科学出版社，2006.

[6] 北京市哲学社会科学规划办公室，北京市人口发展研究中心．北京人口发展研究报告．北京：同心出版社，2007.

[7] 边建．北京社区魅力指数报告：2008—2009．南京：凤凰出版社，2010.

[8] 卜长莉．社区冲突与社区建设．北京：社会科学文献出版社，2009.

[9] 陈昌盛．中国政府公共服务：体制变迁与地区综合评估．北京：中国社会科学出版社，2007.

[10] 陈漭，徐越倩，许彬．社区公共事业管理．北京：北京邮电大学出版社，2007.

[11] 陈庆云．公共政策分析．北京：北京大学出版社，2006.

[12] 陈伟东．社区自治：自组织网络与制度设置．北京：中国社会出

版社，2004.

［13］陈文玲，易利华．2011年中国医药卫生体制改革报告．北京：中国协和医科大学出版社，2011.

［14］陈永明，等．比较教育行政．上海：华东师范大学出版社，2005.

［15］陈振明．公共管理学——一种不同于传统行政学的研究途径．北京：中国人民大学出版社，2003.

［16］成思危．中国事业单位改革——模式选择与分类引导．北京：民主与建设出版社，2000.

［17］程继隆．社会学大辞典．北京：中国人事出版社，1995.

［18］迟福林．以公共服务为中心的政府转型．北京：中国经济出版社，2005.

［19］崔树起，杨文秀．社区卫生服务管理．北京：人民卫生出版社，2012.

［20］戴维·奥斯本，彼得·普拉斯特里克．再造政府．谭功荣，刘霞，译．北京：中国人民大学出版社，2010.

［21］戴维·奥斯本，特德·盖布勒．改革政府——企业精神如何改革着公营部门．上海市政协编译组，东方编译所，编译．上海：上海译文出版社，1996.

［22］邓国胜．非营利组织评估．北京：社会科学文献出版社，2001.

［23］邓国胜．事业单位治理结构与绩效评估．北京：北京大学出版社，2008.

［24］邓国胜，肖明超．群众评议政府绩效．北京：北京大学出版社，2006.

［25］邓敏杰．创新社区．北京：中国社会出版社，2002.

［26］丁元竹．社会发展管理．北京：中国经济出版社，2006.

［27］丁元竹．社区研究的理论与方法．北京：北京大学出版社，1995.

［28］窦泽秀．社区行政：社区治理与发展的公共行政学视点．济南：山东人民出版社，2003.

［29］E.S.萨瓦斯．民营化与公私部门的伙伴关系．周志忍，等，译．

北京：中国人民大学出版社，2002.

［30］范恒山．事业单位改革：国际经验与中国探索．北京：中国财政经济出版社，2004.

［31］方小衡，李正直．卫生事业管理学．北京：科学出版社，2008.

［32］斐迪南·滕尼斯．共同体与社会：纯粹社会学的基本概念．林荣远，译．北京：商务印书馆，1999.

［33］费孝通．乡土中国．北京：生活·读书·新知三联书店，1985.

［34］冯云廷，陈静．中国公共事业管理体制改革研究．沈阳：东北大学出版社，2003.

［35］冯云廷．城市公共服务体制．北京：中国财政经济出版社，2004.

［36］高鸣．和谐社会的法制化构建．吉林：吉林大学出版社，2009.

［37］高志敏．终身教育、终身学习与学习化社会．上海：华东师范大学出版社，2005.

［38］葛延风．对社会事业体制及事业单位体制改革的反思与建议：改革攻坚 30 题——完善社会主义市场经济体制探索．北京：中国发展出版社，2003.

［39］郭庆旺，鲁昕，赵志耘．公共经济学大辞典．北京：经济科学出版社，1999.

［40］郭学贤．城市社区建设与管理．北京：北京大学出版社，2010.

［41］郭岩．卫生事业管理．北京：北京大学医学出版社，2003.

［42］郭岩，吴群红．中国卫生政策．北京：北京医科大学出版社，2010.

［43］韩子荣．中国社区发展模式服务型社区．北京：中国时代经济出版社，2005.

［44］郝模．医药卫生改革相关政策研究．北京：科学出版社，2009.

［45］何增科．公民社会与第三部门．北京：社会科学文献出版社，2000.

［46］何增科．中国社会管理体制改革路线图．北京：国家行政学院出版社，2009.

［47］侯均生，陈钟林．发达国家与地区社区发展经验．北京：机械工

业出版社，2006.

［48］胡象明．安全应急管理．北京：北京航空航天大学出版社，2010.

［49］胡象明．公共部门决策的理论与方法．北京：高等教育出版社，2007.

［50］胡象明．政策与行政——过程及其理论．北京：北京大学出版社，2010.

［51］黄恒学．分类推进我国事业单位管理体制改革研究．北京：人民出版社，2011.

［52］黄恒学．公共经济管理研究（2009）．北京：中国经济出版社，2009.

［53］黄恒学．公共经济管理研究（2008）．北京：中国经济出版社，2008.

［54］黄恒学．公共经济学．北京：北京大学出版社，2002.

［55］黄恒学．公共经济学：第二版．北京：北京大学出版社，2009.

［56］黄恒学．管理学原理．武汉：武汉大学出版社，1991.

［57］黄恒学．加入 WTO 对中国政府管理体制的影响研究．北京：中国经济出版社，2005.

［58］黄恒学．市场创新．北京：清华大学出版社，1998.

［59］黄恒学．投资管理学．北京：中国经济出版社，2011.

［60］黄恒学．我国事业单位管理体制改革研究．哈尔滨：黑龙江人民出版社，2000.

［61］黄恒学．政府基本公共服务标准化研究．北京：人民出版社，2011.

［62］黄恒学．中国事业管理体制改革研究．北京：清华大学出版社，1998.

［63］黄恒学．资源管理学．北京：中国经济出版社，2010.

［64］黄恒学．组织行为学．北京：中国科学技术出版社，1992.

［65］贾西津．第三次改革——中国非营利部门战略研究．北京：清华大学出版社，2005.

［66］贾征．社区服务与社会保障．北京：中国劳动与社会保障出版

社，2001.

[67] 简·莱恩．新公共管理. 赵成根，王洛中，崔跃嵩，古小华，译．北京：中国青年出版社，2004.

[68] 姜润生，初炜．社会医学. 北京：科学出版社，2010.

[69] 蒋奇．社区建设与管理. 北京：北京大学出版社，2008.

[70] 解亚红．走向整合：中国城市社区卫生服务创新探索. 北京：中国社会出版社，2008.

[71] 金锦萍．非营利法人治理结构研究. 北京：北京大学出版社，2005.

[72] 经济合作与发展组织．分散化的公共治理——代理机构、权力主体和其他政府实体. 北京：中信出版社，2004.

[73] 井敏．构建服务型政府的理论与实践. 北京：北京大学出版社，2006.

[74] 句华．公共服务中的市场机制理论、方式与技术. 北京：北京大学出版社，2006.

[75] 莱斯特·M·萨拉蒙．公共服务中的伙伴——现代福利国家中政府与非营利组织的关系. 田凯，译．北京：商务印书馆，2008.

[76] 雷洁琼．转型中的城市社区基层组织：北京市基层社区组织与社区发展研究. 北京：北京大学出版社，2001.

[77] 黎昕．中国社区问题研究. 北京：中国经济出版社，2007.

[78] 李程伟．社会管理体制创新：公共管理学视角的解读. 北京：社会科学文献出版社，2007.

[79] 李军鹏．公共服务型政府. 北京：北京大学出版社，2004.

[80] 李军鹏．公共服务型政府建设指南. 北京：中共党史出版社，2005.

[81] 李军鹏．公共服务学——政府公共服务的理论与实践. 北京：国家行政学院出版社，2007.

[82] 李鲁．社会医学. 北京：人民卫生出版社，2011.

[83] 李鲁．卫生事业管理. 北京：中国人民大学出版社，2012.

[84] 李鸥．事业单位改革与管理. 天津：天津大学出版社，2007.

[85] 李鸥．政府公益部门重构——事业单位改革与管理. 北京：中国

文史出版社，2004.

[86] 李学信．社区卫生服务导论．南京：东南大学出版社，2007.

[87] 李志新，张杨．社区卫生服务管理与实践．北京：人民军医出版社，2009.

[88] 梁春桃，叶立安．中国社区教育导论．天津：天津人民出版社，1993.

[89] 梁鸿飞．企业融资与信用能力．北京：清华大学出版社，2007.

[90] 林琼．新型医疗保障制度下的城市社区卫生服务体系．北京：中国财政经济出版社，2007.

[91] 刘星．服务型政府：理论反思与制度创新．北京：中国政法大学出版社，2006.

[92] 刘星．突发事件应对的财力保障机制：治理视角的分析．北京：中国社会出版社，2009.

[93] 刘亚娜．看护社会化模式探析．北京：首都师范大学出版社，2009.

[94] 刘银喜．后农业税时代农村公共财政体制研究．呼和浩特：内蒙古大学出版社，2007.

[95] 娄成武，孙萍．社区管理学．北京：高等教育出版社，2006.

[96] 陆学艺．北京社会建设60年．北京：科学出版社，2008.

[97] 陆学艺，唐军，张荆．2011年北京社会建设分析报告．北京：社会科学文献出版社，2011.

[98] 陆志方，刘大成．完美医疗——医疗卫生的理想与疾病控制论．北京：清华大学出版社，2010.

[99] 马海涛，姜爱华，程岚，赵国春．中国基本公共服务均等化问题研究．北京：经济科学出版社，2011.

[100] 马克·扎克，塔尼亚·科菲．因病相连：卫生治理与全球政治．晋继勇，译．杭州：浙江大学出版社，2011.

[101] 曼瑟尔·奥尔森．集体行动的逻辑．陈郁，郭宇峰，李崇新，译．上海：上海三联书店，上海人民出版社，1995.

[102] 孟庆跃，侯志远，袁莎莎，王海鹏，宋奎勐，孙晓杰．改善卫生服务和绩效．北京：人民卫生出版社，2012.

[103] 尼尔·吉尔伯特，特雷尔．社会福利政策导论．黄晨熹，周烨，刘红，译．上海：华东理工大学出版社，2003.

[104] 帕克．城市社会学．宋峻岭，等，译．北京：华夏出版社，1987.

[105] 潘家华，魏后凯．中国城市发展报告（2012）．北京：社科文献出版社，2012.

[106] 潘小娟．发达国家地方政府管理制度．北京：时事出版社，2001.

[107] 潘小娟．中国基层社会重构——社区治理研究．北京：中国法制出版社，2004.

[108] 秦晖．政府与企业以外的现代化——中西公益事业史比较研究．杭州：浙江人民出版社，1999.

[109] 邱鸿钟，袁杰．现代卫生经济学．北京：科学出版社，2005.

[110] 饶克勤，刘新明．国际医疗卫生体制改革与中国．北京：中国协和医科大学出版社，2007.

[111] 任洁．公共服务能力．北京：人民出版社，2005.

[112] 萨拉蒙．全球公民社会——非营利部门视界．贾西津，魏玉，等，译．北京：社会科学文献出版社，2002.

[113] 桑德斯．社区论．徐震，译．台北：台北黎明文化事业公司，1982。

[114] 陕黎明．中国社区卫生服务工作研究．珠海：珠海出版社，2008.

[115] 邵靖芳，严启之．预防医学．上海：上海医科大学出版社，1994.

[116] 沈千帆．北京市社区公共服务研究．北京：北京大学出版社，2011.

[117] 宋大涵．事业单位改革与发展．北京：中国法制出版社，2003.

[118] 宋世明．美国行政改革研究．北京：国家行政学院出版社，1999.

[119] 孙秋云．社区与社区建设八讲．武汉：华中科技大学出版社，2011.

［120］唐娟．城市社区业主委员会发展研究．重庆：重庆出版社，2005.

［121］唐娟．政府治理论．北京：中国社会科学出版社，2006.

［122］唐忠新．迈向和谐社会的社区服务．北京：中国社会出版社，2005.

［123］唐忠新．现代城市社区建设概论．上海：上海交通大学出版社，2008.

［124］唐忠新．中国城市社区建设概论．天津：天津人民出版社，2000.

［125］万鹏飞．安全社区创建指导手册．北京：中国社会出版社，2009.

［126］汪大海，魏娜，郁建立．社区管理．北京：中国人民大学出版社，2005.

［127］汪玉凯．公共管理与非政府公共组织．北京：中央党校出版社，2003.

［128］王俊．公共卫生政府的角色与选择．北京：中国社会出版社，2007.

［129］王俊，吴明．卫生财政学．北京：北京大学出版社，2011.

［130］王琳，漆国生．城市社区治理与保障研究．北京：北京理工大学出版社，2010.

［131］王青山，刘继同．中国社区建设模式研究．北京：中国社会科学出版社，2004.

［132］王绍光．多元与统一——第三部门国际比较研究．杭州：浙江人民出版社，1999.

［133］王文英．文化体制改革与上海文化建设．上海：上海社会科学院出版社，2004.

［134］王先胜．城市社区服务综论．北京：中国社会出版社，2005.

［135］王小丽，陈翔，郑晓曼．卫生经济伦理研究．北京：中央编译出版社，2011.

［136］王玉兰，唐忠新．社区管理实务．北京：北京大学出版社，2009.

[137] 王正伦．社区预防医学．天津：天津科学技术出版社，2002.

[138] 武冬立．社区警务．北京：中国社会出版社，2004.

[139] 奚从清．社区研究——社区建设与社区发展．北京：华夏出版社，1996.

[140] 夏保成．美国安全管理导论．北京：当代中国出版社，2006.

[141] 夏保成．西方公共安全管理．北京：化学工业出版社，2006.

[142] 夏建中．社区工作．北京：中国人民大学出版社，2009.

[143] 夏学銮．社区管理概论．北京：中共中央党校出版社，2005.

[144] 谢芳．美国社区．北京：中国社会出版社，2003.

[145] 谢庆奎，佟福玲．服务型政府与和谐社会．北京：北京大学出版社，2006.

[146] 徐小青．中国农村公共服务．北京：中国发展出版社，2002.

[147] 徐永祥．法治与自治：社区建设组织体制研究．北京：中国社会出版社，2003.

[148] 徐永祥．社区发展论．上海：华东理工大学出版社，2000.

[149] 亚历山大·S·普力克，阿普里尔·哈丁．卫生服务提供体系创新：公立医院法人化．李卫平，王云屏，宋大平，译．北京：中国人民大学出版社，2011.

[150] 严浩．我国城市社区服务政策研究．北京：中国计划出版社，2002.

[151] 杨鸿台，吴志华，申海平．城市社区体制改革与法制建设研究．上海：上海交通大学出版社，2004.

[152] 杨团．社区公共服务论析．北京：华夏出版社，2003.

[153] 杨叙．北欧社区．北京：中国社会出版社，2003.

[154] 杨寅．公共服务政府与行政程序构建．北京：法律出版社，2006.

[155] 杨寅．公共行政与社区发展．杭州：浙江人民出版社，2005.

[156] 杨应崧．各国社区教育概论．上海：上海大学出版社，2000.

[157] 尹维真．中国城市基层管理体制创新——以武汉市江汉区社区建设试验为例．北京：中国社会科学出版社，2003.

[158] 于燕燕．2007 年：北京社区发展报告——北京蓝皮书．北京：

社会科学文献出版社，2007.

［159］于燕燕．社区自治与政府职能转变．北京：中国社会出版社，2005.

［160］于燕燕．中国社区发展报告（2008—2009）——北京蓝皮书．北京：社会科学文献出版社，2009.

［161］于燕燕．中国社区发展报告．北京：社会科学文献出版社，2011.

［162］于燕燕．中国社区发展报告（2011）．北京：社会科学文献出版社，2011.

［163］于贞洁．公共卫生体系研究．北京：经济科学出版社，2009.

［164］俞可平．治理与善治．北京：社会科学文献出版社，2000.

［165］俞可平．中国公民社会的兴起与治理的变迁．北京：社会科学文献出版社，2002.

［166］袁秉达，孟临．社区论．北京：中国纺织大学出版社，2005.

［167］约翰·亚当斯，王德章，阿里斯泰尔·杨，宋德军．公共经济学——理论、论据和案例研究．北京：科学出版社，2010.

［168］岳颖．事业单位薪酬管理——内部收入分配的决策基础与模式选择．北京：中国劳动社会保障出版社，2009.

［169］詹成付．社区居委会选举工作进展报告．北京：中国社会出版社，2006.

［170］詹姆斯·亨德森．健康经济学．向运华，钟建威，季华璐，颜韬，译．北京：人民邮电出版社，2008.

［171］张宝锋．现代城市社区治理结构研究．北京：中国社会出版社，2006.

［172］张俊芳．中国城市社区的组织与管理．南京：东南大学出版社，2004.

［173］张康之．社会治理的历史叙事．北京：北京大学出版社，2006.

［174］张暄．日本社区．北京：中国社会出版社，2007.

［175］张雅林．公益服务的体制创新．北京：中国社会出版社，2003.

［176］张玉枝．转型中的社区发展——政府与社会分析视角．上海：上海社会科学院出版社，2003.

[177] 张真理．社区流动人口服务管理．北京：中国社会出版社，2010.

[178] 赵成根．国外大城市危机管理模式研究．北京：北京大学出版社，2006.

[179] 赵成根．新公共管理改革：不断塑造新的平衡．北京：北京大学出版社，2007.

[180] 赵军绩．社区卫生服务与管理．北京：人民军医出版社，2007.

[181] 赵立波．事业单位改革——公共事业发展新机制探析．济南：山东人民出版社，2003.

[182] 珍妮特·V·登哈特，罗伯特·B·登哈特．新公共服务服务，而不是掌舵．丁煌，译．北京：中国人民大学出版社，2004.

[183] 郑国安，等．非营利组织与中国事业单位体制改革．北京：机械工业出版社，2002.

[184] 郑煜．公共经济．北京：国家行政学院出版社，2005.

[185] 中共北京市委社会工作委员会，北京市社会建设工作办公室．北京社会建设年鉴 2011．北京：北京出版集团公司，北京出版社，2011.

[186] 中共北京市委社会工作委员会，北京市社会建设工作办公室：北京社会建设年鉴 2012．北京：北京出版集团公司，北京出版社，2012.

[187] 中共北京市委社会工作委员会，北京市社会建设工作办公室．北京社会建设年鉴 2010．北京：北京出版集团公司，北京出版社，2010.

[188] 中共北京市委社会工作委员会，北京市社会建设工作办公室．北京社会建设年鉴 2009．北京：北京出版集团公司，北京出版社，2009.

[189] 中共北京市委社会工作委员会，北京市社会建设工作办公室．2009 年北京社会建设研究报告——北京社会建设研究基地成果选编．北京：北京出版集团公司，北京出版社，2010.

[190] 中英城市社区卫生服务与贫困救助项目．中国社区卫生服务．北京：人民卫生出版社，2007.

[191] 周芳玲，乔桑．魅力社区的建设．北京：中国社会出版社，2004.

[192] 周志忍，陈庆云．自律与他律——第三部门监督机制个案研究．杭州：浙江人民出版社，1999.

[193] 周志忍．当代国外行政改革比较研究．北京：国家行政学院出版社，1999.

[194] 庄序莹．事业单位改革与发展．上海：上海财经大学出版社，2009.

[195] 左然．中国现代事业制度建构纲要——事业单位改革的方向、目标模式及路径选择．北京：商务印书馆，2009.

[196] 安体富，任强．公共服务均等化：理论、问题与对策．财贸经济，2007 (8).

[197] 卜万红．论我国社区服务的转型．学术交流，2004 (1).

[198] 蔡东梅．和谐社区建设的实践与对策．科学社会主义，2006 (6).

[199] 蔡薇．居民社区公共服务供给制度改革研究——以深圳市为例．改革与战略，2007 (1).

[200] 曹海军．作为社会管制的社会管理理论初探．探索，2010 (3).

[201] 陈昌盛．基本公共服务均等化：中国行动路线图．财会研究，2008 (2).

[202] 陈晖．论政府购买社区公共服务．云南行政学院学报，2009 (2).

[203] 陈庆云．公共管理基本模式初探．中国行政管理，2000 (8).

[204] 陈庆云．公共管理研究中的若干问题．中国人民大学学报，2001 (1).

[205] 陈庆云．文化差异：地方行政改革研究的新视角．中国行政管理，2008 (8).

[206] 陈庆云，鄞益奋，曾军荣．论公共管理中的公共利益．中国行政管理，2005 (7).

[207] 陈伟东，张大维．社区公共服务设施分类及其配置：城乡比较．华中师范大学学报：人文社会科学版，2008 (1).

[208] 陈振明，等．社会管理机制创新与公共服务的有效提供——厦门市的案例研究．东南学术，2008 (3).

[209] 陈振明，等．提高政府社会治理能力，构建社会主义和谐社会．东南学术，2005 (4).

[210] 陈振明．健全社会管理格局，创新社会管理体系——“我国社会管理格局和管理体系构建”课题研究报告．甘肃行政学院学报，2008（4）．

[211] 陈振明．什么是政府的社会管理职能．新华文摘，2006（3）．

[212] 陈振明．外来人口社会管理与公共服务供给机制的创新——基于厦门市某区调研的分析．东南学术，2007（6）．

[213] 陈振明．西方政府社会管理的理论与实践探析．东南学术，2005（4）．

[214] 邓国胜．构建我国非营利组织的问责机制．中国行政管理，2003（3）．

[215] 邓国胜．中国民办非企业单位的特质与价值分析．中国软科学，2006（9）．

[216] 丁元竹，江汛清．社会公共服务供给与社会管理体制安排．理论与现代化，2006（5）．

[217] 丁元竹．美国社区建设的几个问题．宏观经济研究，2002（3）．

[218] 董学耕．市场经济下的事业单位改革研究．管理科学学报，2000（4）．

[219] 董志锋，郁建兴．从政府本位到社会本位：社会管理体制变革的新分析框架．中共浙江省委党校学报，2011（1）．

[220] 窦胜功．关于事业单位企业化管理的思考．东北大学学报：社会科学版，2004（6）．

[221] 费孝通．居民自治：中国城市社区建设的新目标．江海学刊，2002（3）．

[222] 冯云廷．城市公共服务模式的探索．城乡建设，2006（9）．

[223] 冯云廷，骆德武．论城市公共服务的有效供给——政府与民间投资的互补性贡献与制度安排．财经问题研究，2003（6）．

[224] 高鉴国．城市公共社区服务的性质与目标．泰山学院学报，2003（2）．

[225] 高军波，周春山．中西城市公共服务比较分析．现代城市研究，2011（7）．

[226] 高世楫．医疗体制改革中的政府角色．商务周刊，2006（6）．

［227］龚丽丽，张大维．社区公共服务设施区域配置差异分析及均等化对策．江汉论坛，2009（2）．

［228］管仲军．地方政府推进公共卫生服务均等化改革的运行模式分析．学习与研究，2011（1）．

［229］管仲军，黄恒学．公共卫生服务均等化：问题与原因分析．中国行政管理，2010（6）．

［230］管仲军，黄恒学．实现我国公共卫生服务均等化需要注意的几个问题．经济问题，2010（12）．

［231］郭虹．从单位到社区——社会管理体制的变革．经济体制改革，2002（1）．

［232］郭双喜．倡导多元化政府创新社会管理体制．中国商界，2010（6）．

［233］何精华．区分供给与生产：基于政府公共服务职能实现方式的分析框架．中国行政管理，2007（2）．

［234］何增科．深化十大社会管理体制改革的具体构想．北京行政学院学报，2010（2）．

［235］何增科．我国社会管理体制的现状分析．甘肃行政学院学报，2009（4）．

［236］胡税根，徐元帅．我国政府公共服务标准化建设研究．天津行政学院学报，2009（6）．

［237］胡仙芝．积极培育社会组织，构建社会矛盾调解体系——以社会中介组织为视角．国家行政学院学报，2006（6）．

［238］胡象明．论利益相关者合作逻辑下的公共危机治理．武汉大学学报：哲学社科版，2010（2）．

［239］胡象明．论以人为本的政策价值理念．国家行政学院学报，2007（2）．

［240］胡象明．整体性治理：公共管理的新范式．华中师范大学学报，2010（1）．

［241］黄靖．事业单位改革和财政政策选择．中央财经大学学报，2005（11）．

［242］金南顺．城市公共服务的三个基本问题．城市问题，2005（6）．

[243] 鞠正江．我国社会管理体制的历史变迁与改革．攀登：双月刊，2009 (1).

[244] 李春．城市社区公共服务多元协作组织研究．理论月刊，2012 (3).

[245] 李凤琴，林闽钢．中国城市社区公共服务模式的转变．河海大学学报：哲学社会科学版，2011 (6).

[246] 李慧凤．社区治理与社会管理体制创新——基于宁波市社区案例研究．公共管理学报，2010 (1).

[247] 李洁芳．地方政府社会管理模式创新初探．浙江社会科学，2006 (3).

[248] 李学斌．新时期社区服务政策的调整与突破．社会主义研究．2006 (5).

[249] 厉以宁．关于教育产品的性质和对教育的经营．教育发展研究，1999 (1).

[250] 梁中堂．宏观视野下的我国医疗卫生体制改革．经济问题，2006 (3).

[251] 刘超，胡伟．政府社会管理中的公众参与：模式、经验与启示．吉首大学学报：社会科学版，2007 (1).

[252] 刘宏伟，迟琳琳．试论社会管理体制创新中的政府角色．前沿，2007 (11).

[253] 刘双良．论城市公共服务私有化的边界范围与政府职责．云南行政学院学报，2009 (6).

[254] 刘星．论政府服务超越“顾客导向”的必然性与可能性．理论探索，2007 (4).

[255] 刘星．政府“差别化服务”现象分析．晋阳学刊，2007 (3).

[256] 刘星．中国公共安全管理机制：问题与对策．经济社会体制比较，2009 (5).

[257] 刘亚娜．老龄者看护社会化政策体系探析．学术交流，2008 (3).

[258] 刘亚娜．我国慈善事业发展中的政府作用分析——基于中美比较的借鉴和启示．中国行政管理，2008 (8).

[259] 刘洋．注重体制创新，强化法人治理结构，深化医院管理体制改革．中国新医药，2003 (7).

[260] 刘莹，肖志鹏．社区行政：非政府组织公共行政——美国社区行政非政府组织行政的启示．长春工业大学学报：社会科学版，2004 (3).

[261] 刘玉芝，王春城．城市社区公共服务的性质与分类供给机制探析．中国商界，2009 (5).

[262] 鲁滨，李军．以社会管理体制创新推动和谐社会建设．中国党政干部论坛，2006 (10).

[263] 陆学艺．当代中国社会结构与社会建设．北京工业大学学报：社会科学版，2010 (6).

[264] 马国芳，何润宝．国外政府社会管理和公共服务发展新趋势及其启示．云南财经学院学报，2010 (3).

[265] 马凯．努力加强和创新社会管理．求是，2010 (20).

[266] 毛艳铭．创新社会管理体制是时代发展的要求．理论观察，2007 (4).

[267] 梅红霞，张文彬．政府在社会管理中存在的问题及对策．岱宗学刊，2007 (2).

[268] 苗贵山．马克思恩格斯的政府社会管理思想研究．理论探讨，2007 (2).

[269] 彭未名，王乐夫．新公共服务理论对构建和谐社会的启示．中国行政管理，2007 (3).

[270] 曲巍，等．事业单位管理体制创新的制度经济学分析．社会科学家，2004 (5).

[271] 任立兵．中西城市公共服务比较分析．东北财经大学学报，2007 (4).

[272] 施巍巍，颜少君．国外社区参与社会管理的特点及其对我国的启示．学术交流，2009 (2).

[273] 施巍巍，杨风寿．国外非营利组织参与社会管理的研究．商业研究，2008 (6).

[274] 宋贵伦．北京社会建设的 4 个阶段．北京工业大学学报：社会科学版，2009 (4).

[275] 宋贵伦. 构建具有首都特点的社会管理体制新格局. 中国机构改革与管理，2011（4）.

[276] 宋贵伦. 积极探索新时期社会建设的新途径. 前线，2010（11）.

[277] 宋贵伦. 社会建设要加强社会的“基本建设”——以北京市实践为例. 国家行政学院学报，2010（2）.

[278] 宋贵伦. 在新的起点上全面推进“十二五”时期首都社会建设. 前线，2011（3）.

[279] 宋梅. 社区治理结构的转型与社区公共服务的发展. 理论观察，2009（4）.

[280] 孙春霞. 美国城市公共服务供给机制的改革及其对中国的启示. 江汉论坛，2010（9）.

[281] 谭晓燕. 转型期我国社会管理的现状及创新路径选择. 法制与社会，2009（8）.

[282] 唐铁汉. 强化政府社会管理职能的思路与对策. 国家行政学院学报，2005（6）.

[283] 陶国根. 社会管理体制改革中的社会协同问题研究——以社会资本理论为视角的探讨. 四川行政学院学报，2009（10）.

[284] 田华，陈静波. 论社区公共服务供给中的多元化主体. 云南行政学院学报，2007（6）.

[285] 田华. 论政府社区公共服务绩效评估体系的构建. 理论界，2007（8）.

[286] 张勤. 论推进服务型政府建设与基本公共服务均等化. 中国行政管理，2009（4）.

[287] 张网成，陈涛. 论我国城市社区公共服务的内涵与外延. 中国青年政治学院学报，2010（2）.

[288] 张文新. 北京市人口分布与服务设施分布的协调性分析. 北京社会科学，2004（1）.

[289] 郑杭生. 社会学视野中的社会建设与社会管理. 中国人民大学学报，2006（3）.

二、外文参考文献

［1］Aaberge，R.，Bhuller，M.，Langorgen，A.，Mogstad，M.. The Distributional Impact of Public Services When Needs Differ. Journal of Public Economics，2010，94：549－562.

［2］Afonso，A.，Furceri，D.. Government Size，Composition，Volatility and Economic Growth. European Journal of Political Economy，2010，26：517－532.

［3］Beutter，T.. The Contribution of Equalization Transfers to Fiscal Adjustment：Empirical Results for German Municipalities and a US-German Comparison. Journal of Comparative Economics，2009，37：417－431.

［4］Boadway，R.，Hahashi M.. An Equalization of the Stabilization Properties of Equalization in Canada. Canadian Public Policy，2004，30（1）：91－109.

［5］Boadway，R.. The Theory and Practice of Equalization. CESifo Economic Studies，2004，50（1）：211－254.

［6］Breuille，M.，Madies，T.，Taugourdeau，E.. Gross Versus Net Equalization Scheme in a Federation with Decentralized Leadership. Journal of Urban Economics，2010，68：205－214.

［7］Buchanan，J. M.. Federalism and Fiscal Equity. American Economic Review，1950，40（4）：583－599.

［8］Burger，R.，Owens，T.. Promoting Transparency in the NGO Sector：Examining the Availability and Reliability of Self-reported data. World Development，2010，38（9）：1263－1277.

［9］Calabrese，T. D.. Public Mandates，Market Monitoring，and Nonprofit Financial Disclosures. Journal of Accounting & Public Policy，2011，30：71－88.

［10］Callaghan，G.，Wistow，G.. Governance and Public Involvement in the British National Health Service：Understanding Difficulties and Developments. Social Science & Medicine, 2006, 63: 2289-2300.

[11] Chen, K., Guan, J.. Mapping the Functionality of China's Regional Innovation Systems: A Structural Approach. China Economic Review, 2011, 22: 11-27.

[12] Courchene, Tomas J.. Canada's New Equalization Program: Description and Evaluation. Canadian Public Policy, 1983, 9 (4): 458-475.

[13] Eichhorst, Anja. Evaluating the Need Assessment in Fiscal Equalization Schemes at the Local Government Level. The Journal of Socio-Economics, 2007, 36: 745-770.

[14] Gidron, B.. Promoting Civil Society in Third Sector Organizations Through Participatory Management Patterns. European Management Journal, 2010, 28: 403-412.

[15] Hauner, D., Kyobe, A.. Determinants of Government Efficiency. World Development, 2010, 38 (11): 1527-1542.

[16] Henderson, J. Vernon. Urban Development: Theory, Fact, and Illusion. New York: Oxford University Press, 1991.

[17] Hesselbein, Frances, The community of the future. San Francisco: Jossey-Bass Pub., 1998.

[18] Koch, D-J., Dreher, A., Nunnenkamp, P. and Thiele, R.. Keeping a Low Profile: What Determines the Allocation of Aid by Non-governmental Organizations? World Development, 2009, 37 (5): 902-918.

[19] Kotsogiannis, C., Schwager, R.. Accountability and Fiscal Equalization. Journal of Public Economics, 2008, 92: 2336-2349.

[20] Monaghan, A.. Conceptual Niche Management of Grassroots Innovation for Sustainability: The Case of Body Disposal Practices in the UK. Technological Forecasting & Social Change, 2009, 76: 1026-1043.

[21] Olson, Mancur. The Principle of "Fiscal Equivalence": The Division of Responsibilities Among Different Levels of Government. American Economic Review, 1969, 59: 479-487.

[22] Painter, M., Mok, K. H.. Reasserting the Public in Public Service Delivery: The De-privatization and De-marketization of Education in China. Policy and Society, 2008, 27: 137-150.

[23] Polsby, Nelson W.. Community Power and Political Theory. New Haven: Yale University Press, 1963.

[24] Ring, I.. Ecological Public Functions and Fiscal Equalization at the Local Level in Germany. Ecological Economics, 2002, 42: 415-427.

[25] Samuelson, P. A., The Pure Theory of Public Expenditure. Review of Economic and Statistics, 1954, 36 (4): 387-389.

[26] Schumpeter, J. A.. Capitalism, Socialism and Democracy. New York: Harper and Row, 1943.

[27] Smart, Michael. Equalization and Stabilization. Canadian Public Policy, 2004, 30 (2): 195-208.

[28] Shah, Anwar. A Fiscal Need Approach to Equalization. Canadian Public Policy, 1996, 22 (2): 99-115.

[29] Smith, S. R.. Hybridization and Nonprofit Organizations: The Governance Challenge. Policy and Society, 2010, 29: 219-229.

[30] Stoker, G.. Governance as Theory: Five Proposition. International Social Science Journal, 1998, 50: 35-48.

[31] Tiebout, C.. A Pure Theory of Local Expenditure. Journal of Political Economy, 1956, 64: 416-424.

[32] Weerawardena, J., McDonald, R. E., Mort, G. S.. Sustainability of Nonprofit Organizations: An Empirical Investigation. Journal of World Business, 2010, 45: 346-356.

[33] Weingast, Barry R.. Second Generation Fiscal Federalism: Implication for Decentralized Democratic Governance and Economic Development. Journal of Urban Economics, 2009, 65 (3): 279-293.

[34] Windrum, P., Garcia-Goni, M.. A Neo-Schumpeterian Model of Health Services Innovation. Research Policy, 2008, 37: 649-672.

致　谢

本课题是在北京市哲学社会科学规划办公室指导下，在北京大学社会科学部和北京大学政府管理学院的大力支持下，在全体课题组成员的通力协作下完成的。在课题研究过程中，北京市委社会工委、市社会办、东城区人民政府、西城区人民政府、朝阳区人民政府、房山区人民政府为开展社区调研创造了十分便利的条件。课题组在朝阳区麦子店街道办事处、西城区德胜街道办事处、东城区崇文门外街道办事处、房山区城关街道办事处、房山区青山湖镇分别选择部分社区进行问卷调查和访谈。在此，我们对北京市各级政府、对各参与调研的社区干部和居民群众表示衷心的感谢！

在课题研究期间，北京市哲学社会科学规划办公室的领导同志多次过问并协助解决研究中遇到的实际困难，北京大学社会科学部和政府管理学院的领导同志也非常关心课题研究情况，调配必要的人力、物力，为课题研究的顺利开展创造条件。在此，我们对关心、支持课题研究的各位领导表示感谢！

北京市委社会工委、市社会办是本课题研究的主要合作单位。在2011年10月顺利开题之后，市委社会工委、市社会办与北京大学政府管理学院建立了常态化的课题研究联络机制。双方密切配合，最大限度地实现了优势互补。宋贵伦书记、周开让副主任、张坚副主任等各位领导十分关心课题研究，不仅为课题调研提供方便条件，而且专门抽出时间参与课题研讨，他们的热情、智慧、责任心和使命感给各位课题组成员留下了深刻印象。在此，我们对北京市委社会工委、市社会办的领导同志和参与课题研究的同志表示衷心感谢！

北京大学政府管理学院

“北京社区公共服务建设研究”课题组

2016年1月1日

图书在版编目（CIP）数据

北京社区公共服务建设研究/黄恒学等著．—北京：中国人民大学出版社，2016.10
（北京市社会科学基金成果文库）
ISBN 978-7-300-23347-5

Ⅰ.①北…　Ⅱ.①黄…　Ⅲ.①社会服务-公共服务-社区建设-研究-北京
Ⅳ.①D669.3

中国版本图书馆 CIP 数据核字（2016）第 212967 号

北京市社会科学基金成果文库
北京社区公共服务建设研究
黄恒学　梁鸿飞　管仲军　徐淑华 等　著
Beijing Shequ Gonggong Fuwu Jianshe Yanjiu

出版发行	中国人民大学出版社		
社　　址	北京中关村大街 31 号	**邮政编码**	100080
电　　话	010－62511242（总编室）		010－62511770（质管部）
	010－82501766（邮购部）		010－62514148（门市部）
	010－62515195（发行公司）		010－62515275（盗版举报）
网　　址	http://www.crup.com.cn		
	http://www.ttrnet.com(人大教研网)		
经　　销	新华书店		
印　　刷	北京联兴盛业印刷股份有限公司		
规　　格	170 mm×240 mm　16 开本	**版　　次**	2016 年 10 月第 1 版
印　　张	26.75 插页 3	**印　　次**	2016 年 10 月第 1 次印刷
字　　数	418 000	**定　　价**	125.00 元